Physica-Lehrbuch

Physica-Lehrbuch

Basler, Herbert
**Aufgabensammlung
zur statistischen Methodenlehre
und Wahrscheinlichkeitsrechnung**
4. Aufl. 1991, 190 S.

Basler, Herbert
**Grundbegriffe der
Wahrscheinlichkeitsrechnung
und Statistischen Methodenlehre**
11. Aufl. 1994, X, 292 S.

Bossert, Rainer · Manz, Ulrich L.
Externe Unternehmensrechnung
Grundlagen der Einzelrechnungslegung, Konzernrechnungslegung
und internationalen Rechnungslegung.
1997, XVIII, 407 S.

Dillmann, Roland
Statistik II
1990, XIII, 253 S.

Endres, Alfred
**Ökonomische Grundlagen
des Haftungsrechts**
1991, XIX, 216 S.

Farmer, Karl · Wendner, Ronald
Wachstum und Außenhandel
Eine Einführung
in die Gleichgewichtstheorie
der Wachstums-
und Außenhandelsdynamik
2. Aufl. 1999, XVIII, 423 S.

Ferschl, Franz
Deskriptive Statistik
3. Aufl. 1985, 308 S.

Fink, Andreas
Schneidereit, Gabriele · Voß, Stefan
**Grundlagen
der Wirtschaftsinformatik**
2001, XIV, 279 S.

Gaube, Thomas u. a.
Arbeitsbuch Finanzwissenschaft
1996, X, 282 S.

Gemper, Bodo B.
Wirtschaftspolitik
1994, XVIII, 196 S.

Göcke, Matthias · Köhler, Thomas
Außenwirtschaft
Ein Lern- und Übungsbuch
2002, XIII, 359 S.

Graf, Gerhard
**Grundlagen
der Volkswirtschaftslehre**
2. Aufl. 2002, XIV, 335 S.

Graf, Gerhard
Grundlagen der Finanzwissenschaft
1999, X, 319 S.

Hax, Herbert
Investitionstheorie
5. Aufl., korrigierter Nachdruck
1993, 208 S.

Heno, Rudolf
**Jahresabschluss nach Handelsrecht,
Steuerrecht und internationalen
Standards (IAS/IFRS)**
3. Aufl. 2003, XX, 524 S.

Hofmann, Ulrich
Netzwerk-Ökonomie
2001, X, 242 S.

Huch, Burkhard u. a.
**Rechnungswesen-orientiertes
Controlling**
Ein Leitfaden für Studium
und Praxis
4. Aufl. 2004, XX, 510 S.

Kistner, Klaus-Peter
Produktions- und Kostentheorie
2. Aufl. 1993, XII, 293 S.

Kistner, Klaus-Peter
Optimierungsmethoden
Einführung
in die Unternehmensforschung
für Wirtschaftswissenschaftler
3. Aufl. 2003, XII, 293 S.

Kistner, Klaus-Peter
Steven, Marion
Produktionsplanung
3. Aufl. 2001, XIII, 372 S.

Kistner, Klaus-Peter
Steven, Marion
**Betriebswirtschaftslehre
im Grundstudium**
Band 1: Produktion, Absatz,
Finanzierung
4. Aufl. 2002, XIV, 510 S.
Band 2: Buchführung,
Kostenrechnung, Bilanzen
1997, XVI, 451 S.

Kortmann, Walter
Mikroökonomik
Anwendungsbezogene Grundlagen
3. Aufl. 2002, XVIII, 674 S.

Kraft, Manfred · Landes, Thomas
Statistische Methoden
3. Aufl. 1996, X, 236 S.

Marti, Kurt · Gröger, Detlef
**Einführung in die lineare
und nichtlineare Optimierung**
2000, VII, 206 S.

Marti, Kurt · Gröger, Detlef
**Grundkurs Mathematik
für Ingenieure, Natur-
und Wirtschaftswissenschaftler**
2. Aufl. 2003, X, 267 S.

Michaelis, Peter
**Ökonomische Instrumente
in der Umweltpolitik**
Eine anwendungsorientierte
Einführung
1996, XII, 190 S.

Nissen, Hans-Peter
**Einführung
in die makroökonomische Theorie**
1999, XVI, 341 S.

Nissen, Hans-Peter
**Das Europäische System
Volkswirtschaftlicher
Gesamtrechnungen**
5. Aufl. 2004, XVI, 362 S.

Risse, Joachim
**Buchführung und Bilanz
für Einsteiger**
2. Aufl. 2004, VIII, 296 S.

Schäfer, Henry
Unternehmensfinanzen
Grundzüge in Theorie
und Management
2. Aufl. 2002, XVIII, 522 S.

Schäfer, Henry
Unternehmensinvestitionen
Grundzüge in Theorie
und Management
1999, XVI, 434 S.

Sesselmeier, Werner
Blauermel, Gregor
Arbeitsmarkttheorien
2. Aufl. 1998, XIV, 308 S.

Steven, Marion
Hierarchische Produktionsplanung
2. Aufl. 1994, X, 262 S.

Steven, Marion
Kistner, Klaus-Peter
**Übungsbuch
zur Betriebswirtschaftslehre
im Grundstudium**
2000, XVIII, 423 S.

Swoboda, Peter
Betriebliche Finanzierung
3. Aufl. 1994, 305 S.

Weise, Peter u. a.
Neue Mikroökonomie
4. Aufl. 2002, X, 639 S.

Zweifel, Peter
Heller, Robert H.
Internationaler Handel
Theorie und Empirie
3. Aufl. 1997, XXII, 418 S.

Hans-Peter Nissen

Das Europäische System Volkswirtschaftlicher Gesamtrechnungen

Fünfte, aktualisierte Auflage
mit 53 Abbildungen
und 8 Tabellen

Springer-Verlag Berlin Heidelberg GmbH

Professor Dr. Hans-Peter Nissen

Universität Paderborn
Fakultät Wirtschaftswissenschaften
Warburger Straße 100
33098 Paderborn
nissen@notes.uni-paderborn.de

ISBN 978-3-7908-0132-3   ISBN 978-3-7908-2659-3 (eBook)
DOI 10.1007978-3-7908-2659-3

Bibliografische Information Der Deutschen Bibliothek

Die Deutsche Bibliothek verzeichnet diese Publikation in der Deutschen Nationalbibliografie; detaillierte bibliografische Daten sind im Internet über *http://dnb.ddb.de* abrufbar.

Dieses Werk ist urheberrechtlich geschützt. Die dadurch begründeten Rechte, insbesondere die der Übersetzung, des Nachdrucks, des Vortrags, der Entnahme von Abbildungen und Tabellen, der Funksendung, der Mikroverfilmung oder der Vervielfältigung auf anderen Wegen und der Speicherung in Datenverarbeitungsanlagen, bleiben, auch bei nur auszugsweiser Verwertung, vorbehalten. Eine Vervielfältigung dieses Werkes oder von Teilen dieses Werkes ist auch im Einzelfall nur in den Grenzen der gesetzlichen Bestimmungen des Urheberrechtsgesetzes der Bundesrepublik Deutschland vom 9. September 1965 in der jeweils geltenden Fassung zulässig. Sie ist grundsätzlich vergütungspflichtig. Zuwiderhandlungen unterliegen den Strafbestimmungen des Urheberrechtsgesetzes.

http://www.springer.de
© Springer-Verlag Berlin Heidelberg 2002, 2004
Ursprünglich erschienen bei Physica-Verlag Heidelberg 2004

Die Wiedergabe von Gebrauchsnamen, Handelsnamen, Warenbezeichnungen usw. in diesem Werk berechtigt auch ohne besondere Kennzeichnung nicht zu der Annahme, dass solche Namen im Sinne der Warenzeichen- und Markenschutz-Gesetzgebung als frei zu betrachten wären und daher von jedermann benutzt werden dürften.

Umschlaggestaltung: Erich Kirchner, Heidelberg

SPIN 10959473   88/3130 – 5 4 3 2 1 0 – Gedruckt auf säurefreiem Papier

Vorwort

Die Gründung der Europäischen Union ist der politische Hintergrund, der ein EU einheitliches Rechenwerk zur Bestimmung volkswirtschaftlicher Gesamtgrößen erforderlich machte: Das „Europäische System Volkswirtschaftlicher Gesamtrechnungen" wurde 1999 in der EU verbindlich eingeführt. Es definiert für die Volkswirtschaften Wirtschaftssektoren und wirtschaftliche Aktivitäten und zielt im Kern auf die Ermittlung des Nationaleinkommens (Inlandsproduktes) jedes einzelnen Mitgliedslandes nach übereinstimmenden Kriterien. Denn an diese Größen sind u.a. Zahlungsverpflichtungen und Subventionsrechte gegenüber der EU gekoppelt. Die in Deutschland bis 1999 geltende Volkswirtschaftliche Gesamtrechnung wurde aufgegeben. Sichtbarster Ausdruck der Neuerungen ist die Aufgabe der seit Jahrzehnten etablierten makro-ökonomischen Begriffe: „Sozialprodukt" (Brutto-, Netto, zu Marktpreisen, zu Faktorkosten) und „Volkseinkommen". An ihre Stelle treten die Bezeichnungen „Nationaleinkommen" und „Primäreinkommen".

Dieses Buch legt die didaktisch aufbereiteten Grundlagen volkswirtschaftlicher Zusammenhänge dar, wie sie durch das Europäische System Volkswirtschaftlicher Gesamtrechnungen vorgegeben werden. Genaue Kenntnisse dieses Fundaments erhöhen das Verständnis der makro-ökonomischen Theorie, die ohne diese Grundlagen Gefahr läuft, sich auf blutleere Modellschreinerei zu reduzieren.

Der Teil I entwickelt die wichtigsten gesamtwirtschaftlichen Kategorien und Kreislauf-Beziehungen an Hand eines sehr vereinfachten Modells einer „geschlossenen Volkswirtschaft ohne ökonomische Aktivitäten des Staates". Der Teil II vollzieht den Sprung in die komplexe Wirklichkeit und entwickelt die volkswirtschaftlichen Zusammenhänge in einer „offenen Volkswirtschaft mit ökonomischer Aktivität des Staates". Die Entstehung, Verwendung und Verteilung des Brutto-Inlandsproduktes und Nationaleinkommens Deutschlands steht im Zentrum dieses Teils. Die Ergebnisse werden auch mit denen anderer EU-Ländern verglichen. Teil III ergänzt die VGR durch die Zahlungsbilanz, die Input-Output-Rechnung, die Finanzierungs- und Vermögensrechnung und die Ökologische Gesamtrechnung. Im Teil IV werden aus den VGR–Daten Berechnungen vorgenommen, die Auskunft über makro-ökonomische Zusammenhänge erlauben: Indikatoren und Quoten zur Konjunktur- und Arbeitsmarkt-Analyse. Abschließend wird die VGR und die daraus abgeleiteten Rechnungen einer kritischen Würdigung unterzogen unter dem Gesichtspunkt, inwieweit durch dieses System Aussagen zum gesamtwirtschaftlichen Wohlstand getroffen werden können. Den Abschluss des Buches bildet mit Teil V ein historischer Rückblick auf die Entstehungsgeschichte volkswirtschaftlicher Gesamtrechnungen.

Bei der Aufbereitung des Manuskriptes zu einer druckfertigen Verlagsvorlage konnte ich auf sachkundige und erfahrene Mitarbeiter zurückgreifen: Frau Diplom-Volkwirtin Anna Meinart hat auch bei diesem Buch die technisch-organisatorische Textaufbereitung übernommen und Boxen, Schaubilder, Tabellen mit dem Text zum druckfertigen Layout gemixt, Herr stud. rer. pol. Ronald Schubert hat dabei die computer-technische Betreuung geleistet. Herr Diplom-Volkswirt Franz-Josef Rose half beim Korrekturlesen und der Zusammenstellung der Indikatoren und Quoten. Ihnen gilt mein besonderer Dank, sie haben die Fertigstellung erheblich beschleunigt. Dem Leser hingegen gilt mein Mitgefühl bei der Lektüre, denn ein Lehrbuch liest sich nicht wie ein Roman – es ist auch keiner! Dem Autor bleibt die Erwartung, dass dieses Buch das Verständnis für volkswirtschaftliche Zusammenhänge erleichtern aber auch erhellen möge.

Paderborn, 2002   Hans-Peter Nissen

Vorwort zur 5. Auflage

Die wesentlichen Veränderungen der 5. Auflage bestehen darin, dass die verarbeiteten empirischen Daten der Volkswirtschaft der Bundesrepublik Deutschland mit den bis Juni 2003 verfügbaren Informationen aktualisiert worden sind. Bei dieser Überarbeitung konnten auch zeitlich zurückliegende Datenreihen von der DM auf den EURO umgestellt werden. Neben dieser umfassenden Aktualisierung sind vergleichsweise geringe Textveränderungen vorgenommen worden. Aufbau und Struktur sind identisch geblieben, einige Druckfehler konnten ausgemerzt werden (hoffentlich sind keine neuen hinzugekommen) und das „Lay-Out" wurde ebenfalls verbessert.

Für die druckreife Fertigstellung dieser 5. Auflage möchte ich insbesondere Herrn Björn Angermayer, M.A. in International Economics, danken für seine tatkräftige Mithilfe bei der Aktualisierung der Tabellen und Schaubilder und die damit verbundenen Research- und Computer-Arbeiten sowie Herrn Diplom-Kaufmann Rafael Martínez und Herrn Diplom-Volkswirt Franz-Josef Rose für die Durchsicht des Manuskripts.

Paderborn, August 2003   Hans-Peter Nissen

Inhaltsübersicht

Teil I Grundlagen der VGR
1 Von den Wirtschaftswissenschaften zum Instrumentarium der Volkswirtschaftlichen Gesamtrechnung — 3
2 Von Wirtschaftssektoren zum Wirtschaftskreislauf — 19
3 Ökonomische Aktivitäten der Unternehmung und des Haushalts — 45

Teil II Das Europäische System der VGR
4 Das Kontenschema des Europäischen Systems Volkswirtschaftlicher Gesamtrechnungen — 79
5 Inlandsprodukt und Produktionskonten — 87
6 Nationaleinkommen, Volkseinkommen und die Einkommenskonten — 113
7 Vermögensbildung, Finanzierung und die Konten — 135
8 Entstehung, Verwendung und Verteilung des Inlandsproduktes — 155
9 Das Europäische System der Volkswirtschaftlichen Gesamtrechnung im Detail — 185

Teil III Ergänzungsrechnungen zur VGR
10 Die Zahlungsbilanz — 195
11 Die Input-Output-Rechnung — 227
12 Finanzierungs- und Vermögensrechnung — 245
13 Umweltökonomische Gesamtrechnungen — 259

Teil IV Indikatoren/Quoten und kritische Würdigung der VGR
14 Volkswirtschaftliche Indikatoren und Quoten — 284
15 Kritische Würdigung des VGR-Konzepts — 317

Teil V Historische Entwicklung der VGR
16 Das Tableau Économique von Francois Quesnay — 329
17 Die Reproduktionsschemata von Karl Marx — 335
18 Die VGR nach John Maynard Keynes — 345

Inhaltsverzeichnis

Teil I Grundlagen der VGR

1 Von den Wirtschaftswissenschaften zum Instrumentarium der Volkswirtschaftlichen Gesamtrechnung   3
1.1 Was ist Wirtschaftswissenschaft?   3
1.2 Zur Relevanz der Volkswirtschaftlichen Gesamtrechnung   8
1.3 Das Instrumentarium der Volkswirtschaftlichen Gesamtrechnung   12

2 Von Wirtschaftssektoren zum Wirtschaftskreislauf   19
2.1 Die Unternehmung und ihr Umfeld   19
2.2 Volkswirtschaftlicher Produktionsprozess über drei Stufen   21
2.3 Der volkswirtschaftliche Kreislauf   30
2.4 Gleichheit versus Gleichgewicht   41

3 Ökonomische Aktivitäten der Unternehmung und des Haushalts   45
3.1 Die ökonomischen Aktivitäten im Überblick   45
3.2 Produktivvermögen und Vermögensbilanz   46
3.3 Produktionsprozess: vom Input zum Output   52
3.4 Das Produktionskonto: vom Produktionswert zum Faktoreinkommen   57
3.5 Einkommensverwendung und Einkommenskonto   64
3.6 Konten der Vermögensänderung und ihre Finanzierung   65
3.7 Die ökonomischen Aktivitäten im Zusammenhang   71

Teil II Das Europäische System der VGR

4 Das Kontenschema des Europäischen Systems Volkswirtschaftlicher Gesamtrechnungen   79

5 Inlandsprodukt und Produktionskonten   87
5.1 Das Produktionskonto der Sektoren   88
5.2 Das Produktionskonto des Sektors Unternehmungen: Nichtfinanzielle Kapitalgesellschaften (UN-P)   89
5.3 Das Produktionskonto des Sektors Unternehmungen: Finanzielle Kapitalgesellschaften (UF-P)   97
5.4 Das Produktionskonto des Staates (St-P)   101
5.5 Das Produktionskonto des Sektors Private Haushalte (H-P)   102
5.6 Das Produktionskonto des Sektors Private Organisationen ohne Erwerbszweck (O-P)   105
5.7 Das Gesamtwirtschaftliche Produktionskonto (P)   107

6 Nationaleinkommen, Volkseinkommen und die Einkommenskonten 113
6.1 Die Einkommenskonten der Kapitalgesellschaften (UN-E und UF-E) 115
6.2 Das Einkommenskonto des Staates (St-E) 116
6.3 Das Einkommenskonto des Sektors private Haushalte (H-E) 118
6.4 Einkommenskonto privater Organisationen ohne Erwerbszweck (O-E) 121
6.5 Gesamtwirtschaftliches Einkommenskonto (E) 122
6.6 Nationaleinkommen, Inlandsprodukt, Sozialprodukt 126

7 Vermögensbildung, Finanzierung und die Konten 135
7.1 Vermögensänderungs- und Finanzierungskonten im Überblick 136
7.2 Vermögensänderungs- und Finanzierungskonten im Detail 142
7.3 Das Konto der übrigen Welt 146

8 Entstehung, Verwendung und Verteilung des Inlandsproduktes 155
8.1 Die VGR als Wirtschaftskreislauf 155
8.2 Die Berechnungsarten: Entstehung, Verwendung, Verteilung 158
8.3 Das VGR-System der Einkommensbegriffe 166

9 Das Europäische System der Volkswirtschaftlichen Gesamtrechnung im Detail 185

Teil III Ergänzungsrechnungen zur VGR

10 Die Zahlungsbilanz 195
10.1 Definition der Zahlungsbilanz 195
10.2 Teilbilanzen der Zahlungsbilanz 196
10.3 Ein Buchungsbeispiel zur Zahlungsbilanz 208
10.4 Zahlungsbilanz - empirisch 217

11 Die Input - Output - Rechnung 227
11.1 Die Bedeutung der Input - Output - Rechnung 227
11.2 Aufbau der Input-Output-Tabelle 228
11.3 Die Matrizen der Input-Output-Tabelle 231
11.4 Input-Output-Koeffizienten 235

12 Finanzierungs- und Vermögensrechnung 245
12.1 Die Finanzierungsrechnung 245
12.2 Die Vermögensrechnung 252
12.2.1 Vermögensbilanzierung 252
12.2.2 Geld-Vermögensbilanzierung 254
12.2.3 Sach-Vermögensbilanzierung 256

13 Umweltökonomische Gesamtrechnungen	**259**
13.1 Vom Inlandsprodukt zum Ökoprodukt	259
13.2 Zur Umweltökonomischen Gesamtrechnung (UGR)	263
13.3 Zum empirischen Stand der Umweltökonomischen Gesamtrechnung	270

Teil IV Indikatoren/Quoten und kritische Würdigung der VGR

14 Volkswirtschaftliche Indikatoren und Quoten	**284**
14.1 Nominales und reales Inlandsprodukt	284
14.2 Indikatoren des Wirtschaftswachstums	295
14.3 Indikatoren zur Beschäftigung (Arbeitsmarktindikatoren)	298
14.4 Gesamtwirtschaftliche Arbeitsindikatoren	308
14.5 Gesamtwirtschaftliche Kapitalindikatoren	311
14.6 Gesamtwirtschaftliche Quoten	313
15 Kritische Würdigung des VGR-Konzepts	**317**
15.1 Die Verwendung der VGR-Ergebnisse	317
15.2 Was wird nicht erfasst, ist aber wohlstandsrelevant?	319
15.3 Umklassifizierung von VGR-Kategorien	321
15.4 Soziale Indikatoren	324

Teil V Historische Entwicklung der VGR

16 Das Tableau Économique von Francois Quesnay	**329**
17 Die Reproduktionsschemata von Karl Marx	**335**
18 Die VGR nach John Maynard Keynes	**345**

Literaturverzeichnis	**351**
Stichwortverzeichnis	**355**

Abkürzungsverzeichnis[1]

A	Übrige Welt (Ausland)
AB	Außenbeitrag
AAV	Auslastungsgrad des Arbeitsvolumens
aET	abhängig beschäftigte Erwerbstätige
AF	Außenfinanzierung
AK	Arbeitskoeffizient
AL	Arbeitslose
ALQ	Arbeitslosenquote
ANE	Arbeitnehmerentgeld
Anl.	Anlagen
AP	Arbeitsproduktivität
aU	andere Unternehmungen
b	brutto
BAV	Bruttoanlagevermögen
BIP	Bruttoinlandsprodukt
BNE	Bruttonationaleinkommen
BWS	Bruttowertschöpfung
C	Konsum (-güter)
cif	cost, insurance, freight
D	Abschreibungen
DI	Direktinvestitionen
DL	Dienstleistung
E	Einkommenskonten
EG	Europäische Gemeinschaft
EK	Eigenkapital
EP	Endprodukt
EP	Erwerbspersonen
EPP	Erwerbspersonenpotential
EQ	Erwerbsquote
ESVG	Europäisches System Volkswirtschaftlicher Gesamtrechnungen
ET	Erwerbstätige
EU	Europäische Union
EV	Erwerbs- und Vermögenseinkommen

---

[1] Abkürzungen mit (Doppelt-) Indexierung (z.B. V_{GP}^{ZP}, V_{St}^{UN}) sind so zu lesen, dass ein monetärer Strom von dem unten indexierten Wirtschaftssubjekt zu dem oben indexierten Wirtschaftssubjekt fließt.

EWG	Europäische Wirtschaftsgemeinschaft
Ex	Exporte
ExQ	Exportquote
EZB	Europäische Zentralbank
F	Finanzierung / Finanzierungskonten / Forderungen
FA	Finanzanlagen
FD	Finanzierungsdefizit
FKG	Finanzielle Kapitalgesellschaften
fob	free on board
FS	Finanzierungssaldo
FÜ	Finanzüberschuss
FUV	Finanzumlaufvermögen
GE	Geldeinheiten
GK	Grundkapital / Gebietskörperschaften
GmbH	Gesellschaft mit beschränkter Haftung
H	Haushalte (private)
HB	Handelsbilanz
HH	private Haushalte im engeren Sinn
HP	Herstellungspreise
HVPI	Harmonisierter Verbraucher-Preisindex
I	Investitionen
Im	Importe
ImQ	Importquote
IQ	Investitionsquote
IWF	Internationaler Währungsfonds
K	Kapital
KB	Kapitalbilanz
KEx	Kapitalexport
KG	Kommanditgesellschaft
KI	Kapitalintensität
KIm	Kapitalimport
KK	Kapitalkoeffizient
KP	Kapitalproduktivität
KVB	Kapitalverkehrsbilanz
L	Lager
LB	Leistungsbilanz
LSK	Lohnstückkosten
LÜB	Bilanz der laufenden Übertragungen

M	Manufakturen
MP	Marktpreis
n	netto
NAV	Nettoauslandsvermögensposition
NEP	Nichterwerbspersonen
NF	Nettoforderungen
NFE	Nettofaktoreinkommen
NFKG	Nichtfinanzielle Kapitalgesellschaften
NGVB	Nettogeldvermögensbildung
NIP	Nettoinlandsprodukt
NNE	Nettonationaleinkommen
NPA	Nettoproduktionsabgaben
NPAEU	Nettoproduktionsabgabe an die EU
NPAST	Nettoproduktionsabgabe an den Staat
O	Private Organisationen ohne Erwerbszweck
OECD	Organization for Economic Cooperation and Development
OEEC	Organization for European Economic Cooperation (1948-61)
OHG	Offene Handelsgesellschaft
P	Produktion / Produktionskonten
PA	Produktionsapparat
PE	Primäreinkommen
PEA	Primäreinkommen der übrigen Welt (Ausland)
PEP	Potenzielle Erwerbspersonen
PI	Preisindex
PIL	Preisindex nach Laspeyres
PIP	Preisindex nach Paasche
PP	Produktionspotenzial
PS	Pendlersaldo
PW	Produktionswert
q	Menge
Q	Quote
RL	Rücklagen
RPB	Restpostenbilanz
RV	Reinvermögen
RVÄ	Reinvermögensänderung
S	Sparen (Ersparnis)
SA	Sachanlagen
SAP	Salden Ausgleichs Pol
SKB	Bilanz sonstiger Kapitalanlagen

SNA	System of National Accounts
SPA	Sonstige Produktionsabgaben
SQ	Sparquote
SSNA	Standardized System of National Accounts
St	Staat
SVR	Sachverständigenrat
TG	Gütersteuern
Tr	Transferzahlungen
U	Unternehmungen
uBG	unterstellte Bankgebühren
UF	Unternehmungen: Finanzielle Kapitalgesellschaften
UFF	Unternehmungen: Finanzielle Kapitalgesellschaften (fiktiv)
UGR	Umweltökonomische Gesamtrechnung
UH	Unternehmungen privater Haushalte (Nicht Kapital-Ges.)
UN	Unternehmungen: Nichtfinanzielle Kapitalgesellschaften
UV	Umlaufvermögen
UVE	Unternehmens- und Vermögenseinkommen
V	Vorleistung
VÄ	Vermögensänderung
Vb	Verbindlichkeiten
VGR	Volkswirtschaftliche Gesamtrechnung
VPI	Verbraucher-Preisindex
VTr	Vermögenstransfers
VÜ	Vermögensübertragung
w	Wachstumsrate
WB	Wohnbevölkerung
WPB	Wertpapierbilanz
WR	Währungsreserve
WRB	Währungsreservebilanz
WS	Wertschöpfung
Y	Faktoreinkommen / Volkseinkommen / Leistungseinkommen
Yv	verfügbaren Einkommen der Gesamtwirtschaft
ZG	Gütersubventionen
ZP	Zwischenproduktion

Teil I
Grundlagen der VGR

1 Von den Wirtschaftswissenschaften zum Instrumentarium der Volkswirtschaftlichen Gesamtrechnung

1.1 Was ist Wirtschaftswissenschaft?

Der Versuch, eine genaue und zudem noch kurze Definition des Begriffes "Wirtschaftswissenschaft" geben zu wollen, ist kein leichtes Unterfangen. Im weitesten Sinne kann man sagen, "economics is what economists do", wobei wir aus dieser Tautologie nur herauskämen, wenn wir wüssten, was Ökonomen tun. Im Zentrum wirtschaftswissenschaftlichen Erkenntnisinteresses stehen Fragen, die sich auf die Versorgung einer Gesellschaft mit Gütern konzentrieren: Welche Güter produziert eine Gesellschaft, in welchen Mengen, auf welche Art und Weise und für wen? Warum stellt sich der Produktionsprozess so dar, wie er ist und nicht anders? Wie wird sich der Wirtschaftsprozess in Zukunft entwickeln? Welche alternativen ökonomischen Wahl- und Handlungsmöglichkeiten stehen einer Gesellschaft zur Verfügung? Die Wirtschaftswissenschaft will den Wirtschaftsprozess

- beschreiben, wie er sich in einer abgelaufenen Periode abgespielt hat,
- erklären, warum er sich so und nicht anders ereignet hat,
- prognostizieren, wie er sich künftig entwickeln wird, und der Politik
- alternative Handlungs- und Entwicklungswege aufzeigen.

Die **Beschreibung** des Wirtschaftsprozesses ist immer eine "ex-post" Betrachtung, d.h. wir schauen zurück und stellen die wirtschaftlich relevanten Daten in systematischer Form zusammen. Welche Daten allerdings für "wirtschaftlich relevant" gehalten werden, das sagt uns erst eine Theorie: Das Meer empirischer Fakten ist unbegrenzt, erst was im Netz der Theorie herausgefischt wird, kann näher untersucht werden. Doch wie ist das Netz zu knüpfen, damit die unwichtigen Fakten hindurchschlüpfen können und die wichtigen darin hängen bleiben? Dieser Frage geht die makroökonomische **Theorie** nach in der sogenannten "ex-ante" Betrachtung, die sich auf Ursache-Wirkungszusammenhänge konzentriert. Auf der Grundlage der

Theorie und empirischer Beobachtungen können **Prognosen** über zukünftige Entwicklungen erstellt werden. Die wissenschaftliche **Politikberatung** vollzieht den Schritt von der positiven zur normativen, d.h. von der beschreibenden, analysierenden und prognostizierenden Wissenschaft zur empfehlenden. Sie zeigt alternative Handlungs- und Entwicklungswege für politische Entscheidungsträger auf.

Die **Mikroökonomie** stellt sich diesen Aufgaben in Bezug auf individuelle Wirtschaftssubjekte (die einzelnen privaten Haushalte und Unternehmungen sowie staatliche Entscheidungsträger). Die **Makroökonomie** richtet ihren Blick auf die Gesamtheit aller Wirtschaftssubjekte einer Volkswirtschaft. Ihr wichtigstes Merkmal ist, dass sie Wirtschaftssubjekte mit ähnlichen ökonomischen Verhaltensweisen zu Gruppen von Wirtschaftssubjekten zusammenfasst und die Beziehungen zwischen diesen "Aggregaten" zum Gegenstand ihrer Analyse macht.

Die ökonomischen Probleme kreisen zentral um die Frage, wie letztendlich die menschlichen Bedürfnisse durch Zurverfügungstellung entsprechender Mittel befriedigt werden können. Stoffliche, aber auch immaterielle Mittel, die für den Menschen einen Nutzen stiften und der Bedürfnisbefriedigung dienen, werden **Güter** genannt. Güter bestehen aus „**Waren**" (Gegenstände, die man anfassen und auch lagern kann) und "**Dienstleistungen**", die prinzipiell nicht lagerbar sind, da man sie nicht „auf Vorrat" produzieren kann.

Je höher die Befriedigung der Bedürfnisse, desto größer ist die individuelle Wohlfahrt. Sind die Bedürfnisse höher als die Menge der Mittel, die zu ihrer Befriedigung zur Verfügung stehen (die fundamentale Erfahrung der Menschheit seit der Vertreibung aus dem Paradies!), ergibt sich die Notwendigkeit des **Wirtschaftens**, d.h. des planvollen Umgangs mit knappen Mitteln für alternative Verwendungs- und Verteilungszwecke.

Die **Bedürfnisse** lassen sich grob in Grundbedürfnisse, wie lebensnotwendige Nahrung, Kleidung, Wohnung, Bildung, Gesundheit und stets feiner zu differenzierende Kulturbedürfnisse unterscheiden, wie Sport, Musik, Unterhaltung, Erholung, politische und gesellschaftliche Selbstbestimmung und Selbstverwirklichung. Das Grundbedürfnis "Durst" lässt sich auf natürliche Weise mit Wasser befriedigen. Im Zuge "kultureller Veredelung" kann es aber auch mit Coca Cola oder "Whisky Soda" befriedigt werden, das Bedürfnis nach Mobilität mit einem Ritt auf einem Esel oder einer Fahrt im Jaguar-Sportwagen.

Güter werden nach verschiedenen Gesichtspunkten unterschieden: **Freie Güter** sind solche, die ohne Produktionskosten zu verursachen (unbegrenzt) zur Verfügung stehen. **Ökonomische Güter** sind solche, die erst produziert werden müssen. Man unterscheidet sie weiter nach:

Verwendungszweck

a) **Konsumgüter** sind alle Güter, die ein privater Haushalt erwirbt.

b) **Investitionsgüter** sind Anlagen (wie z.B. Fabrikgebäude, Maschinen, Geräte, Werkzeuge, Straßen) und Lagerbestände (wie z.B. Roh-, Hilfs-, Betriebsstoffe, Halb- und Fertigfabrikate).

Verwendungsdauer

c) **Verbrauchsgüter** sind Güter, die in einem einmaligen Konsum- oder Produktionsakt untergehen (Butter, Brot, Bier werden beim Konsumieren vernichtet; Mehl geht in der Bäckerei in den Backwaren unter).

d) **Gebrauchsgüter** sind Güter, die mehrere Konsum- oder Produktionsakte überstehen, d.h. erneut verwendet werden (z.B. die Maschine in einem Betrieb, der Kühlschrank in einem Haushalt).

Verwendungsreife

e) **Fertige Güter:** Güter sind technisch fertig, wenn sie den Produktionsprozess einer Unternehmung verlassen, makroökonomisch erst, wenn sie als Endprodukte einem Endnachfrager zur Verfügung stehen d.h. nicht mehr weiter verarbeitet werden.

f) **Unfertige Güter** im technischen Sinne werden noch weiterverarbeitet, im makroökonomischen Sinne sind sie noch nicht in den Besitz eines Endnachfragers gelangt.

Verwendungsart

g) **Marktgüter** oder **private Güter** werden auf Märkten zu Marktpreisen ausgetauscht, d.h. angeboten und nachgefragt. Die Anbieter rivalisieren um die Käufer. Die Nachfrager rivalisieren um den Erwerb eines Gutes. Wer den Marktpreis des Gutes nicht zahlt (zahlen kann), wird von der Nutzung (dem Erwerb) des Gutes ausgeschlossen (Ausschlussprinzip von Preisen). Der überwiegende Teil aller in einer Marktwirtschaft produzierten und nachgefragten Güter sind Marktgüter.

h) **Öffentliche Güter** sind hingegen Güter, deren Nutzung nicht auf einzelne Nachfrager aufgeteilt werden kann, mit der Folge, dass der Einzelne das Gut nutzen kann, ohne den Preis dafür zahlen zu müssen. Solche Güter sind z.B. die staatliche Gewährung von äußerer und innerer Sicherheit, oder unmittelbar einleuchtend die Inanspruchnahme der öffentlichen Straßenbeleuchtung. Diese Güter können nur über allgemeine Steuern finanziert werden. Von ihrer Nutzung kann keiner ausgeschlossen werden (Nicht-Ausschluss-Prinzip) und die Nutzer rivalisieren nicht miteinander um die Nutzung des Gutes.

Machen Sie sich anhand einiger **Beispiele** mit diesen Unterscheidungen vertraut: Wie würden Sie die Flasche Bier einordnen, die Sie abendlich trinken?
Sicherlich ist die Flasche Bier ein Konsumgut, und zwar ein fertiges Konsumgut, aber ist es ein Gebrauchs- oder ein Verbrauchsgut? Der Inhalt der Flasche, das Bier, ist ein Verbrauchsgut. In dem Augenblick, in dem Sie es schlucken, ist das Gut vernichtet. Die Flasche jedoch, in der sich das Bier befindet, ist ein Gebrauchsgut; sie kann erneut zur Füllung an die Brauerei zurückgegeben werden und dient damit mehreren Produktions- und Konsumakten (wobei davon ausgegangen wird, dass Sie als umweltbewusster Student "recycling"-Flaschen verwenden). Bier ist natürlich auch ein privates Gut: Sie müssen für seinen Erwerb den üblichen Marktpreis entrichten und schliessen mit dem Erwerb die Nutzung durch andere aus. Der Kühlschrank, in dem Sie diese Flasche Bier gekühlt haben, ist ein Gebrauchsgut, aber da er sich im Besitz eines privaten Haushaltes befindet, ist er gleichzeitig ein Konsumgut. Der gleiche Kühlschrank, etwa in einem Imbissstand, wäre hingegen ein Investitionsgut. Auch kann der Kühlschrank seinen "Status" verändern: wird der von einer Kühlschrankfabrik produzierte Kühlschrank zunächst gelagert, stellt er eine La-

gerinvestition der Fabrik dar (er ist dann zwar ein technisch fertiges, aber ein ökonomisch unfertiges Gebrauchsgut). Verkauft die Fabrik den Kühlschrank in der nächsten Periode an einen Haushalt (Endnachfrager) wird der Kühlschrank zum Konsumgut.

Vielen Gütern kann man aufgrund ihrer technischen Gestalt nicht ansehen, welchem Verwendungszweck sie dienen. Um sie als Konsum- oder Investitionsgut bezeichnen zu können, kommt es mithin darauf an zu wissen, wie sie letztlich verwendet werden. Ein Gut, das von einem privaten Haushalt erworben wird, ist in jedem Fall ein Konsumgut. Es gibt andere Güter, wie zum Beispiel ein Industrieroboter, ein Baukran, ein Schiffsdock, die unzweifelhaft ausschließlich für Investitionszwecke und damit zum Einsatz im weiteren Produktionsprozess hergestellt wurden. Kein Haushalt würde sich vernünftigerweise derartige Güter privat anschaffen.

Wir haben die Güter in freie und ökonomische Güter unterschieden. Freie Güter werden von der Natur geliefert und stehen, gemessen an den menschlichen Bedürfnissen, prinzipiell unbegrenzt zur Verfügung. Ökonomische Güter hingegen müssen erst produziert werden und sind in der Regel knapp im Vergleich zu den menschlichen Bedürfnissen, die sie zu befriedigen haben. Ein freies Gut war bis vor wenigen Jahrzehnten zum Beispiel das kristallklare Wasser der Donau und des Rheins, das sich sowohl zum Baden als auch zum Trinken vorzüglich eignete. Heute können Sie das "Wasser des Rheins" nur noch in Liedern besingen. Sie sollten es aber im Interesse Ihrer Gesundheit weder direkt zum Trinken benutzen, noch dem Beispiel des früheren Umweltministers Klaus Töpfer folgen und darin baden (auch er wagte dies nur kurz und dazu im Neoprenschutzanzug). Trinkwasser aus dem Rhein muss heutzutage in aufwendigen Produktionsverfahren gewonnen werden.

Ein lebenswichtiges freies Gut ist nach wie vor die Luft. Mancherorts wird sie jedoch durch Smog ersetzt. Auch hier wurden aufwendige Produktionsverfahren notwendig, um den Smog wieder in sauerstoffreiche, ungefährliche Luft zu verwandeln, wie zum Beispiel durch das Programm "Blauer Himmel über der Ruhr": Man entledigte sich der umweltverschmutzenden Abgase aus den Schloten der Industrie durch entsprechende Verlängerung der Schornsteine, wodurch ein besserer Abzug der Abgase erreicht wurde. Zwar wurde die Luft über der Ruhr fortan sauberer, jedoch waren die Abgase nicht etwa vernichtet, sondern lediglich durch die Atmosphäre und die höheren Winde in andere Regionen verteilt worden. In Schweden fiel fortan „saurer Regen": ein deutscher Exportschlager aus einer Mischung aus Stickoxiden und Wasser. (Mittlerweile sind allerdings auch Filteranlagen in die Schlote eingebaut worden, die die Abgase reinigen und dadurch den schwedischen Wäldern ein längeres Leben ermöglichen).

Aus diesen wenigen Bemerkungen wird bereits deutlich, dass die Produktion von Gütern häufig mit der Produktion von Abfallprodukten einhergeht. Es entstehen „externe Effekte", die der Produzent nicht in seiner Rechnungslegung berücksichtigt sondern auf die Allgemeinheit bzw. auf die Umwelt abwälzt. Im englischen Sprachraum unterscheidet man "goods" und "bads": Gute Güter, die der Bedürfnisbefriedigung dienen und schlechte Güter, die ihr schaden. Auch zeigt das Beispiel, dass der "Blaue Himmel" über der Ruhr ein öffentliches Gut ist, das von vielen Menschen genutzt wird, ohne dass sie für dieses Gut direkt bezahlen müssten und dass die individuelle Nutzung nicht die Nutzung durch andere ausschließt.

Dienstleistungen sind Güter (im weiteren Sinne), deren herausragendes Unterscheidungskriterium zu den soeben besprochenen Gütern im engeren Sinne, den "Waren", darin besteht, dass sie immateriell und nicht lagerfähig sind! Sie werden mit ihrer Produktion sofort verbraucht: Hierzu zählen die Behandlung des Arztes, das Haareschneiden, Dauerwelle legen der Friseurin, die Beratung des Rechtsanwalts, der Unterricht der Dozentin, Kreditberatungsleistungen, Abwicklung finanzieller Transaktionen durch Banken, Darbietungen eines Symphonieorchesters oder einer Rock-Band.... Im internationalen Handel (insbesondere beim Verkauf von Maschinen oder ganzen Fabrikanlagen) wird das eigentliche Exportgut – die Fabrikanlage – häufig im Paket mit (technischen) Serviceleistungen angeboten, die zur Bedienung der Maschine bzw. Installation der Fabrikanlage unerlässlich sind.

1.2 Zur Relevanz der Volkswirtschaftlichen Gesamtrechnung

Aus der Betriebswirtschaftslehre ist Ihnen bekannt, dass im betrieblichen Rechnungswesen alle ökonomischen Vorgänge eines Betriebes bzw. einer Unternehmung in systematischer Weise erfasst werden. Im Zentrum steht dabei die betriebliche Erfolgsrechnung - die **Gewinn- und Verlustrechnung** -, die das Betriebsergebnis ermittelt. Die Volkswirtschaftliche Gesamtrechnung behandelt in gewisserweise die gesamte Volkswirtschaft wie eine einzige riesige Unternehmung, deren Erfolgsrechnung gipfelt in der Ermittlung des Inlandsproduktes und des allen Wirtschaftssubjekten zufließenden „Nationaleinkommens" (bzw. "Volkseinkommens"). Erste international vergleichbare Berechnungen bzw. Schätzungen der Nationaleinkommen veröffentlichte der Völkerbund (Vorläufer der Vereinten Nationen) im Jahre 1939 für 26 Länder. Nach dem zweiten Weltkrieg publizierte die OEEC[1] nach einer zweijährigen empirischen Erprobung in den Mitgliedsländern 1952 das "Standardized System of National Accounts" (SSNA). Die Vereinten Nationen legten ihr erstes "System of National Accounts" (SNA) im Jahre 1953 vor, ihr zweites 1968 und ihr letztes 1993.[2] Dieses System der Volkswirtschaftlichen Gesamtrechnung wird weltweit als verbindliche Vorgabe für die Mitgliedsländer der Vereinten Nationen angesehen. Auch das Europäische System volkswirtschaftlicher Gesamtrechnungen (ESVG) ist an das SNA 1993 angepasst.[3] Die Konzepte stimmen überein. Das ESVG wurde erstmals 1979 für die damalige EWG entwickelt und zuletzt grundlegend revidiert im Jahre 1995. Es ist stärker auf die Bedürfnisse der EU zugeschnitten als das weltweite SNA der Vereinten Nationen. In der EU geht es insbesondere um eine sehr genaue Vergleichbarkeit der wirtschaftlichen Leistungen der Mitgliedsländer, um für Zwecke der Eigenmittelberechnung eine harmonisierte Basis zu haben.[4]

Das deutsche System der Volkswirtschaftlichen Gesamtrechnungen geht auf das Jahr 1960 zurück. Es wurde seither stets weiterentwickelt und den veränderten realen Verhältnissen angepasst. Mit den Verträgen zur Europäischen Union wurde das deutsche System zu Gunsten des Europäischen Systems Volkswirtschaftlicher Gesamtrechnungen ESVG seit April 1999 abgelöst. Einige Anpassungen an das neue ESVG werden erst im Dezember 2003 verbindlich abzuschließen sein.[5]

---

[1] OEEC: Organization for European Economic Cooperation (1948-61), danach OECD: Organization for Economic Cooperation and Development.
[2] System of National Accounts 1993, unter Beteiligung der Europäischen Gemeinschaft (EG), des Internationalen Währungsfonds (IWF), der Organisation für Wirtschaftliche Zusammenarbeit sowie Entwicklung (OECD), den Vereinten Nationen (UN), der Weltbank.
[3] Vgl. Lützel, H.: Revidiertes System Volkswirtschaftlicher Gesamtrechnungen; in: Wirtschaft und Statistik 10/1993, S. 711-722.
[4] Statistisches Bundesamt, Wirtschaft und Statistik, Heft 4, 1999, S.3.
[5] Statistisches Bundesamt, Wirtschaft und Statistik, Heft 4, 1999, S. 7.

An die internationale Vergleichbarkeit der empirischen VGR-Daten, insbesondere der Aggregate "Inlandsprodukt" und "Inlandsprodukt/-Nationaleinkommen pro Kopf", werden heutzutage hohe Anforderungen gestellt, da diese Aggregate wichtige **Referenzgrößen für internationale Wirtschaftspolitiken** darstellen:

- Mitgliedsbeiträge von Staaten an internationale Organisationen (z.B. die von Ländern gezeichneten Quoten im Internationalen Währungsfonds und der Weltbank) knüpfen u.a. an die Höhe des Inlandsproduktes an.

- Für Entwicklungsländer ist der Zugang zu zinsverbilligten Krediten oder allgemeiner Entwicklungshilfe häufig an eine bestimmte maximale Höhe des Pro-Kopf-Einkommens gebunden.

- Die Länder der Europäischen Union leisten einen Teil ihrer laufenden Zahlungen an die EU-Behörde in Brüssel in Abhängigkeit zur Höhe ihres Bruttosozialproduktes/Inlandsproduktes.[6] Ebenso ist ein Teil der Mittelverwendung an die Höhe des pro Kopf- Einkommens eines Mitgliedslandes im Vergleich zum EU-Durchschnitt gebunden (Kohäsionsfonds).

- Für die EU selbst ist die Obergrenze ihrer Eigenmittel auf 1,27% des gemeinschaftlichen Bruttosozialproduktes festgelegt.

- Auch der Maastricht Vertrag der Europäischen Union greift auf VGR-Daten als Konvergenz- und Referenzkriterien zurück: so darf die laufende Verschuldung öffentlicher Haushalte maximal 3%, der öffentliche Schuldenstand maximal 60% des BIP (Brutto-Inlandsprodukt) betragen.

Das System Volkswirtschaftlicher Gesamtrechnungen (SNA oder ESVG 95) verfolgt mehrere **Zwecke**: es dient der Wirtschaftsanalyse, der wirtschaftspolitischen Entscheidungsfindung und der Erfolgskontrolle wirtschaftspolitischer Maßnahmen. Die Nutzer dieses Systems sind vor allem Regierungen, Universitäten und Forschungsinstitute, Arbeitgeber- und Arbeitnehmerverbände, die Presse sowie die allgemeine Öffentlichkeit. Das System kann nicht allen Zielen aller Nutzer gleichzeitig gerecht werden, insbesondere bestehen Defizite zum Zwecke der Wohlstandsmessung. Das in gewisser Weise „rund erneuerte" System der ESVG und SNA beschränkt sich selbst auf die Erfassung ökonomischer Daten, die zwar den modernen

---

[6] Zur Zeit der Festlegung dieser politischen Referenzwerte gab es noch den Begriff „Sozialprodukt", der erst mit dem ESVG 95 abgeschafft wurde.

1.2 Zur Relevanz der Volkswirtschaftlichen Gesamtrechnung

Anforderungen besser angepasst aber im Kern doch traditionell ökonomie-zentriert geblieben sind. Es reflektiert stärker als die Vorgänger-Systeme insbesondere:
- *die wirtschaftspolitisch gewachsene Bedeutung der Inflation,*
- *das verstärkte Gewicht der Dienstleistungen,*
- *den veränderten staatlichen Einfluss auf den Wirtschaftskreislauf und*
- *die substanziellen Innovationen der Finanzmärkte.*

Die Höhe des Inlandsproduktes und seine jährlichen Veränderungsraten geben wichtige Aufschlüsse über die **gesamtwirtschaftliche Entwicklung** eines Landes und Hinweise über die Notwendigkeit wirtschaftspolitischer, insbesondere konjunkturpolitischer, Steuerungen durch den Staat. Da die VGR eine "Erfolgsrechnung" ist, erlaubt sie in Analogie zu Unternehmungen Rückschlüsse und Bewertungen des Erfolges vorangegangener Wirtschaftspolitiken. In der Tat wurde es insbesondere deshalb entwickelt, um einer aktiven Wirtschaftspolitik des Staates die zur Planung und zur Erfolgskontrolle erforderlichen Daten bereitzustellen.

Wird das in der VGR erfasste Zahlenmaterial nach **Wirtschaftssektoren** zusammengestellt wie z.B. Landwirtschaft, verarbeitendes Gewerbe (Industrie, Baugewerbe), Dienstleistungsunternehmen (Banken und Versicherungen, Handel und Verkehr) erhält man Antwort auf die Frage, wie groß der Anteil der Sektoren an der Entstehung des Inlandsproduktes ist. Ein Vergleich dieser volkswirtschaftlichen Informationen über mehrere Jahre hinweg führt zu Erkenntnissen, welche Branchen wachsen oder schrumpfen, wie sich also die Produktionsstruktur eines Landes verändert.

Nun ist es nicht nur wichtig zu wissen, in welchem Sektor welcher Teil des Inlandsproduktes produziert wird, sondern auch, wozu das entstandene Produkt **verwendet** wird: für den privaten Konsum, für Investitionen der Schwer- und Rüstungsindustrie, für produktive Investitionen, für die soziale Absicherung. Schließlich geht es auch um die Frage, wie das Volkseinkommen respektive Nationaleinkommen "auf das Volk" **verteilt** wird. Konzentriert sich das Einkommen in den Händen weniger Reicher oder verteilt es sich relativ gleichmäßig auf die gesamte Bevölkerung?

Die erwähnten Entstehungs-, Verwendungs- und Verteilungsrechnungen sind Bestandteil der VGR. Darüber hinaus lassen sich weitere wichtige ökonomische Indikatoren aus der VGR ableiten.[7] Leider sind die ökonomischen Daten der VGR nur bedingt geeignet, Auskunft über den **"Wohlstand"** der Bevölkerung eines Landes zu geben. Vielmehr muss das "Konzept des Nationaleinkommens" sehr kritisch gewürdigt werden, ob und in welchem Umfang "mehr Einkommen" gleichgesetzt werden kann mit "mehr Wohlstand".[8]

Das gesteigerte Umweltbewusstsein und die daraus hervorgegangene Umweltpolitik stellen neue Anforderungen an ein gesellschaftliches Rechnungswesen. Das rein "ökonomistische" Konzept erweist sich unter dieser Fragestellung als zu eng. Weder der einzelne Betrieb internalisiert in seiner betrieblichen Rechnungslegung die von ihm verursachten **externen Kosten** (z.B. die mit der Produktion von Gütern einhergehende Produktion von Abgasen oder Abwässern) noch die aus dieser Rechnung hervorgehende VGR leistet dieses. Wie wäre die VGR auszugestalten, um über die Ökonomie hinausgehend auch die Ökologie miteinzubeziehen?[9]

1.3 Das Instrumentarium der Volkswirtschaftlichen Gesamtrechnung

Die systematische Zusammenstellung der volkswirtschaftlichen Daten für die VGR erfolgt im Wesentlichen in vier Techniken:

♦**Gleichungen**   ♦**Konten**   ♦**Kreisläufen**   ♦**Matrizen**.

Die Darstellungsweisen sind inhaltlich identisch und lediglich methodisch verschieden: Eine mathematische **Gleichung** zeichnet sich dadurch aus, dass alle Posten, die auf der linken Seite einer Gleichung stehen, größengleich sind allen Posten, die auf der rechten Seite stehen:

(1) $a + b + c = d + e + f$

Die Kontendarstellung stammt aus der Buchhaltung. Der Buchhalter schreibt die einzelnen Positionen nicht nebeneinander und verbindet sie mit einem Gleichheits-

---

[7] Vgl. auch Teil IV.
[8] Vgl. Teil IV, Kapitel 15.
[9] Vgl. Teil III, Kapitel 13.

1.3 Das Instrumentarium der Volkswirtschaftlichen Gesamtrechnung

zeichen, sondern er schreibt sie untereinander und verbindet sie mit einem "T". Als **Konto** (mit einem Zahlenbeispiel versehen) sieht die Gleichung (1) wie folgt aus:

Soll		Konto		Haben
a	100		300	d
b	200		200	e
c	300		100	f
	600		**600**	

Die linke Seite dieses „T-Kontos" nennt man Sollseite, die rechte Habenseite. Auf einem Konto werden **Stromgrößen** bzw. Bestandsänderungen erfasst (z.B. Einnahmen/Ausgaben/Gewinn pro Jahr). Es können aber auch Vermögensbestände in „T-Form" gegenübergestellt werden, dann bezeichnet man die Seiten mit Aktiva und Passiva und das "T" heißt nicht mehr "Konto" sondern "Bilanz". Im Gegensatz zu den Stromgrößen beziehen sich Bestände auf einen Zeitpunkt (z.B. den 31. Dezember eines Jahres) und nicht auf eine Zeitperiode (z.B. Einkommen pro Monat, Gewinn pro Jahr).

Im folgenden Beispiel werden drei Pole definiert, und daraus ein Kreislaufbild abgeleitet: Bei den Ausdrücken a_1 bis f_1 handelt es sich um Stromgrößen. Die Ströme lassen sich am anschaulichsten durch ein **Kreislauf**bild darstellen, das sowohl die Pole enthält, zwischen denen die Ströme fließen, als auch die Ströme selbst:

Auf der Habenseite werden alle Ströme erfasst, die in den Pol hineinfließen, auf der Sollseite alle die hinausfließen. Bei den Strömen soll es sich immer um monetäre Ströme handeln! D.h., reale Gütermengen werden mit ihren Preisen gewichtet (das Produkt aus Menge mal zugehörigem Preis gebildet) und diese – in Geldeinheiten ausgedrückten Werte – werden als Ströme erfasst. Die Angaben von z.B. Birnen, Äpfeln, Büchern, Autos, Reisen lassen sich nur in Form ihres Geldwertes zusammenfassen. Die von uns verwendeten Kreisläufe sind stets so genannte "geschlossene Kreisläufe".

Schaubild 1-1: Kreislaufbild 1 mit drei ausgeglichenen Polen

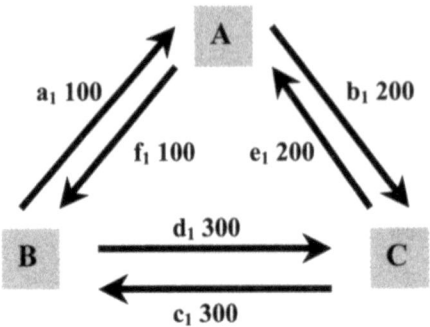

Bei diesen Kreislaufzusammenhängen ergeben sich folgende Konten für die einzelnen Pole (Zahlenwerte in Euro €):

A		B		C	
b_1 200	a_1 100	a_1 100	c_1 300	c_1 300	b_1 200
f_1 100	e_1 200	d_1 300	f_1 100	e_1 200	d_1 300
300	300	400	400	500	500

Handelt es sich bei den zu Grunde liegenden Daten um eine **Ungleichung**, dann wird diese in der Buchhaltung durch Einfügen eines Saldos in eine Gleichung verwandelt:

(2) $\quad a + b + c > d + e + f \quad$ wird zu

(3) $\quad a + b + c = d + e + f + s \quad$ wobei gilt

(4) $\quad s = \text{Saldo} = a + b + c - (d + e + f)$

Im T-Konto sieht das wie folgt aus:

Soll		Konto		Haben
a	200	100		d
b	300	200		e
c	400	300		f
		300		s

Überwiegt die Sollseite, steht der Saldo, der beide Seiten zum Ausgleich bringt, im Haben, überwiegt die Habenseite, steht er im Soll.

Schaubild 1-2: Kreislaufbild 2 mit Saldenausgleichpol

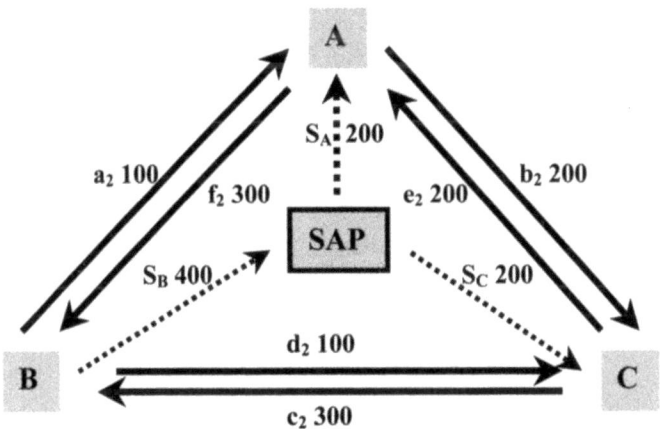

In Kontendarstellung sehen die einzelnen Pole wie folgt aus:

A		B		C	
b_2 200	a_2 100	a_2 100	c_2 300	c_2 300	b_2 200
f_2 300	e_2 200	d_2 100	f_2 300	e_2 200	d_2 100
	S_A 200	S_B 400			S_C 200
500	500	600	600	500	500

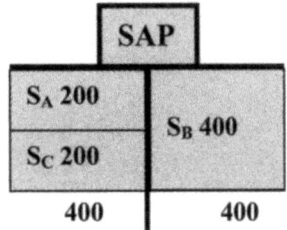

Betrachten wir nun wieder die **Kreislaufbeziehungen** zwischen den Polen A, B, C, so müssen sich die in jeden Pol hineinfließenden und aus jedem Pol herausfließenden Ströme nicht notwendigerweise in jedem Pol vollständig ausgleichen. Vielmehr können bei allen (oder einigen) Polen Salden auftreten, d.h., dass entweder die hineinfließenden Ströme oder die herausfließenden überwiegen. In einem geschlossenen Kreislaufsystem gleichen sich sämtliche Salden aller Pole gerade aus. Um das deutlich zu machen, fügen wir in den ursprünglichen Basiskreislauf einen weiteren Pol ein, den wir hier zunächst **"Saldenausgleichspol"** (SAP) nennen wollen:

Die Salden berechnen sich als Differenz zwischen Soll- und Habenseite:

Saldo	=	**Habenseite**		**Sollseite**		
		(Einnahmen) –		**(Ausgaben)**		
S_A	=	$(a_2 + e_2)$	–	$(b_2 + f_2)$		
	=	$(100 + 200)$	–	$(200 + 300)$	=	– 200
S_B	=	$(c_2 + f_2)$	–	$(a_2 + d_2)$		
	=	$(300 + 300)$	–	$(100 + 100)$	=	+ 400
S_C	=	$(b_2 + d_2)$	–	$(c_2 + e_2)$		
	=	$(200 + 100)$	–	$(300 + 200)$	=	– 200
S_{SAP}		= Summe der Salden $S_A + S_B + S_C$			=	0

Nachdem die Darstellungsweisen Gleichungen, Konten und Kreisläufe vorgestellt wurden, kommen wir nun zu den Matrizen. Schaubild: 1 - 3 zeigt mit den Zahlen des letzten Beispiels die Ströme zwischen den Polen in Matrixform:

1.3 Das Instrumentarium der Volkswirtschaftlichen Gesamtrechnung   17

Schaubild 1-3: Matrix

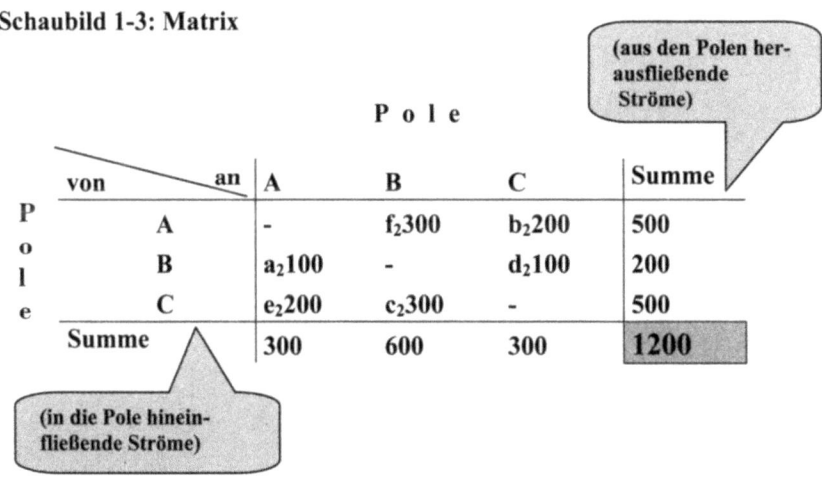

	von \ an	A	B	C	Summe
P o l e	A	-	$f_2 300$	$b_2 200$	500
	B	$a_2 100$	-	$d_2 100$	200
	C	$e_2 200$	$c_2 300$	-	500
	Summe	300	600	300	**1200**

(aus den Polen herausfließende Ströme)

(in die Pole hineinfließende Ströme)

Diese Darstellung bietet sich immer dann an, wenn die Zahl der Pole so groß wird, dass die anderen Darstellungsformen unübersichtlich werden. Wir werden auf diese Form erst in dem Kapitel näher eingehen, das sich mit der "Input-Output" Tabelle beschäftigt.

2 Von Wirtschaftssektoren zum Wirtschaftskreislauf

2.1 Die Unternehmung und ihr Umfeld

In diesem Kapitel wollen wir wesentliche Kreislaufzusammenhänge einer Volkswirtschaft kennen lernen. Dazu treffen wir eine Reihe von Vereinfachungen gegenüber der wirklichen Welt, d.h. wir konstruieren ein "Modell" einer Volkswirtschaft. Die erste Annahme ist, dass diese Volkswirtschaft lediglich aus zwei Gruppen von **Wirtschaftssubjekten** besteht: den **Unternehmungen** die in ihren Betriebsstätten die Produktion von Gütern organisieren, und den **privaten Haushalten** die den Unternehmungen ihre Arbeitskraft und ihr Vermögen zur Verfügung stellen und dafür Entgelt in Form von Löhnen und Gehältern oder sonstigen Einkommen (z.B. Zins-, Miet-, Pacht- oder Gewinneinnahmen) beziehen. Zweitens wird vom Staat (und seinen wirtschaftlichen Einflüssen) hier abgesehen. Drittens werden ebenso wenig außenwirtschaftliche Transaktionen berücksichtigt. Das skizzierte Modell beschreibt eine **"geschlossene Volkswirtschaft ohne staatliche ökonomische Aktivität"**. Jede einzelne Unternehmung steht in dieser Volkswirtschaft in ökonomischen Beziehungen zu anderen Unternehmungen und zu privaten Haushalten (vgl. Schaubild 2-1). Wir wollen dieses Umfeld die **"ökonomische Umwelt"** der Unternehmung nennen. Jede Unternehmung kauft von anderen Unternehmungen Güter, die sie im eigenen Produktionsprozess verbraucht. Man nennt diese Güter **"Vorleistungen"** (V). Als Produktionsergebnis stellt sie neue Produkte her, die sie an andere Unternehmungen und/oder an Haushalte verkauft oder im Unternehmen behält. Man nennt den Geldwert der produzierten Güter auch **"Produktionswert"** (PW).

Der von einer Unternehmung zur Produktion von Gütern eingesetzte Produktionsapparat (z.B. die landwirtschaftlichen Maschinen eines Bauernhofes, Geräte und Gebäude) nutzt sich durch den Produktionsprozess ab. Diese Abnutzung wird als **"Abschreibung"** (D) erfasst und in den Verkaufswert hineingerechnet. Im Allgemeinen geht der Verkaufswert über den Wert der eingekauften Vorleistungen (Roh-, Hilfs-, Betriebsstoffe) und des "Werteverzehrs" am Produktionsapparat (den Abschreibungen) hinaus: Die Differenz ist die **"Wertschöpfung"** (WS) der Unternehmung. Sie fließt in Form von Einkommen an die Haushalte. (Von Unternehmungen mit eigener Rechtspersönlichkeit, die Gewinne auch selbst einbehalten können, wird an dieser Stelle abgesehen.)

Der Geldwert eines Einkaufs ist eine **Ausgabe**, der Geldwert eines Verkaufs ist eine **Einnahme**. Die Begriffe **"Einzahlung"** und **"Auszahlung"** beziehen sich hingegen auf reine kassenmäßige Vorgänge. Zur Verdeutlichung: Mit einem Einkauf entsteht im selben Augenblick eine Ausgabe, aber nicht notwendigerweise eine Auszahlung. Diese kann z.B. sehr wohl später erfolgen.

Schaubild 2-1: Außenbeziehungen einer Unternehmung

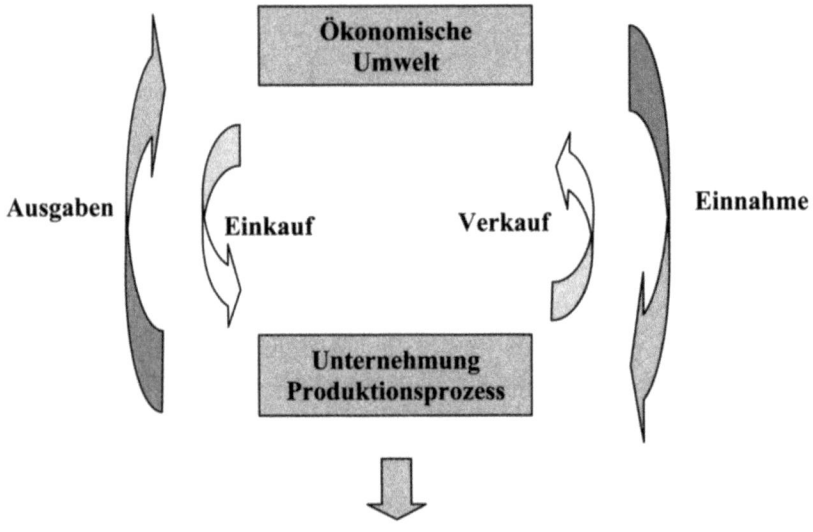

2.2 Volkswirtschaftlicher Produktionsprozess über drei Stufen

Wir stellen uns jetzt einen Produktionsablauf vor, der den Sektor Unternehmungen in drei aufeinander folgende Produktionsstufen unterteilt. Diese Produktionsstufen können beispielsweise sein:

    I. **Grundstoffproduktion (U_{GP})** Beispiel: die Produktion von Getreide

    II. **Zwischenproduktion (U_{ZP})** Beispiel: die Produktion von Mehl

    III. **Endproduktion (U_{EP})** Beispiel: die Produktion von Brot

I. Grundstoffproduktion (U_{GP})

Nehmen wir an, die Unternehmung (U_{GP}) sei ein landwirtschaftlicher Betrieb und das Produkt (der Produktionswert) bestünde aus Getreide im Werte von 100 Geldeinheiten (PW_{GP} = 100 GE). Durch den Verkauf des Getreides an eine Mühle erzielt der landwirtschaftliche Betrieb Einnahmen von 100 GE. Dem steht die Abnutzung des eingesetzten landwirtschaftlichen Produktionsapparates gegenüber, die als Abschreibung (D_{GP}) erfasst wird und im Produktionswert wertmäßig enthalten ist. Zur Vereinfachung nehmen wir an, dass diese Unternehmung keine Vorleistungen einkauft. Darüber hinaus entstehen **Leistungseinkommen** bzw. **Faktoreinkommen** (als Entgelt für bereitgestellte Produktionsfaktoren), die die Wertschöpfung darstellen (**WS**). Diese Wertschöpfung fließt den privaten Haushalten zu, die in diesem landwirtschaftlichen Betrieb tätig sind (z.B. in Form von Löhnen, Gehältern und Gewinnen):

\multicolumn{2}{c}{**Produktionskonto Grundstoffproduktion: Unternehmung U_{GP}** **(Beispiel: landwirtschaftlicher Betrieb)**}		
D_{GP} 40	Abschreibungen auf die Produktionsanlagen	Verkauf des Getreides an den Mühlbetrieb =	
WS_{GP} 60	Löhne und Gehälter der Beschäftigten (einschließlich des Gewinns des Eigentümers) = Wertschöpfung	Produktionswert	PW_{GP} 100
	100		100

II. Zwischenproduktion (U_{ZP})

Die Mühle mahlt Mehl, das sie an die Unternehmung (U_{EP}), eine Bäckerei, verkauft. Der Verkaufserlös ist identisch mit dem Produktionswert der Unternehmung (PW_{ZP}). Für den Mühlbetrieb stellt das eingekaufte Getreide, das im Produktionsprozess zu Mehl gemahlen wird, eine Vorleistung dar (V_{ZP}^{GP})[1]. In seinem Produktionswert stecken zudem der produktionsbedingte Werteverzehr am Produktionsapparat Mühle (D_{ZP}) sowie die Wertschöpfung der Unternehmung (WS_{ZP}), die in Form von Löhnen, Gehältern und Gewinnen den Haushalten zufließen, die dort beschäftigt sind bzw. Eigentumsrechte halten.

Produktionskonto Zwischenproduktion: Unternehmung U_{ZP} (Beispiel: Mühlbetrieb)			
V_{ZP}^{GP} 100	Einkauf des Getreides von U_{GP} = Vorleistungen	Verkauf des Mehls an die Bäckerei = Produktionswert	PW_{ZP} 160
D_{ZP} 20	Abschreibungen auf die Produktionsanlagen		
WS_{ZP} 40	Wertschöpfung = Löhne, Gehälter, Gewinne		
160			160

III. Endproduktion (U_{EP})

Die dritte Produktionsstufe, das Unternehmen (U_{EP}) - die Bäckerei -, stellt aus dem Mehl Brot her und verkauft dieses Fertigprodukt an die privaten Haushalte oder bildet Lagervorräte. Das Mehl ist als Vorleistung in die Produktion des Brotes eingegangen (V_{EP}^{ZP}). Die Abschreibung (D_{EP}) für die Abnutzung am Produktionsapparat der Bäckerei ist ebenso im Produktionswert (PW_{EP}) enthalten wie die Wertschöpfung dieser Unternehmung (WS_{EP}). Auch diese Wertschöpfung fließt in Form von Löhnen, Gehältern und Gewinnen an private Haushalte.

---

[1] Die Indexierung ist so zu lesen, daß ein monetärer Strom von dem unten indexierten Wirtschaftssubjekt zu dem oben indexierten Wirtschaftssubjekt fließt.

Produktionskonto Endproduktion: Unternehmung U_{EP} (Beispiel: Bäckerei)			
V_{EP}^{ZP} 160	Einkauf des Mehls von U_{ZP} und Einsatz des Mehls als Vorleistung	Produktionswert - Verkauf des Endproduktes als Konsumgüter an Haushalte	PW_{ZP} 200
D_{EP} 20	Abschreibungen auf die Produktionsanlagen	- oder Investitionsgüter an Unternehmen (im Fall der Bäckerei können Investitionen nur aus selbsterstellten Lagerinvestitionen bestehen	=
WS_{EP} 20	Wertschöpfung = Löhne, Gehälter, Gewinne	$I^b = I_{L(EP)}$	$C + I^b$
200			200

Welche Gütermengen und welches Einkommen sind eigentlich der Volkswirtschaft im Zuge dieses arbeitsteiligen Produktionsprozesses letztendlich zugeflossen? Addieren wir die Produktionswerte sämtlicher Unternehmen auf, also Getreide plus Mehl plus Brot, erhalten wir den gesamten Produktionswert dieser drei Produktionsstufen. Sehen wir von dem Beispiel Landwirtschaft, Mühle, Bäckerei ab und stellen uns stattdessen darunter die Gesamtheit aller Unternehmen der Grundstoffproduktion, Zwischengüterproduktion und Endproduktion vor, dann wäre die ausgewiesene Summe gleich dem **gesamtwirtschaftlichen Produktionswert**. Doch ist diese Gütermenge der Volkswirtschaft nicht zugeflossen.

Vielmehr ist das Getreide als Vorleistung im Mehl enthalten und das Mehl wiederum als Vorleistung im Brot. Letztendlich ist in der Volkswirtschaft lediglich das Brot als Endprodukt erstellt worden. Das Brot kann entweder an die Haushalte verkauft werden oder von der Bäckerei gelagert werden. Im letzten Fall werden Lagerinvestitionen gebildet. Sieht man von diesem didaktischen Beispiel ab und betrachtet die Einteilung einer Volkswirtschaft in Unternehmungen der Grundstoff-, Zwischen- und Endprodukt-Herstellung, so werden als **Endprodukte** Investitionsgüter und Konsumgüter produziert. Wie das Endprodukt zwischen Investitions- und Konsumgüter aufgeteilt wird, lässt sich aber erst sagen, nachdem wir die zweite Seite der Güterproduktion betrachtet haben: die **Wertschöpfung**, d.h. die Entstehung und Verwendung von Einkommen.

Schaubild 2-2: Produktionsprozess über drei Stufen

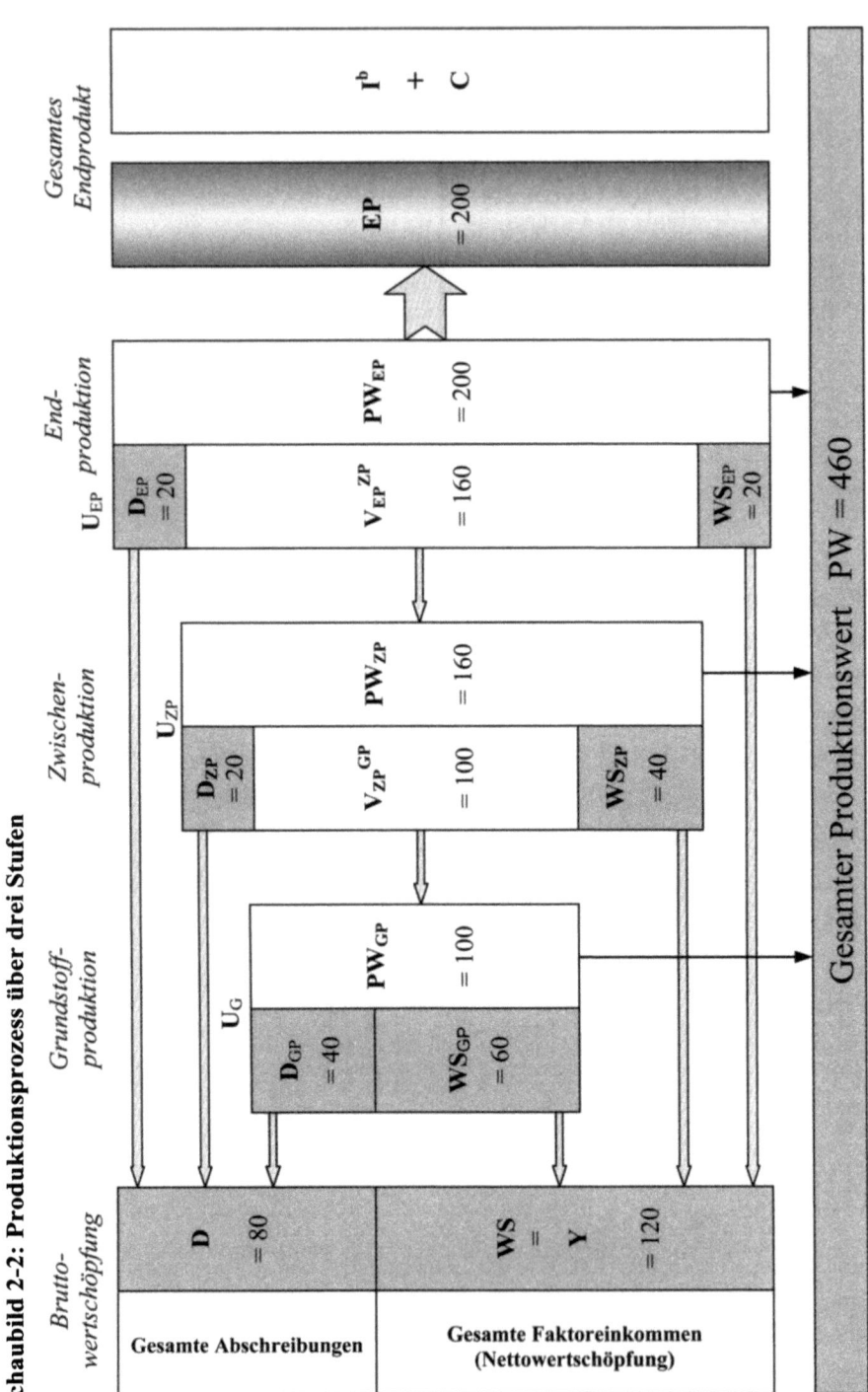

2.2 Volkswirtschaftlicher Produktionsprozess über drei Stufen

Im Zuge des arbeitsteiligen Produktionsprozesses sind nicht nur Güter entstanden, sondern auch Einkommen. Die **Summe der Wertschöpfungen** ist den privaten Haushalten als Faktoreinkommen zugeflossen. Die Summe der Abschreibungen ist (als Ausgleich für den produktionsbedingten **Werteverzehr** am eingesetzten Produktionsapparat) den Unternehmungen zugeflossen. Es zeigt sich, dass das Faktoreinkommen zuzüglich der Abschreibungssumme (die so genannte Bruttowertschöpfung) größengleich dem Endprodukt ist. Auf dem zusammengefassten Produktionskonto dieser drei Unternehmen lässt sich der volkswirtschaftliche Produktionsprozess und sein Ergebnis noch einmal im Überblick illustrieren (vgl. Schaubild 2 - 2).

Auf der Habenseite des **aggregierten Produktionskontos** (vgl. Schaubild 2 - 3) ist die Güterproduktion aufgeführt, betriebswirtschaftlich gesprochen der Ertrag. Auf der Sollseite stehen alle Positionen, die in die Güterproduktion eingeflossen sind, also die Vorleistungen, Abschreibungen und die Faktorleistungen. Es zeigt sich dabei wieder, dass die Produktionswerte der Unternehmungen (U_{GP}) und (U_{ZP}) in demselben gesamtwirtschaftlichen Produktionsprozess jeweils von der nachgelagerten Unternehmung als Vorleistungen eingesetzt worden sind, Soll- und Habenpositionen auf dem zusammengefassten Konto sich also gegenseitig aufheben.
Ein verkürztes Produktionskonto beginnt unterhalb dieser Buchungspositionen beim zweiten Doppelstrich. Es heißt **konsolidiertes Produktionskonto**. Der Produktionswert (PW_{EP}) auf der Habenseite stellt das Endprodukt dieser Produktionsprozesse dar. Auf der Soll-Seite des konsolidierten Produktionskontos werden Abschreibungen und Wertschöpfungen von allen drei Sektoren erfasst. Diese Wertschöpfungen ergeben in ihrer Summe die Faktoreinkommen, die sämtlichen an der Produktion beteiligten Wirtschaftssubjekten zufließen, d.h. den Unternehmer- sowie den Arbeitnehmerhaushalten.

Konsolidiertes Produktionskonto			
D 80	Abschreibung	Endprodukt = Konsumgüter Investitionsgüter	EP = 200
WS 120	Wertschöpfung		
200			200

Schaubild 2-3: Das aggregierte und konsolidierte Produktionskonto

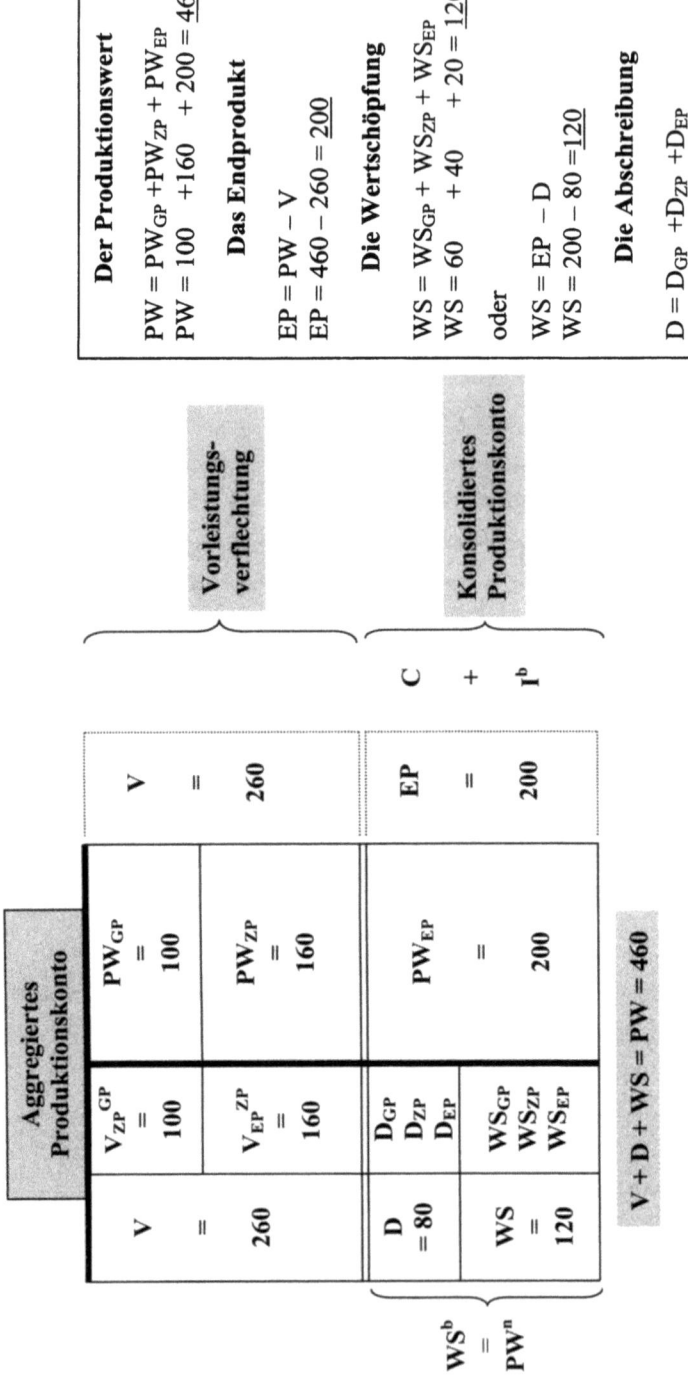

2.2 Volkswirtschaftlicher Produktionsprozess über drei Stufen

Über die Verwendung dieses Endproduktes kann noch keine Aussage gemacht werden. Wir wollen zwei Verwendungsmöglichkeiten unterscheiden: Konsumgüter und (Brutto-) Investitionsgüter. In theoretisch möglichen Extremfällen könnte das gesamte Endprodukt entweder ausschließlich konsumiert oder investiert werden. Es gelten folgende Beziehungen:

Das Endprodukt ist die Summe aus Konsumgütern (C) und Investitionsgütern (I^b):

(1) $\quad EP \ = \ C \ + \ I^b \quad\quad\quad$ (Endprodukt)

Die in einer Periode produzierten Produktionsmittel heißen Bruttoinvestitionen. Sie setzen sich zusammen aus Produktionsanlagen (I^b_{Anl}) und Lagerinvestitionen (I_L):

(2) $\quad I^b \ = \ I^b_{Anl} \ + \ I_L \quad\quad\quad$ (Bruttoinvestition)

In unserem drei-Sektoren Modell könnten die Brutto-Anlageinvestitionen aus landwirtschaftlichen Maschinen und Gebäuden, neuen Mühlen oder Backöfen bestehen. Sie würden von Unternehmungen der Endproduktionsstufe hergestellt werden:

(3) $\quad I^b_{Anl} \ = \ I^b_{Anl}GP \ + \ I^b_{Anl}ZP \ + \ I^b_{Anl}EP$

Im Falle, dass der einzige Endproduzent der Bäckereibetrieb ist, muss davon ausgegangen werden, dass er keine Anlagen produziert, sondern nur Backwaren. Die produzierten aber nicht verkauften Backwaren werden von einer Periode zur anderen auch von der Bäckerei selbst auf Lager genommen. Es ist in diesem Fall:

$\quad I^b_{Anl} \ = \ 0 \quad\quad$ **und damit** $\quad\quad I^b \ = \ I_L$

Als Lagerinvestition versteht man die Differenz aus Lagerzugängen $I_L(+)$ minus Lagerabgängen $I_L(-)$ derselben Periode:

(4) $\quad I_L \ = \ I_L^{(+)} - I_L^{(-)} \quad\quad\quad$ (Lagerinvestitionen)

Als Nettoinvestition (I) ist definiert:

(5) $\quad I \ = \ I^b \ - \ D \quad\quad\quad$ (Nettoinvestition)

Merke: Die produzierten Investitionsgüter heißen "Bruttoinvestitionen" (I^b). Der Begriff "Nettoinvestition" (I oder I^n) ist eine Rechengröße, nämlich die Differenz aus Bruttoinvestitionen minus Abschreibungen. Abschreibungen können aber nur von den bestehenden (alten) Produktionsanlagen vorgenommen werden. Lagerbestände nutzen sich nicht im Zuge des Produktionsprozesses ab. Es gibt also neben der Brutto-Anlageinvestition auch eine Netto-Anlageinvestition. Sie ist definiert als:

(6) $\quad I^n_{Anl} = I^b_{Anl} - D \qquad\qquad$ (Nettoanlageinvestition)

Als Re-Investition (Ire) versteht man den Anteil der Bruttoinvestition, der die Abschreibung wertmäßig ausgleicht. Die Re-Investition kann daher maximal den Wert der Abschreibung umfassen. Für den Fall, dass die Bruttoinvestition kleiner ist als die Abschreibung, ist notwendigerweise auch die Re-Investition kleiner als die Abschreibung. Es gilt also:

(7) $\quad I^{re} \leq D \qquad\qquad\qquad\qquad\qquad$ (Reinvestition)
(8) $\quad I^{re} = D \qquad\quad$ bei $\quad I^b \geq D$
(9) $\quad I^{re} = I^b \qquad\quad$ bei $\quad I^b \leq D$

Die Wertschöpfung (**WS**) lässt sich direkt auf dem Produktionskonto ablesen bzw. unter Verwendung der Gleichungen (1) und (4) wie folgt ermitteln:

(10) $\quad WS = EP - D = C + I^b - D = C + I$

Wir fragen uns, welche Zusammenhänge zwischen verschiedenen **Aufteilungen des Endproduktes** auf Konsumgüter und Brutto-Investitionen bestehen. Im Schaubild 2 - 4 sind auf der Ordinate die Brutto-Investitionsgüter und auf der Abszisse die Konsumgüter abgetragen. Besteht das gesamte Endprodukt ausschließlich aus Investitionsgütern, erhalten wir als maximalen Wert für die Bruttoinvestitionen den Wert $I^b_{max} = 200 = EP$. Dann ist C = 0. Besteht das gesamte Endprodukt ausschließlich aus Konsumgütern, erhalten wir den Wert $C_{max} = 200 = EP$ und $I^b = 0$. Die Verbindungslinie zwischen I^b_{max} und C_{max} gibt sämtliche Kombinationen der Aufteilung des Endproduktes auf die beiden Güterarten wieder.

Die ersten beiden Spalten der Tabelle ergänzen sich zum Wert des Endproduktes EP = 200. Mit steigendem Konsum nehmen die Bruttoinvestitionen ab. Wichtig ist uns ein Blick in die Spalten 3 und 4. Die Nettoinvestitionen können von + 120 bis - 80 reichen. Sollten überhaupt keine Bruttoinvestitionen getätigt werden (Fall E) erleiden Produktivvermögen und Produktionsapparat einen Werteverzehr in Höhe von D = 80, der durch keine Reinvestition ausgeglichen wird. Der Produktionsapparat schrumpft. Der Fall C markiert die Bedingung, bei der die Bruttoinvestition gleich der Abschreibung ist und damit in vollem Umfang eine Re-Investition darstellt. Das

Produktivvermögen (Produktionsanlagen + Lagerbestände) bleibt dabei (wertmäßig) unverändert, denn die Nettoinvestition ist Null. Der Produktionsapparat kann aber trotzdem abnehmen, in dem Umfang nämlich, in dem die Abschreibungen durch Lagerinvestitionen ausgeglichen werden.

Schaubild 2-4: Aufteilung des Endproduktes zwischen Konsum- und Investitionsgütern

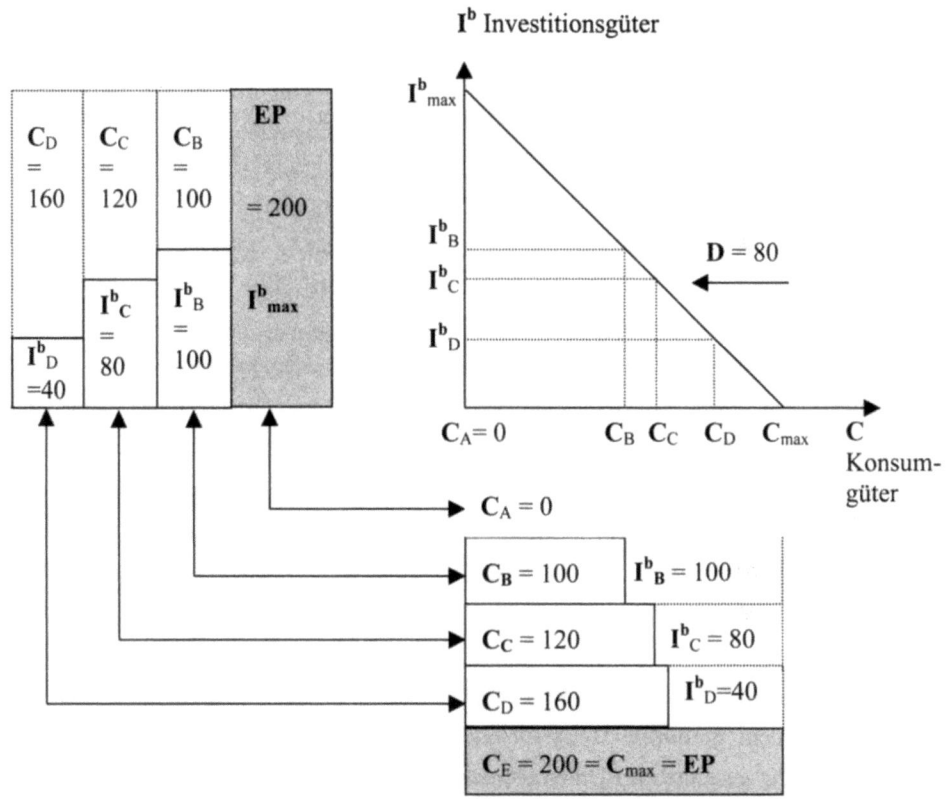

Fälle	(1) C	(2) I^b	(3) I^n	(4) Ire	(5) D
A: $C = 0$	0	200	120	80	80
B: $C < EP-D$	100	100	20	80	80
C: $C = EP-D$	120	80	0	80	80
D: $C > EP-D$	160	40	-40	40	80
E: $C = EP$	200	0	-80	0	80
$EP = C + I^b = 200$			$I^n = I^b - D$	$I^{re} \leq D$	

2.3 Der volkswirtschaftliche Kreislauf

In dem Modell der geschlossenen Volkswirtschaft ohne staatliche Aktivitäten wollen wir die bisher betrachteten ökonomischen Transaktionen zwischen den Polen Unternehmungen und Haushalte in eine systematische Beziehung zueinander bringen und das Modell des volkswirtschaftlichen Kreislaufs entwickeln. Wir stellen uns jetzt vor, dass die drei Produktionsstufen Grundstoffproduktion, Zwischenproduktion, Endproduktion die gesamte Produktion einer Volkswirtschaft umfassen. Auf dem aggregierten und konsolidierten **Produktionskonto** ist dann das volkswirtschaftliche Ergebnis einer Produktionsperiode festgehalten. Die im Zuge des Produktionsprozesses entstandenen Einkommen fließen vollständig an die Haushalte und damit auf das **Einkommenskonto** der Volkswirtschaft. Sie haben für die Verwendung ihres Einkommens nur zwei Möglichkeiten: sie können es für Konsumausgaben einsetzen oder sie können es sparen. Mit ihrer Ersparnis[2] bilden die Haushalte (Finanz-)Vermögen, während die Unternehmungen über ihre Investitionen Realvermögen bilden. Auf dem gesamtwirtschaftlichen **Vermögensänderungs-Konto** (dem „Saldenausgleichspol" aus Kap.1) finden der Finanzbedarf der Unternehmungen und die finanzielle Vermögensbildung der Haushalte ihren Ausgleich.

Aus den systematisch zusammengestellten Konten der genannten Transaktionen ergibt sich das **Konten-System der VGR**[3] dieser „geschlossenen Volkswirtschaft ohne staatliche, ökonomische Aktivitäten". Unter Berücksichtigung der gemachten Annahmen ist das Produktionskonto der Unternehmungen identisch mit dem **gesamtwirtschaftlichen Produktionskonto** (denn annahmegemäß werden Güter nur in Unternehmungen produziert), das Einkommenskonto der Haushalte ist identisch mit dem **gesamtwirtschaftlichen Einkommenskonto** (denn die Haushalte beziehen die gesamten im Unternehmenssektor entstandenen Faktoreinkommen, es gibt keine Unternehmungen mit eigener Rechtspersönlichkeit, die Gewinne einbehalten), auf dem **Vermögensänderungs-Konto** werden die Realvermögensbildung

---

[2] Die Begriffe "Sparen" und "Ersparnis" werden als Synonyme verwendet.
[3] Dieses Kontensystem der VGR finden Sie am Ende des 3. Kapitel als „VGR-System".

(Investitionen) und die finanzielle Vermögensbildung (Sparen) aller Wirtschaftssubjekte dieser Volkswirtschaft gegenübergestellt. Die VGR sieht wie folgt aus:

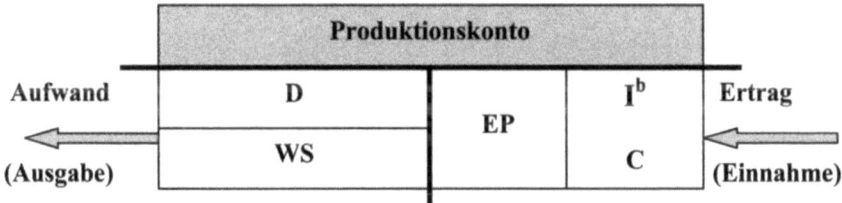

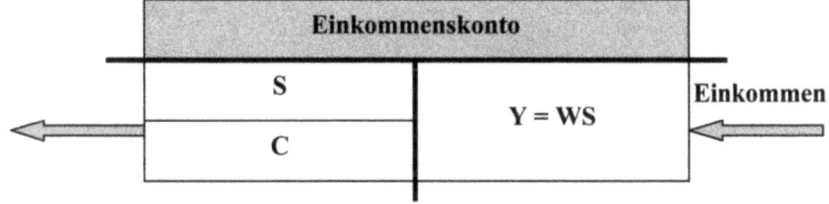

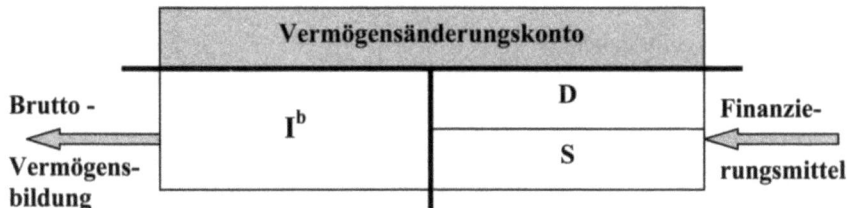

a) Auf dem Produktionskonto wird das Produktionsergebnis und die damit verbundene Einkommensentstehung ausgewiesen. Wir erhalten das
Bruttoinlandsprodukt: $BIP = C + I^b$

b) Auf dem Einkommenskonto zeigt sich die Einkommensverwendung: wir erhalten das **Volkseinkommen** Y bzw. das **Netto-Nationaleinkommen**[4] NNE:
$Y = C + S = NNE$ bzw.: $Y = C + I = NN$

---

[4] In einer geschlossenen Volkswirtschaft ohne Staat sind die Grössen Brutto-Inlandsprodukt und Bruttonationaleinkommen sowie Nettonationaleinkommen und Volkseinkommen identisch.

c) Aus dem Vermögensänderungs-Konto ergibt sich die **fundamentale ex-post Beziehung**: die volkswirtschaftliche Ersparnis[5] ist größengleich der Netto-Investition: $I^b = D + S$ und da $I = I^b - D$ folgt $S = I$:

Eine einfache Gleichung aber von **fundamentaler Bedeutung**: In einer geschlossenen Volkswirtschaft wird die Nettoinvestition (in jeder beliebigen Zeitperiode!) durch Ersparnis finanziert bzw. die Ersparnis in Nettoinvestition überführt.

Sparen (Ersparnis)	=	Nettoinvestition
S	=	I

Allerdings sagt die Gleichung $S = I$ nichts darüber aus, wie groß die Ersparnis und mithin die Nettoinvestition ist. Untersuchen wir die theoretischen Grenzen:

a) **Die maximale Ersparnis** wäre dann gegeben, wenn die Haushalte ihr gesamtes Einkommen sparten und demzufolge überhaupt keine Konsumausgaben tätigten. [Ihre laufenden Konsumbedürfnisse könnten sie in diesem Fall nur durch den Konsum eigener (in vorangegangenen Perioden gehorteter) Konsumgüter befriedigen.] Die Bedingung dafür lautet:

$$Y = C + S \qquad \text{für } C = 0 \text{ gilt:}$$
$$S_{max} = Y = I_{max} \qquad \text{wegen } S = I$$

Ergebnis: die maximal mögliche Ersparnis (und damit auch die maximal mögliche Nettoinvestition) ist durch die Höhe der Wertschöpfung (des Volkseinkommens) gegeben.

b) **Die minimale Nettoinvestition** und entsprechend die minimale Ersparnis liegt dann vor, wenn die Unternehmungen überhaupt keine Bruttoinvestitionen tätigten und das gesamte Endprodukt aus Konsumgütern bestünde. Die Bedingung dafür lautet:

$$I = I^b - D \qquad \text{mit } I^b = 0 \text{ gilt:}$$
$$I = -D = I_{min} \qquad \text{und wegen } S = I:$$
$$S_{min} = -D = I_{min}$$

---

[5] In der Terminologie des ESVG: das volkswirtschaftliche Sparen

2.3 Der volkswirtschaftliche Kreislauf

Ergebnis: Die Minimalwerte für Ersparnis und Nettoinvestition sind negativ aber äußerstenfalls bis zum Umfang der (negativen) Abschreibungen![6] In diesem Fall entsparen die Haushalte und desinvestieren die Unternehmungen: Es werden ausschließlich Konsumgüter produziert und nicht einmal die Abnutzung des Produktionsapparates wird re-investiert, so dass das Produktivvermögen schrumpft.

Fassen wir die beiden Teilergebnisse zusammen: Ersparnis und Nettoinvestitionen können in einer geschlossenen Volkswirtschaft (ohne Staat) sowohl positiv als auch negativ sein, aber sie können in beide Richtungen bestimmte **Grenzen** nicht überschreiten. Sie müssen zwischen folgenden Werten liegen:

Minimum			Maximum	
-D	$\leq$	(S = I)	$\leq$	Y

Unter Beachtung der soeben aufgezeigten theoretischen Grenzwerte wollen wir drei Fälle unterscheiden:

A) Eine **stationäre Volkswirtschaft*** [7]:   S = 0   und   I = 0
Das gesamte Faktoreinkommen wird von den Haushalten für Konsumausgaben ausgegeben. Die Abnutzung des Produktionsapparates wird exakt durch Re-Investitionen ersetzt.

B) Eine **wachsende Volkswirtschaft***:   S > 0   und   I > 0
Die Haushalte sparen einen Teil ihrer Faktoreinkommen (leisten also Konsumverzicht), die Unternehmen bilden positive Nettoinvestitionen.

C) Eine **schrumpfende Volkswirtschaft***:   S < 0   und   I < 0
Die Haushalte entsparen, konsumieren also über ihr laufendes Faktoreinkommen hinaus, die Unternehmungen desinvestieren.

Fall A: Keine Ersparnisse - keine Nettoinvestitionen (stationäre Wirtschaft im Sinne der Konstanz des Produktivvermögens)   **S = I = 0**

Ausgangspunkt dieser Untersuchung ist stets der Unternehmenssektor, da dort im Zuge der Güterproduktion Güter und Leistungs-Einkommen entstehen. Wir über-

---
[6] Der theoretisch mögliche Spezialfall negativer Lagerinvestitionen wird ausgeschlossen.
[7] *im Sinne der Veränderung des Produktivvermögens (nicht im Sinne wachstumstheoretischer Erklärungsansätze).

nehmen das aggregierte und konsolidierte Produktionskonto aus dem Beispiel des dreistufigen Produktionsprozesses. Dem Endprodukt (**EP** = 200 GE) steht eine gleich große "Bruttowertschöpfung" gegenüber, die sich aus der gesamtwirtschaftlichen Abschreibungssumme (**D** = 80 GE) und der Nettowertschöpfung in Höhe von **WS** = 120 GE zusammensetzt.

Schaubild 2-5: Fall 1: Keine Nettoinvestition – keine Ersparnis

a) Kontendarstellung

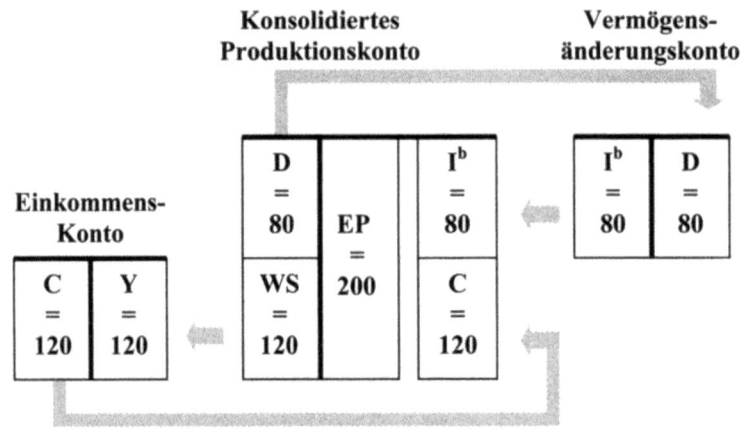

b) Kreislaufdarstellung

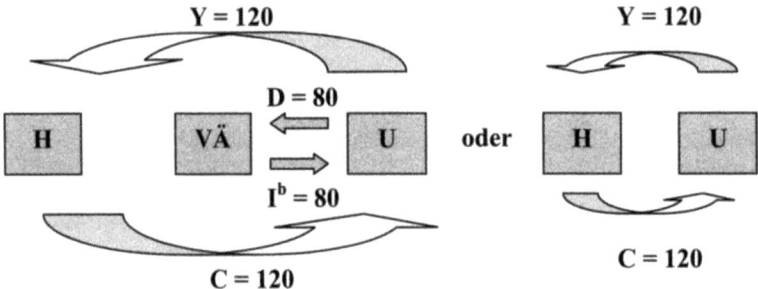

c) Gleichungsdarstellung

U: (1) $WS + D = I^b + C$ VÄ: (6) $I^b = D$
    (2) $Y = WS$ (7) $I = I^b - D$
    (3) $Y = I^b - D + C$ (8) $\underline{I = 0}$

2.3 Der volkswirtschaftliche Kreislauf

H: (4) $Y = I + C$ $\left.\begin{array}{c}\\\end{array}\right\}$ $\boxed{\begin{array}{c} I + C = C \\ I = 0 \end{array}}$ $I^{re} = D = 80$
(5) $Y = C$

Die Wertschöpfung[8] fließt als Faktoreinkommen vollständig an die Haushalte und diese verwenden ihr Einkommen in diesem Fall wiederum vollständig für Konsumgüterausgaben. Die Unternehmen erzielen also in Höhe ihrer Faktorkosten Erlöse aus dem Verkauf von Konsumgütern ($Y = C = 120$ GE).
Die im Wert des Endproduktes enthaltene Abschreibungssumme ($D = 80$ GE) gleicht wertmäßig gerade den durch den Produktionsprozess verursachten Nutzenentzug am vorhandenen Produktionsapparat aus. Die Unternehmen verwenden diese Einnahmen zur Finanzierung ihrer Bruttoinvestition ($I^b = 80$ GE). Diese Transaktio-nen werden auf dem volkswirtschaftlichen Vermögensänderungskonto verbucht. Schauen wir uns jetzt die Beziehungen zwischen diesen drei Polen im Zusammenhang an (vgl. Schaubild 2-5). Bedingt durch die Annahme, dass die Bruttoinvestitionen in voller Höhe Re-Investitionen sind, die die Abschreibungen gerade ausgleichen, kann die Vermögensänderungsrechnung auch vernachlässigt werden, denn die Nettoinvestition ist gleich Null. Das Kreislaufmodell lässt sich dann zu einem **Basiskreislauf** vereinfachen. Zwischen Unternehmen und Haushalten, den beiden Sektoren oder Polen, fließen folgende Ströme (vgl. Schaubild 2-6):

- ein **realer Strom** bestehend aus den Faktorleistungen, die die Haushalte den Unternehmungen zur Verfügung stellen und den Konsumgütern, die die Unternehmungen dafür an die Haushalte liefern;
- ein **monetärer Strom** bestehend aus dem Einkommen, das die Haushalte von den Unternehmen beziehen (als Entgelt für die von ihnen zur Verfügung gestellten "realen" Faktorleistungen) und den Konsumgüterausgaben, die den Unternehmen zufließen (als Entgelt für die an die Haushalte verkauften realen Konsumgüter).

Eine (im genannten Sinne) stationäre Wirtschaft ist für moderne Volkswirtschaften nicht typisch. Dennoch können auch sie sich zeitweise (im Zuge eines Konjunkturzyklus) in einer solchen Situation befinden. Nur in traditionellen Gesellschaften ist ein Zustand der Konstanz des Produktivvermögens dauerhaft. Es handelt sich um so genannte Subsistenzwirtschaften.

---

[8] Wenn von Wertschöpfung die Rede ist, ist immer die Nettowertschöpfung gemeint.

Schaubild 2-6: Basis – Kreislauf

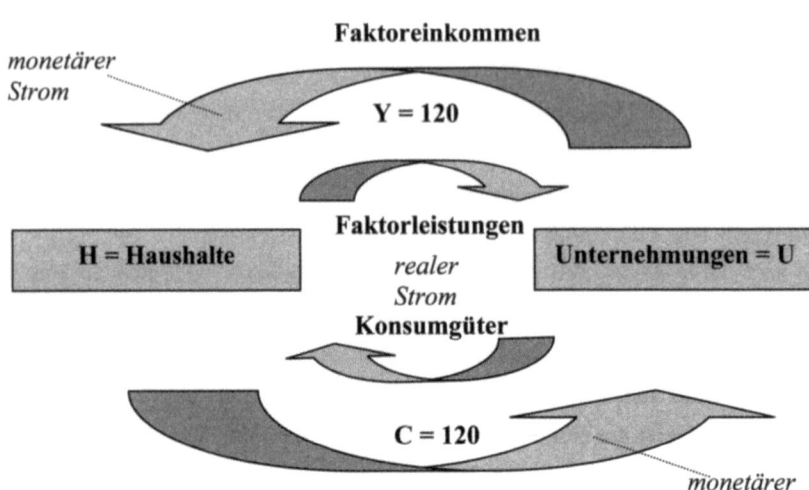

Fall B: Die Haushalte sparen, die Unternehmen investieren (wachsende Wirtschaft im Sinne einer Zunahme des Produktivvermögens) **(S > 0, I > 0)**

Die Haushalte verwenden das ihnen zugeflossene Faktoreinkommen nicht vollständig für die Nachfrage nach Konsumgütern, sondern sparen einen Teil ihres Einkommens (Sparen = Nichtkonsum). Dieses hat zur Konsequenz, dass die Unternehmen Nettoinvestitionen bilden. Ob sie diese Investitionen geplant haben oder ob sie überraschenderweise auf diesen Gütern "sitzen geblieben" sind, spielt in diesem Zusammenhang keine Rolle. Dieses Problem wird erst in der ex-ante Theorie relevant. Ist die Ersparnis positiv, folgt daraus eine positive Nettoinvestition.

Moderne Volkswirtschaften sind dadurch gekennzeichnet, dass sie ihr Produktivvermögen, d.h. insbesondere ihren Produktionsapparat permanent vergrößern. Denn ein wachsender Produktionsapparat vermag in zukünftigen Perioden (auch unter sonst gleich bleibenden Umständen) ein größeres Produkt zu erzeugen. Bestehen die Nettoinvestitionen allerdings aus Lagerbeständen wächst der Produktionsapparat nicht! Schauen wir uns das zugehörige Kreislaufbild an (vgl. Schaubild 2-7).

Schaubild 2-7: Positive Nettoinvestition

a) Kontendarstellung

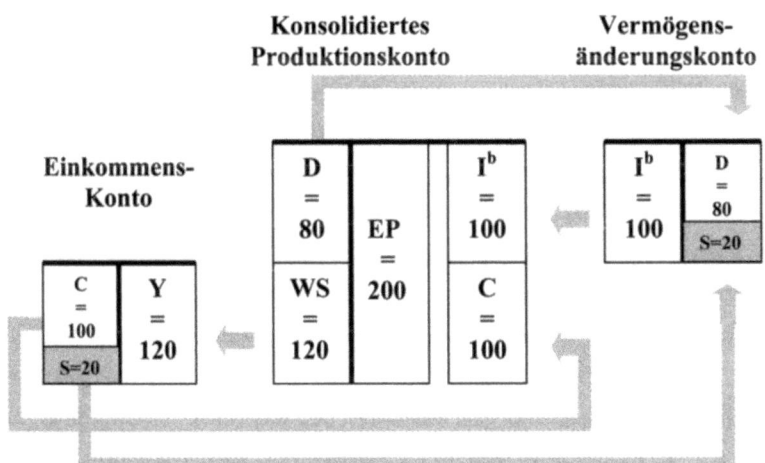

b) Kreislaufdarstellung

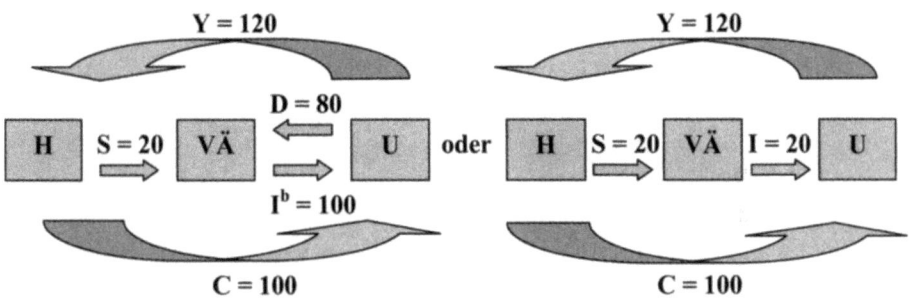

c) Gleichungsdarstellung

U:	(1)	$WS + D = I^b + C$	VÄ:	(6)	$I^b = D + S$
	(2)	$Y = WS$		(7)	$I = S$
	(3)	$Y = I^b - D + C$			$S = 20$
	(4)	$Y = I + C$	$I + C = C + S$		$I = 20$
H:	(5)	$Y = C + S$	$I = S$		$I^{re} = D = 80$

Fall C: Die Haushalte entsparen, die Unternehmungen desinvestieren: schrumpfende Wirtschaft ($S < 0, I < 0$)

In diesem Fall sind die laufenden Konsumausgaben der Haushalte höher als ihre laufenden Einkommen: Sie entsparen. Volkswirtschaftlich ist die Verhaltensweise gleich bedeutend mit einer negativen Nettoinvestition in Höhe des "entsparten" Betrages. Nehmen wir an, das Faktoreinkommen der Haushalte beträgt nach wie vor 120 GE, ihr Konsum betrage jedoch 160 GE. Um diesen Konsum finanzieren zu können, müssen Vermögenswerte aufgelöst werden. Wie erfolgt das im volkswirtschaftlichen Zusammenhang? Der im Zuge des Produktionsprozesses eintretende Vermögensverlust am Produktionsapparat, der durch die Abschreibungen erfasst wird, wird nicht in gleicher Höhe durch Bruttoinvestitionen ersetzt. Die Abschreibungen, die „normalerweise" vollständig in der Finanzierung der Brutto-Investitionen aufgehen, finanzieren jetzt einen Teil des Konsums, nämlich in Höhe der Differenz C - Y. Durch diese negative Ersparnis (-S) wird das laufende Einkommen erhöht. Nur dadurch kann der Konsum in Höhe von 160 GE realisiert werden. Das Produktivvermögen sinkt um 40 GE. Schauen wir uns die Zusammenhänge in dem Schaubild 2 - 8 an.

Allgemein gilt: ⟹ Zahlenbeispiel:

	S	=	I				I^b	=	40		
	I	=	I^b	-	D		I	=	I^b	-	D
wenn	0	<	I^b	<	D			=	40	-	80
dann ist	I	<	0				I	=	-40		
und wegen	S	=	I				I	=	S		
ist auch	S	<	0				S	=	-40		

Der Minimalwert für Ersparnis und Nettoinvestiton (= Maximum des Entsparens) ist dann erreicht, wenn keine Bruttoinvestitionen getätigt werden und die gesamten Abschreibungen zur Finanzierung von Konsumgütern verwendet werden. In unserem Beispiel könnte der Konsum maximal bis zur Höhe des gesamten Endproduktes von 200 GE ausgedehnt werden. Der Produktionsapparat würde sich dann pro Periode um die Abschreibungen in Höhe von 80 GE verkleinern. Eine Abnahme des Produktionsapparates vollzieht sich in modernen Volkswirtschaften nur anlässlich einer scharfen konjunkturellen Rezession oder Wirtschaftskrisen.

Schaubild 2-8: Haushalte entsparen - Unternehmen desinvestieren

a) Kontendarstellung

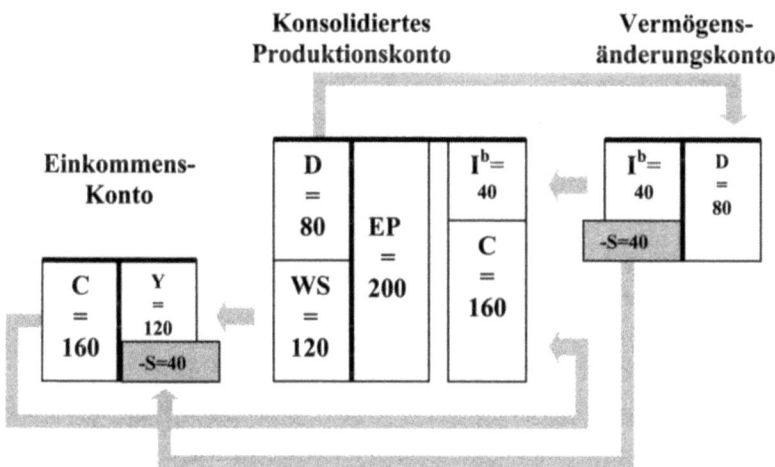

b) Kreislaufdarstellung

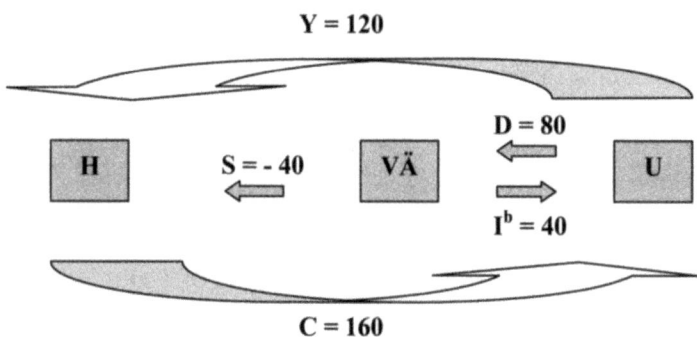

c) Gleichungsdarstellung

U: (1) $WS + D = I^b + C$ VÄ: (6) $I^b + (-S) = D$

(2) $Y = WS$ (7) $I^b = D + S$

(3) $Y = I^b - D + C$ (8) $I^b - D = S$

(4) $Y = I + C$ (9) $I = S$

H: (5) $Y = C + S$

$I + C = C + S$
$I = S$

$S = -40$
$I = -40$
$I^{re} = I^b = 40$

Die ehemaligen sozialistischen Länder waren unter Einbehalt in der Endphase ihrer Existenz dadurch gekennzeichnet, dass sie ihren Konsumstandard (privaten und staatlichen) nur durch den Abbau ihres Produktiv-Vermögens aufrechterhalten konnten: So erfolgten vor allem keine hinreichenden Re-Investitionen, um die Abschreibungen an der Bausubstanz auszugleichen. Dauerhaft ist diese Situation von keiner Wirtschaft durchzuhalten.

Resumée der wichtigsten Ergebnisse:
Halten wir noch einmal die wichtigsten Ergebnisse für eine geschlossene Volkswirtschaft ohne staatliche Aktivitäten fest. (Im folgenden werden wiederum die Zahlenwerte des dreistufigen Modells zugrundegelegt.) Die Wertschöpfung dieser Volkswirtschaften (bzw. die Summe ihrer Faktoreinkommen) können wir auf drei verschiedene Arten berechnen:

- Nach der **realen Methode** bestimmen wir das "real" produzierte Endprodukt, das durch die Abschreibungen zu korrigieren ist, um den tatsächlichen Güterzuwachs zu ermitteln:

(1) $Y = EP - D = 200 - 80 = 120$

- Nach der **Methode der Wertschöpfung** werden in den einzelnen Unternehmen die jeweiligen Wertschöpfungen ermittelt und addiert:

(2) $Y = WS_{GP} + WS_{ZP} + WS_{EP} = WS$
(3) $Y = 60 + 40 + 20 = 120$

- Nach der **personellen Methode** wird die Wertschöpfung ermittelt, indem bei den einzelnen Haushalten (i) die dort anfallenden Faktoreinkommen erfasst und addiert werden:

(4) $Y = \sum_{i=1}^{n} Y_i = 120$

Die Wertschöpfung entsteht im Zuge der Güterproduktion in den einzelnen Wirtschaftssektoren. In gleicher Höhe werden Faktoreinkommen gezahlt, die für die Nachfrage nach den produzierten Gütern verwendet werden. Nach der Verwendung der produzierten Güter teilt sich die Wertschöpfung auf in:

(5) $Y = C + I$
(6) $Y = C + S$ $\Biggr\}$ $C + S = C + I$ $\Biggr\}$ (7) $S = I$

Nach der Verwendung der Faktoreinkommen zerfällt die Wertschöpfung in die Kategorien: **C** und **S**. D.h. der Teil des Einkommens, der nicht zum Kauf von Konsumgütern ausgegeben wurde, ist ex definitione gespart worden. Aus diesen beiden Gleichungen ergibt sich die (mathematisch natürlich sehr einfach zu entwickelnde, ökonomisch aber überaus bedeutsame) fundamentale Beziehung, die besagt, dass in einer geschlossenen Volkswirtschaft die Ersparnis immer größengleich der Nettoinvestition ist und zwar "ex-post", d.h. nach Ablauf einer bestimmten Periode. Diese Periode kann von beliebiger Länge sein, die Relation gilt mithin zu jedem Zeitpunkt.

2.4 Gleichheit versus Gleichgewicht

Ökonomische **Gleichheit**, wie wir sie mit der ex-post-Gleichung $S = I$ kennen gelernt haben, ist nicht zu verwechseln mit ökonomischem **Gleichgewicht**! Der Gleichgewichtsbegriff wird uns ausführlich in der makroökonomischen Theorie beschäftigen, er ist ein typisches "ex-ante"-Phänomen und besagt folgendes: Gleichgewicht herrscht in einem Wirtschaftssystem immer dann, wenn die zu **Beginn** des Wirtschaftsablaufs (ex-ante) von den einzelnen Wirtschaftssubjekten aufgestellten Wirtschafts**pläne** nach Ablauf dieser Wirtschaftsperiode (ex-post) auch tatsächlich realisiert wurden. Dann nämlich hat kein Wirtschaftssubjekt Veranlassung seine Pläne zu verändern. Diese Systeme sind mithin dann im Gleichgewicht, wenn die tatsächliche (ex-post) Ersparnis größengleich der (ex-ante) geplanten ist und wenn die tatsächliche (ex-post) Investition größengleich der (ex-ante) geplanten ist. Die **ex-post-Gleichheit** stellt auf das **tatsächlich** zu beobachtende Wirtschaftsergebnis ab und liefert keine Aufschlüsse, ob dieses Ergebnis auch mit den Wirtschaftsplänen in Einklang steht.

Die außerordentlich wichtige Unterscheidung zwischen Gleichheit (im ex-post Sinne) und Gleichgewicht (im ex-ante Sinne) mag folgendes Beispiel illustrieren: Die Unternehmungen planen eine Güterproduktion (ohne Vorleistungen gerechnet) im Umfang von 200 Geldeinheiten (GE). Sie rechnen mit einem Absatz in Höhe von je 100 GE für Konsum- und Investitionsgüter. Auf Grund dieser Pläne wird die Produktion durchgeführt. Im Zuge des Produktionsprozesses ergibt sich ein Werteverzehr am bestehenden Produktionsapparat von 80 GE und eine Wertschöpfung von 120 GE, die den Haushalten an Faktoreinkommen zufließt.

Die Haushalte entscheiden gemäß ihren Wirtschaftsplänen über die Aufteilung ihres Einkommens in Konsumausgaben und Ersparnis. Sollten sie tatsächlich (wie von den Unternehmen antizipiert) in Höhe von 100 GE Konsumgüter nachfragen und entsprechend 20 GE sparen, ist nicht nur eine (ex-post) Gleichheit gegeben, sondern auch ein (ex-ante) Gleichgewicht: die Wirtschaftspläne (über die ja Unternehmen und Haushalte vollkommen unabhängig voneinander entscheiden) stimmen überein! Sollten die Haushalte (wie wir im folgenden Beispiel unterstellen wollen) entscheiden, für lediglich 80 GE Konsumgüter nachzufragen und 40 GE zu sparen, dann erfahren die Unternehmen eine Überraschung: Sie verkaufen "tatsächlich" weniger Konsumgüter als sie ursprünglich (bei der Produktionsaufnahme) planten. Da diese Güter aber produziert worden sind (in ihrem Umfang ist auch eine entsprechende Wertschöpfung entstanden), jedoch nicht abgesetzt werden können, müssen sie notwendigerweise im Unternehmenssektor verbleiben - als **ungeplante** Lagerinvestition (vgl. Schaubild 2 - 9). Die Tatsache, dass sich die Wirtschaftspläne der Unternehmen nicht realisieren, wird zu Planveränderungen führen: Sie werden zukünftig die Produktion von Konsumgütern reduzieren (z.B. auf das Niveau von 80 GE). Dadurch entsteht jedoch eine entsprechend geringere Wertschöpfung. Das Einkommen der Haushalte geht zurück und wird einen Einfluss auf ihre Wirtschaftspläne nehmen, d.h. die Haushalte werden möglicherweise ihre zukünftigen Konsumausgaben weiter reduzieren usw. Die Volkswirtschaft ist solange im Ungleichgewicht, bis die Wirtschaftspläne (der Unternehmen und der Haushalte) wieder miteinander kompatibel werden.

In der ex-post-Rechnung merken wir von diesen Ungleichgewichten überhaupt nichts! Wir halten hier lediglich die realisierten ex-post-Werte fest, so wie sie sich bei buchhalterisch genauer Erfassung aus den Vergangenheitswerten ergeben. Aus den ex-post-Gleichungen können Sie deshalb auch keine kausalen Schlüsse ziehen!

2.4 Gleichheit versus Gleichgewicht

Schaubild 2-9: Gleichheit versus Gleichgewicht

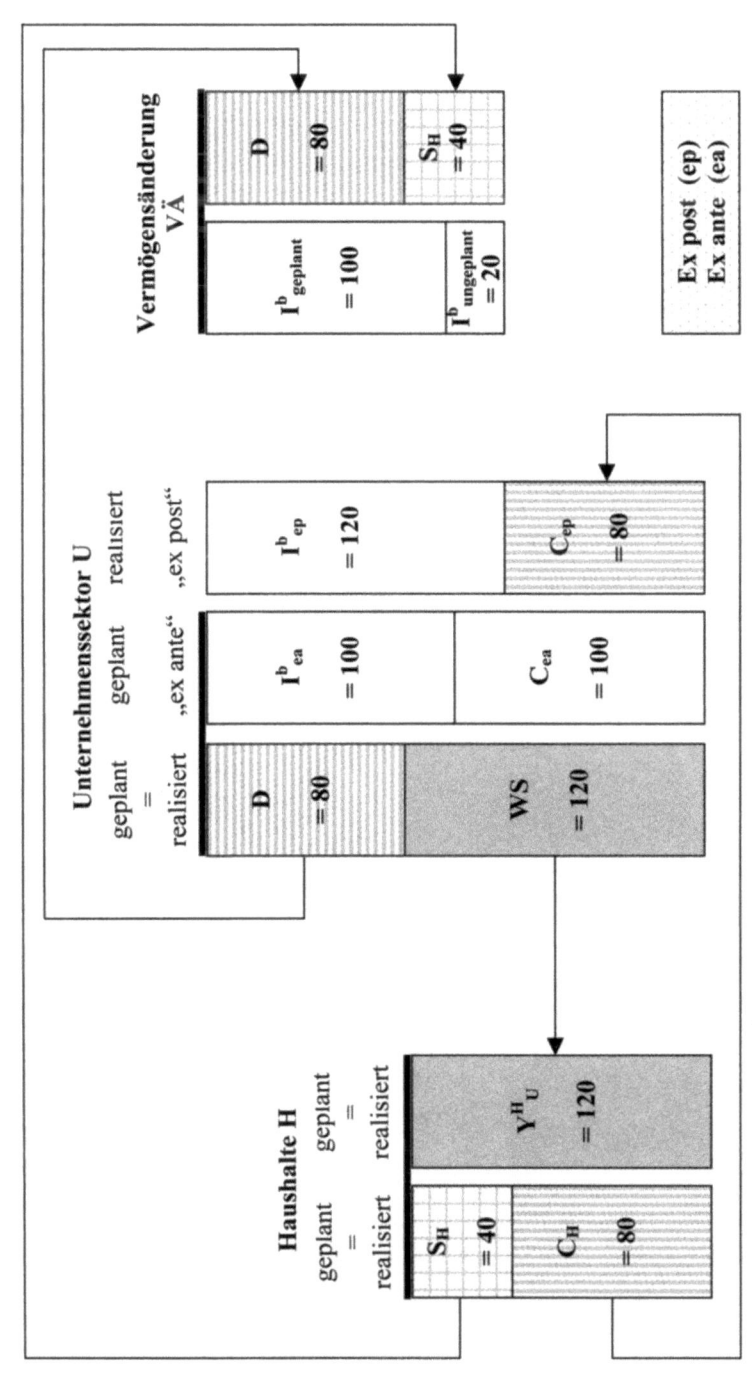

3 Ökonomische Aktivitäten der Unternehmung und des Haushalts

3.1 Die ökonomischen Aktivitäten im Überblick

Im ersten Kapitel haben wir erfahren, dass das Ziel ökonomischen Handelns letztlich darin besteht, Güter bereitzustellen, die ihrerseits zur Befriedigung menschlicher Bedürfnisse führen. Wie erfolgt in einer arbeitsteiligen Volkswirtschaft die Produktion von Gütern und welche ökonomischen Aktivitäten müssen die Unternehmungen zu diesem Zwecke entfalten?

Güter (die z.B. ein Haushalt erwirbt) werden in einer Vielzahl von Unternehmungen produziert, die sich zum Zwecke der Produktion besonderer Produktionsstätten bedienen: den Betrieben. Während **Unternehmungen** juristisch verfasste organisatorische Einheiten darstellen, sind die zugehörigen **Betriebe** technische Produktionsapparate: Sie sind eine jeweils betriebsspezifische Anordnung von sachlichen Produktionsmitteln dauerhafter Art, wie z.B. Gebäude, Maschinen, Geräte. Auch diese Produktionsmittel sind ihrerseits erst produziert worden. Das Ziel der Konsumgüterproduktion wird in modernen, arbeitsteiligen und diversifizierten Volkswirtschaften häufig erst über den "Produktionsumweg" der Herstellung von Investitionsgütern (der Produktionsmittel-Produktion) erreicht.

Die Produktion von Gütern - ob Investitionsgüter oder Konsumgüter - erfolgt mithin im Wesentlichen durch Unternehmungen. Aus diesem Grunde sollen in diesem Kapitel zunächst die ökonomischen Aktivitäten der Unternehmungen betrachtet werden. Wir stellen sie in den Rahmen des oben erwähnten **"Modells einer geschlossenen Volkswirtschaft ohne Staat"**, d.h. wir sehen von ökonomischen Aktivitäten mit dem Ausland ab und ziehen auch staatliche Aktivitäten nicht in Betracht.

Vor Aufnahme und nach Beendigung des Produktionsprozesses wird der Bestand des Produktivvermögens der Unternehmung bilanziert. Die Veränderung des Produktivvermögens (und damit der Bilanz) ist das Ergebnis ökonomischer Aktivitäten,

die jeweils auf speziellen Unternehmenskonten verbucht werden. Es ergibt sich folgende Sequenz:
* Anfangsbilanz (Bilanzierung des Produktivvermögens),
* Durchführung des Produktionsprozesses auf dem Produktionskonto,
* Verwendung einbehaltener Gewinne auf dem Einkommenskonto,
* Veränderung des Vermögens auf dem Vermögensänderungskonto,
* Finanzierung der Vermögensbildung auf dem Finanzierungskonto,
* Endbilanz (Bilanzierung des Produktivvermögens nach Abschluss des Produktionsprozesses).

Auch Haushalte können ihr Vermögen bilanzieren, doch produzieren sie in unserem Modell der geschlossenen Volkswirtschaft ohne Staat annahmegemäß keine Güter. Deshalb gibt es auch kein Produktionskonto der Haushalte. Sie erhalten im Umfang ihrer Eigentumsrechte an den Produktionsfaktoren (Arbeit, Kapital, Boden) Faktoreinkommen, das auf ihrem Einkommenskonto erscheint und das sie für Konsumausgaben oder zur Erhöhung ihres Finanzvermögens verwenden.

3.2 Produktivvermögen und Vermögensbilanz

Das **Produktivvermögen** z.B. einer Automobilfabrik umfasst das Gelände (Boden), auf dem sich die Fabrik- und Verwaltungsgebäude, die Lagerhallen und (Lager-) Parkplätze befinden. Die Fabrikgebäude sind mit Fließbändern, Robotern, Schweiß- und Stanzgeräten und zahlreichen anderen Maschinen ausgestattet. In den Lagerhallen lagern Vorräte an Stahlblech und Autoreifen, Polstersitzen und Fenstergläsern, Lacken und Schrauben, aber auch Kohle und Erdöl zur eigenen Energieerzeugung. In den Verwaltungsgebäuden befinden sich Schreibmaschinen, Tischcomputer und Rechenanlagen, Vorräte an Schreibpapier und Schreibgeräten. Das Produktivvermögen (oder auch Sachvermögen) dieser Unternehmung setzt sich also aus Gebäuden und Maschinen (den dauerhaften Produktionsmitteln, die wir auch "Produktionsapparat" nennen) und den Lagerbeständen (Roh-, Hilfs-, Betriebsstoffen, Halb- und Fertigfabrikaten, den nicht dauerhaften Produktionsmitteln) zusammen. Man unterteilt es also in Sachanlagen und Vorräte.

Das Produktivvermögen einer Unternehmung wird in der Vermögensbilanz festgehalten. Eine **Vermögensbilanz** stellt zu einem bestimmten Zeitpunkt jeweils am

Anfang oder am Ende einer Produktionsperiode (im Rahmen der volkswirtschaftlichen Gesamtrechnung ein Kalenderjahr) den Vermögensbestand einer Unternehmung zusammen. Sie enthält auf der Aktivseite der Bilanz neben dem Produktivvermögen auch das Finanzvermögen einer Unternehmung.

Das **Finanzvermögen** setzt sich aus dem Finanzanlage- und dem Finanzumlaufvermögen zusammen. **Finanzanlagen** sind dauerhafter Natur und bestehen beispielsweise aus dauerhaften Beteiligungen an anderen Unternehmen (z.b. hält Unternehmung A ein Aktienpaket der Unternehmung B). Das **Finanzumlaufvermögen** resultiert z.b. aus Geschäften des laufenden Produktionsprozesses: Verkauf von Gütern gegen Kasse / gegen Handelswechsel / gegen Kredit. Diesen Forderungen stehen **Verbindlichkeiten** gegenüber, die auf der Passivseite der Bilanz erscheinen, z.B. Schulden gegenüber anderen Unternehmungen (wie z.B. Banken) oder gegenüber Haushalten.

Als **Nettofinanzposition** bezeichnet man die Differenz aus Forderungen (Summe aus Finanzanlagen plus Finanzumlaufvermögen) und eigenen Verbindlichkeiten (wobei man diese ihrer Fälligkeit nach in lang- und kurzfristige unterteilt). Das **Reinvermögen** oder **Eigenkapital** ist die Differenz aus den gesamten Aktiva einer Unternehmung und deren Verbindlichkeiten (vgl. auch Schaubild 3 - 1).

Die Unternehmungen bilanzieren ihr Vermögen nach zwei unterschiedlichen Versionen:

a) Sie bilden als Aktiva die Kategorien Anlage- und Umlaufvermögen. Zu den Anlagen zählen neben den Sachanlagen (technischer Produktionsapparat) auch die Finanzanlagen (dauerhafte Vermögensverflechtungen mit anderen Unternehmungen). Das Umlaufvermögen enthält kurzfristig fällige (veränderbare) Vermögenswerte, wie Lagerbestände und kurzfristige Forderungen, die z.B. aus den Gütertransaktionen resultieren (z.B. Kasse, Bankguthaben). Diese Darstellungsform wird vom warenproduzierenden Gewerbe (Industrie) bevorzugt.

b) Die Unternehmungen gruppieren ihre Aktiva in Realvermögen und Finanzvermögen. Sie fassen dann Sachanlagen und Vorräte zusammen sowie kurz- und langfristige Forderungen. Diese Darstellungsform wird von Dienstleistungsunternehmen insbesondere des Finanzsektors bevorzugt (Banken und Versicherungen). Zwischen den Bilanzierungsarten a) und b) besteht inhaltlich kein Unterschied!

Die einzelnen Vermögenspositionen sind für verschiedene Wirtschaftssubjekte von unterschiedlicher Bedeutung: Produktionsunternehmungen haben einen sehr hohen Bestand an Realvermögen und relativ geringe Bestände an Finanzaktiva oder -passiva. Bei Banken ist es genau umgekehrt: Sehr großen Beständen an Forderungen und Verbindlichkeiten stehen relativ geringe Sachanlagen gegenüber. Veränderungen in den Bilanzen (zwischen zwei Stichtagen) ergeben eine Veränderungsbilanz.

Schaubild 3-1: Bilanz einer Unternehmung

A

a)

	Aktiva	Passiva	
1.AV -SA -FA 2.UV -VU -FU	1. Anlagevermögen 1.1 Sachanlagen 1.2 Finanzanlagen 2. Umlaufvermögen 2.1 Vorräte 2.2 Finanzumlaufvermögen	3. Verbindlichkeiten 3.1 langfristig 3.2 kurzfristig 4. Eigenkapital 4.1 Grundkapital 4.2 Rücklagen	3.Vb 4.EK

B

b)

	Aktiva	Passiva	
1.SV -SA -VU 2.FV -FA -FU	1. Sachvermögen 1.1 Sachanlagen 1.2 Vorräte 2. Finanzvermögen 2.1 Finanzanlagen 2.2 Finanzumlaufvermögen	3. Verbindlichkeiten 4. Reinvermögen (Saldo)	3.Vb 4.EK = RV

c) **Veränderungsbilanz:** *Anfangsbestand + Zugang – Abgang = Endbestand*

d) Auch Haushalte können, ähnlich den Unternehmen, ihre Vermögenswerte in einer Bilanz zusammenstellen und ihre Vermögensbildung in einer Veränderungsbilanz erfassen. Allerdings findet diese Vermögensrechnung in der VGR keine Be-

3.2 Produktivvermögen und Vermögensbilanz

rücksichtigung, da es sich definitionsgemäß nicht um Produktivvermögen handelt, sondern um dauerhafte Konsumgüter, die nur zu privaten Zwecken als Vermögen "aktiviert" werden, um z.B. als Sicherheit für einen Bankkredit zu dienen. Die einzige Ausnahme stellen Eigentumswohnungen und Häuser dar: in dieser Eigenschaft zählen die Haushalte zu den Unternehmungen. Derartige Haushaltsbilanzen nennt man "Vermögensaufstellung". Eine solche Aufstellung könnte wie folgt aussehen:

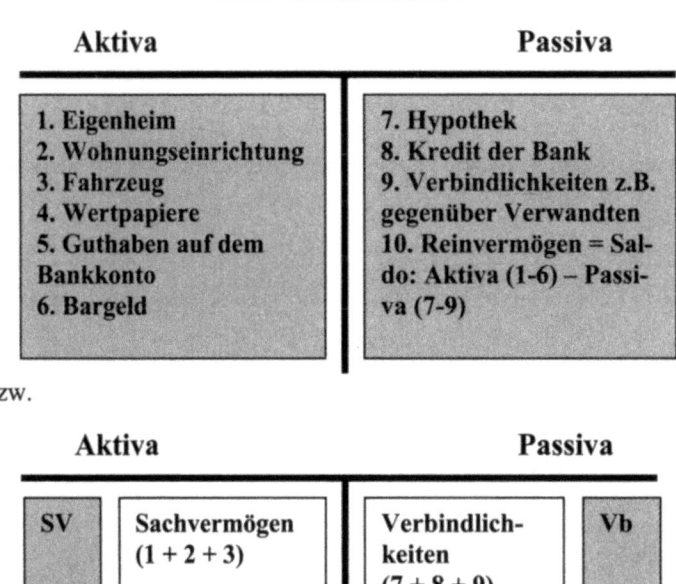

Während der Rechnungsperiode würde sich diese Aufstellung verändern. Es ist:

$$\Delta RV = \Delta SV + \Delta FV - \Delta Vb$$

Im Rahmen der VGR bilden Haushalte lediglich Finanzvermögen im Umfang ihres Sparens:

$$S = \Delta FV - \Delta Vb$$

Box 3-1: Unternehmensbilanz: Bank

Bilanz Deutsche Bank AG zum 31. Dezember 2002

Aktivseite		
in Mio. €	31.12.2002	31.12.2001
Barreserve	9 488	4 814
Schuldtitel öffentlicher Stellen und Wechsel, die zur Refinanzierung bei Zentralnotenbanken zugelassen sind	709	693
Forderungen an Kreditinstitute	140 395	154 386
Forderungen an Kunden	286 437	314 742
Schuldverschreibungen und andere festverzinsliche Wertpapiere	112 111	104 338
Aktien und andere nicht festverzinsliche Wertpapiere	38 066	63 623
Beteiligungen	2 496	2 776
Anteile an verbundenen Unternehmen	34 775	32 506
Treuhandvermögen	527	755
Immaterielle Anlagewerte	702	345
Sachanlagen	1 189	1 351
Eigene Aktien (rechnerischer Wert 102Mio ¤)	1 745	499
Sonstige Vermögensgegenstände	67 107	46 269
Steuerabgrenzungsposten	2 341	1 942
Rechnungsabgrenzungsposten	2 782	2 120
Summe der Aktiva	**700 870**	**731 159**

Passivseite		
in Mio. €	31.12.2002	31.12.2001
Verbindlichkeiten gegenüber Kreditinstituten	288 689	305 983
Verbindlichkeiten gegenüber Kunden	253 965	292 553
Verbriefte Verbindlichkeiten	69 549	64 353
Treuhandverbindlichkeiten	527	755
Sonstige Verbindlichkeiten	46 944	5 291
Rechnungsabgrenzungsposten	2 200	1 963
Rückstellungen	8 544	30 080
Sonderposten mit Rücklageanteil	16	33
Nachrangige Verbindlichkeiten	7 458	7 204
Genussrechtskapital	1 342	1 342
Eigenkapital		
a) gezeichnetes Kapital	1 592	1 591
bedingtes Kapital 232 Mio ¤ (31.12.2001: 359 Mio ¤)		
b) Kapitalrücklage	10 960	10 946
c) Gewinnrücklagen		
ca) gesetzliche Rücklage	13	13
cb) Rücklage für eigene Anteile	1 745	499
cc) andere Gewinnrücklagen	6 518	7 745
	8 276	8 257
d) Bilanzgewinn	808	808
	21 636	21 602
Summe der Passiva	**700 870**	**731 159**

Quelle: Deutsche Bank AG, Jahresabschlussbericht und Lagebericht 2002, S. 14.

Box 3-2: Unternehmensbilanz: Produktionsunternehmung

ThyssenKrupp AG

Aktivseite

Mio. €	30.09.2001	30.09.2002
Immaterielle Vermögensgegenstände	4.169	3.691
Sachanlagen	12.167	11.609
Finanzanlagen	1.482	955
Anlagevermögen	17.818	16.255
Vorräte	6.525	6.001
Forderungen aus Lieferungen und Leistungen	5.721	5.353
Übrige Forderungen und Sonstige Vermögensgegenstände	1.637	1.357
Wertpapiere	24	20
Flüssige Mittel	1.234	921
Umlaufvermögen	15.141	13.652
Latente Steuern	1.445	1.003
Rechnungsabgrenzungsposten	245	250
Summe Aktiva (davon kurzfristig 2001: 15.246 Mio €; 2002: 13.766 Mio €)	34.649	31.160

Passivseite

Mio. €	30.09.2001	30.09.2002
Gezeichnetes Kapital	1.317	1.317
Kapitalrücklage	4.684	4.684
Gewinnrücklagen	2.577	2.484
Kumulierte erfolgsneutrale Eigenkapitalveränderungen	208	– 198
Eigenkapital	8.786	8.287
Ausgleichsposten für Anteile anderer Gesellschafter	363	297
Rückstellung für Pensionen und ähnliche Verpflichtungen	6.908	7.065
Übrige Rückstellungen	3.136	3.066
Rückstellungen (davon kurzfristig 2001: 3.079 Mio €; 2002: 3.180 Mio €)	10.044	10.131
Finanzverbindlichkeiten	7.665	5.683
Verbindlichkeiten aus Lieferungen und Leistungen	3.248	3.128
Übrige Verbindlichkeiten	3.324	3.013
Verbindlichkeiten (davon kurzfristig 2001: 7.042 Mio €; 2002: 6.610 Mio €)	14.237	11.824
Latente Steuern (davon kurzfristig 2001: 423 Mio €; 2002: 333 Mio €)	1.161	556
Rechnungsabgrenzungsposten (davon kurzfristig 2001: 47 Mio €; 2002: 61 Mio €)	58	65
Summe Passiva	34.649	31.160

Quelle: ThyssenKrupp AG Geschäftsbericht 2001/2002, S. 157.

3.3 Produktionsprozess: vom Input zum Output

Der **Produktionsapparat** (die Ausstattung mit Sachanlagen) einer Unternehmung erzeugt für sich genommen noch keine Güter. Erst eine spezifische (technisch-ökonomische) Kombination zwischen Produktionsapparat und menschlicher Arbeit setzt den Produktionsprozess in Gang, der z.B. aus Stahlblech, Polstersitzen, Gummireifen, Farbe usw. Automobile erzeugt. Der **Produktionsprozess** ist mithin ein technischer Vorgang, der Produktivleistungen (Input) in (Fertig-) Erzeugnisse (output) verwandelt. Er erstreckt sich im Zeitablauf. Input und Output sind **Stromgrößen**, sie werden pro Zeiteinheit gemessen. Wir unterstellen immer eine Periode von einem Jahr.

Der Unternehmer wird den Produktionsprozess jedoch nicht allein nach dem technischen, sondern vor allem nach dem **ökonomischen Prinzip** durchführen: Ein bestimmter Output ist mit einem Minimum an Input herzustellen bzw. mit einem bestimmten Input ist ein Maximum an Output zu erzeugen. Die eingesetzten und produzierten Mengen sind jeweils mit ihren zugehörigen Preisen zu gewichten, d.h. Input und Output verändern sich von rein technischen Mengen zu ökonomischen Werten (Mengen mal zugehörige Preise).

Der Produktionsapparat ist hingegen eine **Bestandsgröße**, die den Bestand an Sachanlagen zu einem bestimmten Zeitpunkt wieder gibt, gewöhnlich zu Beginn oder am Ende des Produktionsprozesses. Zwischen zwei Erfassungszeitpunkten erfährt der Produktionsapparat Veränderungen, die durch den Produktionsprozess selbst und durch die Ergebnisse des Produktionsprozesses hervorgerufen werden: Zum einen nutzt sich der Produktionsapparat im Zuge des Produktionsprozesses ab; zum anderen dient das Produktionsergebnis z.T. dazu, die eigenen Sachanlagen (durch selbsterstellte Bruttoanlageinvestitionen) zu erhöhen.

Das **Produktivvermögen** der Unternehmung besteht aus den Sachanlagen (Produktionsapparat) und den Vorräten. Vorräte sind (zumindest in einem bestimmten von Unternehmung zu Unternehmung unterschiedlichen Umfang) für die Durchführung eines reibungslosen Produktionsprozesses notwendig.
Wie sieht nun der mit Hilfe des zu Beginn einer Produktionsperiode vorhandenen Produktivvermögens durchgeführte Produktionsprozess aus?

3.3 Produktionsprozess: vom Input zum Output

Schaubild 3-2: Produktionsprozess (der Unternehmung U1)

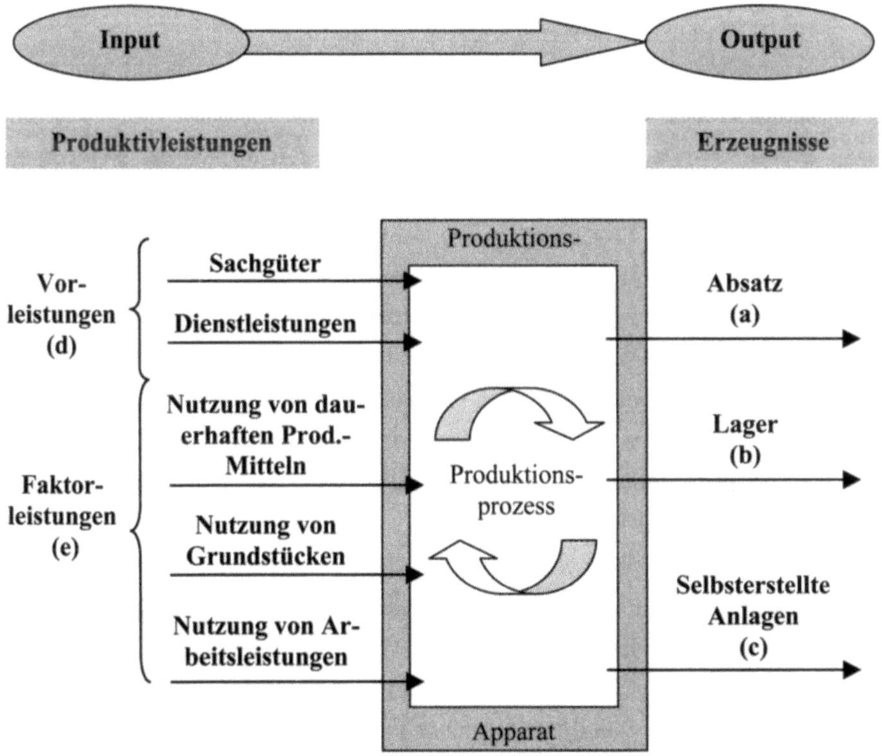

```
    Input  ═══════════════════▶  Output

Produktivleistungen                        Erzeugnisse

              ┌ Sachgüter        ─→ Produktions-
Vor-          │                                          Absatz
leistungen  ──┤                                           (a)      ─→
(d)           └ Dienstleistungen ─→

              ┌ Nutzung von dau-
              │ erhaften Prod.-  ─→                      Lager
              │ Mitteln              Produktions-         (b)     ─→
Faktor-       │                       prozess
leistungen  ──┤ Nutzung von      ─→
(e)           │ Grundstücken
              │                                       Selbsterstellte
              │ Nutzung von Ar-                         Anlagen    ─→
              └ beitsleistungen  ─→                       (c)

                                      Apparat
```

Sehen wir zunächst die **Output-Seite** an: Der Output ist das Ergebnis des Produktionsprozesses einer Periode, d.h. die Gesamtheit aller in einer Periode von einem Unternehmen produzierten Güter. Diese Güter können entweder abgesetzt (verkauft) werden (a) oder im eigenen Unternehmen verbleiben (b + c).

a) Hinsichtlich des **Absatzes** kann das Unternehmen zweifelsfrei feststellen, an wen es welche Gütermengen zu welchen **Preisen** verkauft hat. Das Produkt aus abgesetzter Menge mal Preis pro Mengeneinheit heißt auch **Umsatz** bzw. **Verkaufserlös**. Die Abnehmer können sein:
- private Haushalte **(H)**,
- andere Unternehmungen **(aU)**,

Aus der Sicht der verkaufenden Unternehmung ist es jedoch nicht immer zweifelsfrei feststellbar, wozu die abgesetzten Güter vom jeweiligen Abnehmer verwendet werden. Hier bestehen folgende Verwendungsmöglichkeiten:

- **Konsumgüter**: sobald ein Gut von einem privaten Haushalt gekauft wird, ist es ex definitione ein Konsumgut. (Die Konsumausgaben fließen vom Haushalt H an das Unternehmen U: C_H^{U1}).
- **Vorleistungen**: Güter, die von anderen Unternehmungen gekauft und in derselben Produktionsperiode erneut in deren eigenen Produktionsprozessen eingesetzt werden (vgl. das Beispiel aus Kapitel 2.2, in dem das Getreide als Vorleistung in die Produktion von Mehl und das Mehl als Vorleistung in die Produktion von Brot eingeht). Die Ausgaben für die Vorleistungen fließen von den anderen Unternehmen (aU) an das produzierende: V_{aU}^{U1}.
- **Investitionsgüter**: Güter, die von anderen Unternehmen gekauft werden und deren Produktivvermögen erhöhen. Diese Investitionsgüter können sein:
    - dauerhafte Produktionsmittel, die man als Bruttoanlageinvestition bezeichnet und die den Produktionsapparat der einkaufenden Unternehmung erhöhen, (z.B. Verkauf von Maschinen, Bau von Fabrik- oder Bürogebäuden), $I^b_{Anl\ aU}{}^{U1}$, oder
    - nicht dauerhafte Produktionsmittel, die die Lagerbestände (an Roh-, Hilfs- oder Betriebsstoffen) der einkaufenden Unternehmung erhöhen und **Vorprodukte** darstellen, da diese Güter im Gegensatz zu den Vorleistungen erst in einer zukünftigen Produktionsperiode zum Einsatz kommen, (z.B. beim Verkauf von Tuch an eine Schneiderei, die dieses Tuch zunächst lagert, um es erst in der nächsten Periode zu Kleidern zu vernähen. Vernähte sie das Tuch in derselben Periode, in der sie es einkauft, wäre es eine Vorleistung): $I_L^+{}_{aU}{}^{U1}$

b) **Ein Teil der Erzeugnisse wird nicht abgesetzt**, sondern verbleibt im Unternehmen als selbsterstellte Lagerinvestition. Handelt es sich dabei um Produkte, die zwar in demselben Unternehmen erzeugt, aber erst zu einem späteren Zeitpunkt im Produktionsprozess erneut bearbeitet werden sollen, dann sind es **Zwischenprodukte**. Sollen sie zu einem späteren Zeitpunkt verkauft werden, so tätigt die Unternehmung **Lagerinvestitionen von Fertigprodukten**. Die Lagerinvestitionen erhöhen das Produktivvermögen des Unternehmens (aber nicht den Produktionsapparat): $I_L^+{}_{U1}{}^{U1}$

3.3 Produktionsprozess: vom Input zum Output   55

c) Ein Teil der nicht abgesetzten Erzeugnisse kann aus selbsterstellten Produktionsanlagen bestehen, die man auch Bruttoanlageinvestitionen nennt. Selbsterstellte Anlagen erhöhen den Produktionsapparat einer Unternehmung (z.B. kann eine Maschinenfabrik auch Maschinen herstellen, die sie selbst für ihren eigenen zukünftigen Produktionsprozess benötigt): $I^b_{Anl\ U1}{}^{U1}$

Sehen wir uns jetzt die **Input-Seite** des Produktionsprozesses an. Die Gesamtheit der **Produktivleistungen**, die im Produktionsprozess eingesetzt werden, nennt man Input. Sie bestehen aus Vorleistungen $V_{U1}{}^{aU}$ und Faktorleistungen $Y_{U1}{}^{H/aU/U1}$.

d) **Vorleistungen** sind Güter, Waren und Dienstleistungen, die von anderen Unternehmen produziert worden sind und in derselben Periode erneut in einem weiteren Produktionsprozess (nämlich in dem der diese Vorleistungen einkaufenden Unternehmung) eingesetzt werden und in den Erzeugnissen dieser Unternehmung aufgehen (z.B. das Mehl im Fertigprodukt Brot, das Stahlblech als Karosserie im Automobil; die Reinigung der Büroräume durch eine Reinigungsfirma ist ebenso Bestandteil des Fertigproduktes wie die Dienstleistung eines Betriebsberaters).

e) **Faktorleistungen** werden von den drei (volkswirtschaftlichen) Produktionsfaktoren Kapital, Boden, Arbeit abgegeben. Diese Faktoren gehen selbst nicht in das Fertigprodukt ein, sondern lediglich die Leistungen (Nutzungen), die sie im Produktionsprozess abgeben: Das eingesetzte (Produzentensach-) **Kapital** (d.h. die Sachanlagen wie z.B. Maschinen, Geräte, Gebäude) erfährt im Zuge des Produktionsprozesses einen Verschleiß, den wir durch Abschreibungen erfassen. Der eingesetzte **Boden** gibt z.B. in der landwirtschaftlichen Produktion Nutzungen ab für den Anbau der Pflanzen. Der Boden selbst bleibt natürlich erhalten und geht nicht in die Ernte ein. Auch dient der Boden als Standort für die Produktionsanlagen. Ohne seine Nutzung ist mithin keine Produktion möglich. Die im Produktionsprozess beschäftigten Menschen geben ihre **Arbeit**sleistungen ab, damit der Produktionsapparat überhaupt betrieben werden kann. Die Arbeitskraft selbst regeneriert sich in der Nicht-Arbeitszeit und bleibt erhalten. Nur Max und Moritz passierte am Ende ihrer Streiche das Missgeschick, im Produktionsprozess unterzugehen - als Gänsefutter.

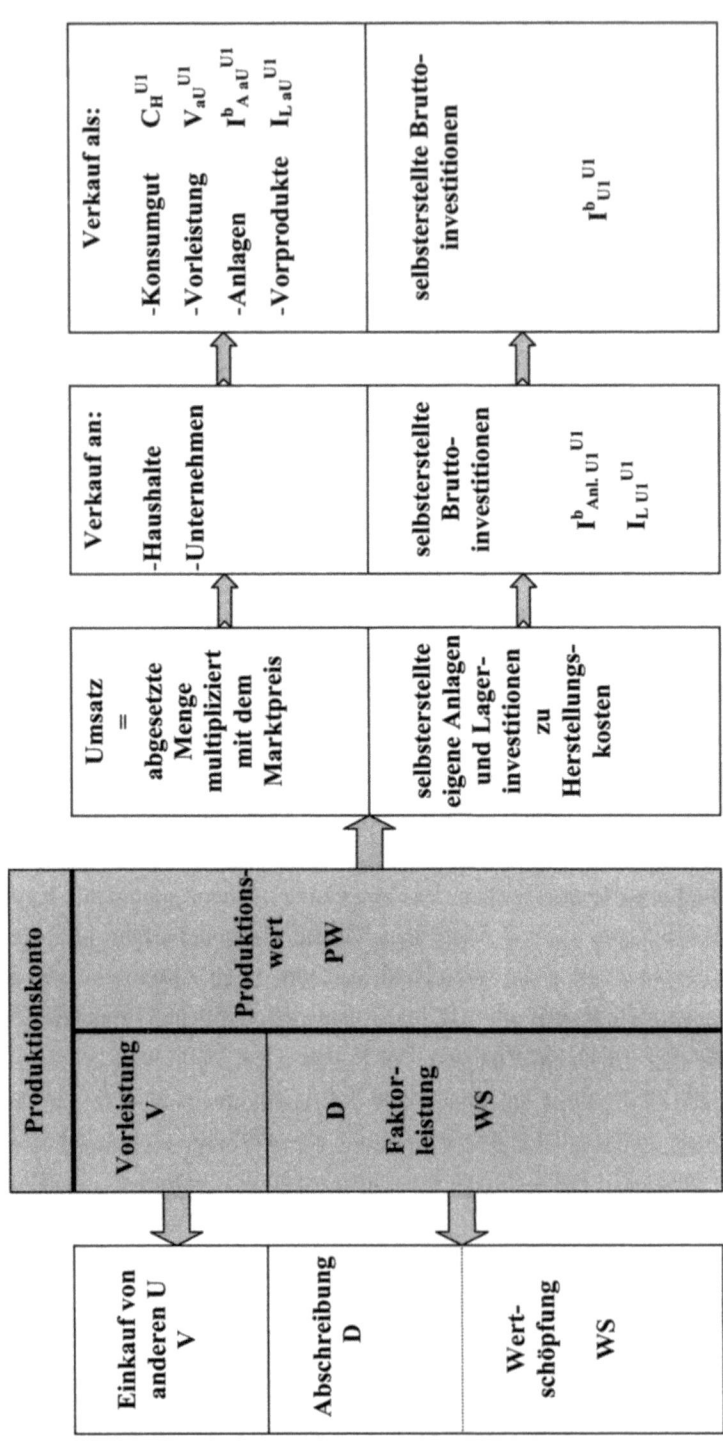

Schaubild 3-3: Ergebnis des Produktionsprozesses einer Unternehmung (in monetären Größen)

3.4 Das Produktionskonto: vom Produktionswert zum Faktoreinkommen

Der soeben beschriebene Produktionsprozess wird nun buchhalterisch auf dem Produktionskonto einer Beispiel-Unternehmung festgehalten. Betriebswirtschaftlich entspricht es zum großen Teil dem Gewinn- und Verlustkonto einer Unternehmung, enthält aber lediglich diejenigen Größen, die mit der Produktion von Gütern unmittelbar im Zusammenhang stehen (siehe auch Box 3-3/3-4, S. 59 f.). In dem unterstellten Modell produzieren allein die Unternehmungen und nicht die Haushalte!

Die Output-Seite des soeben behandelten Produktionsprozesses verwandelt sich buchhalterisch zur **Haben-Seite des Produktionskontos.** Hier werden die Einnahmen verbucht, die das Unternehmen durch den Verkauf seiner Produkte an andere Wirtschaftssubjekte erzielt (mit Marktpreisen bewertet) und die Produkte, die im Unternehmen verbleiben (zu Herstellungskosten bewertet): Stellen wir uns ein Unternehmen vor, bei dem es sich wiederum um eine Automobilfabrik handeln möge und das wir U1 nennen wollen. Dieses Unternehmen produziert Automobile, die es im Wesentlichen sofort an seine Händler oder andere Unternehmen verkauft, in Ausnahmefällen vielleicht auch direkt an private Haushalte. Die Gesamtheit der Verkaufserlöse macht den **Umsatz** aus, er ist wertmäßig das Produkt aus abgesetzter Menge mal Preis pro Mengeneinheit. Für das Produktions-Unternehmen ist der Umsatz die entscheidende Größe. Über die Verwendung der abgesetzten Produkte durch die Käufer hat es i.d.R. keine (vollständigen) Informationen. Die detaillierte Untergliederung der Haben-Seite des Produktionskontos ist praktisch erst aus volkswirtschaftlicher Sicht möglich, d.h. sie setzt die Information voraus, wofür die Kunden dieser Unternehmung die von ihnen nachgefragten Güter tatsächlich verwendet haben.

a) Am Beispiel der Automobil-Produktion können wir die möglichen Verwendungen aufzeigen (vgl. Schaubild 3-3): **die verkauften Automobile** sind
- **Konsumgüter**, wenn private Haushalte ihr Automobil direkt von der Automobilfabrik beziehen,
- **Vorleistungen**, wenn sie z.B. von einem Autohändler gekauft und weiterverkauft oder umgebaut werden (z.B. zu Camping-Mobilen) oder wenn sie zum Zwecke der Durchführung eines Crash-Tests vom ADAC gekauft und vernichtet werden.

- **Bruttoanlageinvestitionen anderer Unternehmungen**, wenn diese das Automobil erwerben und als Geschäftsfahrzeug (Dienstwagen) einsetzen,
- **Vorprodukte** (Lagerinvestitionen anderer Unternehmen), wenn die Automobile z.B. von selbständigen Händlern gekauft aber nicht sofort weiterverkauft sondern auf Lager genommen werden.

b) **Automobile, die nicht verkauft** werden konnten (sollten), bilden einen **Lagerzugang** an Fertigprodukten. Automobile, die in der Vorperiode auf Lager genommen wurden und in dieser Periode verkauft werden, erscheinen als Lagerabgang. Der Saldo aus Lagerzugang minus Lagerabgang stellt die Lager-Investition dar. In diesen Saldo gehen allerdings sämtliche Zu- und Abgänge ein und nicht nur die von technischen Fertigprodukten wie beispielsweise selbsterstellte Lagerzugänge an Halbfabrikaten: z.B. sind in der laufenden Periode aus eingekauften Stahlblechen (Vorleistungen) Karosserien gestanzt worden, die aber nicht mehr zu fertigen Automobilen weiterverarbeitet wurden, sondern auf Lager genommen wurden. Zu den Lagerabgängen gehören neben der Bestandsminderung an Fertigprodukten und Halbfabrikaten auch Bestandsminderungen sämtlicher (in vorangegangenen Perioden von anderen Unternehmen eingekauften und auf Lager genommenen) Roh-, Hilfs- und Betriebsstoffe. Diese Güter werden wie die Vorleistungen im Produktionsprozess eingesetzt, jedoch nicht wie diese auf der Sollseite des Produktionskontos verbucht, sondern auf der Habenseite mit negativem Vorzeichen:

selbsterstellte Lagerinvestitionen	=	Lagerzugänge an selbsterstellten Gütern	-	Lagerabgänge
$I_{L\,U1}^{U1}$	=	$I_{L\,U1}^{+\,U1}$	-	$I_{L\,U1}^{-\,U1}$

c) Automobile, die in der Automobil-Unternehmung verbleiben und dort als Dienst- oder Lieferwagen eingesetzt werden sind **selbsterstellte Bruttoanlageinvestitionen.**

Damit kommen wir zur **Sollseite des Produktionskontos.** Hier werden alle "Input"-Faktoren wertmäßig erfasst, die zur Erzeugung des "Output" eingesetzt wurden.

3.4 Das Produktionskonto: vom Produktionswert zum Faktoreinkommen

d) Als Erstes halten wir hier die soeben erwähnten **Vorleistungen (V)** fest. Die Fertigstellung eines Automobiles setzt die Zulieferung vieler Güter voraus (Roh-,

Schaubild 3-4: Von U1 produzierte Investitionsgüter

$I^{b\,U1}$	$I^b_{aU}{}^{U1}$	$I^b_{Anl\,aU}{}^{U1}$
		$I^b_{L\,aU}{}^{U1}$
	$I^b_{U1}{}^{U1}$	$I^b_{Anl\,U1}{}^{U1}$
		$I_{L\,U1}{}^{U1}$

Verkauf von Anlagen an andere Unternehmen

Verkauf von Vorprodukten an andere Unternehmen

Selbsterstellte Anlagen

Selbsterstellte Lagerinvestitionen
$= I_L^+{}_{U1}{}^{U1} - I_L^-{}_{U1}{}^{U1}$

Lagerzugang - Lagerabgang

Hilfs-, Betriebsstoffe). Stahlbleche werden vom Stahlwerk bezogen, Autolack aus einer Farbenfabrik, Autoreifen aus einer Reifenfabrik, Sitzpolster aus einer Möbelfabrik usw. Die vielfältigsten Zulieferer produzieren für die Autofabrik. Ihre Erzeugnisse gehen im Zuge des Produktionsprozesses in dem neuen Produkt "Automobil" unter.

Produktionskonto der Unternehmung U1

$V_{U1}{}^{aU}$	Einkauf von Vorleistungen von anderen Untern.	Verkauf von Vorleistungen an andere Unternehmungen	$V_{aU}{}^{U1}$
$D_{U1}{}^{U1}$	Abschreibung auf die im Produktionsprozess eingesetzten dauerhaften Produktionsmittel	Verkauf von Konsumgütern an Haushalte	$C_H{}^{U1}$
WS$_{U1}$ = Y$_{U1}$	Wertschöpfung: ➤ Faktorentgelt an Haushalte: $Y_{U1}{}^H$ ➤ Faktorentgelt an andere U: $Y_{U1}{}^{aU}$ ➤ Einbehaltene Gewinne: $Y_{U1}{}^{U1}$	Verkauf von Produktionsanlagen an andere Unternehmen: $I^b_{Anl\,aU}{}^{U1}$	$I^{b\,U1}$
		Verkauf von Vorprodukten an andere U: $I_{L\,aU}{}^{U1}$	
		Selbsterstellte Anlagen $I^b_{Anl\,U1}{}^{U1}$	
		Selbsterstellte Lagervorräte: $I_{L\,U1}{}^{U1}$	

$$V_{U1} + D_{U1} + Y_{U1} = PW_{U1} \text{ (Produktionswert)} = V_{aU} + C_H + I^b$$

e) In den Montagehallen der Autofabrik wird mit Hilfe von Maschinen, Fließbändern usw. das Endprodukt Automobil hergestellt. Im Zuge dieses Produktionsprozesses geben die eingesetzten Maschinen, aber auch Gebäude, Nutzungen ab. Kann eine Stanze insgesamt 100.000 Karosserien stanzen bevor sie schrottreif ist, dann geht in jede Karosserie 1/100.000-stel ihres Wertes ein. Dieser produktionstechnische Verschleiß wird durch die **Abschreibung (D)** erfasst. Die Bewertung dieses Verschleißes erfolgt zu Wiederbeschaffungspreisen einer neuen Stanze, so dass der Realwert des Kapitals erhalten bleibt, wenn in Höhe der Abschreibungen reinvestiert wird.

Die Summe aus Verkaufserlösen aus der laufenden Produktion, selbsterstellten Lager- und Anlageinvestitionen ist der Produktionswert (**PW**) dieser Unternehmung. Man nennt ihn auch „**Bruttoproduktionswert**" (PW^b), um damit zum Ausdruck zu bringen, dass in diesem Wert Güter enthalten sind, die zuvor bereits von anderen Unternehmen produziert worden sind, nämlich die Vorleistungen: Bruttoproduktionswert minus der im Produktionsprozess eingesetzten (also auf der Sollseite des Produktionskontos verbuchten!) Vorleistungen ergeben dann den **Nettoproduktionswert** (PW^n). Diese Größe ist wiederum identisch mit der "**Bruttowertschöpfung**" der Unternehmung (WS^b): Der Teil des Bruttoproduktionswertes, der die Vorleistungen übersteigt, ist von der betrachteten Unternehmung als zusätzlicher Wert ("value added") "geschöpft" worden. Allerdings erfolgte gleichzeitig ein Werteverzehr (Verschleiß des Produktionsapparates), der durch Abschreibungen erfasst wird. Bringt man diesen produktionsbedingten Werteverzehr in Abzug von der Bruttowertschöpfung, erhält man die **Nettowertschöpfung (WS)**. Wenn die verschiedenen "Brutto- und Nettobegriffe" Sie verwirrt haben sollten, schauen Sie sich die Zusammenhänge noch einmal auf dem Konto an:

Produktionskonto einer Unternehmung

(Netto-) Produktionswert PW^n bzw. Bruttowertschöpfung WS^b	V	Vorleistungen	(Brutto-) Produktionswert PW (bzw. PW^b)
	D	Abschreibung	
	WS	Wertschöpfung	

3.4 Das Produktionskonto: vom Produktionswert zum Faktoreinkommen

Die (Netto-) **Wertschöpfung** (WS) ist die Differenz aus dem (Brutto-) Produktionswert (Habenseite des Produktionskontos) und den eingesetzten Vorleistungen und Abschreibungen. Sie besteht aus der Summe sämtlicher **Faktoreinkommen**, die im Zuge des Produktionsprozesses entstanden sind und den verschiedenen Faktorbesitzern zufließen, in Form von Löhnen und Gehältern, Mieten, Pachten, Zinsen und Gewinnen. Die Entgelte für Löhne, Gehälter, Mieten, Pachten, Zinsen sind in der Regel durch Verträge (= Kontrakte) geregelt, sie heißen aus diesem Grunde auch **kontraktbestimmte Einkommen (Y^{kon})**. Die Gewinne ergeben sich als Saldo bzw. Restgröße (= Residuum) auf dem Produktionskonto. Sie heißen deswegen auch **Residualeinkommen (Y^{res})** (vgl. Schaubild 3-5).

Box 3-3: Gewinn- und Verlustrechnung: Bank

Aus der Gewinn-und-Verlust-Rechnung der Deutschen Bank AG:		
in Mio €	2002	2001
Zinserträge[1]	18 706	27 807
Laufende Erträge[2]	6 691	4 230
Zinserträge insgesamt	25 397	32 037
Zinsaufwendungen	17 579	27 615
Zinsüberschuss	**7 818**	**4 422**
Provisionserträge	5 512	6 251
Provisionsaufwendungen	839	911
Provisionsüberschuss	**4 673**	**5 340**
Nettoertrag aus Finanzgeschäften	**1 885**	**3 482**
Löhne und Gehälter	4 182	5 012
Soziale Abgaben[3]	950	1 113
Personalaufwand	5 132	6 125
Andere Verwaltungsaufwendungen[4]	4 307	5 360
Verwaltungsaufwand	**9 439**	**11 485**
Saldo der sonstigen betrieblichen		
Erträge/Aufwendungen	– 374	– 208
Risikovorsorge	1 842	416
Betriebsergebnis	**2 721**	**1 135**
Saldo der übrigen		
Erträge/Aufwendungen	– 2 167	– 537
Jahresüberschuss vor Steuern	**554**	**598**
Steuern	– 266	– 864
Jahresüberschuss	**820**	**1 462**

Gewinnverwendung		
Gewinnvortrag aus dem Vorjahr	8	–
	828	1 462
Entnahme aus anderen Gewinnrücklagen	1 226	–
Einstellungen in Gewinnrücklagen	1 246	654
– in die Rücklage für eigene Anteile	1 246	499
– in andere Gewinnrücklagen	–	155
Bilanzgewinn	**808**	**808**

1 Aus Kredit- und Geldmarktgeschäften, festverzinslichen Wertpapieren und Schuldbuchforderungen.
2 Aus Aktien und anderen nicht festverzinslichen Wertpapieren, Beteiligungen, Anteilen an verbundenen Unternehmen (einschließlich Gewinnabführungsverträgen) sowie dem Leasinggeschäft.
3 Einschließlich Aufwendungen für Altersversorgung und für Unterstützung.
4 Einschließlich Normalabschreibungen auf Sachanlagen.

Quelle: Deutsche Bank AG, Jahresabschlussbericht und Lagebericht 2002, S. 5.

Box 3-4: Gewinn- und Verlustrechnung: Produktionsunternehmung

Gewinn- und Verlustrechnung: Produktionsunternehmung			
Mio €, mit Ausnahme Ergebnis je Aktie	1999/2000	2000/2001	2001/2002
Umsatzerlöse	37.209	38.008	36.698
Umsatzkosten	– 30.036	– 30.972	– 30.222
Bruttoergebnis vom Umsatz	**7.173**	**7.036**	**6.476**
Vertriebskosten	– 2.941	– 3.102	– 2.960
Allgemeine Verwaltungskosten	–2.419	–2.679	–2.526
Sonstige betriebliche Erträge	399	514	541
Sonstige betriebliche Aufwendungen	–899	–824	– 809
Ergebnis aus dem Verkauf von konsolidierten Gesellschaften	131	343	41
Betriebliches Ergebnis	**1.444**	**1.288**	**763**
Finanzergebnis	–354	–412	– 1
Ergebnis vor Steuern, Anteilen anderer Gesellschafter und Änderungen von Bilanzierungsgrundsätzen	1.090	876	762
Steuern vom Einkommen und vom Ertrag	–531	–193	– 175
Anteile anderer Gesellschafter am Gewinn/Verlust	–32	4	– 33
Ergebnis vor Änderungen von Bilanzierungsgrundsätzen	**527**	**687**	**554**
Ergebnis aus Änderungen von Bilanzierungsgrundsätzen (nach Steuern)	0	–22	– 338
Konzern-Jahresüberschuss	**527**	**665**	**216**
Ergebnis je Aktie	1,02	1,29	0,42
Angepasstes Ergebnis je Aktie (vor Firmenwertabschreibungen)	1,46	1,76	0,42

Quelle: ThyssenKrupp AG Geschäftsbericht 2001/2002, S. 156.

3.4 Das Produktionskonto: vom Produktionswert zum Faktoreinkommen

Schaubild 3-5: Wertschöpfung

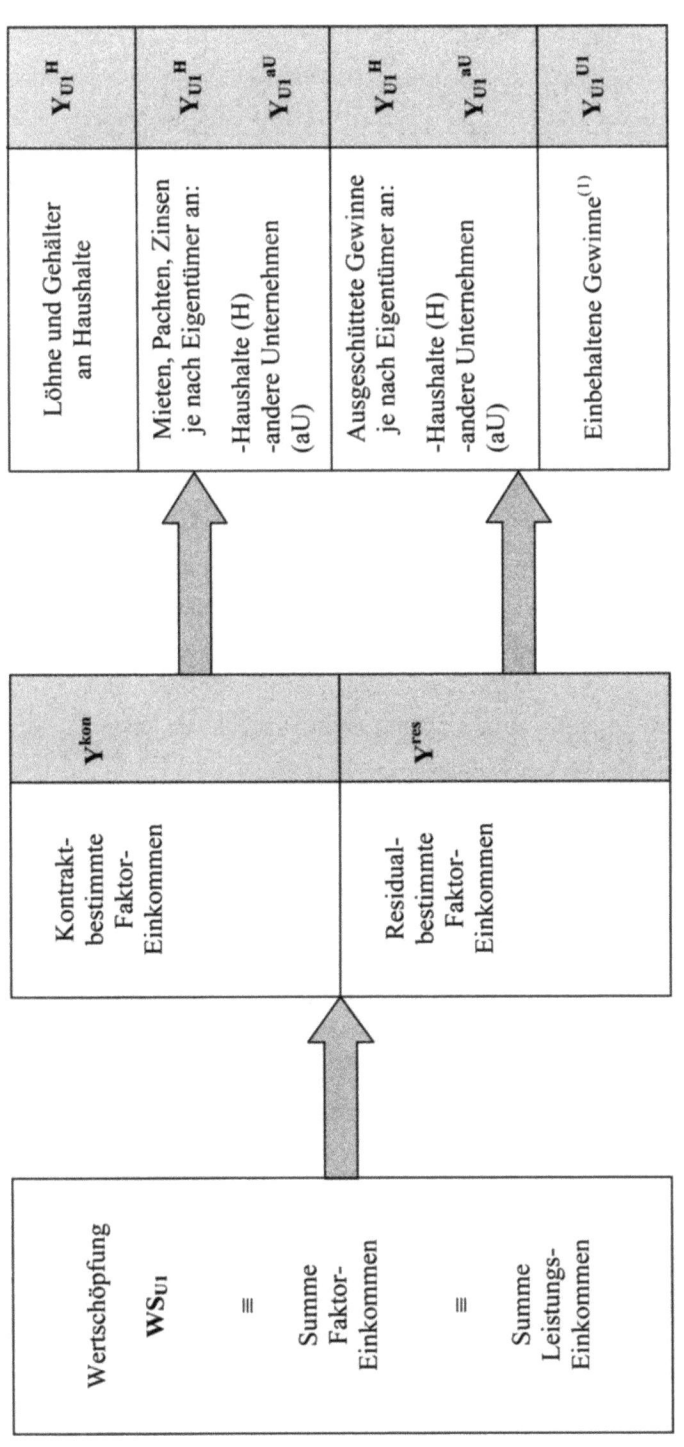

Löhne und Gehälter sind **Kontrakteinkommen**, die abhängig Beschäftigte aufgrund eines Arbeitsvertrages erhalten; an die Vermieter von Gebäuden müssen Mieten (aufgrund eines Mietvertrages) gezahlt werden; an die Verpächter von Land, auf dem die Fabrikhallen stehen, Pacht (gemäß Pachtvertrag); an diejenigen, die der Unternehmung Fremdkapital zur Verfügung stellen, werden Zinsen gezahlt (laut Kreditvertrag). Den Eigentümern der Unternehmen steht schließlich als **Residualeinkommen** der Gewinn zu. Diese Restgröße kann allerdings auch negativ werden. Sie heißt dann Verlust.

Bei den einzelnen Komponenten der Wertschöpfung ist zu unterscheiden, wem diese Faktoreinkommen zufließen. Löhne und Gehälter fließen in der Regel abhängig Beschäftigten zu (den Nicht-Unternehmer-Haushalten). Mieten, Pachten, Zinsen und verteilte Gewinne können an private Haushalte (**H**) (vorwiegend Unternehmer-Haushalte), oder an andere Unternehmen (**U**) fließen, je nach dem, wer die jeweiligen Eigentumsrechte an den Produktionsfaktoren hält. Private Unternehmer-Haushalte erhalten sowohl Löhne und Gehälter, wenn sie in ihren Unternehmen selbst tätig sind, als auch Gewinne als Eigentümer ihrer Unternehmung. Arbeitnehmer-Haushalte erhalten ausgeschüttete Gewinnanteile nur insoweit, als sie über Kapitalanteile von Unternehmungen verfügen (Schaubild 3-5).

3.5 Einkommensverwendung und Einkommenskonto

Der in einer Unternehmung entstandene Gewinn fließt i.d.R. direkt dem Unternehmer-Haushalt als Faktorentgelt zu. Nur Unternehmungen mit eigener Rechtspersönlichkeit (z.B. Aktiengesellschaften, GmbHs und KGaA) können Gewinnanteile auch einbehalten. Diese einbehaltenen Gewinne finden sich auf ihrem Einkommenskonto wieder. Die einbehaltenen Gewinne sind unter den hier getroffenen Annahmen (geschlossene Volkswirtschaft ohne Staat) gleich der Ersparnis der Unternehmung. Die meisten der über 3 Millionen Unternehmungen in Deutschland haben keine eigene Rechtspersönlichkeit, sondern sind Personengesellschaften. Für sie entfällt die Existenz eines Einkommenskontos. Ihre Gewinne fließen ausschließlich an die Unternehmer-Haushalte. Die umsatzgrößten Unternehmen sind hingegen Kapitalgesellschaften, also Unternehmen mit eigener Rechtspersönlichkeit.

3.5 Einkommensverwendung und Einkommenskonto

Einkommenskonto der Unternehmung U1

S_{U1}^{U1}	Ersparnis	Einbehaltene Gewinne	Y_{U1}^{U1}

Die Haushalte beziehen Faktoreinkommen von U1 und anderen Unternehmungen aU. (Von Transfereinnahmen oder –zahlungen zwischen Haushalten sehen wir ab). Das Einkommen verwendet der Haushalt für Konsumgüter, die er von U1 und anderen Unternehmungen erwirbt. Der Saldo stellt das Sparen des Haushalts dar. Das Einkommenskonto eines Haushaltes sieht wie folgt aus:

Einkommenskonto des Haushaltes H1

C_{H1}^{U}	4. Ausgaben für Konsumgüter	1. Löhne und Gehälter 2. An H1 ausgeschüttete Gewinne 3. Zins-, Miet- und Pachteinnahmen	Y_{U}^{H1}
S_{H1}	5. Saldo = Ersparnis		

3.6 Konten der Vermögensänderung und ihre Finanzierung

Das vorhandene Produktivvermögen der Unternehmung U1 setzt sich aus den Anlagen und Vorräten zusammen, die es in der Vergangenheit akkumuliert hat. Dieser Vermögensbestand verändert sich im Zeitablauf (gemessen als Differenz zwischen zwei Erfassungszeitpunkten) durch Zu- und Abgänge. Das Anlagevermögen erhöht sich durch Zugänge neuer Bruttoanlageinvestitionen und verringert sich durch die Abschreibungen (am alten Anlagebestand). Die Lagerbestände erhöhen sich durch Neuzugänge und vermindern sich durch Lagerentnahmen. Die Differenz wird als Lagerinvestition erfasst.

1. Das **Bruttoanlagevermögen** erhöht sich a) durch die aus dem eigenen Produktionsprozess stammenden selbsterstellten Anlagen $I^b_{Anl\ U1}{}^{U1}$. Das Symbol ist wie folgt zu lesen: Es fließt in Höhe der selbsterstellten Bruttoanlageinvestition ein mo-

netärer (Ausgaben-) Strom vom Vermögensänderungskonto des Unternehmens U1 an das Produktionskonto U1 und b) durch Einkauf dauerhafter Produktionsmittel von anderen Unternehmen $I^b_{Anl\ U1}{}^{aU}$. Diese Investitionsgüter finden sich auf den Produktionskonten der jeweiligen Lieferanten-Firmen und stellen einen Teil deren Umsatzes dar. Bei dem investierenden Unternehmen U1 werden sie auf dem Vermögensänderungskonto verbucht. (Die Unternehmung U1 könnte auch einen Teil ihres Anlagevermögens verkaufen: Liquidierung von Zweigwerken, Verkauf von Maschinen zwecks Verkleinerung des Betriebes oder zwecks Modernisierung. Doch stehen diese Vermögensübertragungen nicht im Zusammenhang mit dem normalen Produktionsprozess. Deshalb wollen wir hier von dieser Möglichkeit absehen.) Die Veränderung der Bruttoanlageinvestition von U1 wird damit :

Gesamte Brutto- = **selbsterstellte** + **eingekaufte**
anlageinvestition   **Anlagen**   **Anlagen**

(1) $\quad I^b_{Anl\ U1} \quad = \quad I^b_{Anl\ U1}{}^{U1} \quad + \quad I^b_{Anl\ U1}{}^{aU}$

Gesamte Netto- = **Brutto-** − **Abschreibungen**
anlageinvestition   **anlageinvestition**

(2) $\quad I^n_{Anl} \quad = \quad I^b_{Anl} \quad - \quad D$

2. Das Produktivvermögen verändert sich zum Zweiten durch Veränderungen im **Lagerbestand** an Roh-, Hilfs-, Betriebsstoffen, Halb- und Fertigfabrikaten. Diese Lagerbestände sind z.T. erforderlich, um einen reibungslosen Produktionsprozess zu ermöglichen, z.T. ungewollt erfolgt (weil sich bestimmmte Produkte nicht in den geplanten Mengen oder zu den erwarteten Preisen verkaufen ließen). Hierbei ist zu beachten, dass die Lagerinvestition als Lagerbestandsänderung und damit als eine Saldogröße definiert ist, d.h. Lagerinvestitionen sind Lagerzugänge minus Lagerabgänge. Die Lagerinvestitionen sind positiv, wenn die Zugänge die Abgänge überwiegen.

Auch bei den Lagerbeständen ist zu unterscheiden, ob sie aus der eigenen Produktion gebildet oder von anderen Unternehmen eingekauft wurden. Wir haben bereits beim Produktionsprozess gesehen, dass das Unternehmen U1 eigene (selbsterstellte) Vorräte produziert: Halb- oder Fertigprodukte, die es erst in späteren Perioden wei-

3.6 Konten der Vermögensänderung und ihre Finanzierung 67

terverarbeitet oder verkauft. (Der Index ist wie folgt zu lesen: der monetäre Strom für die Zugänge an selbsterstellten Lagerinvestitionen fließt von U1 (Vermögensänderungskonto) an U1 (Produktionskonto): $I_L^{+}{}_{U1}^{U1}$). Im Zuge des Produktionsprozesses werden aber auch Roh-, Hilfs- und Betriebsstoffe sowie Halbfabrikate aus Lagerbeständen entnommen und weiterverarbeitet sowie Fertigfabrikate verkauft. Unabhängig davon, ob die Lagervorräte ursprünglich aus der eigenen Produktion stammen oder von andern Unternehmen eingekauft wurden, werden sie als Bestandsminderung erfasst $I_L^{-}{}_{U1}^{U1}$.

Die Unternehmung U1 kauft Roh-, Hilfs- und Betriebsstoffe von anderen Unternehmungen ein, die sie in der Regel als Vorleistungen im eigenen Produktionsprozess einsetzt. Nur die darüberhinausgehenden Einkäufe verwendet sie zur Aufstockung der Lagerbestände. (Der Index ist wie folgt zu lesen: der monetäre Strom für die Lagerinvestitionen fließt von U1 (Vermögensänderungskonto) an andere Unternehmen (Produktionskonto a.U.): $I_{L\,U1}^{aU}$). Es gelten mithin folgende Beziehungen:

Gesamte = **selbsterstellte** + **eingekaufte**
Lagerinvestition   **Lagerinvestition**   **Lagerinvestition**

(3) $I_{L\,U1}$ = $I_{L\,U1}^{U1}$ + $I_{L\,U1}^{aU}$

Selbsterstellte = **selbsterstellte** − **Lagerabgänge**
Lagerinvestition   **Lagerzugänge**

(4) $I_{L\,U1}^{U1}$ = $I_L^{+}{}_{U1}^{U1}$ − $I_L^{-}{}_{U1}^{U1}$

Damit wird (3) zu (5):

(5) $I_{L\,U1}$ = $I_L^{+}{}_{U1}^{U1}$ − $I_L^{-}{}_{U1}^{U1}$ + $I_{L\,U1}^{aU}$

Die von der Unternehmung U1 durchgeführte Bruttoinvestition ist die Summe aus der Bruttoanlage- und der Lagerinvestition:

(6) I^{b}_{U1} = $I^{b}_{Anl\,U1}$ + $I_{L\,U1}$

Die von der Unternehmung U1 durchgeführte Nettoinvestition ist:

(7) I^{n}_{U1} = I^{b}_{U1} − D_{U1}
(8) I^{n}_{U1} = $I^{n}_{Anl\,U1}$ + $I_{L\,U1}$

Schaubild 3-6: Von U1 investierte Investitionsgüter

I^b_{U1}	$I^b_{U1}{}^{aU}$	$I^b_{Anl\ U1}{}^{aU}$	*Von anderen Unternehmen eingekaufte Anlagen*
		$I_{L\ U1}{}^{aU}$	*Von anderen Unternehmen eingekaufte Vorprodukte*
	$I^b_{U1}{}^{U1}$	$I^b_{Anl\ U1}{}^{U1}$	*Selbsterstellte Anlagen*
		$I_{L\ U1}{}^{U1}$	*Selbsterstellte Lagerinvestitionen* $= I_L^+{}_{U1}{}^{U1} - I_L^-{}_{U1}{}^{U1}$ *Lagerzugang-Lagerabgang*

Lagerinvestition

$I_{L\ U1} \quad = \quad I_{L\ U1}{}^{U1} + I_{L\ U1}{}^{aU}$

$I_{L\ U1} \quad = \quad I_L^+{}_{U1}{}^{U1} - I_L^-{}_{U1}{}^{U1} + I_{L\cdot U1}{}^{aU}$

Bruttoanlageinvestition

$I^b_{Anl\ U1} \quad = \quad I^b_{Anl\ U1}{}^{U1} + I^b_{Anl\ U1}{}^{aU}$

Nettoanlageinvestition

$I_{Anl\ U1} \quad = \quad I^b_{Anl\ U1} - D_{U1}$

Bruttoinvestition

$I^b_{U1} \quad = \quad I^b_{Anl\ U1} + I_{L\ U1}$

Nettoinvestition

$I_{U1} \quad = \quad I^b_{U1} - D_{U1}$

$I_{U1} \quad = \quad I_{Anl\ U1} + I_{L\ U1}$

Re-Investition $\quad I^{re} \leq D$

$I^{re} \quad = \quad D \quad \text{bei} \quad I^b > D$

$I^{re} \quad = \quad I^b \quad \text{bei} \quad I^b < D$

3. Die Finanzierung dieser Vermögensbildung erfolgt zum Teil durch die Mittel, die als Abschreibung auf dem Produktionskonto ausgewiesen sind, und auf dem Vermögensänderungskonto gegengebucht werden: $D_{U1}{}^{U1}$.

3.6 Konten der Vermögensänderung und ihre Finanzierung

4. Auf dem Einkommenskonto (das nur für Unternehmen mit eigener Rechtspersönlichkeit wie z.B. Aktiengesellschaften existiert), werden die einbehaltenen Gewinne auf der Habenseite verbucht. Als Saldo in derselben Höhe ergibt sich auf der Sollseite des Einkommenskontos die Ersparnis des Unternehmens U1, die auf dem Vermögensänderungskonto gegengebucht wird, da sie zur Finanzierung der Bruttoinvestitionen verwendet wird: S_{U1}^{U1}.

5. Gewöhnlich sind die (unter 3 und 4 genannten) eigenen Finanzquellen unzureichend, um die gesamten Bruttoinvestitionen finanzieren zu können. Es entsteht ein Finanzierungsdefizit: FD_{U1}^{U1}. Das Vermögensänderungskonto hat folgendes Aussehen:

Vermögensänderungskonto U1

Brutto-Investitionen I^b_{U1}	1. $I^b_{Anl\,U1}$	$I^b_{Anl\,U1}{}^{U1}$	3. Abschreibungen	D_{U1}^{U1}
		$I^b_{Anl\,U1}{}^{aU}$	4. Ersparnisse	S_{U1}^{U1}
	2. $I_{L\,U1}$	$I_{L\,U1}^{U1}$		
		$I_{L\,U1}^{aU}$	5. Finanzierungsdefizit	FD_{U1}^{U1}

Mit dem **Finanzierungskonto** können wir die ökonomischen Aktivitäten einer Unternehmung abschließen. Das Finanzierungsdefizit des Vermögensänderungskontos wird hier übernommen und auf der Sollseite des Finanzierungskontos gegengebucht. Auf der Habenseite finden sich die Finanzierungsquellen: Kredite, die U1 von anderen Unternehmen (z.B. Banken) erhält K_{aU}^{U1} oder bei Haushalten aufnimmt erhält K_H^{U1}. Aus der Sicht von U1 ist die Kreditaufnahme identisch mit einer Zunahme von Verbindlichkeiten. Trotz eines Finanzierungsdefizits kann U1 auch Kredite gewähren (z.B. Lieferantenkredite an andere Unternehmen: K_{U1}^{aU} oder Konsumentenkredite an private Haushalte K_{U1}^{H}). Diese Kredite stellen eine Zunahme von Forderungen für U1 dar. Sie stehen auf der Sollseite und müssen betragsmäßig ebenso wie das ursprüngliche Finanzierungsdefizit von den aufgenommenen Krediten ausgeglichen werden. Als Saldo (Kreditaufnahme - Kreditvergabe) ergibt sich eine Netto-Kreditaufnahme in Höhe des Finanzierungsdefizits.

Finanzierungskonto U1

FD_{U1}	FD_{U1}^{U1}	Finanzierungsdefizit	Kreditauf-nahme (Zu-nahme der Verbindlich-keiten)	K_{aU}^{U1}	K^{U1}
K_{U1}	K_{U1}^{aU}	Kreditvergabe an andere Wirtschafts-subjekte (Zunahme der Forderungen)		K_H^{U1}	
	K_{U1}^{H}				

Die Haushalte bilden im Rahmen der VGR - wie bereits unter 3.2, S. 47 gesagt - nur Finanzvermögen. Ihre Ersparnisse, die auf ihrem Vermögensänderungskonto gegengebucht werden, stellen in voller Höhe einen Finanzierungsüberschuss dar, dessen genaue Verwendung auf dem Finanzierungskonto sichtbar wird: der Haushalt kauft Wertpapiere des Unternehmenssektors, gewährt Kredite oder unterhält Bankguthaben. Wir verbuchen diese Transaktionen als Kreditvergabe an Unternehmungen.

Vermögensänderungskonto des Haushalts H1

$FÜ_{H1}$	Finanzierungsüberschuss	Ersparnisse (Sparen)	S_{H1}

Finanzierungskonto des Haushaltes H1

K_{H1}^{U}	Erwerb von Forderungen (Kredite an U)	Finanzierungsüberschuss	$FÜ_{H1}$

Die Indizes sind wie folgt zu lesen: Es fließt ein monetärer Ausgabe/Einnahme-Strom vom unten indizierten Sektor/Konto an den oben indizierten Sektor/Konto: auf der Haben-Seite eines Kontos müssen sämtliche Buchungen den "Konto-Inhaber" als oben stehenden Index enthalten. Sämtliche Eintragungen auf der Soll-Seite enthalten den "Konto-Inhaber" als unteren Index! Sektorinterne Buchungen enthalten dementsprechend den Kontoinhaber sowohl unten als auch oben indiziert. Von welchem Konto oder an welches Konto die jeweiligen Ströme fließen können Sie nach Abschluss der Verbuchung der ökonomischen Aktivitäten selbst ableiten!

Nach erfolgter Verbuchung dieser Transaktionen auf den Konten, lässt sich erneut eine Bilanz der Vermögenswerte der Wirtschaftssubjekte aufstellen:

Veränderungs-Bilanz für den Unternehmenssektor:

    Reinvermögen bzw. Eigenkapital zum Zeitpunkt t_0
+   Nettoinvestitionen (Zugang an Sachvermögen minus Abschreibungen)
-    Nettoverbindlichkeiten-Zuwachs ($\Delta Vb - \Delta Fo$)
=   **Reinvermögen zum Zeitpunkt t_1**

Veränderungs-Bilanz für den Haushaltssektor:

    Finanzvermögen zum Zeitpunkt t_0
+   Ersparnisse S
=   **Finanzvermögen zum Zeitpunkt t_1**

3.7 Die ökonomischen Aktivitäten im Zusammenhang

Zwar haben wir die Konten-Sequenz am Beispiel nur einer Unternehmung und eines Haushalts durchgeführt, in Anlehnung an das Kapitel 2 dürfte es jedoch kein Problem bereiten, diese Beispiele über alle "anderen" Unternehmungen und "anderen" Haushalte hinweg zu den gesamtwirtschaftlichen Sektoren "Unternehmungen" und "Haushalte" zu aggregieren: Die Sektor-internen Buchungen saldieren sich jeweils zu Null und es verbleiben die Sektor-externen Positionen.

72   3 Ökonomische Aktivitäten der Unternehmung und des Haushalts

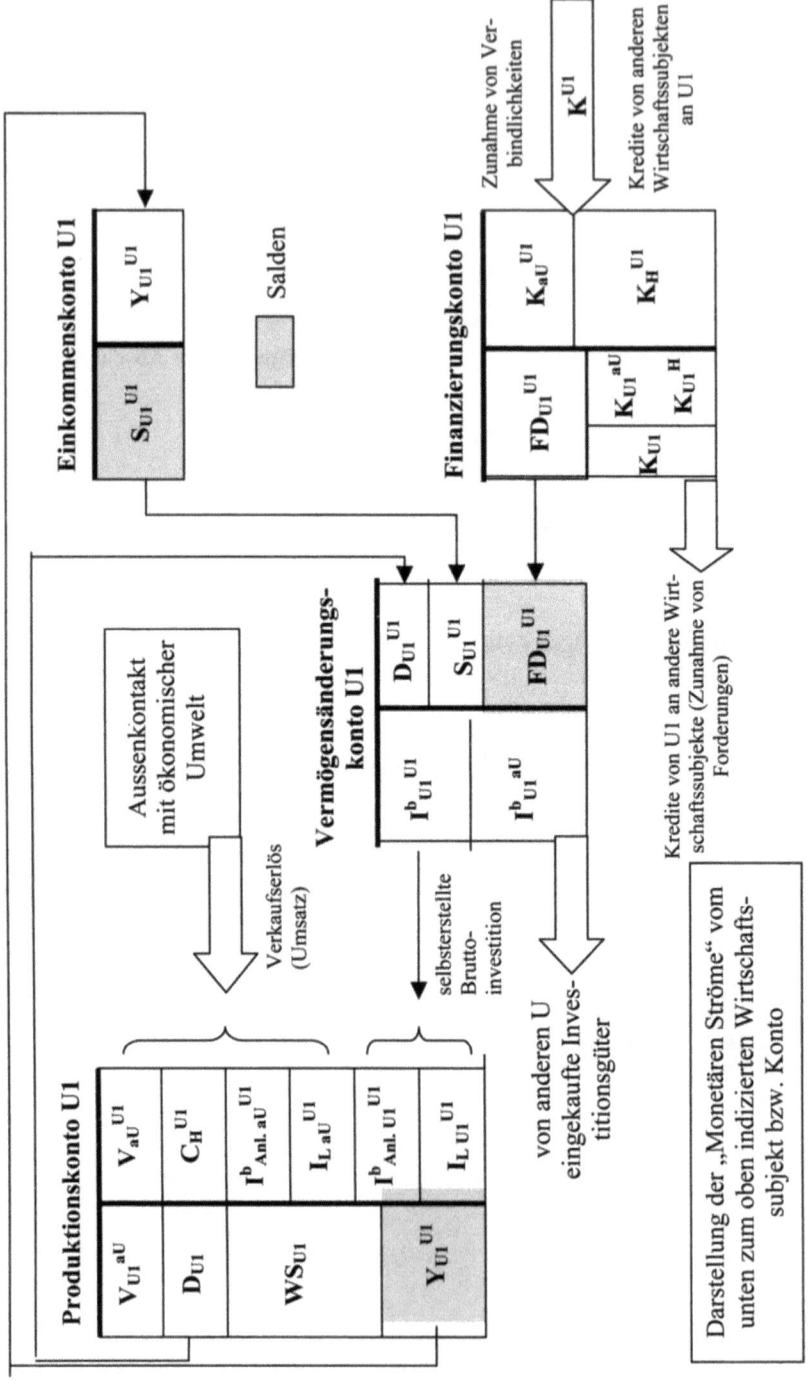

Schaubild 3-7: Das Kontensystem der Unternehmung U1

3.7 Die ökonomischen Aktivitäten im Zusammenhang

Schaubild 3-8: Die ökonomischen Aktivitäten im Kreislauf-Zusammenhang

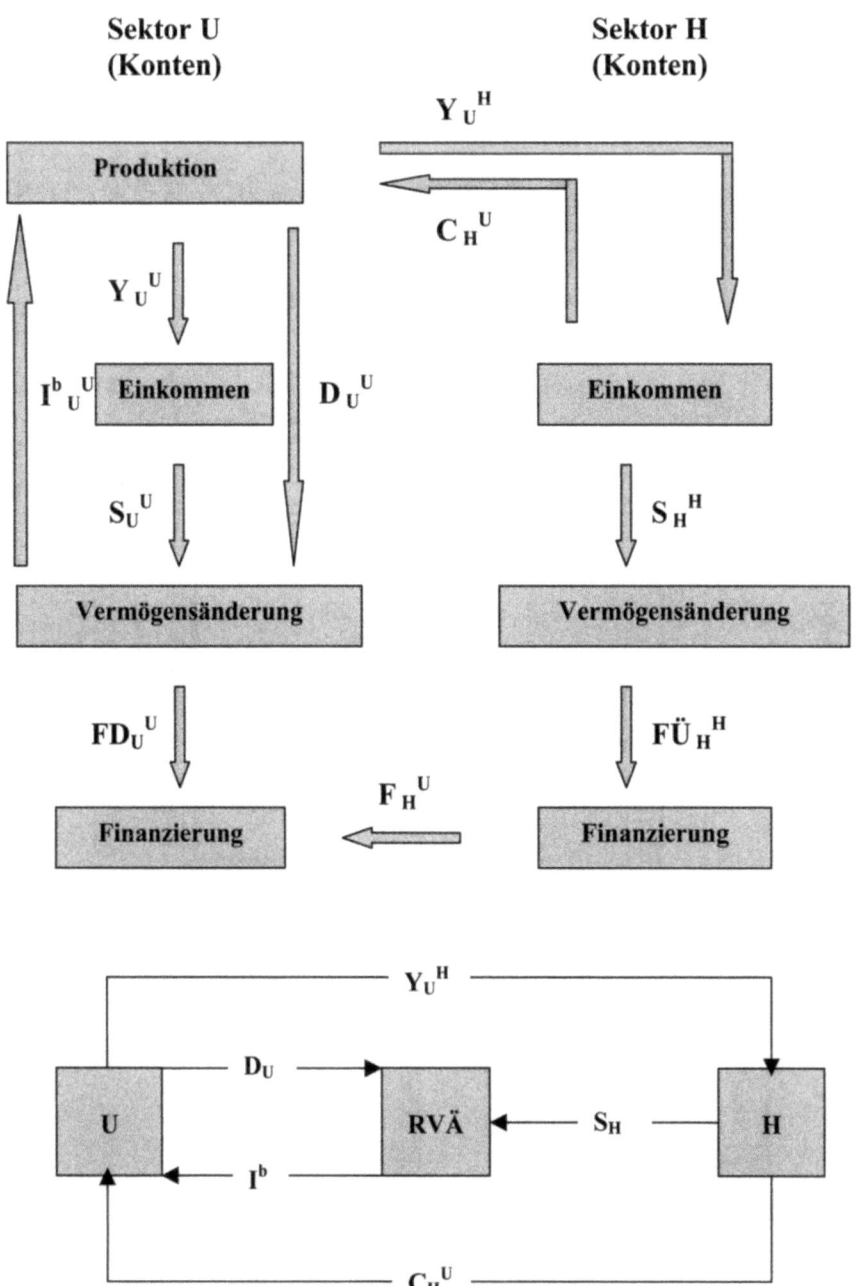

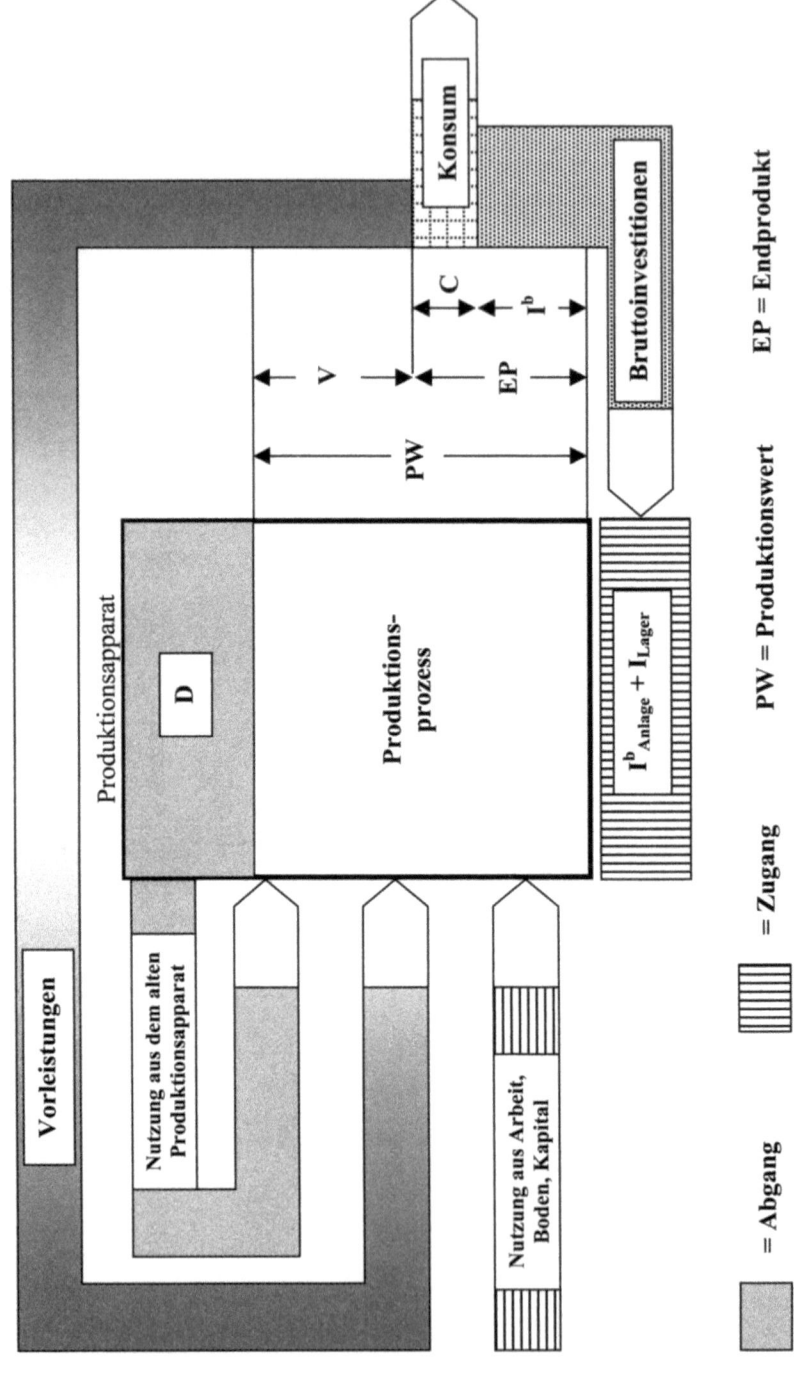

Schaubild 3-9: Reale Ströme im Modell – Geschlossene Volkswirtschaft ohne Staat

3.7 Die ökonomischen Aktivitäten im Zusammenhang

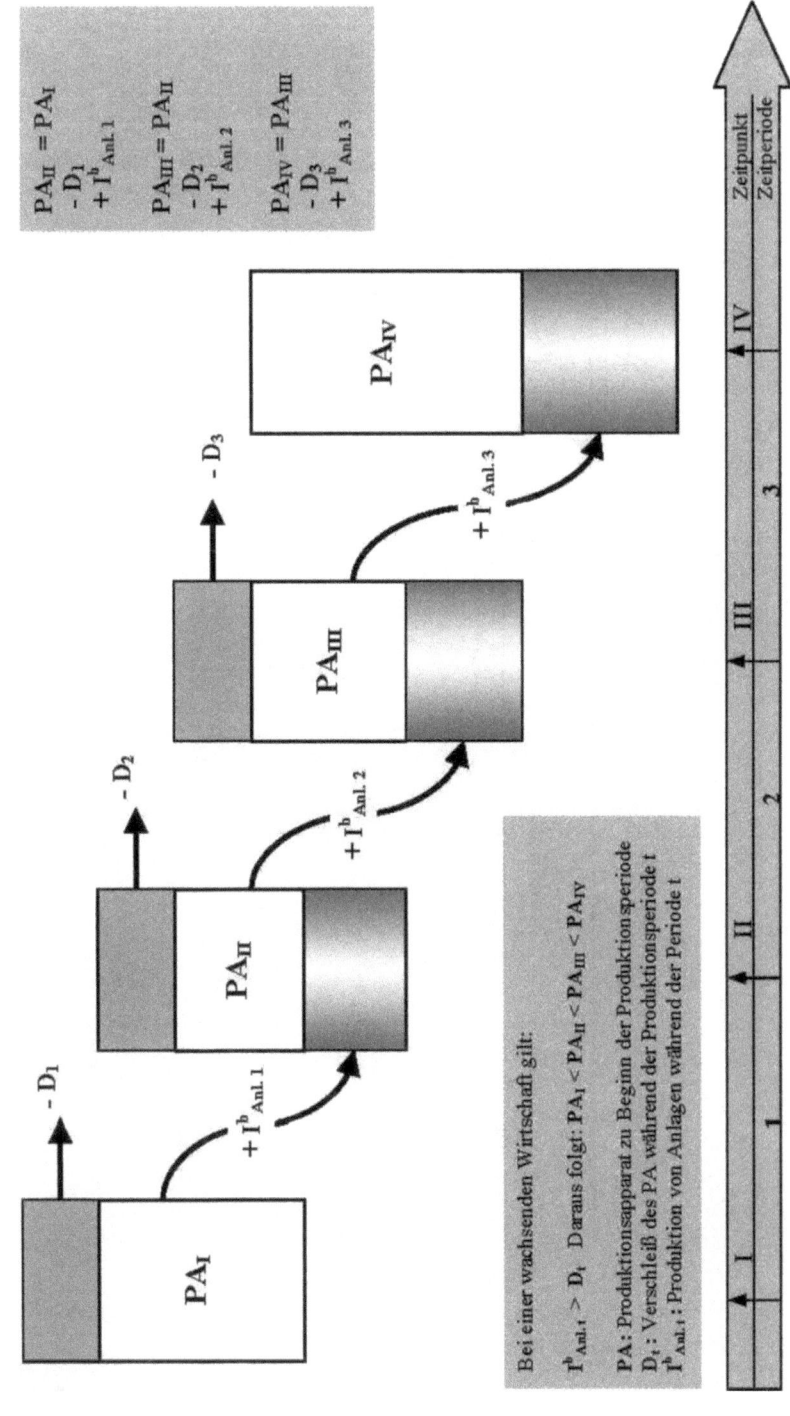

Schaubild 3-10: Entwicklung des Produktionsapparates im Zeitablauf (bei einer wachsenden Wirtschaft)

Schaubild 3-11: Geschlossene Volkswirtschaft ohne Staat

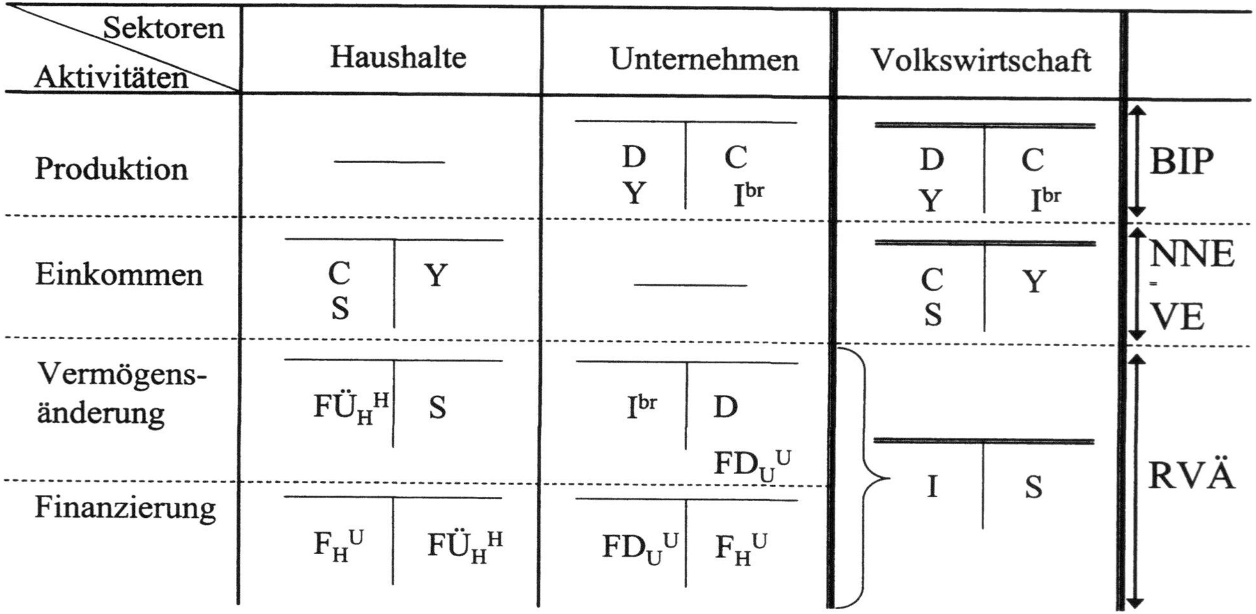

Sektoren \ Aktivitäten	Haushalte	Unternehmen	Volkswirtschaft	
Produktion	—	D | C Y | I^{br}	D | C Y | I^{br}	$\longleftrightarrow$ BIP
Einkommen	C | Y S	—	C | Y S	$\updownarrow$ NNE - VE
Vermögens-änderung	$FÜ_H^H$ | S	I^{br} | D FD_U^U	I | S	$\longleftrightarrow$ RVÄ
Finanzierung	F_H^U | $FÜ_H^H$	FD_U^U | F_H^U		

Teil II
Das Europäische System der VGR

4 Das Kontenschema des Europäischen Systems Volkswirtschaftlicher Gesamtrechnungen

Das Europäische System Volkswirtschaftlicher Gesamtrechnungen „ESVG" stellt ein Kontensystem für eine offene Volkswirtschaft unter Einschluss des Staates dar. In diesem Teil II werden wir uns zunächst modellhaft mit diesem System beschäftigen und es mit Hilfe aggregierter empirischer Zahlenreihen illustrieren. Anschließend präsentieren wir dann die erheblich weiter differenzierte und mit detaillierten empirischen Daten aufgefüllte VGR der Bundesrepublik Deutschland. Dieses zweistufige Vorgehen hat den Vorteil, dass wir unter vereinfachenden Annahmen uns zunächst auf die Herausarbeitung der wesentlichen makroökonomischen Begriffe und ihrer Zusammenhänge konzentrieren können: Es wird uns interessieren, wie sich z.B. der Produktionswert, die Wertschöpfung, das Inlandsprodukt, das Volkseinkommen, das Nationaleinkommen, der Außenbeitrag in einer offenen Volkswirtschaft unter Berücksichtigung staatlicher, ökonomischer Aktivitäten bestimmen lassen, wie sich diese Größen zusammensetzen und wie sie zusammengehören. Die genaue Kenntnis dieser Begriffe und ihrer Zusammenhänge ist die Grundlage für ein fundiertes Verständnis auch der makroökonomischen Theorie.[1] Die empirische VGR gibt ein detailliertes Verständnis der Größenverhältnisse der einzelnen Variablen und ist insbesondere für die quantitative Wirtschaftspolitik von Relevanz.

Um die ökonomischen Aktivitäten systematisch und übersichtlich zusammenstellen zu können, werden in der Volkswirtschaftlichen Gesamtrechnung die wirtschaftlichen Akteure (die Wirtschaftseinheiten) zu **institutionellen Einheiten** zusammengefasst. Das sind wirtschaftliche Entscheidungsträger, die eigenverantwortlich handeln und über ein eigenes Rechnungswesen verfügen. Sie sind die Bausteine für eine weitere Zusammenfassung nach **Sektoren.** In der bis 1999 gültigen Fassung der deutschen VGR wurden die Sektoren: Unternehmungen, Staat und Private

---

[1] Vgl. hierzu Nissen, H.-P.: Einführung in die makroökonomische Theorie, 1999.

Haushalte einschließlich privater Organisationen ohne Erwerbscharakter gebildet.[2] Das ESVG unterscheidet folgende Sektoren[3]:

1. **Unternehmungen: Nichtfinanzielle Kapitalgesellschaften: UN**
2. **Unternehmungen: Finanzielle Kapitalgesellschaften: UF**
3. **Staat (Bund, Länder, Gemeinden, Sozialversicherungen): St**
4. **Private Haushalte: H (Personenhaushalte HH + Unternehmens H: UH)**
5. **Private Organisationen ohne Erwerbszweck: O**
6. **Übrige Welt (Ausland): A**

1. Unternehmungen: Nichtfinanzielle Kapitalgesellschaften UN

Zu den Nichtfinanziellen Kapitalgesellschaften gehören Kapitalgesellschaften wie Aktiengesellschaften, GmbHs, Personengesellschaften wie OHG, KG, rechtlich unselbstständige Eigenbetriebe des Staates und der privaten Organisationen ohne Erwerbszweck wie Krankenhäuser und Pflegeheime sowie Wirtschaftsverbände. Dieser Sektor gestaltet wesentliche Teile des Produktionsprozesses und erzeugt den weitaus größten Teil sämtlicher in einer Volkswirtschaft hergestellten Waren und Dienstleistungen.

2. Unternehmungen: Finanzielle Kapitalgesellschaften UF

Die Finanziellen Kapitalgesellschaften umfassen Banken, Versicherungen, zugehörige Hilfsgewerbe wie Effekten- und Warentermin-Börsen, Vermietungen durch Versicherungen usw. Die Güter, die dieser Sektor produziert, bestehen fast ausschließlich aus Dienstleistungen. Im Vergleich zu den anderen Sektoren leistet dieser einen vergleichsweise geringen Beitrag zum volkswirtschaftlichen Ergebnis.

3. Staat St

Der Staat, d.h. sämtliche **öffentlichen Haushalte** aus Gemeinden, Ländern, Bund sowie Sozialversicherungen und ähnliche "Parafiski"[4], produziert (öffentliche) Güter und erzeugt damit selbst Einkommen. Er greift durch seine Wirtschaftspolitik mehr oder weniger stark in das Wirtschaftsgeschehen ein, indem er einerseits via

---

[2] Vgl. auch Nissen, H.-P. Makroökonomie I, 3. Aufl. 1995 Kap 5.

[3] Die nach den Bezeichnungen angegebenen Großbuchstaben werden als Abkürzung verwendet.

[4] Institutionen, die mit einem der Steuererhebung der öffentlichen Haushalte ähnlichen Recht ausgestattet sind.

Steuern (und Abgaben) den privaten Wirtschaftssubjekten Einkommen entzieht und sie andererseits durch Subventionen und Transferzahlungen umverteilt, wodurch er auf die Einkommensverwendung und -verteilung innerhalb des privaten Sektors und zwischen privatem und staatlichem Sektor Einfluss nimmt.

4. Private Haushalte H

Zu den privaten Haushalten zählen Familien, Einzelpersonen und Gruppen von Einzelpersonen als Konsumenten, Sparer und Steuerzahler. Sie stellen Arbeitskräfte und andere Produktionsfaktoren für die Durchführung des Produktionsprozesses zur Verfügung und konzentrieren ihre Wirtschaftspläne auf die Mitwirkung im Produktionsprozess nicht auf die Durchführung. In der alten VGR gab es nur diesen Typus an privaten Personen- Haushalten. Da die Sektorabgrenzung durch das ESVG erheblich erweitert wurde, werden wir die privaten Haushalte in diesem engeren Sinne bei Bedarf symbolisch auch mit **HH** abkürzen. Nach dem ESVG zählen jetzt auch Produzenten wie selbstständige Landwirte, Einzelunternehmer, Händler, Gastwirte, selbstständige Verkehrsunternehmer, Versicherungsvertreter, Freiberufler usw dazu. Also Personen(gruppen), die unternehmerisch tätig sind und Güter und Dienstleistungen für Märkte produzieren. Soll dieser Sub-Sektor der privaten Haushalte besonders herausgestellt werden benutzen wir das Kürzel **UH**. Im Allgemeinen fassen wir die beiden Subsektoren zum Sektor Private Haushalte zusammen. Es ist dann: **H = HH + UH.** Der Beitrag dieses Sektors zum gesamtwirtschaftlichen Produktionsergebnis, der früher vernachlässigbar gering war, ist durch die Erweiterung zum zweitgrößten Sektor unserer Volkswirtschaft geworden.

5. Private Organisationen ohne Erwerbszweck O

Zu diesem Sektor zählen beispielweise politische Parteien, Gewerkschaften, Kirchen, Wohlfahrtsverbände, Vereine usw. Auch diese Organisationen produzieren Güter (in der Regel Dienstleistungen), die sie aber (zum überwiegenden Teil) nicht verkaufen sondern ihren Mitgliedern oder der Allgemeinheit unentgeltlich zur Verfügung stellen. Ihr Anteil am gesamtwirtschaftlichen Produktionsergebnis entspricht in der Größenordnung in etwa demjenigen des Sektors (UF). Von diesen Organisationen unterhaltene Betriebe z.B Krankenhäuser, Pflegeheime, Kindertagesstätten usw., die ihre Dienstleistungen verkaufen, werden im Sektor UN geführt!

6. Übrige Welt A

In einer offenen Wirtschaft können sämtliche Wirtschaftssubjekte sämtliche Wirtschaftstätigkeiten nicht nur mit Inländern sondern auch mit Ausländern durchführen. Die Wirtschaftseinheiten, die ihren ständigen Sitz (auch Wohnsitz) außerhalb des Wirtschaftsgebietes haben, werden zum Sektor „Übrige Welt" zusammengefasst. Zu diesem Sektor gehört auch die Europäische Union.

Lassen Sie uns im folgenden die einzelnen **ökonomischen Aktivitäten** der Sektoren und die Konten betrachten, auf denen diese Aktivitäten verbucht werden: Als ökonomische Aktivitäten verstehen wir die:

1. **Produktion von Gütern** (Waren und Dienstleistungen),
2. Verteilung, Umverteilung und **Verwendung von Einkommen**,
3. **Bildung von Vermögen** aus dem laufenden Einkommen,
4. **Finanzierung** der Vermögensbildung (z.B. durch Kredite).

1. Produktionskonten P

Die wichtigste ökonomische Aktivität besteht in der **Produktion von Gütern** und die damit verbundene **Entstehung von Leistungseinkommen** bzw. „Faktoreinkommen". Diese unmittelbar miteinander verbundenen ökonomischen Aktivitäten werden wir auf den so genannten **Produktionskonten** (P) festhalten.[5] Zwar wird der größte Teil aller Güter für Märkte produziert, doch gibt es auch eine nicht unerhebliche Produktion von Gütern, die nicht auf Märkten abgesetzt wird, sondern dem „Eigenverbrauch" dient. Typische Marktproduzenten sind die Unternehmens-Sektoren UN, UF, UH, typische (d.h. überwiegende) Nicht-Markt-Produzenten sind die Sektoren Staat und private Organisationen ohne Erwerbszweck zum Teil auch die Personenhaushalte HH.

2. Einkommenskonten E

Die im Zuge des Produktionsprozesses entstandenen Leistungseinkommen in Form von Löhnen und Gehältern, Mieten, Zinsen, Pachteinnahmen und Gewinnen fließen den Wirtschaftssubjekten zu, die die Eigentumsrechte an den Produktionsfaktoren halten. Die Verteilung dieser Eigentumsrechte bestimmt die Primärverteilung der

---

[5] In der empirischen Darstellung des ESVG wird die Verbuchung auf zwei getrennten Konten vorgenommen! Siehe Kapitel 9.

Einkommen. Diese Einkommen werden durch Abgaben (Steuern) und Transferzuflüsse umverteilt. Das Ergebnis nennt man: Sekundärverteilung der Einkommen. Einkommen werden letztendlich verwendet zum Kauf von Gütern oder zum Sparen. Im System der volkswirtschaftlichen Gesamtrechnung werden diese ökonomischen Aktivitäten zusammenfassend auf den so genannten **Einkommenskonten** (E) festgehalten.[6]

3. Vermögensänderung VÄ

Der Teil des Einkommens, der gespart wird, dient der **Vermögensbildung,** die die dritte ökonomische Aktivität abgibt. Sämtliche Sektoren bilden Sachvermögen in Form von Investitionen. Nur die privaten Personen- Haushalte HH bilden ausschließlich Geldvermögen. Die Vermögensbildung verändert den bisherigen (in der Vergangenheit akkumulierten) Vermögensbestand der einzelnen Sektoren. Die Konten, auf denen diese ökonomischen Aktivitäten festgehalten werden, nennt man deshalb auch "**Vermögensänderungskonten**" (VÄ).

4. Finanzierung F

Schließlich sind die Vermögensbildung und die eigenen Finanzierungsmittel nicht in jedem Sektor größengleich, so dass zur **Finanzierung** der Vermögensbildung Kredite gegeben und aufgenommen werden. Beispielsweise können die Unternehmungen ihre Investitionen (Realvermögensbildung) in der Regel nur zu einem geringen Teil aus eigenen Finanzierungsmitteln (Abschreibungen und Ersparnisse) finanzieren. Sie nehmen zum Zwecke der Durchführung ihrer Investitionen Kredite bei anderen Sektoren auf. Aber auch der Staat verschuldet sich. Hauptkreditgeber bleiben die Haushalte. Sie stellen ihre Geldersparnisse über das Bankensystem den anderen Wirtschaftssektoren zur Verfügung. Die Wirtschaftssubjekte der „Übrigen Welt" können netto entweder Kreditgeber oder –nehmer sein. Die Konten, auf denen diese Transaktionen verbucht werden, heißen "**Finanzierungskonten**" (F).

Die Sektoren und ihre ökonomischen Aktivitäten lassen sich als **Kontenschema** in Form einer Matrix darstellen (vgl. Schaubild 4 - 1). Hierbei enthalten die Zeilen die ökonomischen Aktivitäten und die Spalten die ökonomischen Sektoren. In der letzten Spalte werden die Konten der ökonomischen Aktivitäten über alle Sektoren hin-

---

[6] Das ESVG verbucht diese Aktivitäten auf drei verschiedenen Konten! Siehe Kapitel 9.

hinweg zu **gesamtwirtschaftlichen Konten** aggregiert: das gesamtwirtschaftliche Produktions-, Einkommens-, Vermögensänderungs- und Finanzierungskonto wird gebildet. Die beiden letzten werden noch einmal gesondert zum "Reinvermögensänderungskonto" zusammengefasst. Das Reinvermögensänderungskonto wird schließlich dem Konto der Übrigen Welt gegenübergestellt.

Das volkswirtschaftliche Rechnungswesen kann man mithin als ein System von Konten definieren, das entsprechend den Prinzipien der doppelten Buchführung sämtliche ökonomischen Transaktionen zwischen den Wirtschaftssektoren einer Volkswirtschaft und zwischen in- und ausländischen Wirtschaftssubjekten für eine abgelaufene Zeitperiode festhält. In diesem Kontensystem werden die ökonomischen Aktivitäten, nämlich die Produktion von Gütern, die Entstehung, Verteilung, Umverteilung und Verwendung von Einkommen, die Bildung von Vermögen und die Finanzierung der Vermögensbildung den einzelnen Wirtschaftssektoren systematisch zugeordnet. Dieses VGR-Schema dient gleichzeitig als didaktische Grundlage für den **Aufbau und die Reihenfolge der nächsten Kapitel** dieses Buches. Wir werden das VGR-Schema Zeile für Zeile entwickeln und ausfüllen. Jeder Zeile ist ein eigenes Kapitel gewidmet. Wir beginnen mit der ökonomischen Aktivität der Produktion von Gütern (Waren und Dienstleistungen), die über sämtliche Sektoren hinweg verfolgt wird. Zum Abschluss einer jeden Zeile wird die jeweilige ökonomische Aktivität über alle Sektoren hinweg aggregiert und das entsprechende gesamtwirtschaftliche Konto dieser Aktivität gebildet. Nachdem das gesamte Schema ausgefüllt ist, werden wir es noch einmal im Zusammenhang studieren.

Legende: *Verbuchungspraxis auf den VGR-Konten*
Es werden auf den Konten stets die monetären Ströme erfasst. Die verwendeten Symbole sind so indiziert, dass die Ströme von dem unten an das oben indizierte Konto bzw. von dem unten an den oben indizierten Sektor fließen. Beispiel:
V_{St}^{UN}: Vorleistungsausgaben, die vom Staat an den Sektor Nichtfinanzielle Kapitalgesellschaften fließen.
Y_{UF}^{H}: Faktoreinkommen, die vom Sektor Finanzielle Kapitalgesellschaften an Private Haushalte fließen.
S_{H}^{H}: Ersparnisse, die vom Sektor Haushalte an den Sektor Haushalte fließen. Genauer: vom Einkommenskonto auf das Vermögensänderungskonto des Sektors Haushalte.

Schaubild 4-1: Schema des Europäischen Systems der Volkswirtschaftlichen Gesamtrechnung

Wirtschaftliche Aktivitäten	Sektoren					Gesamtwirtschaftliche Konten UN + UF + ST + H + O
	Nichtfinanzielle Kapitalgesellschaften UN	Finanzielle Kapitalgesellschaften UF	Staat (Bund, Länder, Gemeinden) ST	Private Haushalte H	Private Organisationen o. Erwerbszweck O	
1. Produktion (+Einkommensentstehung)	UN - P	UF - P	ST - P	H - P	O - P	P
2. Einkommensverwendung (+ Verteilung)	UN - E	UF - E	ST - E	H - E	O - E	E
3. Vermögensänderung	UN - VÄ	UF - VÄ	ST - VÄ	H - VÄ	O - VÄ	VÄ
4. Finanzierung	UN - F	UF - F	ST - F	H - F	O - F	F
5. Übrige Welt (Ausland)			Ausland			RVÄ

5 Inlandsprodukt und Produktionskonten

Box 5–1: Das Inlandsprodukt (Deutschland in Mrd. €)

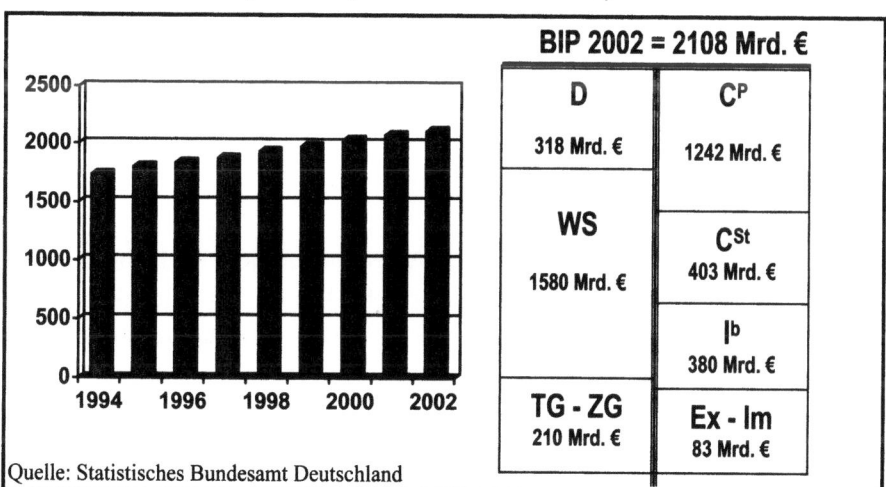

Quelle: Statistisches Bundesamt Deutschland

Das **Inlandsprodukt** ist die Gütermenge, die im Laufe eines Jahres innerhalb der geographischen Grenzen einer Volkswirtschaft (d.h. im Inland) als Endprodukt produziert worden ist. Darin enthalten sind auch die Güter, die von Unternehmen im Inland produziert wurden, deren Eigentümer Ausländer sind. Nicht enthalten sind dagegen die Güter, die inländische Unternehmen (z.B. über ihre ausländischen Tochterunternehmen) im Ausland produziert haben. Das Inlandsprodukt ist ein Indikator für die wirtschaftliche Leistung einer Volkswirtschaft. Wir schauen uns jetzt an, wie dies in der Volkswirtschaftlichen Gesamtrechnung ermittelt wird.

In dem zu Grunde gelegten VGR-Schema[1] stehen die Produktionskonten der einzelnen Sektoren in der ersten Zeile. Ihre Aggregation ergibt das gesamtwirtschaftliche Produktionskonto, aus dem wir ablesen können, was und wie viel in einer Volkswirtschaft innerhalb eines Jahres produziert worden ist. Wir betrachten im folgenden die einzelnen sektoralen Produktionskonten. Da die Volkswirtschaftliche Gesamtrechnung ein System der doppelten Buchhaltung ist, muss jede Buchung innerhalb des VGR-Systems zweimal auftreten. Zur Information werden in Klammern die Konten der Gegenbuchungen angegeben, so dass Sie sich bei einem zweiten Durchgang - nach Abschluss aller Konten - im gesamten VGR-Schema sofort

---

[1] vgl. Kapitel 4, S.85.

orientieren können. In diesem Kapitel behandeln wir also folgenden Abschnitt des VGR-Schemas:

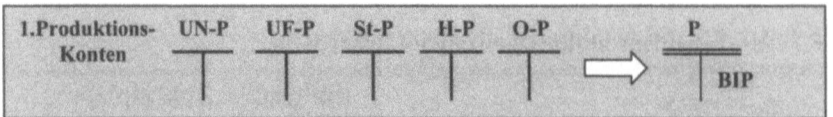

BIP = Bruttoinlandsprodukt (zu Marktpreisen)

5.1 Das Produktionskonto der Sektoren

Auf dem Produktionskonto eines Sektors werden die mit dem Produktionsprozess verbundenen ökonomischen Aktivitäten verbucht. Der Output (Produktionswert) des Produktionsprozesses ist die Summe aus Verkäufen und selbsterstellten Bruttoinvestitionen. Die Input-Seite enthält die Einkäufe von anderen Sektoren, die Abschreibungen und die Wertschöpfung. Bei der Berechnung des Produktionswertes nach den **Herstellungspreisen** (wie sie im ESVG95 üblich ist) sind die von einem Sektor empfangenen Subventionen berücksichtigt, die indirekten Steuern jedoch nicht. Die Berechnung zu **Marktpreisen** sieht vor, dass der Produktionswert zu Herstellungspreisen um die Differenz aus Güter-Steuern minus Güter-Subventionen (den Netto-Produktionsabgaben) korrigiert wird. Siehe dazu auch Box 5-2 und das folgende Schaubild:

Produktionskonto eines Sektors

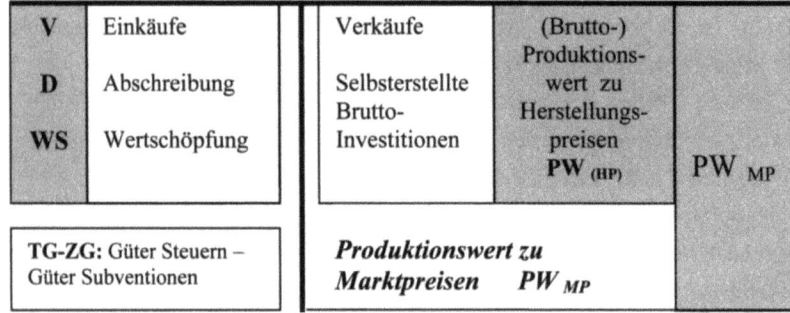

In Abweichung von dem ESVG95 werden wir in diesem Teil (bis Kapitel 8) den Produktionswert zu Marktpreisen zu Grunde legen. Für unsere „Modell-VGR" erleichtert diese Berechnungsmethode die Ermittlung des Bruttoinlandsproduktes zu Marktpreisen und seiner einzelnen Verwendungskomponenten wie Konsumgüter,

Investitionsgüter und Außenbeitrag. Das Kapitel 9 folgt den Vorgaben des ESVG95.

5.2 Das Produktionskonto des Sektors Unternehmungen: Nichtfinanzielle Kapitalgesellschaften (UN-P)

Zu diesem Sektor zählen alle großen Produktions-Unternehmungen in Deutschland. Darunter so unterschiedliche wie Elektrizitätskonzerne, Automobil- und Computerhersteller, Stahl- und Hüttenwerke, Kaufhausketten, aber auch Krankenhäuser und Pflegeheime, auch wenn sie beispielsweise von Organisationen ohne Erwerbszweck oder vom Staat als rechtlich unselbstständige Eigenbetriebe geführt werde. Arbeitgeber- und andere Wirtschaftsverbände zählen ebenfalls zu diesem Sektor. Statt einzelne Unternehmungen zu betrachten, werden jetzt sämtliche Unternehmungen dieses Sektors einer Volkswirtschaft zusammengefasst (aggregiert). Auf dem Produktionskonto des Sektors Nichtfinanzielle Kapitalgesellschaften wird im Haben die gesamte Waren- und Dienstleistungsproduktion dieses Sektors festgehalten (der Produktionswert) und im Soll der in diese Produktion eingegangene Input und die Wertschöpfung.

a) Die Habenseite des Produktionskontos des Sektors UN
Auf der Habenseite dieses Kontos findet sich der **Produktionswert** dieses Sektors. Der Produktionswert setzt sich zusammen aus den Erlösen der Güterverkäufe und den (zu Herstellungspreisen bewerteten) nicht verkauften Gütern. Werden die abgesetzten Güter von anderen Unternehmungen und/oder anderen inländischen Sektoren weiterverarbeitet, handelt es sich um Vorleistungen. Ansonsten sind es Endprodukte: Konsumgüter, wenn sie von Haushalten (im engeren Sinne) gekauft werden, Investitionsgüter oder Exportgüter.

Das Stahlblech, das eine Automobilfabrik von einem Stahlwerk bezieht, um daraus Karosserien zu stanzen, ist aus der Sicht der Automobilfabrik eine eingekaufte Vorleistung (und führt auf der Sollseite des Produktionskontos zu einer entsprechenden Ausgabe). Aus der Sicht des Stahlwerkes handelt es sich um eine **verkaufte Vorleistung** und führt auf dem Produktionskonto dieser Unternehmung zu einer entsprechenden Einnahme, die auf der Habenseite des Produktionskontos dieser Unternehmung zu verbuchen ist. Fasst man beide Unternehmen in dem Sektor UN zusammen, sind selbstverständlich die verkauften Vorleistungen gleich den eingekauften: V_{UN}^{UN} findet sich auf beiden Kontoseiten.

Neben diesen intra-sektoralen Vorleistungen (die der Sektor produziert und selbst einsetzt) verkauft er Güter, die von anderen Sektoren in deren Produktionsprozessen zur Weiterverarbeitung eingesetzt werden: Ein Elektrizitätswerk beliefert sowohl den eigenen als auch alle anderen Sektoren mit Strom. Je nach Abnehmer handelt es sich um Verkäufe von Vorleistungen an den eigenen Sektor UF: V_{UN}^{UN}, an den Sektor: V_{UF}^{UN}, an den Staat V_{St}^{UN}, an den Sektor Haushalte (UH): V_{UH}^{UN}, oder an den Sektor Organisationen ohne Erwerbszweck V_{O}^{UN}. (Zur Erinnerung: die als Verkaufserlöse erzielten Einnahmen fließen vom jeweils unten indizierten Sektor an den oben indizierten, hier an: UN). Die Gegenbuchung erfolgt auf den Produktionskonten der die Vorleistungen einkaufenden Sektoren auf der Sollseite. Als Summe aller verkauften Vorleistungen ergibt sich für den Sektor UN:

(1) $\quad V^{UN} = V_{UN}^{UN} + V_{UF}^{UN} + V_{St}^{UN} + V_{UH}^{UN} + V_{O}^{UN} = V_{UN/UF/St/H/O}^{UN}$

(Gegenbuchung: Produktionskonten aller inländischen Sektoren iS-P)

Die an private Haushalte (im engeren Sinn: HH) verkauften Güter sind **Konsumgüter**. Dazu zählen sowohl langlebige Güter wie Autos, Waschmaschinen, Fernsehapparate, als auch kurzlebige wie z.B. Strom: C_H^{UN}. Sie sind Endprodukte und werden auf dem Konto (H-E) gegengebucht. (Der Strom, den der Zahnarzt für seine Praxis benötigt, um den Zahn-Bohrer zu betreiben, ist eine Vorleistung: V_{UH}^{UN}. Der Strom, den der Zahnarzt in seinem Hause zum Betreiben seiner Hobby-Bohrmaschine benötigt ist ein Konsumgut: C_{HH}^{UN})

(2) $\quad C^{UN} = C_H^{UN} = C_{HH}^{UN}$ $\hspace{4em}$ (Gegenbuchung: H-E)

Güter zählen zur **Bruttoinvestition**, wenn sie das Produktivvermögen erhöhen. Das können Bürohäuser oder Werkhallen sein, maschinelle Ausstattungen oder Roh-, Hilfs-, Betriebsstoffe, sowie Halb- und Fertigfabrikate, also Lagerbestände.

(3) $\quad I^{bUN} = I^b{}_{UN}^{UN} + I^b{}_{UF}^{UN} + I^b{}_{St}^{UN} + I^b{}_{UH}^{UN} + I^b{}_{O}^{UN} = I^b{}_{UN/UF/St/UH/O}^{UN}$

(Gegenbuchung: Vermägensänderungskonten aller inländischen Sektoren)

Schließlich verkaufen Unternehmen Produkte an das Ausland. Hier spielt es keine Rolle, ob es sich dabei um Rohstoffe, Halb- oder Fertigfabrikate, Konsum- oder Investitionsgüter handelt. Die an das Ausland verkauften Waren- und Dienstleistungen sind aus der Sicht des Inlandes Endprodukte. Sie heißen **Exporte von Waren und Dienstleistungen: Ex^{UN}**.

(4) $\quad Ex^{UN} = Ex_{Waren}^{UN} + Ex_{Dienstleistungen}^{UN}$ $\hspace{2em}$ (Gegenbuchung: A)

Der (Brutto-) **Produktionswert** des Sektors UN besteht aus der Summe der unter der Habenseite aufgeführten Positionen[2]:

(5) $\mathbf{PW^{UN} = V^{UN} + C^{UN} + I^{b\,UN} + Ex^{\,UN}}$

b) Die Sollseite des Produktionskontos des Sektors UN

Auf der Sollseite des Produktionskontos des Sektors UN werden die produktionsbedingten Ausgaben und die Wertschöpfung erfasst:

Vorleistungen werden eingekauft vom eigenen Sektor oder anderen „Unternehmens"-Sektoren (aber auch vom Ausland): So kauft der Automobilkonzern die Stahlplatten vom Stahlwerk oder den Strom von der Elektrizitätsgesellschaft, die Elektrizitätsgesellschaft kauft Kohle vom Bergwerk usw. Es handelt sich um dieselben Vorleistungen, die wir bereits auf der Habenseite verbucht haben: (Käufe/ Verkäufe innerhalb desselben Sektors: V_{UN}^{UN}.

Zur Abwicklung der finanziellen Transaktionen kauft der Sektor UN Dienstleistungen der Banken und Börsen, um die mit dem Verkauf von Gütern verbundenen Finanztransaktionen abwickeln zu können (Einkäufe vom Sektor UF): V_{UN}^{UF}.

Benötigt der Konzern Beratungsleistungen eines privaten Steuerberaters oder eines Rechtsanwaltes, so sind das Einkäufe von Dienstleistungen vom Sektor Private Haushalte UH: V_{UN}^{UH}.

Vorleistungen können nur von Sektoren eingekauft werden, die unternehmerisch tätig sind, d.h. die auch Vorleistungen produzieren können. Der vom Konzern fest angestellte Steuerberater oder Jurist gehört zwar auch zum Sektor Haushalte (im engeren Sinne: HH) als Arbeitnehmer–Haushalt. Das Entgelt für seine (möglicherweise identischen) Dienstleistungen stellt aber Faktoreinkommen und keine Vorleistungen dar (siehe unter Wertschöpfung). Als Summe aller im Inland eingekauften Vorleistungen ergibt sich:

(6) $V_{UN}^{U} = V_{UN}^{UN} + V_{UN}^{UF} + V_{UN}^{UH} = V_{UN}^{UN/UF/UH}$ (Gegenbuchung: P-Konten)

Die Einkäufe von Waren und Dienstleistungen aus der übrigen Welt werden als **importierte Vorleistungen** $V_{UN}^{A} = \mathbf{Im}_{UN}$ verbucht. Die Gegenbuchung erfolgt auf dem Konto (A). Damit lassen sich die im Inland und in der übrigen Welt eingekauften Vorleistungen zusammenfassen zu:

(7) $V_{UN} = V_{UN}^{U} + V_{UN}^{A} = V_{UN}^{U} + \mathbf{Im}_{UN}$ (Gegenbuchung: -P, A)

---

[2] Alle Positionen auf der Habenseite sind Einnahmen des Kontoinhabers und tragen diesen daher als oberen Index.

Als nächste Position finden sich die **Abschreibungen** des gesamten Unternehmenssektors UN. Die Abschreibungen entsprechen dem produktionsbedingten Werteverzehr am Anlagevermögen des Unternehmenssektors UN: D_{UN}. Die Bewertung erfolgt hier zu den Wiederbeschaffungspreisen der Produktionsmittel.

(8) $\quad D_{UN} = D_{UN}^{UN}$ \hspace{2cm} (Gegenbuchung: UN - VÄ)

Die Entstehung der **Wertschöpfung** des Unternehmenssektors UN ist untrennbar mit der Güterproduktion verbunden. Sie ist gleich die Summe der entstandenen Leistungs- (oder Faktor-) einkommen. Es sind im einzelnen die Löhne und Gehälter, Mieten, Pachten, Zinsen und Gewinne, die im Produktionsprozess entstanden sind und den Eigentümern der entsprechenden Produktionsfaktoren zufließen. Das ESVG95 teilt die Wertschöpfung zunächst in die beiden Kategorien: Arbeitnehmerentgelt (ANE) und Betriebsüberschuss (BÜ).

(9) $WS_{UN} = ANE_{UN} + BÜ_{UN} = Y_{UN}$ \hspace{1cm} (Gegenbuchung: iS-E, A)

Wir werden diese **Faktoreinkommen Y** den Einkommensbeziehern zuordnen und entsprechend weiter unterteilen: Das Entgelt der Arbeitnehmer fließt an private Personen-Haushalte Y_{UN}^{HH} (Gegenbuchung: H-E). Auch können Ausländer (Grenzgänger) im Inland arbeiten und dafür Löhne und Gehälter beziehen. Sie müssen jedoch, um als Ausländer im Sinne der VGR zu gelten, ihren ständigen Wohnsitz im Ausland haben und lediglich zum Zwecke der Arbeit (täglich) einreisen[3] : Es handelt sich um Faktorentgelt an das Ausland Y_{UN}^{A}. Der Betriebsüberschuss kann im Unternehmenssektor als unverteilter Gewinn verbleiben: Y_{UN}^{UN} (Gegenbuchung: UN-E), oder an andere Sektoren ausgeschüttet werden: an private Haushalte Y_{UN}^{HH} (Gegenbuchung: H-E), an den Sektor UF: Y_{UN}^{UF} (Gegenbuchung: UF-E), an den Staat: Y_{UN}^{St} (Gegenbuchung: St-E), an Organisationen ohne Erwerbszweck: Y_{UN}^{O} (Gegenbuchung: O-E) oder an das Ausland (übrige Welt): Y_{UN}^{A} (Gegenbuchung: A). Entscheidend ist, wer der Eigentümer der Produktionsfaktoren ist, die im Produktionsprozess eingesetzt werden: Wem das Kapital der nichtfinanziellen Kapitalgesellschaften gehört, dem steht anteilmäßig der Betriebsüberschuss zu.

Die Faktoreinkommen an private Haushalte sind in erster Linie Löhne und Gehälter. Sie gehören dann in die Kategorie "Arbeitnehmerentgelt". Aber sie können auch

---

[3] Gastarbeiter haben ihren ständigen Wohnsitz im Inland und gelten daher als Inländer und nicht als Grenzgänger.

5.2 Das Produktionskonto des Sektors Unternehmungen: UN-P

Bestandteil der Betriebsüberschüsse sein und den Haushalten als Mieten, Pachten und Zinsen sowie ausgeschüttete Gewinne zufliessen. In beiden Fällen verwenden wir dasselbe Symbol: Y_{UN}^{HH}. Die privaten Personen-Haushalte umfassen alle Personen unabhängig davon, ob sie ihr Einkommen überwiegend als Arbeitnehmer oder Kapitaleigentümer erwirtschaften.

Der Sektor der Finanziellen Kapitalgesellschaften UF ist mit dem Sektor der Nichtfinanziellen Kapitalgesellschaften UN verflochten (beispielsweise halten Banken Aktienpakete von UN und beziehen die darauf ausgeschütteten Dividenden). Bei Staatsunternehmen oder staatlichen Beteiligungen fallen die ausgeschütteten Gewinne (aber auch die entstandenen Verluste) dem Staat zu und werden auf seinem Einkommenskonto als Einnahmen (oder negative Einnahmen) erfasst. Das Ausland erhält Faktoreinkommen in Form ausgeschütteter Gewinne, wenn z.B. Ausländer Kapitaleigner inländischer Unternehmungen sind (Multinationale Konzerne). Wir verwenden für die an das Ausland fließenden Gewinneinkommen (wie für an Ausländer fließende Arbeitnehmerentgelte) dasselbe Symbol: Y_{UN}^{A}. Die Gewinne von Unternehmen mit eigener Rechtspersönlichkeit verbleiben zum Teil in diesen Unternehmungen selbst, um z.B. die Investitionen mitzufinanzieren. Dies sind unverteilte Gewinne, die sich auf dem Einkommenskonto des Unternehmenssektors wieder finden. Auch Organisationen ohne Erwerbszweck können Unternehmungen betreiben und mit diesen Unternehmungen Gewinne bzw. Verluste machen.

Die **Wertschöpfung** wird nach der „**Wertschöpfungs-Methode**" als Summe der Faktoreinkommen berechnet:

(10) $WS_{UN} = Y_{UN} = Y_{UN}^{UN} + Y_{UN}^{UF} + Y_{UN}^{St} + Y_{UN}^{H} + Y_{UN}^{O} + Y_{UN}^{A} =$
$Y_{UN}^{UN/UF/St/H/O/A}$ (Gegenbuchung: -E,A)

Die Wertschöpfung lässt sich auch nach der „**realen Methode**" berechnen. Sie ist:

(11) WS_{UN} = Verkäufe – Einkäufe + selbsterstellte Nettoinvestitionen =

(12) WS_{UN} = Produktionswert – (eingesetzte) Vorleistungen – Abschreibungen

(13) $WS_{UN} = PW_{UN} - V_{UN} - D_{UN} - NPA$

Wird der Produktionswert zu Herstellungspreisen bewertet, ergibt sich korrespondierend die Wertschöpfung zu Herstellungspreisen. Der Unterschied zwischen beiden Größen besteht in den **Nettoproduktionsabgaben** NPA, d.h. in der Differenz: Gütersteuern, die von den Unternehmungen aufzubringen sind (indirekten Steuern) **TG** und den von ihnen empfangenen Gütersubventionen **ZG**. Zu den **Gütersteuern** zählen alle Steuern oder Abgaben, die für gehandelte Güter zu entrichten sind. Das ist insbesondere der Teil der Umsatzsteuer, der nicht abzugsfähig ist (im Rahmen des Vorsteuerabzugsverfahrens) und es sind Zölle, Verbrauchssteuern und Abschöpfungsbeträge auf importierte Waren und sonstige Gütersteuern wie Verbrauchsteuern, Vergnügungsteuern, Versicherungsteuer. Gütersteuern sind an den Staat und zum Teil an die Europäische Union abzuführen. Siehe dazu insbesondere Box 5-2.

(14) $NPA_{UN} = TG_{UN} - ZG^{UN}$ (Gegenbuchung: St-E, A)

Produktionskonto des Sektors Nichtfinanzielle Kapitalgesellschaften UN-P

V_{UN}	V_{UN}^U	Ausgaben für Einkäufe von inländ. Vorleistungen von ➢ UN: V_{UN}^{UN} ➢ UF: V_{UN}^{UF} ➢ UH: V_{UH}^{UN}	Einnahmen aus Verkäufen von V an ➢ UN: V_{UN}^{UN} ➢ UF: V_{UF}^{UN} ➢ Staat: V_{St}^{UN} ➢ UH: V_H^{UN}	V^{UN}
		Importierte Vorleistungen $V_{UN}^A = Im_{UN}$	➢ O: V_O^{UN}	
D_{UN}		Abschreibung	Einnahmen aus Verkäufe von I an: ➢ UN: $I^b{}_{UN}^{UN}$	
WS_{UN} = Y_{UN}		Wertschöpfung: Arbeitnehmerentgelt + Betriebsüberschuss = Faktorentgelt an alle Sektoren: $Y_{UN}^{UN/UF/St/H/O/A}$	➢ UF: $I^b{}_{UF}^{UN}$ ➢ Staat: $I^b{}_{St}^{UN}$ ➢ UH: $I^b{}_{UH}^{UN}$ ➢ O: $I^b{}_O^{UN}$	I^{bUN}
$TG_{UN}-ZG^{UN}$ = NPA -UN		Gütersteuern TG – Gütersubventionen ZG = Nettoproduktionsabgabe NPA_{UN}	Einnahmen von Verkäufen von Konsumgütern: C_{HH}^{UN} Export von Waren und Dienstleistungen	C_H^{UN} Ex^{UN}

Produktionswert zu Marktpreisen PW_{MP}

UN – P

$WS^b{}_{UN}$	V_{UN}	PW_{HP}	V^{UN}	PW_{MP}
	D_{UN}		C^{UN}	
	WS_{UN}		I^{bUN}	
NPA-UN	$TG_{UN} - ZG^{UN}$		Ex^{UN}	

5.2 Das Produktionskonto des Sektors Unternehmungen: UN-P

Box 5-2: Nettoproduktionsabgabe

Auf dem Produktionskonto werden zwei Größen in Rechnung gestellt, die wir bei der reinen produktionstechnischen Betrachtung nicht erkennen konnten: Indirekte Steuern und Subventionen. Jeder Unternehmer wird bestätigen, dass er auf die Besteuerung der Güterproduktion gut verzichten könnte, auf die vom Staat gezahlten Subventionen möglicherweise aber nicht.

Gütersteuern oder Indirekte Steuern (TG) stellen keinen Produktionsfaktor dar. Auf dem Produktionskonto werden sie allerdings als produktionsbedingte Ausgaben verbucht. Es handelt sich dabei in erster Linie um die Mehrwertsteuer (aber auch Zölle und ähnliche Abgaben), die auf die Verkaufspreise überwälzt werden. Indirekte Steuern erhöhen mithin den Produktionswert zu Marktpreisen (der ja das Produkt ist aus Gütermenge mal Preis pro Mengeneinheit), weil man davon ausgeht, dass sie in gleichem Umfang zu höheren Preisen führen. ("T" steht für tax, „G" für Güter. Indirekte Steuern besteuern Güterumsätze im Gegensatz von direkten Steuern, die direkt das Einkommen besteuern.)

Gütersubventionen (ZG) sind umgekehrt Unterstützungszahlungen des Staates an Unternehmungen, um die Produktion bestimmter Güter überhaupt zu ermöglichen (z.B. Zahlungen an Werften) oder den Preis des Gutes auf einem bestimmten Niveau zu halten (sozialer Wohnungsbau). Man geht davon aus, dass die Subventionen preissenkend wirken und damit den Produktionswert entsprechend ermäßigen bzw. bei einem zu geringen martktmäßigen Produktionswert eine angemessene Wertschöpfung ermöglichen, so dass die Produktion (auch wenn sie nicht kostendeckend erfolgt) nicht eingestellt werden muss (z.B. Landwirtschaft, Kohlebergbau).

Beide Größen beeinflussen also die Marktpreise. Volkswirtschaftlich überwiegen die indirekten Steuern die Subventionen bei weitem. Auf bestimmte Wirtschaftsbranchen bezogen kann das aber durchaus umgekehrt sein. Durch diese staatlichen Eingriffe ergibt sich als Nettoeffekt die Differenz zwischen indirekten Steuern und Subventionen. Erst nach Abzug dieser Differenz **(TG- ZG)** lässt sich die eigentliche Wertschöpfung bestimmen.

Die Unternehmung U_a produziere zunächst zu Herstellungspreisen den Produktionswert PW_a=200. Nach Einführung von indirekten Steuern **TG**=20 und ihrer Überwälzung auf die Marktpreise erhöht sich der Produktionswert zu Marktpreisen bewertet entsprechend um 20 GE.

Die Unternehmung U_b erzeugt einen Produktionswert von PW_b=70, der annahmegemäß keine ausreichende Faktorentlohnung ermöglicht: Die Wertschöpfung von WS_b=10 ist unzureichend, um Löhne, Gehälter und einen angemessenen Gewinn zu ergeben.

U_A		U_B	
Vorleistungen $Va = 70$	Ursprünglicher Produktionswert (ohne TG) $PWa = 200$	Vorleistungen $Vb = 40$	Produktionswert $PWb = 70$
Abschreibung $Da = 40$		Abschreibung $Db = 20$	
Wertschöpfung $WSa = 90$		ursprüngliche Wertschöpfung (ohne ZG) $WSb = 10$	
Indirekte Steuer $TGa = 20$	Erhöhung des Produktionswertes durch Überwälzung der indirekten Steuern $\Delta PWa = 20$	zusätzliche Wertschöpfung $\Delta WSb = 5$	Gewährung von Subventionen $ZGb = 5$

$$U = U_A + U_B$$

$V = 110$	$PWa = 200$
$D = 60$	$+$ $\Delta PWa = 20$
$TGa - ZGb = 15$	$+$ $PWb = 70$
$WS = 105$	
$PW = 290$	$PW = 290$

Unter reinen marktwirtschaftlichen Gegebenheiten würde die Produktion von Ub eingestellt werden. Der Staat gewährt daraufhin Subventionen von 5 wodurch die Wertschöpfung um 5 steigt, so dass das Unternehmen am Markt bleibt. Wenn wir uns unter "U_A" sämtliche Unternehmungen einer Volkswirtschaft vorstellen, die indirekte Steuern an den Staat zahlen und unter "U_B" sämtliche Unternehmungen, die Subventionen erhalten, dann bildet der Ausdruck "**TG-ZG**" den "Nettoeffekt" auf den Produktionswert und die Wertschöpfung zu Marktpreisen bewertet ab. In dem Zahlenbeispiel hat sich der "volkswirtschaftliche" Produktionswert auf 290 erhöht und die Wertschöpfung auf 105.

5.3 Das Produktionskonto des Sektors Unternehmungen: Finanzielle Kapitalgesellschaften (UF-P)

Der Sektor der Finanziellen Kapitalgesellschaften (UF) umfasst im Wesentlichen Banken und Versicherungen. Schauen wir uns beispielhaft das Produktionskonto der Banken an. Dieser Sektor weist einige Besonderheiten auf: Er produziert keine Waren sondern ausschließlich Dienstleistungen. Kein Sektor kann heutzutage seine ökonomischen Transaktionen ohne Bankkonten und die Inspruchnahme von Bankdienstleistungen abwickeln. Einkäufe und Verkäufe führen irgendwann zu Zahlungen und berühren damit Bankkonten. Kapitalgesellschaften sichern ihren Zugang zu den Kapitalmärkten durch die Vermittlung von Banken. Banken gewähren Kredite und nehmen Einlagen entgegen. Sie führen Konten und Depots, gewähren Hypotheken und tätigen Überweisungen, führen Daueraufträge durch, tauschen ausländische in inländische Währungen um und produzieren damit eine Fülle unterschiedlicher Finanz-Dienstleistungen. Die Einnahmen aus Dienstleistungs-Verkäufen der Banken nennt man Provisionen und Bankgebühren.

a) Kommen wir zum **Produktionswert des Sektors UF**, der sich auf der Habenseite des Produktionskontos abbildet: Der größte Teil der Dienstleistungen dient dem eigenen und anderen Sektoren als Vorleistungen zur Durchführung ihrer eigenen Güterproduktion:

(1) $V^{UF} = V_{UF}^{UF} + V_{UN}^{UF} + V_{St}^{UF} + V_{UH}^{UF} + V_{O}^{UF} = V_{UF/UN/ST/UH/O}^{UF}$

Der geringste Teil dieser Dienstleistungen wird von privaten Haushalten (im engeren Sinne) nachgefragt. Dieser Teil stellt Konsum der Haushalte dar:

(2) $C_H^{UF} = C_{HH}^{UF}$ (Gegenbuchung: H-E)

Nehmen ausländische Konzerne oder ausländische Haushalte Bankdienstleistungen in Anspruch, handelt es sich um den Export von Dienstleistungen:

(3) Ex^{UF} (Gegenbuchung: A)

b) Kommen wir zur **Soll-Seite des Produktionskontos**:
Die Banken setzen ihrerseits Vorleistungen von anderen Sektoren ein. Dienstleistungen von anderen Unternehmungen desselben Sektors, Formulare, Papiere, sonstige Güter von UN, Beratungsleistungen von privaten Haushalten UH, aber auch Dienstleistungen ausländischer Banken und Börsen:

(4) $V_{UF} = V_{UF}^{UF/UN/UH/A} = V_{UF}^{U} + V_{UF}^{A}$ (5) $V_{UF}^{A} = Im_{UF}$

Produktionsbedingte Abnutzungen (an Gebäuden und Ausstattungen) werden durch Abschreibungen erfasst:

(6) $D_{UF} = D_{UF}^{UF}$ (Gegenbuchung: UF-VÄ)

Die Wertschöpfung der Banken teilt sich im Prinzip genauso auf, wie wir es gerade auf dem Produktionskonto des Sektors Nichtfinanzielle Kapitalgesellschaften studiert haben:

(7) $WS_{UF} = Y_{UF}^{UF/UN/St/H/O/A}$ (Gegenbuchung: E)

Es zeigt sich in der Praxis, dass Provisionen und Gebühren als einzige Einnahmen aus Dienstleistungsverkäufen vollkommen unzureichend sind, die auf der Sollseite ausgewiesene Wertschöpfung zu ermöglichen. Ohne weitere Einnahmen würden die Banken Verluste ausweisen müssen. Das Problem wird gelöst durch die Einführung so genannter „**unterstellter Bankgebühren**": **uBG**:

Die Unterstellung geht davon aus, dass die Banken erheblich mehr Dienstleistungen produzieren und verkaufen als sie in ihren Bankgebühren und Provisionen in Rechnung stellen. Der Wert dieser unterstellten Dienstleistungen lässt sich bestimmen aus der Differenz der Zinseinnahmen und Zinszahlungen: Über die niedrigen Zinsen ihrer Einlagen und die hohen Zinsen bei ihren Krediten geben sie Kosten ihrer Dienstleistungen an ihre Kunden weiter, ohne diese direkt (in Gestalt von Provisionen) auszuweisen.

Noch immer nicht entgültig gelöst ist allerdings die Frage, wie diese „unterstellten" Dienstleistungen auf die sie nachfragenden Sektoren verteilt werden. Zunächst gelten sie als Endprodukte des Sektors UF. Tatsächlich dürfte aber nur der Teil der uBG als Endprodukt angesehen werden, der auf die privaten Haushalte im engeren Sinne entfiele. Der weitaus größte Teil müsste hingegen als weitere Vorleistungen den einzelnen Sektoren zugewiesen werden. Die damit zusammenhängenden Zurechnungsprobleme werden (bis auf weiteres)[4] dadurch umgangen, dass alle uBG als Vorleistungen eines fiktiven Finanz-Sektors (UFF) verbucht werden, der selbst einen Produktionswert von Null hat und demzufolge eine negative Wertschöpfung in Höhe von minus uBG. Das Problem begegnet uns erneut am Ende dieses Kapitels, wenn es darum geht, die gesamtwirtschaftliche Wertschöpfung um die uBG zu bereinigen. (Siehe dazu Box 5-3: Unterstellte Bankgebühren).

---

[4] Die EU Staaten haben bis 2005 Zeit eine Entscheidung darüber zu treffen, wie zukünftig die uBG behandelt werden sollen.

5.3 Das Produktionskonto des Sektors Unternehmungen: UF-P

Produktionskonto des Sektors Finanzielle Kapitalgesellschaften UF-P

V_{UF}	V_{UF}^{U}	Ausgaben für Einkäufe von inländ. Vorleistungen von ➢ UF $\quad V_{UF}^{UF}$ ➢ UN $\quad V_{UF}^{UN}$ ➢ UH $\quad V_{UF}^{UH}$	Einnahmen aus Provisionen und Bankgebühren von den Sektoren ➢ UN $\quad V_{UN}^{UF}$ ➢ UF $\quad V_{UF}^{UF}$ ➢ St $\quad V_{St}^{UF}$ ➢ UH $\quad V_{UH}^{UF}$ ➢ O $\quad V_{O}^{UF}$	V^{UF}
		Importe von DL $= V_{UF}^{A} = Im_{UF}^{A}$		
D_{UF}		Abschreibung		
WS_{UF} = Y_{UF}		*Wertschöpfung* Faktoreinkommen an: ➢ HH $\quad Y_{UF}^{HH}$ ➢ UN $\quad Y_{UF}^{UN}$ ➢ Staat $\quad Y_{UF}^{St}$ ➢ A $\quad Y_{UF}^{A}$ ➢ Einbehaltene Gewinne $\quad Y_{UF}^{UF}$	Private Personen Haushalte C_{HH}^{UF}	C_{H}^{UF}
			Exporte von Dienstleistungen	Ex^{UF}
			Unterstellte Bankgebühren uBG: Zinseinnahmen von allen Sektoren minus Zinszahlungen an alle Sektoren	uBG

$\underbrace{\qquad\qquad\qquad\qquad}_{\Sigma\ \textit{Produktionswert PW}^{UF}}$

UF – P

	V_{UF}	V^{UF}	
WS^{b}_{UF}	D_{UF}	C^{UF}	PW^{UF}
		Ex^{UF}	
	WS_{UF}	uBG	

Box: 5-3: Unterstellte Bankgebühren: uBG

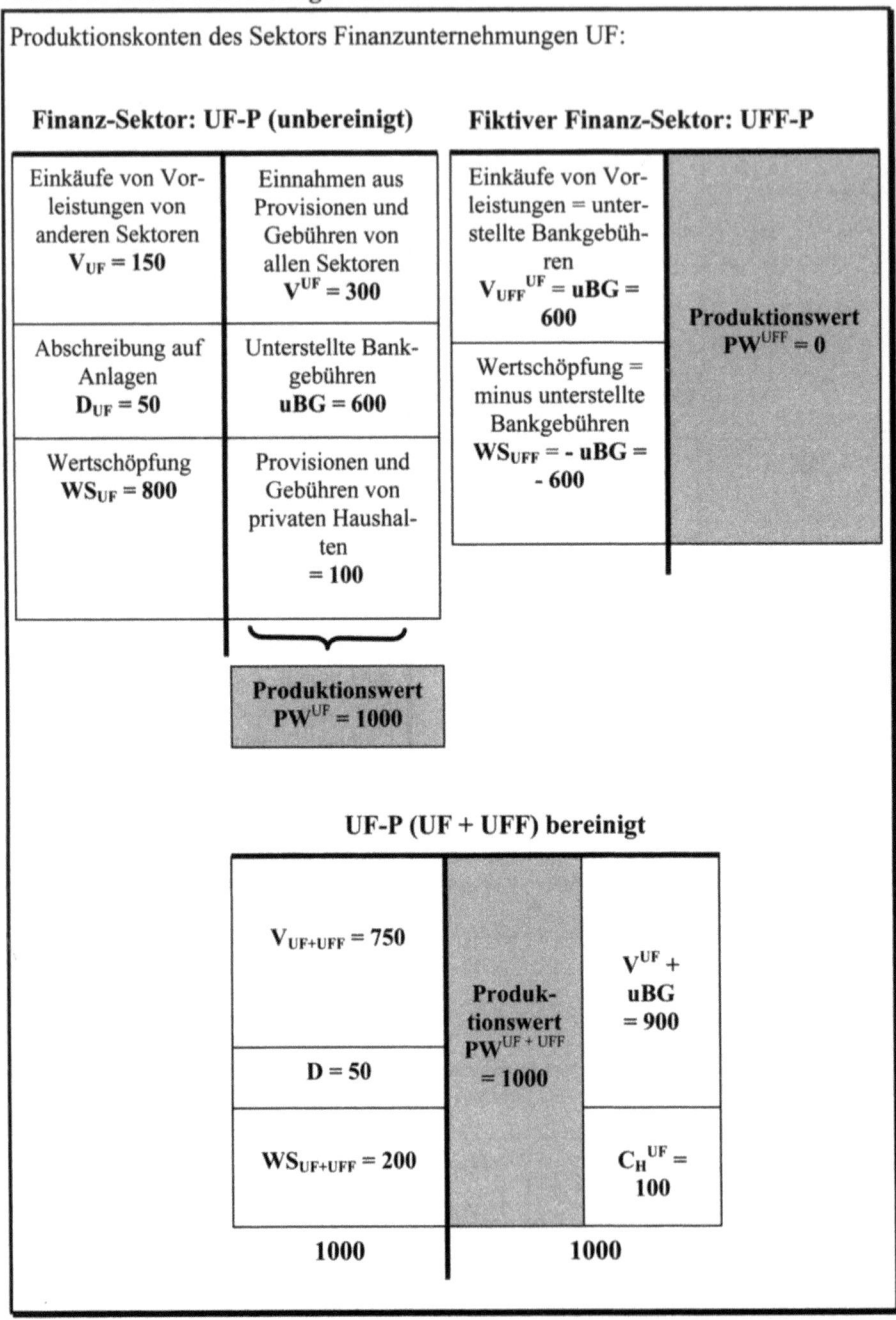

5.4 Das Produktionskonto des Staates (St-P)

Der Staat erhebt nicht nur Steuern und verteilt Einkommen um, sondern er produziert eine Vielfalt staatlicher Dienstleistungen, die er darüber hinaus im wesentlichen unentgeltlich allen Bürgern zur Verfügung stellt: Die Behörden und Ämter, die Schulen und Universitäten, die Gerichte, die Polizei und das Militär stellen öffentliche Güter her wie Planung, Bildung, Rechtssicherheit, innere und äußere Sicherheit usw. Für diese öffentlichen Güter gibt es keine Märkte. Der Staat stellt sie unentgeltlich zur Verfügung, wir erfassen sie als **Konsumausgaben des Staates** C_{St} (Von staatlichen Gebühren können wir hier absehen, sie werden nicht kostendeckend erhoben und sind quantitativ unbedeutend.) Die Konsumausgaben sind damit identisch mit dem Produktionswert des Staates.

(1) $C_{St} = C_{St}^{St} = PW_{St}$ \hspace{2em} (Gegenbuchung: St-E)

Die Höhe des Produktionswertes des Staates wird durch den Wert der Input-Faktoren bestimmt, die der Staat in seinem Produktionsprozess einsetzt und lässt sich daher erst von der Sollseite her bestimmen:
Ähnlich wie die Unternehmen setzt der Staat Vorleistungen ein, die er von anderen Sektoren bezieht. So kauft er ein: Schulbücher und Kreide um Bildung zu produzieren, Munition und Panzer für die äußere Sicherheit, Papier und Bleistifte für die Behörden, elektrische Energie und Heizung für die Ministerien, Reinigungsdienstleistungen für die Reinigung öffentlicher Gebäude und vieles mehr:

(2) $V_{St} = V_{St}^{U} = V_{St}^{UN/UF/UH/}$. \hspace{2em} (Gegenbuchung: UN, UF, UH-P)

Außerdem setzt der Staat Sachkapital ein, das sich laufend abnutzt (Gebäude, Rechenanlagen, Fahrzeuge, Maschinen, Straßen, Hafenanlagen usw.). Das wertmäßige Äquivalent dieser Abnutzungen wird durch die Abschreibung auf das staatliche Sachkapital festgehalten:

(3) $D_{St} = D_{St}^{St}$ \hspace{2em} (Gegenbuchung: St-VÄ)

Schließlich beziehen alle beim Staat (Bund, Länder, Gemeinden, Sozialversicherung usw.) Beschäftigten Löhne und Gehälter, also Faktoreinkommen:

(4) $WS_{St} = Y_{St} = Y_{St}^{H}$ \hspace{2em} (Gegenbuchung: H-E)

Damit erhält das Produktionskonto des Staates folgendes Aussehen:

Produktionskonto des Staates: St – P

V_{St}	Ausgaben des Staates für Vorleistungen $V_{St}^{UN/UF/UH}$	**Produktionswert** PW^{St}
D_{St}	Abschreibungen	$=$
WS_{St}	Wertschöpfung $WS_{St} = Y_{St}^{HH}$	**Konsum des Staates** C_{St}^{St}

Da der Produktionswert in diesem Fall nicht vom Markt (also von der Erlösseite her) bestimmt wird, sondern von der Kostenseite, ergibt sich als Konsequenz, dass eine Erhöhung der Kostenfaktoren zu einer entsprechenden Erhöhung des Produktionswertes führt. Steigen z.B. die Löhne und Gehälter der Staatsbediensteten, steigt gleichzeitig der monetäre Wert des Produktes, das sie erzeugen, d. h. der Produktionswert!

5.5 Das Produktionskonto des Sektors Private Haushalte (H-P)

Im Gegensatz zu früheren Abgrenzungen ist der Sektor der privaten Haushalte in der neuen ESVG95 erheblich weiter gefasst. Zu ihm zählen Einzelpersonen, Familien, Partnerschaften (private Haushalte im engeren Sinn) und selbstständige Produzenten.[5] "Private Organisationen ohne Erwerbscharakter" werden jetzt nicht mehr zum Sektor Haushalte gezählt, sondern bilden einen eigenständigen Sektor.

a) **Die privaten Haushalte im engeren Sinne** (HH) sind reine Personen-Haushalte. Sie erzielen den weitaus größten Teil ihres Einkommens als Faktoreinkommen aus dem Unternehmenssektor: Löhne und Gehälter aber auch ausgeschüttete Gewinne und andere Kapitaleinkünfte. Tatsächlich produzieren sie aber auch selbst Güter: Hausfrauen sowie Hausmänner sind täglich damit beschäftigt, für ihre Familien zu kochen, zu putzen, Wäsche zu waschen, den Garten zu bestellen, die Babys zu hüten, die Kinder zu erziehen und allerlei weitere Dienstleistungen zu erbringen. Doch wird diese Güterproduktion in der VGR nicht erfasst.

---

[5] Zur genauen Abgrenzung siehe Kapitel 4.

5.5 Das Produktionskonto des Sektors Private Haushalte (H-P)

Wenn jetzt dieselbe Hausfrau oder derselbe Hausmann die gleichen Dienstleistungen nicht im eigenen Haushalt, sondern in einem anderen erbringt und dafür Entgelt erhält, dann sind diese Dienstleistungen mit einem (Markt-) Preis bewertet und gehen in die VGR ein! Die Haushalte produzieren diese Dienstleistungen ohne Einsatz von Kapital und daher auch ohne Abschreibungen. Denken Sie z. B. an die Putzfrau, das Kindermädchen oder die Haushaltshilfe, die im Haushalt des Zahnarztes (nicht in seiner Praxis!), im Haushalt des Pfarrers (nicht in der Kirche!), im Haushalt des Ministers (aber nicht im Ministerium) arbeitet. Die privaten Haushalte (der Putzfrau, der Haushaltshilfe, des Kindermädchens) produzieren Dienstleistungen für andere Haushalte (Zahnarzt, Pfarrer, Minister). In Höhe der Einnahmen aus dem Verkauf dieser Dienstleistungen entstehen Leistungs- bzw. Faktoreinkommen. Die Dienstleistungen selbst sind Teil des Konsums der nachfragenden Haushalte.

(1) $WS_{HH} = Y_{HH}^{HH}$ **(2)** $PW_{HH} = C_{HH}^{HH}$

Das zusammengefasste Produktionskonto der privaten Haushalte im engeren Sinne HH hat dann folgendes Aussehen:

Produktionskonto der privaten Haushalte: HH – P
Am Beispiel einer (Putz-) Hilfe

| Y_{HH}^{HH} | Wertschöpfung: **Faktoreinkommen:** (vom Produktions- an das Einkommenskonto der Hilfe) $Y_{\text{Hilfe-P}}^{\text{Hilfe-E}}$ | Verkauf von Dienstleistungen an andere Haushalte (Eigenverbrauch) $C_{\text{HH Zahnarzt}}^{\text{HH Putzhilfe}}$ | C_{HH}^{HH} |

b) Die **Personen-Unternehmen der Selbstständigen** (Vertreter, Handwerksbetriebe, Landwirte, Arztpraxen, Apotheker, Rechtsanwälte usw.) sind private Haushalte (UH), die Güter für Märkte produzieren und die dafür Selbstständigeneinkommen (die von ihnen selbst erwirtschafteten Gewinne) erhalten. Für sie lässt sich ein ganz normales Produktionskonto erstellen: Die Habenseite weist den **Produktionswert des Sektors UH** aus, der sich zusammensetzt aus:
- den Vorleistungen, die die U-Haushalte für ihren eigenen Sektor produzieren: die Beratungsleistung eines Rechtsanwaltes für eine Arztpraxis, der Verkauf von Saatgut von einem Landwirt an einen anderen: V_{UH}^{UH}
- Vorleistungen die die Haushalte für andere Sektoren produzieren: Rinder für den Schlachthof, Dienstleistungen eines Steuerberaters für eine Bank, medizini-

sches Gutachten für ein Gericht, Gartenarbeiten für einen Sportverein: $V_{UN/UF/St/O}^{UH}$
- Die vom Sektor UH produzierten **Vorleistungen** sind:

  (3) $V^{UH} = V_{UH}^{UH} + V_{UN/UF/St/O}^{UH} = V_{UH/UN/UF/St/O}^{UH}$ (Gegenbuchung: -P)

- **Konsumgüter:** Waren und Dienstleistungen, die die privaten Haushalte UH produzieren und an private Haushalte HH und UH verkaufen: der vom Tischler handgearbeitete Schrank, die vom Bauern direkt an Haushalte verkauften landwirtschaftlichen Erzeugnisse (die selbstverbrauchten werden ebenfalls in diese Größe eingerechnet), die Dienstleistung des Versicherungsvertreters beim Abschluss einer privaten Hausratsversicherung:

  (4) $C^{UH} = C_{HH}^{UH} + C_{UH}^{UH}$ (Gegenbuchung: H-E)

- **Investitionsgüter** können von Handwerksbetrieben und Einzel-Gewerbetreibenden erstellt werden und vom eigenen und allen anderen Sektoren nachgefragt werden:

  (5) $I^{b\,UH} = I^{b}{}_{UH/UN/UF/St/O}^{UH}$ (Gegenbuchung: H-VÄ)

- Sehen wir von Exportgütern ab, ergibt sich als **Produktionswert**:

  (6) $PW^{UH} = V^{UH} + C^{UH} + I^{b\,UH}$

Diesem Produktionswert stehen auf der **Sollseite des Produktionskontos** als Input folgende Größen gegenüber:
- Vorleistungen, die vom eigenen Sektor und den Sektoren UN und UF eingekauft werden (von importierten Vorleistungen wird hier abgesehen):

  (7) $V_{UH} = V_{UH}^{UH/UN/UF}$ (Gegenbuchung: U-P)

- Abschreibungen auf die eingesetzten Anlagen:

  (8) $D_{UH} = D_{UH}^{UH}$ (Gegenbuchung: H-VÄ)

- Die Wertschöpfung umfasst das Selbstständigeneinkommen und sonstige Faktoreinkommen (Löhne und Gehälter der bei Selbstständigen abhängig Beschäftigten, Zinsen, Mieten, Pachten):

  (9) $WS_{UH} = Y_{UH}^{UH} + Y_{UH}^{HH} + Y_{UH}^{UF} + Y_{UH}^{UN}$ (Gegenbuchung: -E)

- Gütersteuern – Gütersubventionen, die insbesondere in landwirtschaftlichen Betrieben dieses Sektors eine Rolle spielen:

  (10) $TG_{UH} - ZG^{UH}$ (Gegenbuchung: St-E, A)

c) Der **Sektor Private Haushalte** ergibt sich aus der Zusammenfassung dieser beiden Subsektoren. Es ist: H = HH + UH. Damit erhalten wir als **Produktionswert**:

(11) $PW^H = PW^{HH} + PW^{UH} = V^{UH} + C^{UH} + C^{HH} + I^{b\,UH} = V^H + C^H + I^{b\,H}$.

Die **Wertschöpfung** ist:

(12) $WS_H = WS_{HH} + WS_{UH} = Y_{HH} + Y_{UH} = Y_H$

d) Wir erstellen kein separates Produktionskonto für UH sondern fassen dieses mit dem Produktionskonto des Sektors HH sofort zum gesamten Produktionskonto des Sektors der Privaten Haushalte zusammen:

Produktionskonto des Sektors Private Haushalte: H – P

V_H	Einkauf von Vorleistungen anderer Sektoren $V_{UH}^{UH/UN/UF}$	Verkaufserlöse von Vorleistungen an andere Sektoren $V_{UN/UF/St/H/O}$	V^H
D_H	Abschreibung D_{UH}	Konsumgüter C_{HH}^{HH} C_{HH}^{UH}	C^H
WS_H	Wertschöpfung WS_{HH} WS_{UH}	Investitionsgüter $I^b_{UH/UF/St/H/O}{}^{UH}$	I^{bH}
TG_H - ZG^H	Gütersteuern – Gütersubventionen = NPA-UH		

Produktionswert PW^H

5.6 Das Produktionskonto des Sektors Private Organisationen ohne Erwerbszweck (O-P)

Zu diesem Sektor zählen z.B. Kirchen und Sekten, Gewerkschaften und Stiftungen, Fußball- und Schützenvereine. Er produziert fast ausschließlich Dienstleistungen, die er den privaten Haushalten unentgeltlich zur Verfügung stellt. Das Produktionskonto **privater Organisationen ohne Erwerbscharakter** ist auf der Sollseite den Produktionskonten U-P (UN-, UF-, UH – P) ähnlich, auf der Habenseite dem Produktionskonto der privaten Haushalte HH sowie des staatlichen Haushalts St.

Die in diesen Organisationen produzierten Dienstleistungen werden zu einem vernachlässigbar geringen Teil gegen Entgelt an private Haushalte verkauft, zum größten Teil werden sie von den Organisationen unentgeltlich zur Verfügung gestellt. Da die Organisationen die Produktionskosten selbst bestreiten, wird ihnen ihr Produktionswert als Eigenkonsum angerechnet[6].

Dabei ist zu beachten, dass die Produktion dieser Dienstleistungen nicht unter Gewinn(maximierungs)gesichtspunkten erfolgt wie in den Unternehmenssektoren, sondern von den Produktionskosten her bestimmt wird, wie wir es vom staatlichen Produktionskonto bereits kennen. So ist z.B. ein kirchlicher Gottesdienst für die Kirchenbesucher zwar kostenfrei zu besuchen, aber nicht kostenlos zu zelebrieren. Es fallen Abschreibungen für das Kirchenhaus an, laufende Ausgaben für Heizung, Licht usw., Gehälter für den Pfarrer und andere Kirchenbedienstete. Diese Kosten werden nicht unmittelbar auf die "Nachfrager" nach „Gottesdienstleistungen" umgelegt, sondern als Eigenkonsum der Kirche angesehen. Die Finanzierung dieses "Eigenverbrauchs" durch Erhebung einer "Kirchensteuer" steht dabei auf einem anderen Blatt, nämlich auf dem Kontoblatt "Einkommensverwendung der privaten Organisationen ohne Erwerbszweck". Der Produktionswert ist:

(1) $PW_o = C_o^o$ (Gegenbuchung: O-E)

Auf der Input-Seite werden von anderen Sektoren eingekaufte Vorleistungen eingesetzt:

(2) $V_o = V_o^{UN/UF/UH}$ (Gegenbuchung: U-P)

Anders als private Haushalte im engeren Sinn produzieren die privaten Organisationen ohne Erwerbscharakter unter Einsatz von Sachkapital, auf das Abschreibungen vorgenommen werden.

(3) $D_o = D_o^o$ (Gegenbuchung : O-VÄ)

Schließlich besteht ihre Wertschöpfung im Wesentlichen aus den Löhnen und Gehältern der in diesen Organisationen Beschäftigten, aber auch Ausgaben für Mieten, Pachten, Zinsen können anfallen.

---

[6] Im Kapitel 9 werden wir abweichende Verbuchungsregeln der empirischen VGR kennenlernen.

(4) $WS_O = Y_O^{HH} + Y_O^{U}$ (Gegenbuchung: H-E)

Das Konto hat folgendes Aussehen:

Produktionskonto des Sektors Private Organisationen ohne Erwerbszweck:
O – P

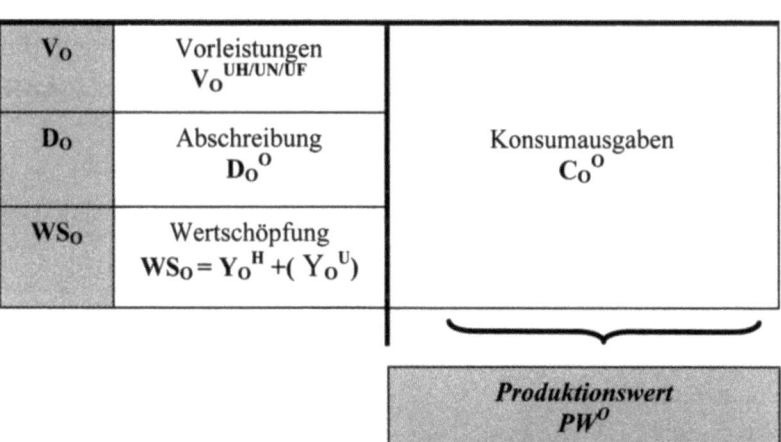

5.7 Das Gesamtwirtschaftliche Produktionskonto (P)

Wir aggregieren nunmehr die Produktionskonten der einzelnen Sektoren zu dem gesamtwirtschaftlichen Produktionskonto **P**. Es zeigt den gesamtwirtschaftlichen Produktionswert. Die Habenseite dieses Kontos weist die Verwendungsrechnung des Produktionswertes aus, die Sollseite die Entstehungsrechnung:

a) Nach der **Verwendungsrechnung** ergibt sich das Bruttoinlandsprodukt in folgenden Schritten:

1. **Der gesamtwirtschaftliche Produktionswert PW**

$$\begin{aligned}
PW &= PW^{UN} + PW^{UF} + PW^{St} + PW^{H} + PW^{O} + PW^{UFF\,[7]} \\
&= V^{U} + C^{H} + C^{St} + C^{O} + I^{b_{UN}} + I^{b_{UF}} + I^{b_{UH}} + I^{b_{O}} + Ex^{UN} + Ex^{UF} \\
&= V^{U} + \quad C \quad + \quad\quad\quad I^{b} \quad\quad\quad + Ex
\end{aligned}$$

---

[7] Der Sektor UFF ist der „fiktive Finanzsektor". Auf seinem Produktionskonto werden die unterstellten Bankdienstleistungen gegengebucht. Der PW^{UFF} ist gleich Null!

2. Das volkswirtschaftliche Endprodukt EP

$$EP = PW - V^U = C + I^b + Ex$$

3. Das Bruttoinlandsprodukt BIP misst die Produktion aller Waren und Dienstleistungen im Inland nach Abzug der Vorleistunen und Importe.

$BIP = EP - Im$ ⟹ $\boxed{BIP = C + I^b + Ex - Im}$

Nach der Verwendungsrechnung setzt sich das Bruttoinlandsprodukt also wie folgt zusammen:

Private Konsumausgaben	C^P	$= C^H + C^O$
+ Konsumausgaben des Staates	C^{St}	
+ Investitionen	I^b	
(Ausrüstungsinvestitionen)		$= I^b\, Anl.$
(Bauinvestitionen)		$= I^b\, Bau$
(Sonstige Anlagen)		$= I^b\, soAnl.$
(Vorratsveränderungen)		$= I_L$
(Nettozugang an Wertsachen)		$= I_W$
+ Exporte von Waren und Dienstleistungen	Ex	
- Importe von Waren und Dienstleistungen	Im	
= Bruttoinlandsprodukt	**BIP**	

Dieses Ergebnis lässt sich auch unmittelbar auf dem konsolidierten Produktionskonto ablesen. Der Übergang vom nur aggregierten zum konsolidierten Produktionskonto beinhaltet, dass wir diejenigen Positionen, die auf beiden Seiten des Kontos identisch enthalten sind streichen und gleichzeitig die Differenz (**Ex-Im**) bilden, indem wir die Importe von Gütern und Dienstleistungen von der Sollseite auf die Habenseite umbuchen, wodurch sie ein Minuszeichen erhalten (vgl. Schaubild: Gesamtwirtschaftliches Produktionskonto).

4. Das Nettoinlandsprodukt (NIP) wird durch Abzug der Abschreibungen ermittelt. Die Brutto-Investitionen werden dadurch zu Netto-Investitionen:

$NIP = BIP - D$ ⟹ $\boxed{NIP = C + I + Ex - Im}$

5.7 Das Gesamtwirtschaftliche Produktionskonto (P)

b) Die **Entstehungsrechnung** (nach der Sollseite des Produktionskontos) kommt in folgenden Schritten zum Bruttoinlandsprodukt:

Produktionswert (zu Herstellungspreisen)	PW_{HP}
- Vorleistungen (ohne importierte V)	- V
- Importe	- Im
= Bruttowertschöpfung (unbereinigt)	= WS^b (unbereinigt)
- unterstellte Bankgebühr	- uBG
= Bruttowertschöpfung (bereinigt)	= WS^b (bereinigt)
+ Gütersteuern	+ TG
- Gütersubventionen	- ZG
= **Bruttoinlandsprodukt (zu Markt-Preisen)**	= BIP_{MP}

BIP = PW − V − uBG + TG − ZG

c) Die Inlandsprodukte können also auf beiden Kontenseiten ermittelt werden:

	Verwendungsrechnung	*Entstehungsrechnung*
BIP	= C + I^b + Ex − Im	= D + WS + (TG − ZG)
NIP	= C + I + Ex − Im	= WS + (TG − ZG) = WS + NPA

Die von den Wirtschaftssubjekten gezahlten Gütersteuern werden zum größten Teil vom Staat und zu einem geringeren Anteil von der Europäischen Union erhoben. Die Gütersubventionen stammen ebenfalls sowohl vom Staat als auch von der EU. **Nettoproduktionsabgabe** heißt die Differenz aus Gütersteuern und Gütersubvention. Wir definieren:

$TG = TG^{St} + TG^{EU}$:   **Gütersteuern**

$ZG = ZG_{St} + ZG_{EU}$:   **Gütersubventionen**

NPA = TG − ZG: **Nettoproduktionsabgabe**

$NPASt = TG^{St} - ZG_{St}$:   **Nettoproduktionsabgabe an den Staat**

$NPAEU = TG^{EU} - ZG_{EU}$:   **Nettoproduktionsabgabe an die EU**

NPA = NPASt + NPAEU :   **Nettoproduktionsabgabe**

Schaubild 5-1: Gesamtwirtschaftliches Produktionskonto

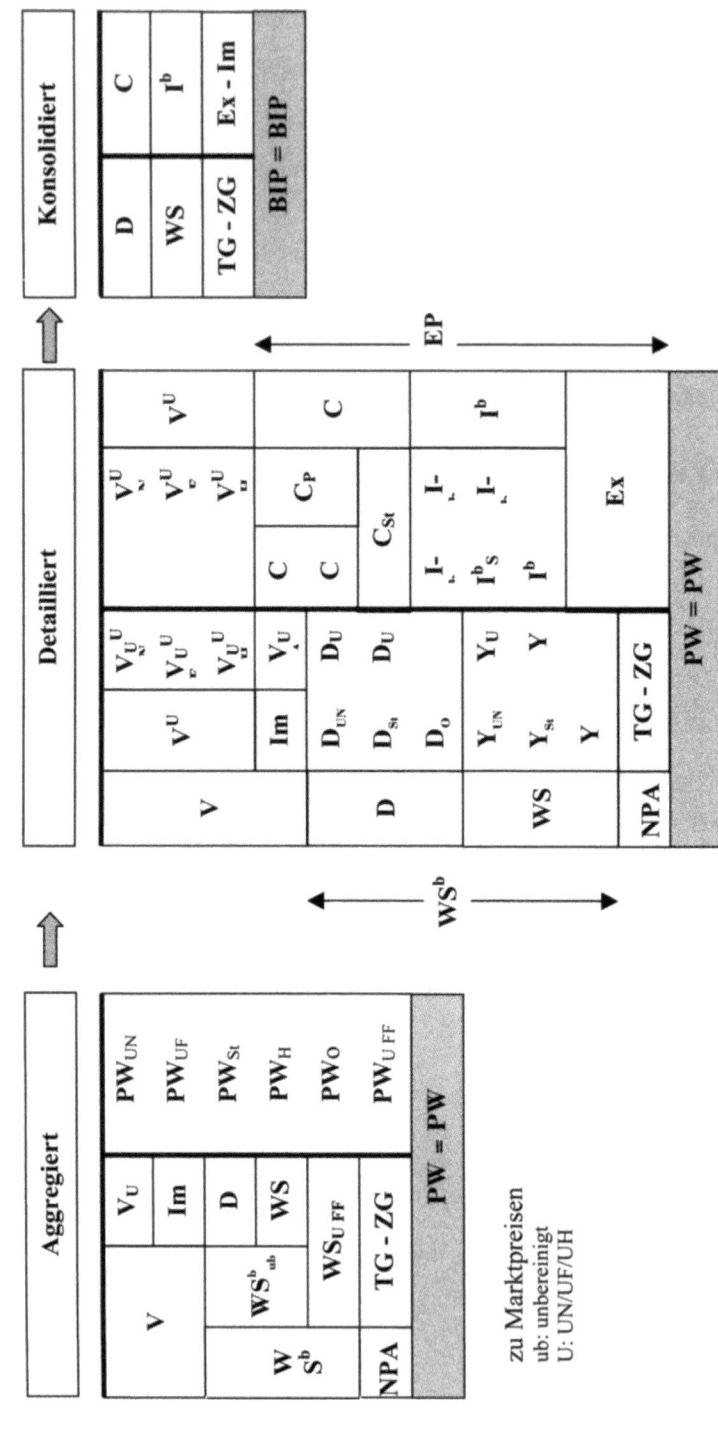

Die Nettoproduktionsabgabe hat für die einzelnen Wirtschaftssektoren eine sehr unterschiedliche Relevanz. Es gibt Sektoren, für die die Subventionen überwiegen (z.B. Landwirtschaft und Bergbau) und solche, für die die Gütersteuern deutlich die Gütersubventionen übersteigen (die Industrie-Sektoren zählen i.d.R. dazu. Für den Staat führen die Nettoproduktionsabgaben im Saldo zu Netto-Einnahmen.

Box 5-4: Bruttoinlandsprodukte der EU-15 (1998-2002) / pro Kopf (2002)

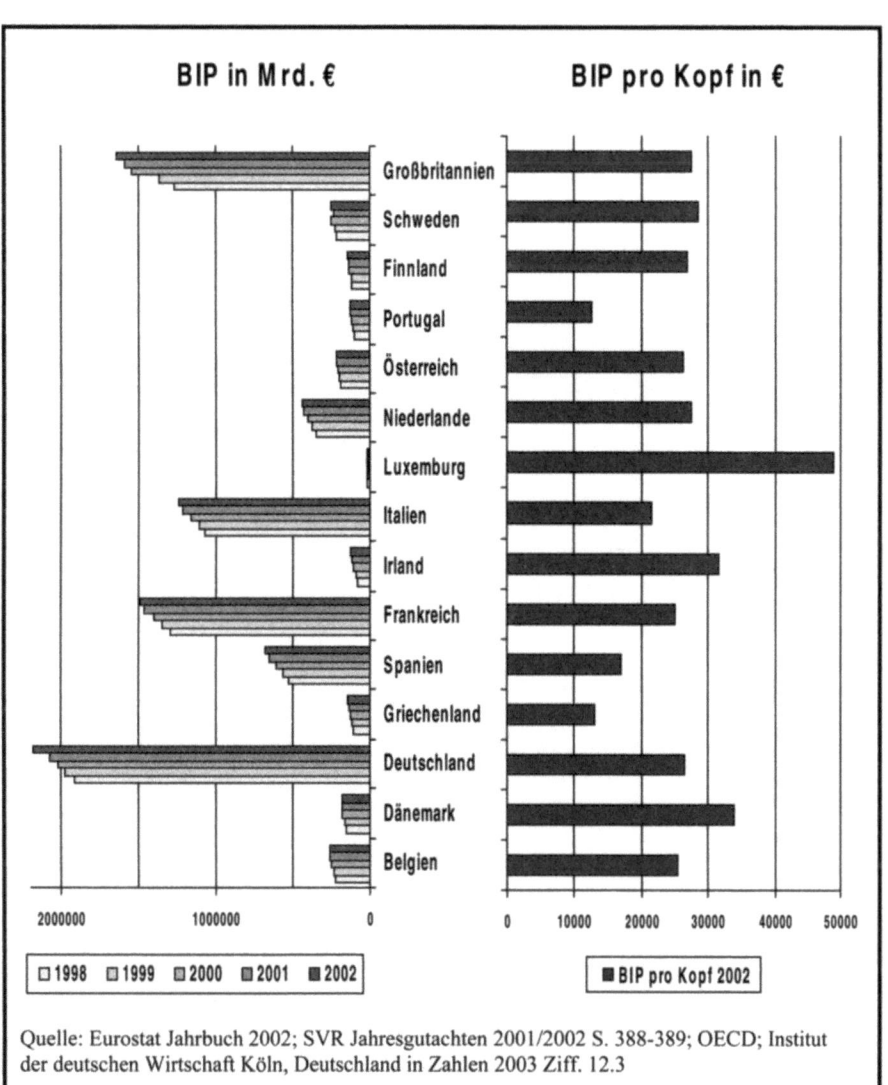

Quelle: Eurostat Jahrbuch 2002; SVR Jahresgutachten 2001/2002 S. 388-389; OECD; Institut der deutschen Wirtschaft Köln, Deutschland in Zahlen 2003 Ziff. 12.3

6 Nationaleinkommen, Volkseinkommen und die Einkommenskonten

Box 6-1: Netto-Nationaleinkommen: NNE, Volkseinkommen: Y

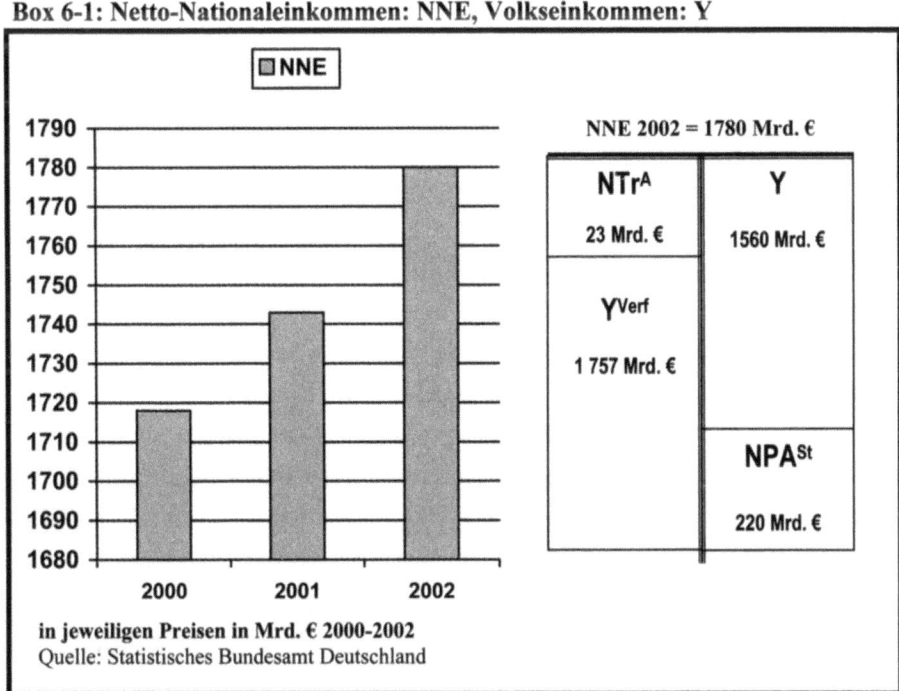

in jeweiligen Preisen in Mrd. € 2000-2002
Quelle: Statistisches Bundesamt Deutschland

Das **Volkseinkommen** ist die Summe der von Inländern empfangenen Einkommen aus unselbstständiger Arbeit und aus Unternehmertätigkeit und Vermögen. Es ist das **Faktoreinkommen** (Leistungseinkommen), das "dem Volk", d.h. den Inländern einer Volkswirtschaft im Laufe eines Jahres zufließt und zwar unabhängig davon, ob die Entstehung des Einkommens in einem inländischen oder ausländischen Produktionsprozess erfolgte. Inländer sind sämtliche inländischen Wirtschaftssubjekte: Kapitalgesellschaften, Staat, private Haushalte, private Organisationen ohne Erwerbszweck, "die mit dem Territorium der Bundesrepublik Deutschland wirtschaftlich enger verbunden sind als mit dem anderer Länder"[1].

---

[1] Sonderdruck der Deutschen Bundesbank Nr. 8, S. 24 f..

Wir werden die genaue Ableitung dieses Begriffes in diesem Kapitel vorstellen, obgleich der Terminus „Volkseinkommen" in dem ESVG95 nicht mehr vorkommt und nur noch vom Statistischen Bundesamt für die Verteilungsrechnung dargestellt wird. Die neuen Begriffe des ESVG95 sind das **Nettonationaleinkommen** oder **Primäreinkommen**. Der Unterschied zum Volkseinkommen besteht darin, dass das Netto-Nationaleinkommen über die Summe der Faktoreinkommen (dem Volkseinkommen) hinausgeht und die Netto-Produktionsabgaben an den Staat hinzuaddiert werden. Im letzten Abschnitt dieses Kapitels werden wir die Unterschiede deutlich herausarbeiten, wenn wir das gesamtwirtschaftliche Einkommenskonto dem gesamtwirtschaftlichen Produktionskonto gegenüberstellen.

Die erste Zeile des VGR-Schemas enthält die Produktionskonten der Sektoren der Volkswirtschaft und der Volkswirtschaft insgesamt. Auf diesen Konten wird die Entstehung der Güterproduktion und die damit verbundene Entstehung von Leistungs- oder Faktoreinkommen dargestellt.[2] In der zweiten Zeile des VGR-Schemas geht es um die Verteilung und Verwendung der Einkommen durch die einzelnen Sektoren. Wir entwickeln die Einkommenskonten grundsätzlich von der Habenseite her, da auf dieser Seite die Einkommenseingänge verbucht werden, während auf der Sollseite des Kontos die jeweiligen Verwendungen der Einkommen festgehalten werden. Die in Klammern angegebenen Kontobezeichnungen nennen Ihnen wieder die Konten der Gegenbuchung. Auf dem gesamtwirtschaftlichen Einkommenskonto werden die Sektor-Konten aggregiert, konsolidiert und das Volkseinkommen und Nationaleinkommen ausgewiesen.

Wir behandeln folgenden Abschnitt des VGR-Schemas:

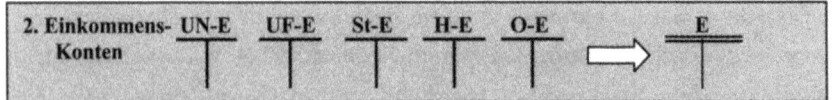

---

[2] Vgl. Kap. 5.

6.1 Die Einkommenskonten der Kapitalgesellschaften (UN-E und UF-E)

Die Einkommenskonten der Unternehmungen „Nichtfinanzielle Kapitalgesellschaften" (UN) und der Unternehmungen „Finanzielle Kapitalgesellschaften" (UF) sind in ihrem Aufbau weitgehend identisch, so dass wir sie hier „synchron" behandeln können. Die **Habenseite** hat folgendes Aussehen:
Das Faktoreinkommen der Kapitalgesellschaften besteht aus den von ihnen selbst einbehaltenen, d.h. nicht ausgeschütteten Gewinnen Y_{UN}^{UN}, Y_{UF}^{UF}. Diese Faktoreinkommen sind in ihren eigenen Produktionsprozessen entstanden. Bedingt durch gegenseitige Kapitalverflechtungen beziehen die Sektoren gegenseitig voneinander Kapitaleinkünfte: Y_{UF}^{UN}, Y_{UN}^{UF}: UN halten Kapitalanteile von Banken, Banken halten Aktienpakete der UN und beide erhalten wechselseitig darauf Dividenden.

Einkommenskonto des Sektors Nichtfinanzielle Kapitalgesellschaften UN-E

$T_{UN}^{d\ St}$	Direkte Steuern an den Staat	Einbehaltene Gewinne	Y_{UN}^{UN}	Y^{UN}
		Vom Sektor UF ausgeschüttete Gewinne	Y_{UF}^{UN}	
S_{UN}^{UN}	Sparen	Vom Ausland ausgeschüttete Zinsen, Dividenden	Y_{A}^{UN}	

Die Faktoreinkommen sind im Produktionsprozess des jeweils anderen Sektors entstanden. (Gegenbuchungen: Produktionskonten: UN-P und UF-P).
Wir nehmen an, dass die Unternehmen Faktoreinkommen aus dem Ausland beziehen: Gewinntransfers ausländischer Tochterunternehmungen, Dividenden und Zinseinnahmen von Kapitalverflechtungen mit ausländischen Kapitalgesellschaften: Y_{A}^{UN}, Y_{A}^{UF} (Gegenbuchung: Konto Übrige Welt: A).
Die **Sollseite** des Einkommenskontos gibt uns Informationen über die Verwendung dieser Einkommen: Es bestehen zwei Möglichkeiten: Die Kapitalgesellschaften müssen auf ihre Einkommen direkte Steuern zahlen: T_{UN}^{d}, T_{UF}^{d} (Gegenbuchung:

St-E). Direkte Steuern sind Einkommensteuern, die bei Unternehmen mit eigener Rechtspersönlichkeit Körperschaftssteuer heißen. Nach Abzug der Steuerzahlung vom Einkommen bleibt das verfügbare Einkommen, das hier mit der Ersparnis der Unternehmen S_{UN}^{UN}, S_{UF}^{UF} identisch ist (Gegenbuchung: UN/UF-VÄ).

Einkommenskonto des Sektors Finanzielle Kapitalgesellschaften UF-E

$T^d_{UF}{}^{St}$	Direkte Steuern an den Staat	Einbehaltene Gewinne	Y_{UF}^{UF}	
S_{UF}^{UF}	Sparen	Vom Sektor UN ausgeschüttete Gewinne	Y_{UN}^{UF}	Y^{UF}
		Vom Ausland ausgeschüttete Zinsen, Dividenden	Y_A^{UF}	

6.2 Das Einkommenskonto des Staates (St-E)

Die Einkommensquellen des Staates bestehen aus Steuern und Faktor-Einkommen. Zunächst die Steuereinnahmen: Gütersteuern (indirekte Steuern) von den Unternehmungen $TG_{UN/UF/UH}{}^{St}$ (Gegenbuchung: UN/UF/UH-P), direkte Steuern vom Einkommen der Kapitalgesellschaften (Körperschaftssteuer) $T^d_{UN/UF}{}^{St}$ (Gegenbuchung: UN/UF-E) sowie direkte Steuern vom Einkommen der privaten Haushalte (Lohn- und Einkommenssteuer) T^d_H (Gegenbuchung: H-E). Unter dem Kürzel "T^d_H" sollen neben Lohn- und Einkommenssteuer auch andere Zwangsabgaben an den Staat bzw. staatliche Einrichtungen zusammengefasst werden. Insbesondere sollen auch die Sozialversicherungsbeiträge darin enthalten sein. Es ist:

(1) $T = T^d_H + T^d_{UN} + T^d_{UF} + TG_{UN}{}^{St} + TG_{UF}{}^{St} + TG_{UH}{}^{St} \quad = T^d + TG^{St}$

Neben den Steuereinnahmen erzielt der Staat auch Faktoreinkommen aus Beteiligungen an Kapitalgesellschaften und aus seinen eigenen Unternehmungen $Y_{UN}{}^{St}$,

Y_{UF}^{St} (Gegenbuchung : UN/UF-P). Sind diese Unternehmungen jedoch defizitär, wie z.B. die Bundesbahn, dann handelt es sich um negative Faktoreinkommen. Zu diesen negativen Faktoreinkommen werden auch die vom Staat an Unternehmungen und an das Ausland zu zahlenden Zinsen auf die von ihm aufgenommenen Kredite gerechnet. Damit werden die Faktoreinkommen des Staates zu einer Saldogröße.

(2) $Y^{St} = Y_{UN}^{St} + Y_{UF}^{St} + Y_A^{St}$ (Gegenbuchung: UN/UF-E, A)

Wie verwendet der Staat seine Einnahmen? Mit dieser Frage kommen wir zur **Sollseite des Einkommenskontos.** Von den Produktionskonten der Unternehmenssektoren (UN, UF, UH) wissen wir, dass der Staat diese Sektoren mit Subventionszahlungen unterstützt $ZG_{St}^{UN/UF/UH}$.

(3) $ZG_{St} = ZG_{St}^{UN} + ZG_{St}^{UF} + ZG_{St}^{UH} = ZG_{St}^{U}$ (Gegenbuchung:U-P)

An den Sektor private Haushalte zahlt der Staat unter anderem Rentenzahlungen, Arbeitslosengeld und andere Transferzahlungen Tr_{St}^{H}. Weitere Transferzahlungen leistet der Staat an Organisationen ohne Erwerbszweck Tr_{St}^{O}, an internationale Organisationen (hierunter u.a. der bundesdeutsche Beitrag zum EU-Haushalt, der in Abhängigkeit vom Sozialprodukt zu entrichten ist): Tr_{St}^{A}.

(4) $Tr_{St} = Tr_{St}^{H} + Tr_{St}^{O} + Tr_{St}^{A} = Tr_{St}^{H/O/A}$ (Gegenbuchung: H/O-E, A)

Die öffentlichen Güter, die der Staat produziert (siehe **St-P**), werden von ihm unentgeltlich abgegeben. Der Staat finanziert die Produktion dieser Güter selbst aus seinen Einnahmen. Diese Konsumausgaben des Staates finden sich aus diesem Grunde auf seinem Produktionskonto im Haben und auf seinem Einkommenskonto im Soll:

(5) $C_{St} = C_{St}^{St}$. (Gegenbuchung: St-P)

Sollten die gesamten staatlichen, laufenden Einnahmen (Steuern und Faktoreinkommen) größer sein als die bisher aufgeführten Ausgabenposten, erzielt der Staat eine positive Ersparnis als Sparen S_{St}^{St} (**St-VÄ**). Denkbar ist auch der umgekehrte Fall der negativen staatlichen Ersparnisbildung[3].

---

[3] Diese negative Ersparnis ist nicht identisch mit der Kreditaufnahme des Staates, wie wir noch bei dem Vermögensänderungskonto des Staates sehen werden. Das Grundgesetz verbietet ein staatliches Defizit auf dem laufenden Einkommenskonto!

Einkommenskonto des Staates St - E

ZG_{St}	Güter-Subventionen $ZG_{St}^{UN/UF/UH}$	Gütersteuern (indirekte Steuern) $TG_{UN/UF/H}^{St}$	T
Tr_{St}^{H} Tr_{St}^{O} Tr_{St}^{A}	Transferzahlungen ➤ an Haushalte ➤ an Organisationen ➤ an die übrige Welt	Einkommensteuer (direkte Steuern) $T^{d}_{UN/UF/H}{}^{St}$	
C_{St}^{St}	Konsumausgaben des Staates		
S_{St}^{St}	Sparen des Staates	Faktoreinkommen $Y_{UN/UF/A}^{St}$	Y^{St}

6.3 Das Einkommenskonto des Sektors private Haushalte (H-E)

Die privaten Haushalte (der Arbeitnehmer und Arbeitgeber) erzielen in erster Linie **Faktoreinkommen** aus ihrer Mitwirkung in den Produktionsprozessen aller Sektoren. Diese Faktoreinkommen bestehen aus Löhnen und Gehältern, Miet-, Pacht- und Zinseinnahmen, verteilte Gewinne und Selbstständigeneinkommen: $Y_{UN/UF/ST/H/O}^{H}$ (Gegenbuchung: Produktionskonten). Darüberhinaus wollen wir annehmen, dass private Haushalte Faktoreinkommen aus dem Ausland beziehen Y_{A}^{H} (Gegenbuchung: Konto „Übrige Welt": A). Diese Einkommen setzen sich zusammen aus Zinsen und Dividenden ausländischer Wertpapiere (und ausgeschütteten Gewinnen von Direktinvestitionen von UH). Auch kann es sich um Arbeitseinkommen von Grenzgängern handeln, also Bundesbürgern, die in der Bundesrepublik Deutschland leben, aber im angrenzenden Ausland arbeiten und Geld verdienen.

(1) $Y^{H} = Y_{UN}^{H} + Y_{UF}^{H} + Y_{UH}^{H} + Y_{HH}^{H} + Y_{St}^{H} + Y_{O}^{H} + Y_{A}^{H}$

Neben den Leistungs- oder Faktoreinkommen erhalten Haushalte nichtleistungsbezogene Einkommen, sogenannte **Transferzahlungen**, wie z.B. Rente, Sozialhilfe, Arbeitslosengeld, Kindergeld, Bafög usw. Tr_{ST}^{H} (St-E). Von Transferzahlungen des Auslands sehen wir hier ab. Die Summe dieser genannten Positionen

6.3 Das Einkommenskonto des Sektors private Haushalte (H-E)

macht das gesamte Einkommen des Sektors private Haushalte aus. Von diesem Bruttoeinkommen müssen die Haushalte zunächst direkte Steuern zahlen (Lohn- und Einkommensteuern, einschließlich der von ihnen zu zahlenden Sozialleistungen) T^d_H (St-E). Das danach übrig bleibende Einkommen steht den Haushalten für alternative Verwendungen zur freien Verfügung. Es heißt deshalb auch das verfügbare Einkommen der privaten Haushalte Y_v^H.

(2) $Y_V^H = Y^H + Tr^H - T^d_H$ = verfügbares Einkommen H

Welches sind die Verwendungen dieses Einkommens? Die Haushalte verwenden einen Teil ihres verfügbaren Einkommens für Transferzahlungen an Organisationen ohne Erwerbszweck (z.B. Beiträge an Vereine, Glaubensgemeinschaften, politische Parteien) Tr_H^O (O-E) und für Transferzahlungen an das Ausland Tr_H^A (A). Zum Beispiel Heimatüberweisungen der Gastarbeiter. (Gastarbeiter haben ihren ständigen Wohnsitz in der BRD und gelten daher ökonomisch als Inländer). Der bei weitem größte Teil des Einkommens der Haushalte wird von ihnen für Konsumausgaben verwendet. Sie kaufen Konsumgüter von den Kapitalgesellschaften und vom Sektor der Haushalte selbst: $C_H^{UN/UF/H}$ (U/U/H-P). Der verbleibende Saldo des Einkommenskontos stellt das Sparen der privaten Haushalte dar: S_H^H (H-VÄ).

Einkommenskonto des Sektors Private Haushalte H-E

T^d_H	Lohnsteuer einschließlich Sozialabgaben Einkommensteuer	Faktoreinkommen von ➢ Nichtfinanziellen Kapitalgesellschaften Y_{UN}^H ➢ Finanzielle Kapitalgesellschaften Y_{UF}^H ➢ Staat Y_{St}^H ➢ Haushalten Y_H^H ➢ Organisationen ohne Erwerbszweck Y_O^H ➢ der übrigen Welt Y_A^H		Y^H
Tr_H^O	Transferzahlungen an Organisationen ohne Erwerbszweck			
Tr_H^A	Transferzahlungen an die übrige Welt			
$C_H^{UN/UF/H}$	Konsumausgaben			
S_H^H	Sparen	Transfereinkommen		Tr_{St}^H

Box 6-2: Zur personellen Einkommensverteilung

Die personelle Einkommensverteilung betrachtet die Verteilung der Einkommen auf die Bevölkerung einer Volkswirtschaft. Zu diesem Zweck werden die Einkommensempfänger nach der Höhe ihrer Einkommen gestaffelt in Gruppen zusammengefasst, die z.B. 20 % (sog. Quintile) oder 10 % (sog. Decile) der Bevölkerung umfassen. Die Frage, wie viel Prozent der Einkommen auf wie viel Prozent der Bevölkerung entfallen, lässt sich mittels der Lorenzkurve[4] und dem daraus abgeleiteten Gini-Koeffizienten bestimmen:

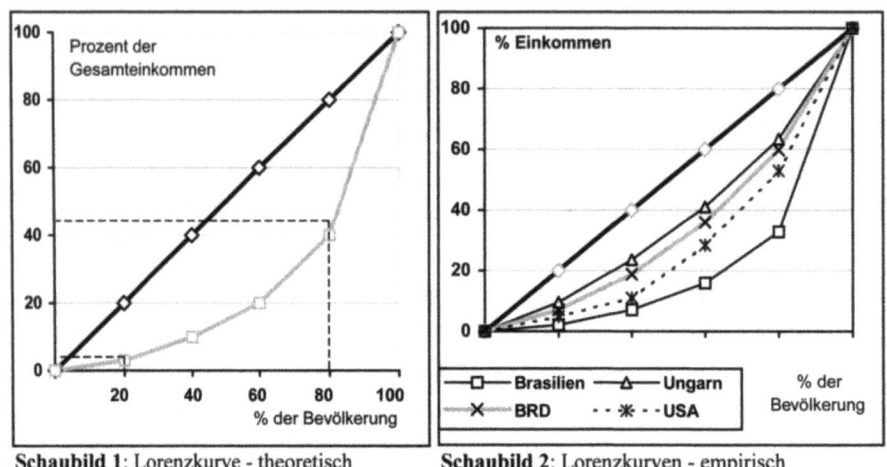

Schaubild 1: Lorenzkurve - theoretisch   Schaubild 2: Lorenzkurven - empirisch

Entlang der 45°-Linie (*Schaubild 1*) würde eine vollkommene Gleichverteilung der Einkommen bestehen. In dem betrachteten Beispiel, ist dies aber (wie in der Realität) nicht der Fall. Auf die 20 % "Ärmsten" entfallen hier nur 4 % der Einkommen, während die 20 % "Reichsten" 57 % der Einkommen beziehen. Je weiter die Lorenzkurve "durchhängt", desto ungleicher ist die Einkommensverteilung. Der Gini-Koeffizient bildet den Quotienten aus der Fläche (zwischen Lorenz-Kurve und 45° Linie) und dem Flächeninhalt des Dreiecks, das die 45° Linie mit der "Bevölkerungsachse" bildet. Er kann Werte zwischen Null (vollkommene Gleichverteilung) und eins (vollkommen ungleiche Verteilung) annehmen. Extrem schiefe Einkommensverteilungen sind insbesondere für Entwicklungsländer typisch, in denen häufig die höchstverdienenden 20 % mehr als 50 % der Einkommen auf sich vereinen, während die untersten 20 % kaum auf 5 % der Einkommen kommen. *Schaubild 2* stellt die Lorenzkurven für drei ausgewählte Länder dar. Es wird deutlich, dass die Ein-

---

[4] Benannt nach dem amerikanischen Statistiker Conrad Lorenz, der 1905 auf diese Weise erstmals die Beziehung zwischen Bevölkerungsgruppen und ihren jeweiligen Einkommens- anteilen darstellte.

stellt die Lorenzkurven für drei ausgewählte Länder dar. Es wird deutlich, dass die Einkommensverteilung in Brasilien erheblich ungleicher ist als z.B. in der Bundesrepublik Deutschland. Aber in Ungarn ist die Verteilung noch gleichmäßiger. Bei einem Ländervergleich ist allerdings zu berücksichtigen, dass die durchschnittlichen Pro-Kopf Einkommen stark differieren können. Ist ein sehr hohes Volkseinkommen ungleich verteilt, so können die einzelnen Bevölkerungsgruppen dennoch ein höheres pro- Kopf Einkommen erzielen als in einem Land mit zwar sehr egalitärer Verteilung aber einem niedrigen absoluten Einkommensniveau (vgl. Bundesrepublik Deutschland - Ungarn). Außerordentlich sozial kritisch sind allerdings die Fälle, in denen ein niedriges Volkseinkommen auch noch sehr ungleich verteilt wird: Den Ärmsten 40 % droht die Verelendung in absoluter Armut, während die "Top 1 %" selbst die Reichen in den reichen Ländern noch zu übertreffen vermögen (vgl. z.B. Brasilien).

6.4 Einkommenskonto privater Organisationen ohne Erwerbszweck (O-E)

Die Einnahmen der Organisationen ohne Erwerbscharakter speisen sich im wesentlichen aus Transferzahlungen der privaten und staatlichen Haushalte: $Tr_{H/ST}^O$ (H/ST- E). Im geringeren Umfang treten auch Faktoreinkommen vom Sektor UN und UF auf: $Y_{UN/UF}^O$ (UN/ UF-P). Organisationen ohne Erwerbszweck unterliegen weder einer Umsatz- noch Einkommensbesteuerung. Ihre Einnahmen verwenden die Organisationen in erster Linie für Konsumausgaben. Diese Ausgaben werden getätigt für die von ihnen selbst erzeugten Güter, die sie ihren Mitgliedern kostenlos zur Verfügung stellen: C_O^O (O-P). Als Saldo zwischen Einnahmen und Konsumausgaben ergibt sich das Sparen der Organisationen: S_O^O (O-VÄ).

Einkommenskonto privater Organisationen ohne Erwerbszweck O-E

C_O^O	Konsumausgaben	Transfereinnahmen	$Tr_{H/St}^O$
S_O^O	Sparen	Faktoreinkommen	$Y_{UN/UF}^O$

6.5 Gesamtwirtschaftliches Einkommenskonto (E)

Bei der Entwicklung des gesamtwirtschaftlichen Einkommenskontos E werden die Einkommenskonten der einzelnen Sektoren aggregiert und einige Positionen, die sowohl im Soll als auch im Haben stehen, konsolidiert. Die Subventionen wechseln die Kontoseite und gleichzeitig das Vorzeichen, wodurch sich auf dem Konto neben dem Volkseinkommen auch das Nationaleinkommen darstellen lässt.

Zunächst werden auf der Habenseite die Faktoreinkommen aller Sektoren aggregiert: $Y^{UN/UF/St/H/O}$. Es handelt sich dabei um das Leistungseinkommen, das allen Sektoren aus ihrer Beteiligung an Produktionsprozessen im In- und Ausland zugeflossen ist. Die Summe dieser Faktoreinkommen ist das **Volkseinkommen**.
Die **Konsolidierung** nimmt auf folgende Größen Einfluss:
- **Die direkten Steuern** (Lohn- und Einkommensteuer der privaten Haushalte und Körperschaftssteuer der Kapitalgesellschaften), die direkt an den Staat gezahlt werden, stehen auf den Einkommenskonten dieser Sektoren auf der Sollseite (UN-,UF, H-E) und auf dem Einkommenskonto des Staates auf der Habenseite (St-E). Beim Konsolidieren heben sie sich auf.
- **Die Transferzahlungen des Staates** an die Haushalte und Organisationen ohne Erwerbszweck sind gleichzeitig Ausgaben des Staates und Einnahmen der Haushalte und Organisationen. Fassen wir beide Konten zusammen heben sie sich gegenseitig auf. Sie stehen bei **St-E** im Soll, bei **H-E, O -E** im Haben.
- **Die indirekten Steuern** (Gütersteuern) an den Staat verbleiben auf der Habenseite. Sie fallen deshalb nicht heraus, weil sie auf den Produktionskonten und nicht auf einem der hier betrachteten Einkommenskonten gegengebucht werden.
- **Die Güter-Subventionen des Staates**, die auf den Produktionskonten der sie empfangenden Sektoren gegengebucht werden, buchen wir von der Soll- auf die Habenseite um. Sie erhalten dann ein negatives Vorzeichen und bilden die Differenz $TG^{St} - ZG_{St}$. Diese Differenz stellt die „Netto-Gütersteuer" des Staates bzw. die Netto - Produktionsabgabe an den Staat (NPA^{St}) dar, die sich aus den Nettobeiträgen der Sektoren UN/UF/UH an den Staat zusammensetzt.
- Jetzt brauchen wir die übrigen Größen nur noch auf beiden Seiten getrennt zu addieren und erhalten das gesamtwirtschaftliche Einkommenskonto, auf dem wir das **Volkseinkommen** und das **Nationaleinkommen** ablesen können. In dem hier entwickelten VGR-Schema setzt es sich wie folgt zusammen:

Gesamtwirtschaftliches Einkommenskonto E

V E R F Ü G B A R E S E I N K O M M E N D E R V W Y_V^{VW}	NTr^A	Netto-Transferzahlungen an das Ausland $Tr^A > Tr_A$	Faktoreinkommen der ➢ Nicht-finanziellen Kapitalgesellschaften $Y_{UN/UF/A}^{UN}$	Y^{UN}	**V O L K S E I N K O M M E N** Y
	C	Konsumausgaben ➢ des Staates C_{St}^{St} ➢ der Haushalte $C_H^{UN/UF/H}$ ➢ der Organisationen ohne Erwerbszweck C_O^O	➢ Finanziellen Kapitalgesellschaften $Y_{UN/UF/A}^{UF}$	Y^{UF}	
			➢ des Staates $Y_{UN/UF/A}^{St}$	Y^{St}	
	S	Sparen der ➢ NichtfinanziellenKapitalgesellschaften S_{UN}^{UN} ➢ Finanziellen Kapitalgesellschaften S_{UF}^{UF} ➢ des Staates S_{St}^{St} ➢ der Haushalte S_H^H ➢ der Organisationen ohne Erwerbszweck S_O^O	➢ privaten Haushalte $Y_{UN/UF/St/H/O/A}^H$	Y^H	
			➢ Organisationen ohne Erwerbszweck $Y_{UN/UF}^O$	Y^O	
			Gütersteuern des Staates $TG_{UN/UF/UH}^{St}$ minus Gütersubventionen des Staates $ZG_{St}^{UN/UF/UH}$	TG^{St} $-$ ZG_{St}	**N P A S t**

NNE

Aus dem gesamtwirtschaftlichen Einkommenskonto lassen sich folgende Größen identifizieren:

Volkseinkommen: $Y = Y^{UN} + Y^{UF} + Y^{St} + Y^{H} + Y^{O}$

Netto-Nationaleinkommen: $NNE = Y + (TG^{St} - ZG_{St})$
$= Y + NPA^{St}$

Netto-Produktionsabgaben an den Staat = **Gütersteuern an den Staat** − **Gütersubventionen vom Staat**

$NPA^{St} = TG^{St} - ZG_{St}$

Zwischen Inländern und Ausländern erfolgen Zahlungen aus dem laufenden Einkommen ohne Gegenleistungen: Transferzahlungen. Für die Bundesrepublik gilt, dass ihre öffentlichen und privaten Transfers an das Ausland die vom Ausland empfangenen Transfers regelmäßig übersteigen. Es handelt sich dabei insbesondere um Nettotransfers an die EU[5], Nettotransfers der Gastarbeiter, Nettotransfers des Staates an Entwicklungsländer und internationale Organisationen. Grundsätzlich können Nettotransferzahlungen positiv, negativ oder Null sein.

Netto-Transferzahlungen Ausland = **Transfers vom Ausland** − **Transfers an das Ausland**

$NTrA = Tr_A - Tr^A$

Für die Bundesrepublik gilt: $Tr^A > Tr_A$ und $NTrA < 0$.

---

[5] Hierzu zählen nicht die an die EU abzuführenden indirekten Steuern sondern die vom Sozialprodukt abhängige Komponente der EU-Mittel.

6.5 Gesamtwirtschaftliches Einkommenskonto (E)

Unter Berücksichtigung der Nettotransferzahlungen lässt sich aus dem Nationaleinkommen das für die Nation „verfügbare Einkommen" bestimmen:

Verfügbares Einkommen der Gesamtwirtschaft	=	Nettonationaleinkommen	-	Netto-Transfers der übrigen Welt
$Y_v^{VW}{}_{(verfügbar)}$	=	NNE	-	NTrA

Das verfügbare Einkommen steht für Konsumausgaben und Sparen zur Verfügung:

Verfügbares Einkommen der Gesamtwirtschaft	=	Konsumausgaben	+	Sparen
$Y_v^{VW}{}_{(verfügbar)}$	=	C	+	S

Die Ergebnisse im Zusammenhang auf einen Blick:

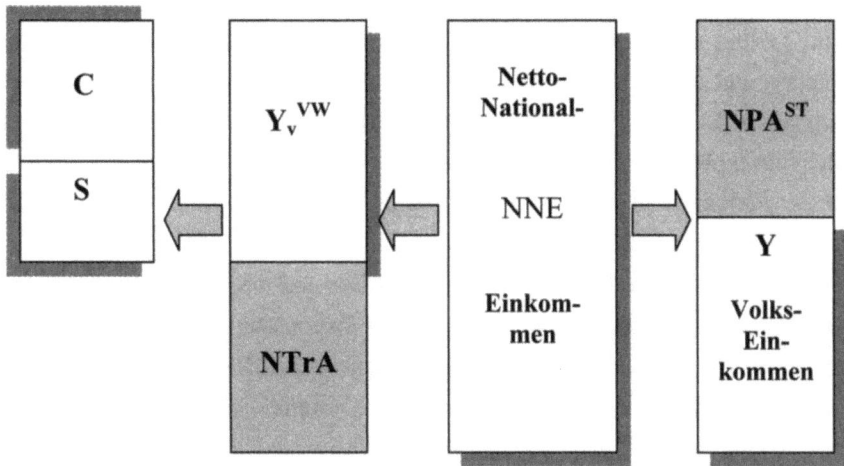

Nettotransfers an das Ausland: $\quad$ NTRA $= TR_A - TR^A$

Nettoproduktionsabgaben an den Staat: NPAST $= TG^{ST} - ZG_{ST}$

Verfügbares Einkommen einer Volkswirtschaft: $= Y_v^{VW}$

6.6 Nationaleinkommen, Inlandsprodukt, Sozialprodukt

Auf den bisher behandelten gesamtwirtschaftlichen Konten (Produktions- und Einkommenskonto) ließen sich die gesamtwirtschaftlichen Größen Inlandsprodukt und Nationaleinkommen darstellen. Diese Größen stehen in einer engen Beziehung zueinander, die hier näher betrachtet werden soll: Auf dem Produktionskonto ist u.a. sowohl das Netto-Inlandsprodukt (früher: Nettoinlandsprodukt zu Marktpreisen) als auch die im Zuge des Produktionsprozesses entstandene Wertschöpfung (früher: Nettoinlandsprodukt zu Faktorkosten) ausgewiesen. Diese Wertschöpfung fließt (zum allergrößten Teil) inländischen Wirtschaftssubjekten als Faktoreinkommen zu und wird damit Bestandteil sowohl des Nationaleinkommens als auch des Volkseinkommens. In einer Geschlossenen Volkswirtschaft ohne Staat[6] sind Nationaleinkommen, Volkseinkommen und Inlandsprodukt identisch.

In einer offenen Volkswirtschaft mit Staat ist es allerdings anders: 1) Bedingt durch die Tatsache, dass Inländer auch im Ausland und Ausländer auch im Inland Geld verdienen, kann die inländische Wertschöpfung vom Faktoreinkommen der Inländer (dem Volkseinkommen) abweichen. 2) Ein zweiter Einflussfaktor geht von den Gütersteuern und Gütersubventionen aus: Die Gütersteuern fallen im Zuge der Güterproduktion im Inland an, fließen aber nur zum Teil dem Staat zu (also einem Inländer) und zum Teil an die übrige Welt, nämlich nach Brüssel in die Kassen der Europäischen Union (EU). Die den inländischen Produktionssektoren zufließenden Gütersubventionen stammen nun ihrerseits nicht nur vom Staat, sondern zum Teil von der übrigen Welt, d.h. von der EU. Beide Einflussfaktoren bewirken, dass sich Nationaleinkommen und Inlandsprodukt unterscheiden.

In diesem Kapitel wollen wir diese Unterschiede und die mit ihnen verbundenen Begrifflichkeiten genau studieren. Zu diesem Zweck stellen wir das gesamtwirtschaftliche Einkommenskonto (E) dem gesamtwirtschaftlichen Produktionskonto (P) gegenüber. Auf dem Einkommenskonto (E) findet sich das Einkommen, das allen **Inländern** zugeflossen ist und zwar unabhängig davon, woher es stammt: vom Inland oder Ausland. Entwickelt man aus diesem Konto gesamtwirtschaftliche Gössen, spricht man vom **Inländerkonzept.** Geht man hingegen vom Produktionskonto (P) aus, das das im Inland hergestellte Produkt und die damit verbundene Wert-

---

[6] Vgl. Teil I dieses Lehrbuchs.

6.6 Nationaleinkommen, Inlandsprodukt, Sozialprodukt

schöpfung ausweist, spricht man vom **Inlandskonzept**. Bei der Gegenüberstellung beider Konzepte zeigen sich sehr deutlich ihre Unterschiede:

1) Die Differenz zwischen diesen beiden Konzepten resultiert daraus, dass einerseits Inländer aus ihrer Beteiligung an ausländischen Produktionsprozessen Einkommen beziehen (Faktoreinkommen vom Ausland: Y_A) und andererseits Ausländer aus ihrer Beteiligung am inländischen Produktionsprozess Einkommen beziehen (Faktoreinkommen an das Ausland: Y^A). Die Faktoreinkommen an das Ausland sind Bestandteil der inländischen Wertschöpfung. Sie haben ihren Ursprung im inländischen Produktionsprozess und stehen daher auf einem inländischen Produktionskonto fließen aber einem Ausländer zu (Gegenbuchung auf dem Auslandskonto). Die Faktoreinkommen vom Ausland stehen mit dem inländischen Produktionsprozess in keinerlei Zusammenhang. Sie sind Bestandteil der ausländischen Wertschöpfung aber fließen einem Inländer zu. Sie werden auf dem entsprechenden Einkommenskonto verbucht (auch hier erfolgt die Gegenbuchung auf dem Auslandskonto). Die Differenz zwischen den vom Ausland empfangenen und an das Ausland fließenden Erwerbs- und Vermögenseinkommen wird als **Nettofaktoreinkommen** bezeichnet. Diese Größe kann positiv, negativ oder gleich Null sein:

Nettofaktoreinkommen = Faktoreinkommen - Faktoreinkommen
Ausland   vom Ausland   an das Ausland
NFE   = Y_A - Y^A

Die **Faktoreinkommen** vom Ausland können an irgendein inländisches Wirtschaftssubjekt fließen (in unserer Modell-VGR wurden folgende Konten berührt: UN-, UF-, ST-, H-E: $Y_A^{UN/UF/ST/H}$). Die Faktoreinkommen an das Ausland können aus der Wertschöpfungs irgendeines inländischen Wirtschaftssubjektes stammen (in unserer Modell VGR wurden die Konten: UN-, UF-P berührt : $Y_{UN/UF}^A$). Es handelt sich bei Faktoreinkommen um Leistungs- nicht um Transfereinkommen. Zur Erinnerung ein paar Beispiele:

- Inländer (private Haushalte) arbeiten als "Pendler" im benachbarten Ausland. Sie beziehen dafür Lohn von einem ausländischen Unternehmen (Y_A^H).

- Inländer (Finanzielle Kapitalgesellschaften: UF) halten ausländische, festverzinsliche Wertpapiere. Die Einnahmen, die sie daraus erzielen, sind Faktoreinkommen vom Ausland. Das Ausland zahlt für die Nutzung des zur Verfügung gestellten Kapitals (Y_A^{UF}).
- Ein inländisches Unternehmen (Nichtfinanzielle Kapitalgesellschaft: UN) überweist an den ausländischen "Mutterkonzern" Gewinnanteile (Y_{UN}^A).

2) Deutschland ist Mitglied der Europäischen Union. Die EU erhebt bei ihren Mitgliedern Eigenmittel: Produktions- und Importabgaben wie Zolleinnahmen aus dem Handel mit Drittländern, Einnahmen aus der gemeinsamen Agrarpolitik und den EU- Anteil an der Mehrwertsteuer.[7] In umgekehrte Richtung fließen Subventionen von der EU an die Mitgliedsländer. Für Deutschland sind die Netto-Produktionsabgaben an die EU positiv, da die Gütersteuern, die an die EU abzuführen sind, deutlich die Gütersubventionen von der EU übersteigen.[8]

Gütersteuer: $TG = TG^{ST} + TG^{EU}$

Gütersubvention: $ZG = ZG_{ST} + ZG_{EU}$

Die gesamten Netto-Produktionsabgaben entstehen auf dem Produktionskonto und fließen von dort an das Einkommenskonto (des Staates) und an das Auslandskonto, da die EU als internationale Organisation zum Ausland gezählt wird. Es gelten folgende Beziehungen:

$NPA = TG - ZG$ Netto-Produktionsabgabe
$NPAST = TG^{ST} - ZG_{ST}$ ...an den Staat
$NPAEU = TG^{EU} - ZG_{EU}$ ...an die EU (= Ausland)
$NPA = NPA\text{-}ST + NPAEU$
$NPAST > 0 = NPA^{ST} = TG^{ST} > ZG_{ST}$, $NPAEU > 0 = NPA^{EU} = TG^{EU} > ZG_{EU}$

---

[7] In diese Abgaben werden die EU-Einnahmen, die auf der Berechnungsgrundlage des Sozialproduktes basieren nicht mit einbezogen. Diese sind in den Transferzahlungen des Staates an die übrige Welt enthalten.

[8] Tatsächlich ist Deutschland der mit Abstand größte Nettozahler der EU. Andere EU-Länder sind hingegen Nettoempfänger: Spanien, Portugal, Irland, Griechenland u.a. Für sie gilt NPAEU<0.

6.6 Nationaleinkommen, Inlandsprodukt, Sozialprodukt

Netto-Produktions-abgaben an die EU:	NPAEU	=	$TG^{EU} - ZG_{EU}$

3) Als Saldo dieser Einkommensströme mit der übrigen Welt erhält man das **Primäreinkommen der übrigen Welt**. Es beeinflusst die Höhe des Nationaleinkommens und die des Volkseinkommens.

		Netto-Faktor-Einkommen	Netto-Produktions--Abgaben EU
Primäreinkommen der übrigen Welt (A):	PEA =	NFE	- NPAEU

Der Saldo der Primäreinkommen der übrigen Welt kann positiv, negativ oder Null sein. Da für die Bundesrepublik gilt: NPAEU>0=NPA^{EU}, kann der Saldo der Primäreinkommen nur dann positiv sein, wenn NFE>NPA^{EU} ist. Das wiederum ist der Fall, wenn $PE_A = (Y_A + ZG_{EU}) > (Y^A + TG^{EU}) = PE^A$.

4) Nach diesen Vorüberlegungen ergibt sich folgender Zusammenhang zwischen dem Netto- Nationaleinkommen (NNE) und dem Netto- Inlandsprodukt (NIP):

Nettonational-Einkommen	=	Nettoinlands-Produkt	+	Primäreinkommen der übrigen Welt (A)
NNE	=	NIP	+	PEA

NNE = NIP + PEA ⟹ NIP

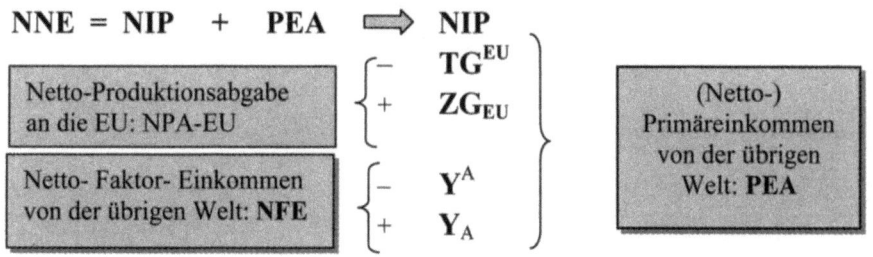

Schaubild 6-1: Zusammenhang zwischen Inlandsprodukt und Nationaleinkommen

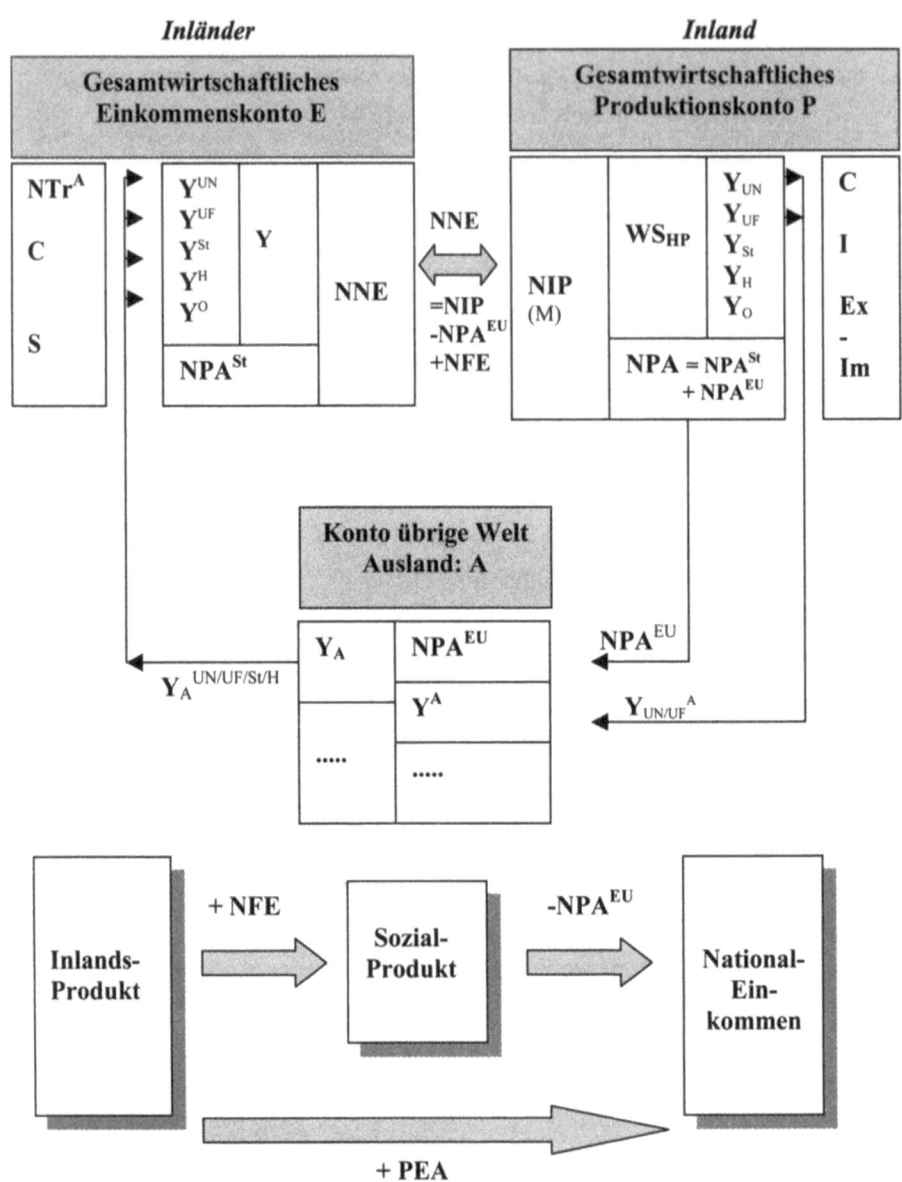

NFE : Nettofaktoreinkommen von der übrigen Welt: $Y_A - Y^A$
NPAEU : Nettoproduktionsabgaben an die übrige Welt: $TG^{EU} - ZG_{EU}$
PEA : Primäreinkommen von der übrigen Welt: NFE − NPAEU

6.6 Nationaleinkommen, Inlandsprodukt, Sozialprodukt

Diese Zusammenhänge lassen sich sehr anschaulich illustrieren durch eine Gegenüberstellung der von uns bisher erarbeiteten gesamtwirtschaftlichen Konten. Dabei ist es hilfreich bereits an dieser Stelle das Auslandskonto auszugsweise (mit den hier lediglich relevanten Zahlungsvorgängen) mit einzubeziehen.

5) Der Begriff „Nationaleinkommen" ersetzt die früher gebräuchlichen Begriffe „Sozialprodukt" bzw. „Volkseinkommen" (Netto-Sozialprodukt zu Faktorkosten). Auch wenn sie häufig als Synonyme verwendet werden, so sind sie doch nicht identisch. Die folgende Grafik soll die zwischen ihnen bestehenden Unterschiede illustrieren. Dabei ist es unerheblich, ob es sich um Brutto- oder Netto-Größen handelt (vgl. Schaubild 6-1).

6) Die bisherigen Erörterungen lassen sich wie folgt zusammenfassen: Das **Bruttonationaleinkommen BNE** ergibt sich, indem zum Bruttoinlandsprodukt BIP die von der übrigen Welt empfangenen Primäreinkommen PE_A (Arbeitnehmerentgelt, Vermögenseinkommen, Subventionen) hinzugezählt und die an die übrige Welt geleisteten Primäreinkommen PE^A (Arbeitnehmerentgelt, Vermögenseinkommen, Produktions- und Importabgaben) abgezogen werden. Werden vom Brutto-Nationaleinkommen die Abschreibungen abgezogen, so ergibt sich das **Nettonationaleinkommen NNE (=Primäreinkommen: PE)**.[9] Durch Abzug der Produktions- und Importabgaben TG^{St} an den Staat und Hinzufügen der Güter-Subventionen ZG_{St} vom Staat kann aus dem Nettonationaleinkommen das Volkseinkommen abgeleitet werden. Das **Volkseinkommen Y (Früher auch Nettosozialprodukt zu Faktorkosten: NSP_F)** als häufig genutzte Größe der Verteilungsrechnung ist die Summe aller Erwerbs- und Vermögenseinkommen, die Inländern letztlich zugeflossen sind. Es umfasst das von Inländern empfangene Arbeitnehmer-Entgelt sowie die Unternehmens- und Vermögenseinkommen, die Selbstständigen oder Arbeitnehmern zufließen. Erhöht man das Nationaleinkommen um die empfangenen laufenden Transfers aus der übrigen Welt und zieht die geleisteten laufenden Transfers an die übrige Welt ab, so ergibt sich das **verfügbare Einkommen der Gesamtwirtschaft Yv**.
Ein überwiegender Teil dieses verfügbaren Einkommens der Gesamtwirtschaft wird für **Konsumausgaben C** verwenden, der Rest wird **Sparen S** genannt.[10]

---

[9] Nicht zu verwechseln mit dem Begriff „Primäreinkommen von der übrigen Welt: PEA !
[10] Vgl. Statistisches Bundesamt, Wirtschaft und Statistik, Febr. 2000, S.87 ff und Jahresgutachten des Sachverständigenrates 2000/2001.

BIP	**Bruttoinlandsprodukt = $C+I^{br}+Ex-Im$**
+PEA	+ Primäreinkommen übrige Welt (A)
BNE	**Bruttonationaleinkommen**
-D	- Abschreibungen
NNE	**Nettonationaleinkommen**
-NPASt	- (Gütersteuern TGSt- Gütersubventionen ZG$_{St}$)
Y	**Volkseinkommen**
+ NPAST	+ (Gütersteuern − Gütersubventionen) Staat: NPASt
− NTr^A	− Nettotransferzahlungen an das Ausland: Tr$_A$ − Tr^A<0
Yv^{vw}	**verfügbares Einkommen der Gesamtwirtschaft**
= C+S	= Konsumausgaben + Sparen

Box 6-3: Nettopositionen und Nettobeiträge der EU-Mitgliedstaaten

	Bruttoinlandsprodukt[1] 1998 (ECU)		Insgesamt 1999 (Mio. EURO)	
	Insgesamt (Mrd. ECU)	je Einwohner (ECU)	Einzahlung	Haushaltssaldo (Nettozahler/-empfänger)[2]
Spanien	520,2	13.220	5.767	+7.090,7
Griechenland	108,6	10.330	1.266	+3.755,6
Portugal	97,6	9.806	1.144	+2.802,0
Irland	75,9	20.533	843	+1.930,5
Dänemark	155,8	29.422	1.706	+50,0
Luxemburg	16,4	38.653	185	-94,3
Finnland	114,8	22.303	1.163	-252,8
Belgien	223,1	21.894	3.250	-426,4
Frankreich	1.297,4	22.092	14.400	-640,6
Österreich	188,5	23.338	2.225	-725,6
Schweden	212,0	23.961	2.428	-1.004,6
Italien	1.058,7	18.392	10.837	-1.260,2
Niederlande	349,7	22.338	5.056	-2.014,2
Großbritannien	1.252,8	21.201	11.217	-3.506,8
Deutschland[1]	**1.921,8**	**23.420**	**22.025**	**-9.478,9**
EU-15	**7.593,1**	**20.271**		**83.449**

1) zu Marktpreisen, in ECU
2) Saldo bezieht sich auf den Haushalt für operative Ausgaben (EU-Haushalt ohne Verwaltungsausgaben)
Quelle: http://www.infodienst-mlr.bwl.de/la/lel/llm/meb/kap118.htm (01.06.01).

Box 6-4 : Deutschland und der EU Haushalt

Finanzierungsanteile der EU-Mitgliedsländer am EU Gesamtbudget 2002 von 95 Mrd. €

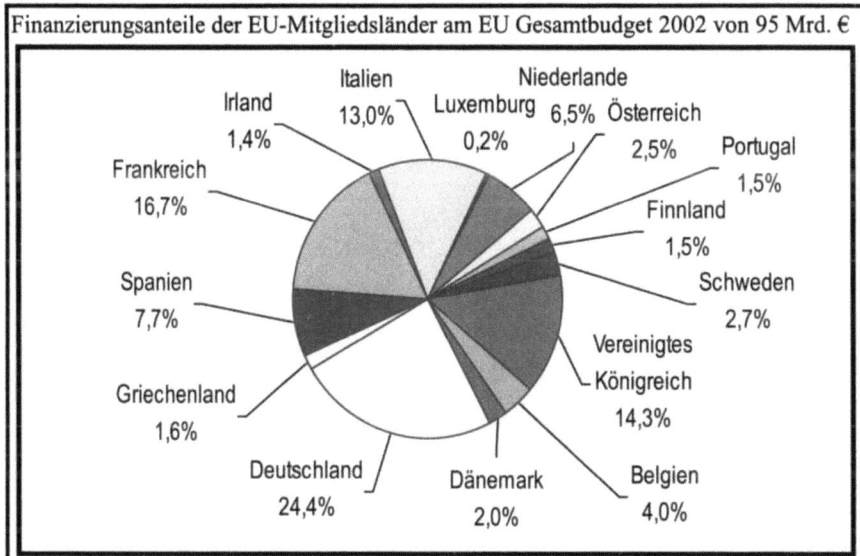

Leistungen im Rahmen des EU-Haushalts

	1980	1985	1990	1995	1998	1999	2000	2001
				in Milliarden €				
Leistungen der Bundesrepublik an den EU-Haushalt insgesamt	6,3	9,4	11,5	21,0	22,1	20,7	22,2	20,1
davon:								
EU-Anteil am Umsatzsteueraufkommen	3,1	5,0	7,3	12,7	9,1	8,1	9,5	8,5
Zölle und Agrarabschöpfungen[1]	2,8	3,3	4,0	4,1	3,6	3,5	3,7	3,5
BSP-bezogene Leistungen	0,0	0,0	0,1	4,1	9,2	9,0	8,9	8,0
Sonstige	0,5	1,2	0,3	0,0	0,1	0,1	0,1	0,1
Leistungen aus dem EU-Haushalt an die Bundesrepublik insgesamt	4,2	5,2	5,6	7,6	9,9	9,9	9,5	10,2
davon:								
Agrarbereich	3,6	4,3	4,8	5,2	5,8	5,9	6,0	6,3
Strukturpolitik	0,4	0,5	0,4	2,0	3,7	3,7	3,1	3,5
Kostenerstattungen[2]	0,3	0,3	0,4	0,4	0,4	0,4	0,4	0,4

[1]Einschl. Zuckerabgaben; [2] Erstattungen von Erhebungskosten in Höhe von 10 Prozent der Zölle und Agrarabschöpfungen, werden seit 1988 von den Meldestaaten bei der Abführung der Eigenmittel an die EU einbehalten. Quelle: Deutsche Bundesbank, IDW.

Box 6-5: Struktur des EU Haushalts

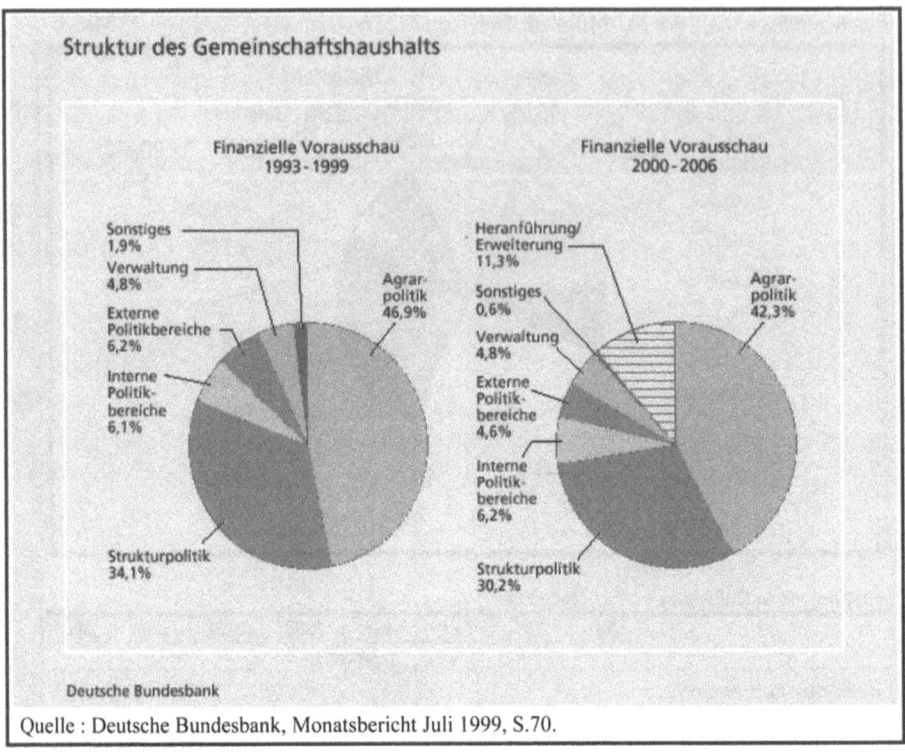

Quelle : Deutsche Bundesbank, Monatsbericht Juli 1999, S.70.

7 Vermögensbildung, Finanzierung und die Konten

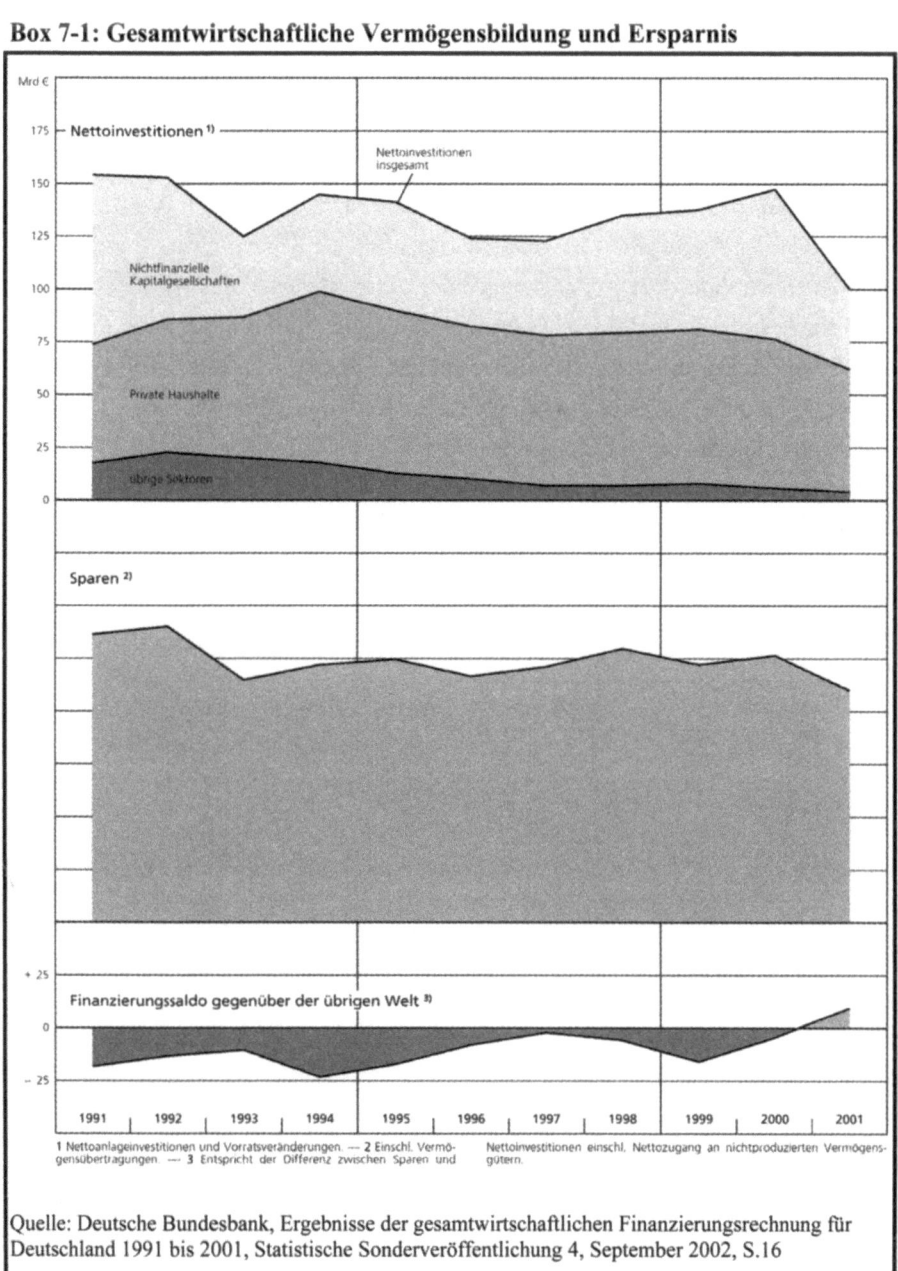

Box 7-1: Gesamtwirtschaftliche Vermögensbildung und Ersparnis

Quelle: Deutsche Bundesbank, Ergebnisse der gesamtwirtschaftlichen Finanzierungsrechnung für Deutschland 1991 bis 2001, Statistische Sonderveröffentlichung 4, September 2002, S.16

Wir kommen jetzt zu den Zeilen 3 und 4 unseres VGR-Schemas. Es geht dabei um die wirtschaftlichen Aktivitäten der Vermögensbildung und ihrer Finanzierung. Auch diese Aktivitäten können sowohl mit inländischen als auch mit ausländischen Wirtschaftssubjekten abgewickelt werden. Die Vermögensbildung der einzelnen Sektoren wird auf den zugehörigen Vermögensänderungskonten festgehalten, die Finanztransaktionen, die die Vermögensbildung durch Kreditaufnahme bzw. -vergabe finanzieren (aber auch darüber hinausgehende "reine" Finanztransaktionen), werden auf den Finanzierungskonten verbucht. Die vielfältigen Verflechtungen gehen bei der Aggregation zu gesamtwirtschaftlichen Konten zwar verloren, doch gewinnen wir eine klare Vorstellung, dass in einer offenen Volkswirtschaft die fundamentale ex post-Beziehung: Ersparnis = Nettoinvestition nicht mehr gilt. Vielmehr werden wir erfahren, dass die inländische Ersparnis größer, kleiner und nur unter bestimmten Voraussetzungen gleich der Nettoinvestition sein wird. Zu dieser Erkenntnis reichen die gesamtwirtschaftlichen Vermögensänderungs- und Finanzierungskonten noch nicht aus: wir fassen diese beiden Konten zum "volkswirtschaftlichen Reinvermögensänderungskonto" (RVÄ) zusammen und stellen dieses dem Konto der übrigen Welt gegenüber.

In diesem Abschnitt behandeln wir folgende Zeilen des VGR-Schemas:

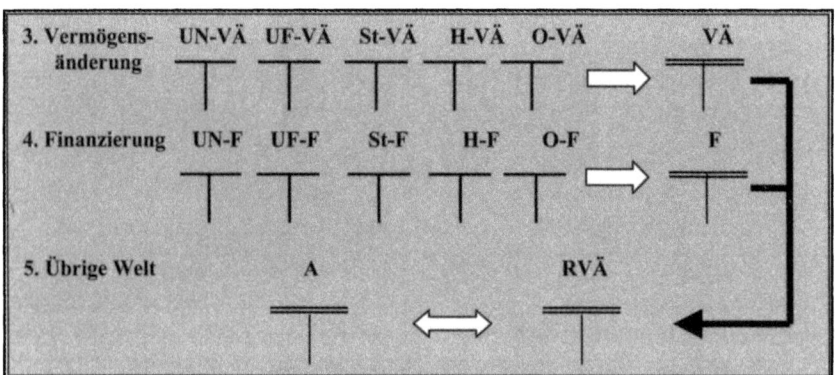

7.1 Vermögensänderungs- und Finanzierungskonten im Überblick

Die Vermögensänderungkonten der einzelnen Sektoren weisen in der Regel Salden auf: ist die reale Vermögensbildung (zuzüglich der an andere Sektoren geleisteten

7.1 Vermögensänderungs- und Finanzierungskonten im Überblick

Vermögenstransfers) größer als die eigenen Finanzierungsmittel (einschließlich der von anderen Sektoren empfangenen Vermögenstransfers) entsteht ein Finanzierungsdefizit, übersteigen in einem Sektor die finanziellen Mittel die eigene reale Vermögensbildung ergibt sich für diesen Sektor ein Finanzierungsüberschuss. Sowohl das Defizit als auch der Überschuss werden auf den zugehörigen Finanzierungskonten gegengebucht: Ein defizitärer Sektor muss entsprechend Nettoverbindlichkeiten eingehen, ein Überschusssektor erwirbt Nettoforderungen. Es gibt mithin zwei korrespondierende Konten-Kombinationen:

Defizit-Sektor:

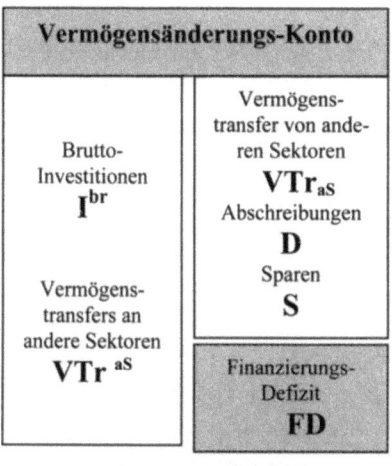

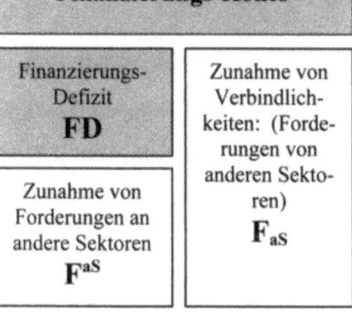

Überschuss-Sektor:

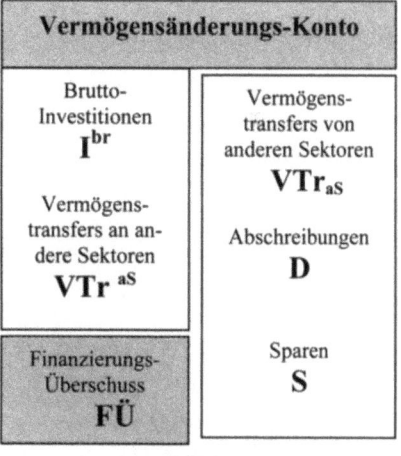

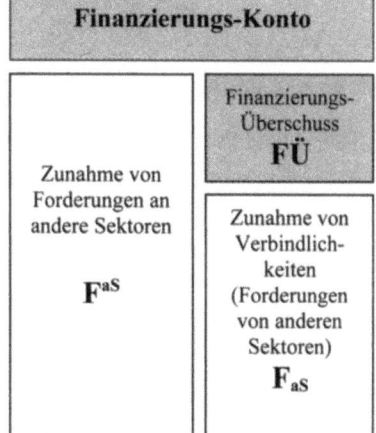

Die Vermögenstransfers von anderen Sektoren und an andere Sektoren lassen sich zu Netto-Vermögenstransfers zusammenziehen:

Netto-Vermögens-Transfers	=	Vermögens-Transfers von anderen Sektoren	−	Vermögens-transfers an andere Sektoren
NVTr	=	VTr_{aS}	−	VTr^{aS}
NVTr > 0	⇒	$VTr_{aS} > VTr^{aS}$	⇒	$NVTr_{aS}$
NVTr < 0	⇒	$VTr_{aS} < VTr^{aS}$	⇒	$NVTr^{aS}$

Auf dem Vermögensänderungskonto stellt sich im allgemeinen ein Finanzierungssaldo ein. Dieser Saldo ist positiv, wenn die Positionen der Habenseite diejenigen der Sollseite überwiegen. Der Saldo heißt dann Finanzierungsüberschuss. Ist der Saldo negativ heißt er Finanzierungsdefizit:

Finanzierungssaldo =		Haben		− Soll		
FS	=	$(VTr_{aS} + D + S)$		$- (I^b + VTr^{aS})$		
FS	=	$NVTr + (D+S) - I^b$		=	$NVTr + S - I$	
FS	=	$S - I$		⇒	$NVTr = 0$	
	⇒	FS > 0	⇒	FÜ	Finanzierungsüberschuss	
	⇒	FS < 0	⇒	FD	Finanzierungsdefizit	

Auf dem Finanzierungskonto werden die vom Vermögensänderungskonto übernommenen Finanzierungssalden gegengebucht. Ihr Ausgleich erfolgt durch Netto-Aufnahme von Verbindlichkeiten (im Falle eines Defizits) bzw. Nettoerwerb von Forderungen (im Falle eines Überschusses):

Nettoforderungen	=	Forderungen − von anderen Sektoren		Forderungen an andere Sektoren
NF	=	F_{aS}	−	F^{aS}
NF		> 0 ⇒ $F_{aS} > F^{aS}$	⇒	NF_{aS}
NF		< 0 ⇒ $F_{aS} < F^{aS}$	⇒	NF^{aS}

7.1 Vermögensänderungs- und Finanzierungskonten im Überblick

Finanzierungsdefizit	=	Nettoforderungen von anderen Sektoren
FD	=	NF_{aS}
Finanzierungsüberschuss	=	Nettoforderungen an andere Sektoren
FÜ	=	NF^{aS}

Zunächst wollen wir die ökonomischen Transaktionen, die auf den Vermögensänderungs- und Finanzierungskonten aller Sektoren verbucht werden, etwas genauer unter die Lupe nehmen: **Die reale Vermögensbildung** besteht aus den Brutto-Investitionen. Die setzen sich zusammen aus den Bruttoanlageinvestitionen und den Vorratsinvestitionen sowie den Netto-Wertsteigerungen an Wertsachen: Die **Bruttoanlageinvestitionen** umfassen die Käufe neuer Anlagen (einschließlich aller eingeführten und selbsterstellten Anlagen, wobei wir die eingeführten Anlagen zunächst als Vorleistungen über das Produktionskonto verbuchen, damit sie im Außenbeitrag direkt als Importe berücksichtigt werden können) sowie die Käufe von gebrauchten Anlagen und Land nach Abzug der Verkäufe von gebrauchten Anlagen und Land. Die Käufe und Verkäufe von gebrauchten Anlagen und Land saldieren sich weitgehend in der Volkswirtschaft, mit Ausnahme der Verkäufe von Anlageschrott, gebrauchten Ausrüstungsgütern an private Haushalte (Kraftwagen) und an die übrige Welt (Kraftwagen, Schiffe und andere). Als Anlagen werden in diesem Zusammenhang alle dauerhaften reproduzierbaren Produktionsmittel angesehen, mit Ausnahme **nur militärisch** nutzbarer Anlagen und Gütern, die in den staatlichen Konsum eingehen. Als dauerhaft gelten in den Volkswirtschaftlichen Gesamtrechnungen diejenigen Produktionsmittel, deren Nutzungsdauer mehr als ein Jahr beträgt und die normalerweise in der betriebswirtschaftlichen Buchführung aktiviert werden. Ausgenommen sind geringwertige Güter, vor allem solche, die periodisch wiederbeschafft werden, auch wenn sie eine längere Nutzungsdauer als ein Jahr haben (zum Beispiel kleinere Werkzeuge, Reifen, Büromittel). Größere Reparaturen, die zu einer wesentlichen Steigerung des Wertes einer Anlage führen, sind dagegen Bestandteile der Bruttoanlageinvestitionen. Die **Bruttoanlageinvestitionen** untergliedern sich in **Ausrüstungen** (Maschinen, Geräte, Fahrzeuge), **Bauten** (Wohnbauten, Nichtwohnbauten) und **Sonstige Anlagen** (unter anderem Computersoftware, Urheberrechte, Nutztiere und Nutzpflanzungen). Nach dem ESVG95 enthalten die Bruttoanlageinvestitionen auch militärisch genutzte Bauten und Anlagen, wenn diese **auch zivil** genutzt werden können, wie beispielsweise Flugplätze, Hafenanlagen, Krankenhäuser, Straßen.

Die **Vorratsveränderungen** werden anhand von Bestandsangaben für Vorräte berechnet, die zunächst von Buchwerten auf eine konstante Preisbasis umgerechnet werden. Die Differenz zwischen Anfangs- und Endbeständen zu konstanten Preisen wird anschließend mit jahresdurchschnittlichen Preisen bewertet. Die so ermittelte Vorratsveränderung ist frei von Scheingewinnen und -verlusten, die aus preisbedingten Änderungen der Buchwerte resultieren. Zusammengefasst mit den Vorratsveränderungen wird der **Nettozugang an Wertsachen** veröffentlicht, der in Deutschland ausschließlich aus den Käufen abzüglich Verkäufen der privaten Haushalte von Goldbarren und nichtumlauffähigen Goldmünzen besteht.[1]

Geleistete **Vermögenstransfers** reduzieren die Nettovermögensbildung eines Sektors, empfangene erhöhen sie. Die quantitativ bedeutendsten Vermögenstransfers finden zwischen Staat und Kapitalgesellschaften statt und bestehen vor allem aus Investitionszuschüssen des Staates an den Sektor der Nichtfinanziellen Kapitalgesellschaften. Staatliche Vermögenstransfers an das Ausland seien aus Gründen ihres internationalen Stellenwertes erwähnt, obgleich sie nur einen relativ geringen Umfang einnehmen: Schuldenerlass für hoch verschuldete arme Entwicklungsländer (HIPCs)[2], Zahlungen an den Entwicklungsfonds der EU, Schenkungen von Anlagegütern im Rahmen der Entwicklungshilfe. Private Haushalte aber auch Organisationen ohne Erwerbszweck leisten Vermögenstransfers an den Staat z.B. durch Erbschaftsteuer oder an die übrige Welt (das Ausland) durch Erbschaften, Vermächtnisse, Schenkungen, Mitgiften.[3]

Die **Abschreibungen** stellen die Wertminderung des Anlagevermögens durch Verschleiß und Veralten dar. Werden sie von den Bruttoinvestitionen in Abzug gebracht erhält man die Netto-Investitionen, d.h. die Nettosachvermögensbildung. Die Größe kennen wir bereits von den Produktionskonten.

---

[1] Vgl. Gutachten des Sachverständigenrates, 2000, Anhang: Erläuterung von Begriffen aus den Volkswirtschaftlichen Gesamtrechnungen für Deutschland, vgl. auch Statistisches Bundesamt, Wirtschaft und Statistik, Heft 4, April 1999, Seiten 257 ff., und Heft 6, Juni 1999, Seiten 449 ff., insbesondere S. 461.

[2] HIPCs: Heavily Indebted Poor Countries können nach einem Übereinkommen der Industrieländer bis zu 2/3 ihrer Schulden erlassen bekommen.

[3] Natürlich ist auch der umgekehrte Fall denkbar, dass inländische Organisationen ohne Erwerbszweck Vermächtnisse aus dem Ausland erhalten.

7.1 Vermögensänderungs- und Finanzierungskonten im Überblick

Sparen nennen wir den Saldo, der sich immer dann ergibt, wenn die laufenden Einnahmen die laufenden Ausgaben übersteigen. Sparen entsteht auf den Einkommenskonten und wird auf dem Vermögensänderungskonto zur Finanzierung der Vermögensbildung herangezogen. Das Sparen ist beim Sektor private Haushalte mit großem Abstand am höchsten, beim Staat häufig negativ.

Ein **Finanzierungsdefizit** tritt auf, wenn die Finanzierungsmittel geringer sind als die reale Vermögensbildung (zuzüglich der geleisteten Netto-Vermögenstransfers). Die Sektoren, die typischerweise ein Finanzierungsdefizit aufweisen sind der Staat und die Nicht Finanziellen Kapitalgesellschaften. Ein **Finanzierungsüberschuss** zeigt an, dass die zur Verfügung stehenden Finanzierungsmittel die reale Vermögensbildung übersteigt. Die Sektoren, die Finanzierungsüberschüsse aufweisen, sind die privaten Haushalte (einschließlich der privaten Organisationen ohne Erwerbszweck) und (in erheblich geringerem Umfang) die Finanziellen Kapitalgesellschaften. Doch ist das kein „ökonomisches Naturgesetz". Vielmehr können sich Defizit- und Überschuss-Sektoren von Land zu Land unterscheiden und sich auch im Zeitablauf von Sektor zu Sektor verändern. Fassen wir alle Sektoren einer Volkswirtschaft zusammen, so kann das Inland insgesamt gegenüber der übrigen Welt ein Finanzierungsdefizit oder einen Finanzierungsüberschuss aufweisen: Im ersten Fall verschulden sich Inländer gegenüber Ausländern, im zweiten Fall bilden Inländer Auslandsvermögen. Darauf werden wir noch näher am Ende dieses Kapitels eingehen, wenn wir die zum „Reinvermögensänderungs-Konto" zusammengefassten gesamtwirtschaftlichen Vermögensänderungs- und Finanzierungs-Konten dem Konto „der übrigen Welt" (Auslandskonto) gegenüberstellen.

Die Finanzierungskonten nehmen die Finanzierungsüberschüsse und -defizite auf und stellen diesen die **Geldvermögensbildung** gegenüber: Die Überschusssektoren bilden Netto-Forderungen gegenüber anderen Sektoren, die Defizit-Sektoren gehen Netto-Verbindlichkeiten ein. Bei den Kapitalgesellschaften ist der Finanzierungs-Saldo die Summe aus Änderungen der Forderungen und Verpflichtungen gegenüber allen Sektoren. Beim Staat gibt der Saldo Auskunft über die Zu- oder Abnahme der Verschuldung des Staates.[4] Die privaten Haushalte erwerben Forderungen in Form von Bargeld, Sicht-, Termin-, Spareinlagen, festverzinslichen Wertpapieren und

---

[4] Der Finanzierungssaldo im Verhältnis zum Bruttonationaleinkommen ist für alle EU-Mitglieder relevant für die Erfüllung des Kriteriums der Defizitquote.

Aktien. Ihre Verbindlichkeiten entstehen vor allem aus Kreditaufnahmen bei Finanziellen Kapitalgesellschaften.

7.2 Vermögensänderungs- und Finanzierungskonten im Detail

Nach diesen Betrachtungen der einzelnen Bestandteile der Konten können wir jetzt das Kontenschema zum Abschluss bringen. Für die **inländischen Sektoren** ergeben sich folgende Vermögensänderungs- und Finanzierungs-Konten:

UN-VÄ		UF-VÄ		ST-VÄ		H&O-VÄ	
I^b_{UN}	VTr_{ST} D_{UN} S_{UN}	I^b_{UF}	D_{UF} S_{UF}	$VTr^U_{ST\,N}$ VTr^H_{ST} VTr^A_{ST}	D_{ST} S_{ST}	$I^b_{H\&O}$	VTr^H_{ST} VTr^H_A $D_{H/O}$
	FD_{UN}		$FÜ_{UF}$	I^b_{ST}	FD_{ST}	$FÜ_H$	$S_{H/O}$

UN-F		UF-F		ST-F		H&O-F	
FD_{UN}	F^{UN}_H F^{UN}_{UF} F^{UN}_{ST}	F^{UN}_{UF} F^{ST}_{UF} F^A_{UF}	$FÜ^{UF}_{UF}$ F^{UF}_H	FD_{ST}	F^{ST}_H F^{ST}_{UF} F^{ST}_A	F^{UN}_H F^{UF}_H F^{ST}_H F^A_H	$FÜ^H_H$

Wir unterstellen, dass die Sektoren UN und St Finanzierungsdefizite und die Sektoren UF und H&O Finanzierungsüberschüsse aufweisen. Die Defizite werden durch eine Zunahme der Nettoverbindlichkeiten des defizitären Sektors ausgeglichen. Die Überschüsse ziehen eine Zunahme der Nettoforderungen nach sich. Die Konten geben Auskunft, wie die Finanzierungsverflechtung zwischen den Sektoren genau aussieht.

Wir aggregieren und konsolidieren die Vermögensänderungs- und Finanzierungskonten der einzelnen Sektoren zu gesamtwirtschaftlichen Konten. Ökonomische Transaktionen, die sowohl die Soll- als auch die Habenseite verschiedener Sektorkonten berühren, fallen dabei heraus: die Vermögenstransfers vom Staat an inländische Sektoren (hier UN und H) und die inländischen intra-sektoralen Forderungen und Verbindlichkeiten beim gesamtwirtschaftlichen Finanzierungskonto:

7.2 Vermögensänderungs- und Finanzierungskonten im Detail

Gesamtwirtschaftliches Vermögensänderungskonto VÄ			
Vermögenstransfers an die übrige Welt VTr^A	Unsere VGR-Beispiele: VTr_{ST}^A	Unsere VGR-Beispiele: VTr_A^H	Vermögenstransfers von der übrigen Welt VTr_A Abschreibungen
Brutto-Investitionen I^b	$I^b_{UN/UF/ST/H/O}$	$D^{UN/UF/ST/H/O}$ $S^{UN/UF/ST/H/O}$	D Sparen S
Finanzierungs-überschüsse $FÜ$	$FÜ_{UF/H/O}$	$FD_{UN/ST}$	Finanzierungs-Defizite FD

Gesamtwirtschaftliches Finanzierungskonto: F			
Finanzierungs-Defizite FD Forderungen an die übrige Welt F^A	VGR-Beipiele: $FD_{UN/ST}$ $F^A_{UF/H}$	VGR-Beispiele: $FÜ_{UF/H/O}$ $F_A^{UN/ST}$	Finanzierungs-überschüsse $FÜ$ Forderungen von der übrigen Welt F_A

Forderungen und Verbindlichkeiten können grundsätzlich von allen inländischen Sektoren auch mit der übrigen Welt eingegangen werden, wodurch das Geldvermögen des Inlands verändert wird. Die Möglichkeit des Erwerbs von Forderungen durch Inländer ist natürlich nicht auf Unternehmen beschränkt; alle Sektoren können Forderungen erwerben. Forderungen müssen nicht nur Kredite sein, sondern können auch Anteile am ausländischen Realvermögen darstellen. Einige Beispiele: Inländer können

a) Guthaben in US-Dollar erwerben (z.B. bei einer ausländischen Bank);
b) Lieferantenkredite gewähren;
c) festverzinsliche, ausländische Staatspapiere oder Aktien ins Depot nehmen;
d) Grund und Boden, Unternehmungen oder Häuser im Ausland kaufen;
e) Direktinvestitionen tätigen.

In einem weiteren Schritt fassen wir die soeben entwickelten gesamtwirtschaftlichen Konten zum „Reinvermögensänderungs-Konto" (RVÄ-Konto) zusammen: Finanzierungsdefizite und –überschüsse heben sich gegenseitig auf. Die Abschreibungen werden gegen die „Brutto"-Investitionen saldiert. Es ergibt sich die **reale Nettovermögensbildung**. Das RVÄ-Konto zeigt an, zu welchem Teil die inländische, reale Netto-Vermögensbildung aus inländischen oder ausländischen Quellen finanziert wird bzw. zu welchen Anteilen sich die inländischen Finanzierungsquellen auf in- oder ausländische Vermögensbildung aufteilen.

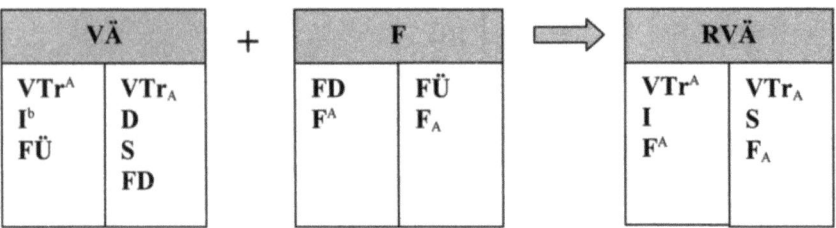

Aus dem Reinvermögensänderungskonto ergibt sich:

$$S = I + (VTr^A - VTr_A) + (F^A - F_A) \qquad S = I + NVTrA + NFA$$

Sparen = Nettoinvestitionen + Nettovermögenstransfers an die übrige Welt + Nettoforderungen an die übrige Welt.

Die **Vermögenstransfers von und an die übrige Welt** werden zu Nettovermögenstransfers saldiert, die Forderungen von und an die übrige Welt zu Netto-Forderungen. Allgemein gilt für die **Nettovermögenstransfers und Netto-Forderungen an die übrige Welt**, dass sie positiv, negativ oder Null sein können:

Nettovermögenstransfers Ausland		$\Rightarrow$	$NVTrA = VTr_A - VTr^A$	
a)	NVTrA>0	$\Rightarrow$	$VTr_A > VTr^A$ $\Rightarrow$	$NVTr_A$
b)	NVTrA<0	$\Rightarrow$	$VTr_A < VTr^A$ $\Rightarrow$	$NVTr^A$
c)	NVTrA=0	$\Rightarrow$	$VTr_A = VTr^A$	

Nettoforderungen Ausland		$\Rightarrow$	$NFA = F_A - F^A$	
a)	NFA>0	$\Rightarrow$	$F_A > F^A$ $\Rightarrow$	NF_A
b)	NFA<0	$\Rightarrow$	$F_A < F^A$ $\Rightarrow$	NF^A
c)	NFA=0	$\Rightarrow$	$F^A = F_A$	

7.2 Vermögensänderungs- und Finanzierungskonten im Detail

Die aus Teil I bekannte fundamentale ex post Gleichung für eine geschlossene Volkswirtschaft : S = I gilt in einer offenen Volkswirtschaft nicht mehr. Das inländische Sparen kann vielmehr die inländische Nettoinvestition übersteigen oder unterschreiten, je nachdem, ob die Summe aus Nettovermögenstransfers und Nettoforderungen ans Ausland positiv oder negativ ist.

$$\text{Sparen} = \text{Nettoinvestition} + \text{NettovermögenstransferA} + \text{Nettoforderung A}$$
$$S = I + NVTrA + NFA$$

Die inländische Ersparnis ist größengleich der inländischen Nettoinvestition plus der Nettoforderungen und -Vermögenstransfers ans Ausland. Anders ausgedrückt: Die Nettokreditvergabe einschließlich der Nettovermögenstransfers an das Ausland ist gleich der Differenz aus Sparen und Nettoinvestition:

$$\text{Nettovermögenstransfer} + \text{Nettoforderungen} = \text{Sparen} - \text{Investitionen}$$
$$NVTrA + NFA = S - I$$

In dem hier unterstellten Fall ist **S>I** und damit (NVTrA+NFA)>0. Das Inland stellt einen Teil seiner Geldvermögensbildung (der die Netto-Investitionen übersteigt) dem Ausland zur Verfügung. Es **exportiert Kapital.** Im umgekehrten Fall S<I und damit (NVTr+NF)A< 0 greift das Inland zum Zwecke der Finanzierung seiner Netto-Investitionen auf ausländische Ersparnisse zurück: es **importiert Kapital**. Dieser Kapitalexport oder –import kann durch reale Vermögensübertragungen erfolgen oder durch Auslandsforderungen bzw. Verbindlichkeiten. Da Vermögenstransfers keinen unmittelbaren Bezug zu den laufenden ökonomischen Aktivitäten einer Volkswirtschaft haben (sie stehen in keinem Zusammenhang mit den Produktionsprozessen) werden wir sie weiter unten vernachlässigen, um unseren Blick für wesentliche Zusammenhänge zwischen In- und Ausland zu schärfen. Dazu müssen wir das Konto der übrigen Welt in unsere Überlegungen mit einbeziehen und es dem Reinvermögensänderungs-Konto gegenüberstellen.

7.3 Das Konto der übrigen Welt

Auf dem Konto der übrigen Welt (kurz: Auslandskonto) werden die Gegenbuchungen sämtlicher ökonomischer Transaktionen festgehalten, die zwischen inländischen und ausländischen Wirtschaftssubjekten stattgefunden haben. Auf der Habenseite stehen die Positionen, die aus der **Sicht des Auslands** (des Kontoinhabers) Einnahmen darstellen. Auf der Sollseite finden sich entsprechend alle Posten, die Ausgaben sind. Aus der Sicht des Inlands, aus der wir üblicherweise argumentieren, verhält es sich bei diesem Konto allerdings umgekehrt, denn was für das Inland eine Ausgabe ist, ist für das Ausland eine Einnahme. Wir können das Konto gleich erstellen, da sämtliche Gegenbuchungen auf den zugehörigen Konten des VGR-Systems bereits erfolgt sind.

Konto der übrigen Welt (Auslands-Konto)

	Unsere VGR-Beispiele:	Unsere VGR-Beispiele:	
• Exporte von Waren und Dienstleistungen Ex	Ex^{W+DL}	Im^{W+DL}	• Importe von Waren und Dienstleistungen Im
• Faktoreinkommen von der übrigen Welt Y_A	$Y_A^{UN/UF/H}$	$Y_{UN/ST}^A$	• Faktoreinkommen an die übrige Welt Y^A
• Gütersubventionen von der EU ZG_{EU}	$ZG_{EU=A}$	$TG^{EU=A}$	• Gütersteuern an die EU TG^{EU}
• Transferzahlungen von der übrigen Welt Tr_A	Tr_A^H	$Tr_{ST/H}^A$	• Transferzahlungen an die übrige Welt Tr^A
• Vermögenstransfers von der übrigen Welt VTr_A	VTr_A^H	VTr_{ST}^A	• Vermögenstransfers an die übrige Welt VTr^A
• Forderungen von der übrigen Welt (Kapital-Import) F_A	$F_A^{UN/ST}$	$F_{UF/H}^A$	• Forderungen an die übrige Welt (Kapital-Export) F^A

Außenbeitrag zum Inlandsprodukt
$AB = Ex - Im$ (Waren und Dienstleistungen)

Netto-Faktoreinkommen der übrigen Welt
$NFE = Y_A - Y^A$

a) NFE > 0 ⇒ $Y_A > Y^A$ ⇒ NFE_A
b) NFE < 0 ⇒ $Y_A < Y^A$ ⇒ NFE^A
c) NFE = 0 ⇒ $Y_A = Y^A$

Primäreinkommen von/an übrige Welt
$$PE_A = Y_A + ZG_{EU} \qquad PE^A = Y^A + TG^{EU}$$

Nettoprimäreinkommen übrige Welt (A)
$$NPEA = PE_A - PE^A$$

a) NPEA > 0 ⇒ $PE_A > PE^A$ ⇒ NPE_A
b) NPEA < 0 ⇒ $PE_A < PE^A$ ⇒ NPE^A
c) NPEA = 0 ⇒ $PE_A = PE^A$

Nettotransferzahlungen übrige Welt (A)
$$NTrA = Tr_A - Tr^A$$

a) NTrA > 0 ⇒ $Tr_A > Tr^A$ ⇒ NTr_A
b) NTrA < 0 ⇒ $Tr_A < Tr^A$ ⇒ NTr^A
c) NTrA = 0 ⇒ $Tr_A = Tr^A$

Nettovermögenstransfers übrige Welt (A)
$$NVTrA = VTr_A - VTr^A$$

a) NVTrA > 0 ⇒ $VTr_A > VTr^A$ ⇒ $NVTr_A$
b) NVTrA < 0 ⇒ $VTr_A < VTr^A$ ⇒ $NVTr^A$
c) NVTrA = 0 ⇒ $VTr_A = VTr^A$

Nettoforderungen übrige Welt (A)
$$NFA = F_A - F^A$$

a) NFA > 0 ⇒ $F_A > F^A$ ⇒ NF_A
b) NFA < 0 ⇒ $F_A < F^A$ ⇒ NF^A
c) NFA = 0 ⇒ $F_A = F^A$

Unter Berücksichtigung der getroffenen Definitionen lässt sich das Konto der Übrigen Welt wie folgt konsolidieren, wobei in unserer Modell-VGR unterstellt wird, dass sich die Netto-Größen sämtlich zu Gunsten der übrigen Welt ergeben.

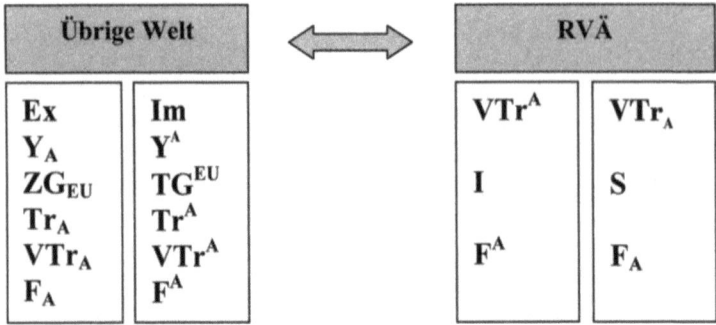

Das Konto der übrigen Welt ist insgesamt ausgeglichen, doch weisen die einzelnen Teilbilanzen, wie wir eben gesehen haben, Salden auf. Die Summe aller Salden ist Null. Unter Berücksichtigung der Annahmen unserer Modell-VGR stellen wir das Auslandskonto dem Reinvermögensänderungskonto gegenüber. Dabei zeigt sich, dass die Nettovermögenstransfers und die Nettoforderungen auf beiden Konten enthalten sind.

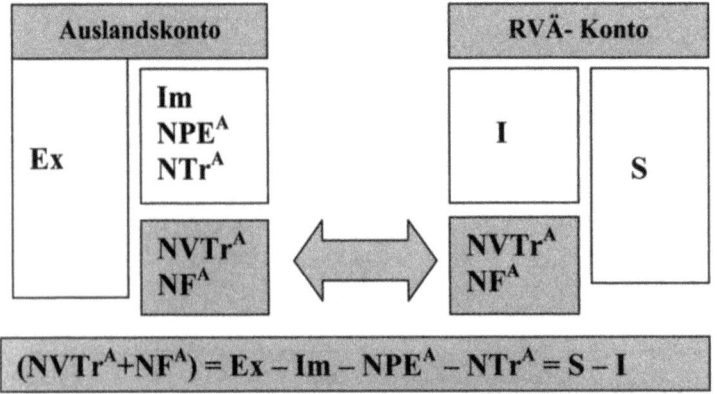

]Beide Konten enthalten den Ausdruck: $NVTr^A + NF^A$. Wir erhalten die Gleichung:

Auslandskonto ⟺ **Reinvermögensänderungskonto**

(1) $Ex - (Im + NPE^A + NTr^A) = (NVTr^A + NF^A) = S - I$ ⇒

(2) $(Ex - Im) - (NPE^A + NTr^A) = S - I$ ⇒

$$S = I + (Ex - Im) - (NPE^A + NTr^A)$$

In einer offenen Volkswirtschaft ist die inländische Ersparnis gleich der inländischen Nettoinvestition zuzüglich des Außenbeitrags und abzüglich der Summe aus Nettoprimäreinkommen und -transferzahlungen an die übrige Welt.

7.3 Das Konto der übrigen Welt

Wir vereinfachen diese Gleichung, indem wir den Ausdruck $(NPE^A+NTr^A)=0$ setzen. (Auch wollen wir im Folgenden von Vermögenstransfers zwischen In- und Ausländern absehen: **NVTrA=0.**) Die obige Gleichung (1) wird damit zu:

$$S = I + (Ex - Im) \quad \Rightarrow \quad S = I + NF^A$$

Aus dieser Gleichung wird deutlich, dass in einer offenen Volkswirtschaft die inländische Ersparnis nicht nur die inländische Nettoinvestition, sondern darüber hinaus den Exportüberschuss finanziert. Da Sparen mit Konsumverzicht gleich bedeutend ist, kann die obige Gleichung dahingehend interpretiert werden, dass Inländer zu Gunsten des Exportüberschusses auf eigenen Konsum verzichtet und stattdessen Forderungen gegen das Ausland erworben haben (also ausländisches Finanz- und Realvermögen gebildet haben).

Neben Ländern mit Exportüberschüssen muss es notwendigerweise auch Länder mit Importüberschüssen geben. Auch kann ein einzelnes Land sich vom Exportüberschuss- zum Importüberschussland verändern. Es sind also folgende Fälle zu unterscheiden: Der Aussenbeitrag kann positiv, negativ oder Null sein.

a) **Ex > Im** (Exportüberschuss) $\Rightarrow$ **S > I** (Kapitalexport)
b) **Ex < Im** (Importüberschuss) $\Rightarrow$ **S < I** (Kapitalimport)
c) **Ex = Im** (Ausgleich) $\Rightarrow$ **S = I**

Schauen wir uns diese drei Fälle mit Hilfe der zugehörigen Konten an:
a)

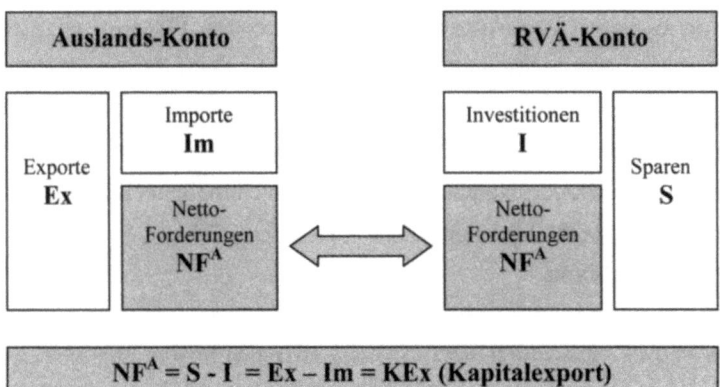

Wenn Inländer einen Teil ihrer Ersparnisse für den Erwerb von Forderungen an Ausländer verwenden, so betreiben sie „**Kapitalexport**" (Kex). Ein Land, dass eine deratige Situation über längere Perioden durchhält nennt man auch ein „**werdendes Gläubigerland**": Durch die Akkumulation von Forderungen bilden Inländer Auslandsvermögen: $\Rightarrow \quad \sum NF^A = \sum KEx =$ **Auslandsvermögen**

b)

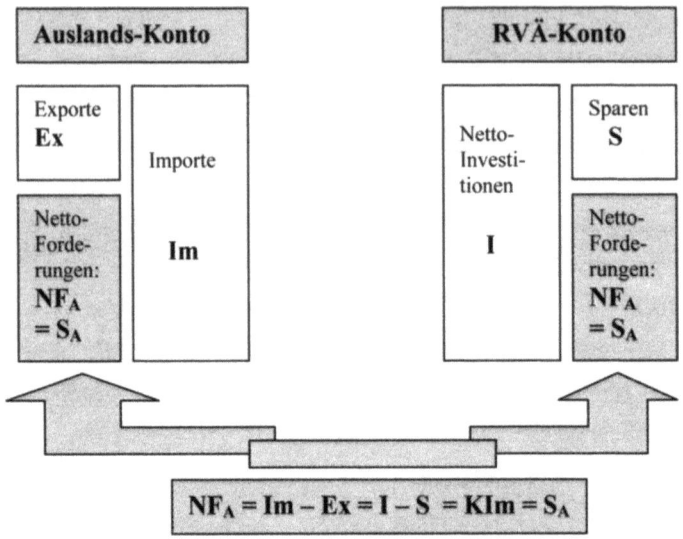

Ein Importüberschuss bedeutet, dass das Inland mehr Güter vom Ausland in Anspruch nimmt als es an das Ausland verkauft. Die Finanzierung dieses Importüberschusses ist notwendigerweise durch das Ausland selbst erfolgt. Das Inland hat Nettoverbindlichkeiten im Ausland aufgenommen, d.h. es hat zum Zwecke der Finanzierung der eigenen Nettoinvestitionen auf ausländische Ersparnis (S_A) zurückgegriffen. Es hat „**Kapitalimport**" (KIm) betrieben. Diese Nettoverbindlichkeiten des Inlands sind identisch mit Nettoforderungen vom Ausland. Ein Land, das über mehrere Perioden eine solche Situation aufrecht erhält, nennt man ein **werdendes Schuldnerland**. Die Akkumulation von Auslandsverbindlichkeiten (Nettoforderungen vom Ausland) heißt Auslandsschuld: $\Rightarrow \quad \sum NF_A = \sum KIm =$ **Auslandsverschuldung.**

c) Dieser Fall ist hinsichtlich der Beziehung zwischen Sparen und Nettoinvestition identisch mit der bereits für eine geschlossene Volkswirtschaft entwickelten Gleichung. Es entstehen keine Auslandsforderungen oder Verbindlichkeiten.

7.3 Das Konto der übrigen Welt 151

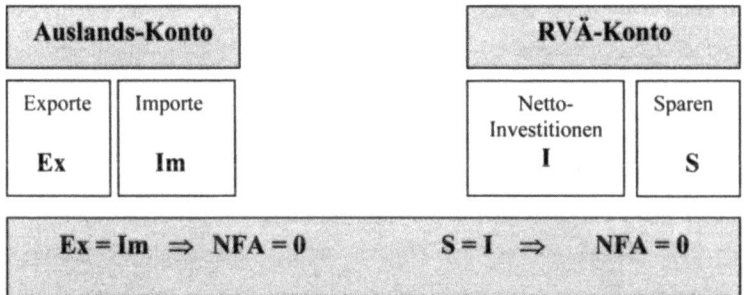

In einer abschließenden Betrachtung wollen wir die Volkswirtschaft in den **privaten (Pr) und staatlichen Sektor (St)** unterteilen und diese dem Sektor der übrigen Welt gegenüber stellen. Dadurch ist es möglich, auf einen Blick zu erkennen, wie z.B das staatliche Finanzierungsdefizit finanziert wurde oder wofür der private Finanzierungsüberschuss verwendet wurde. Es ist:

(1) $S = S_{Pr} + S_{St}$ und $I = I_{Pr} + I_{St}$

(2) $\quad S = I + (Ex - Im)$

(3) $\quad (S_{Pr} + S_{St}) = (I_{Pr} + I_{St}) + (Ex - Im)$

a) Der Finanzierungsüberschuss des privaten Sektors finanziert sowohl das staatliche Defizit als auch den Exportüberschuss: Der private Sektor erwirbt Forderungen gegen den Staat und gegen die übrige Welt. Durch Umstellung der Gleichung (3) erhalten wir:

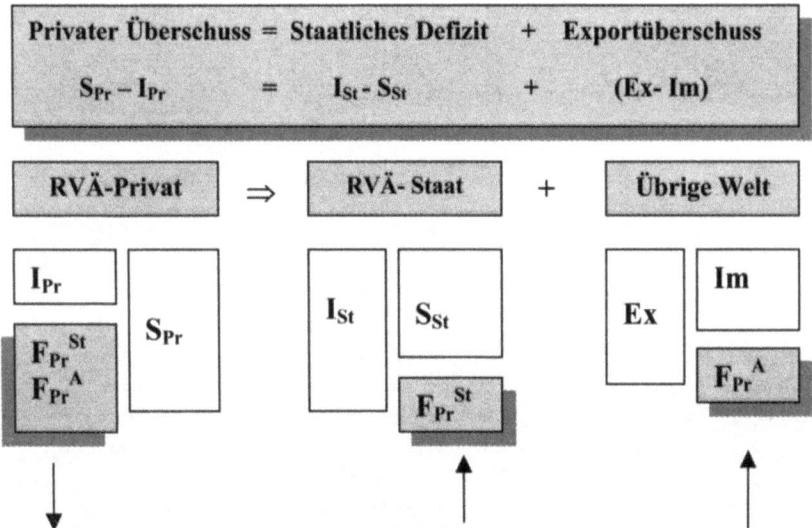

b) Der Finanzierungsüberschuss des privaten Sektors ist unzureichend, um das staatliche Defizit zu finanzieren. Das Ausland stellt zusätzliche Finanzierungsmittel zur Verfügung und erwirbt z.B. Forderungen gegen den Staat (d.h.der Staat verschuldet sich sowohl gegenüber dem privaten Sektor als auch gegenüber der übrigen Welt). Das Land greift auf ausländische Ersparnis zurück. Eine Kreditaufnahme im Ausland erhöht die Auslandsverschuldung bzw. reduziert das Auslandsvermögen. Für zukünftige Perioden ergeben sich daraus erhöhte Belastungen des Inlands auf Grund des gestiegenen Schuldendienstes bzw. es ergeben sich geringere Kapitaleinkünfte auf Grund des gesunkenen Auslandsvermögens. Dabei ist es nicht unbedingt erforderlich, dass das Ausland Teile seiner Ersparnis direkt dem staatlichen Sektor in Form von Krediten zur Verfügung stellt. Vielmehr kann sich auch der private Sektor im Ausland verschulden und seinerseits entsprechend höhere Kredite an den staatlichen Sektor gewähren.

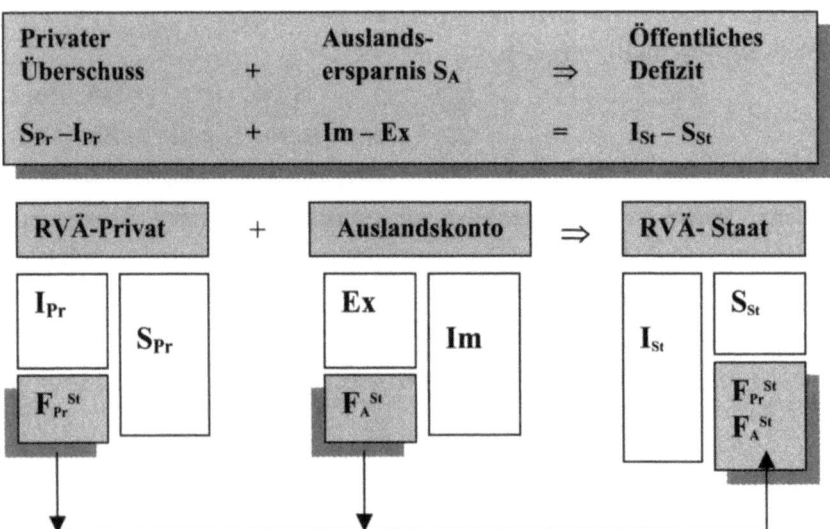

Diese zwei Fälle entsprechen cum grano salis auch unterschiedlichen Situationen der wirtschaftlichen Entwicklung in der Bundesrepublik Deutschland: a) Bis 1989 war die BRD typischerweise durch hohe Exportüberschüsse gekennzeichnet und zeichnete sich weltweit als einer der wichtigsten Kapitalexporteure aus. D.h. die Inländer stellten dem Ausland grosse Teile ihrer Ersparnisse zur Verfügung. b) In der Dekade nach der Wiedervereinigung veränderte sich die BRD zu einem Kapital importierenden Land. Die BRD griff auf ausländische Ersparnisse zurück, um die gewachsenen Haushaltsdefizite und die Kosten der Wiedervereinigung zum Teil finanzieren zu können. (In der Empirie war zwar Ex>Im und damit Ex-Im>0, aber es galt: (Ex-Im)< (NTrA+NPEA)

c)

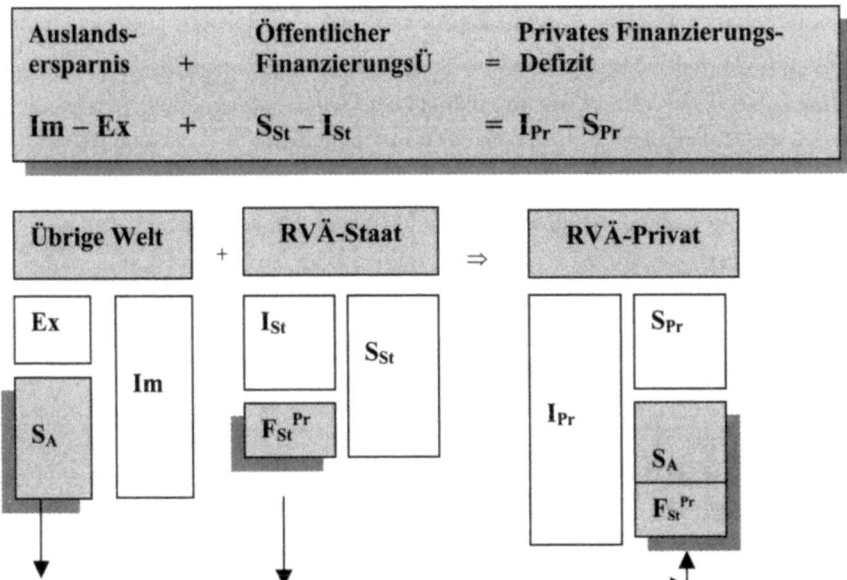

Die USA war während der Präsidentschaft Clintons jahrelang durch eine derartige Situation gekennzeichnet: Der über 8 Jahre anhaltende Wirtschafts-Boom wurde getragen durch einen Investitions- und Konsumboom. Der private Sektor verzeichnete große Finanzierungsdefizite, der staatliche Sektor leichte Überschüsse. Das Konto der übrigen Welt war durch ständig wachsende Defizite charakterisiert. Ausländische Esparnis stellte einen großen Teil der Finanzmittel zur Verfügung.

Box 7-2: Gläubigerland - Schuldnerland

Die Beziehung zwischen dem Auslandskonto und dem Reinvermögensänderungskonto gibt Auskunft, ob ein Land zu einem "Gläubigerland" oder zu einem "Schuldnerland" wird. D.h., ob es der internationalen Gemeinschaft (dem Ausland) netto inländische Ersparnisse zur Verfügung stellt und damit sein Auslandsvermögen vergrößert, oder ob es auf ausländische Ersparnisse zurückgreift (Kredite aufnimmt) und damit die Auslandsverschuldung erhöht (respektive vorhandenes Auslandsvermögen abbaut).

Das Inland wird a) zum Gläubigerland, b) zum Schuldnerland

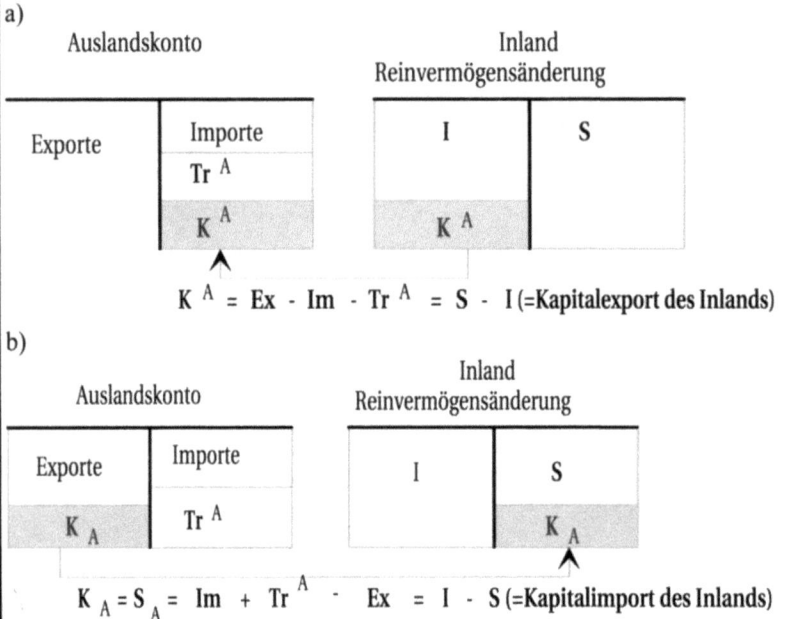

8 Entstehung, Verwendung und Verteilung des Inlandsproduktes

8.1 Die VGR als Wirtschaftskreislauf

Werfen Sie zunächst noch einmal einen Blick auf das VGR-Schema am Ende des vierten Kapitels. Wir haben jetzt das vollständige Kontensystem ausgefüllt, indem wir das Schema "horizontal" Zeile für Zeile entwickelten und jede Zeile mit dem entsprechenden gesamtwirtschaftlichen Konto abschlossen. Sie sollten jetzt in der Lage sein, das System auch "vertikal" zu lesen, d.h. jeden einzelnen Sektor über sämtliche ökonomischen Aktivitäten hinweg zu verfolgen. Genau so sollten Sie auch mit den gesamtwirtschaftlichen Konten verfahren (einschließlich dem Konto der übrigen Welt = Auslandskonto).[1]

Nachdem Sie in dieser Weise das gesamte VGR-Schema Sektor für Sektor nochmals ausgefüllt haben, werden Sie feststellen, dass zwar jedes Konto einen Saldo ausweist, das System insgesamt aber ausgeglichen ist - eine notwendige Konsequenz des Systems der doppelten Buchhaltung. Dieses gilt auch für die gesamtwirtschaftlichen Konten. Auch sie enthalten jede Position sowohl einmal im Soll als auch einmal im Haben und auch sie geben ihre Salden vertikal weiter, so dass das System der gesamtwirtschaftlichen Konten in sich vollständig ausgeglichen ist.

Das Gesamtsystem ist im folgenden Schaubild 8-1 vollständig ausgefüllt zusammengestellt und anschließend in Gestalt eines Kreislaufbildes im Schaubild 8-2 wieder geben. Wir wählen ein Kreislaufbild, das die Ströme zwischen den Polen der gesamtwirtschaftlichen Konten Produktion, Einkommen, Reinvermögensänderung und Übrige Welt enthält. Vergleichen Sie den Fluss der Ströme mit dem VGR-Schema.

---

[1] Aus Übungsgründen können Sie beliebige Zahlenwerte einsetzen und das System abschließen. Berechnen Sie die Größen: PW, BIP, BNE, NNE, VE, WS, NPEA, Yv. Stellen Sie fest, ob das Land ein werdenden Gläubiger - oder Schuldnerland ist.

Schaubild 8-1: Der Wirtschaftskreislauf in Kontendarstellung

	VW-P	
D		C
WS		I^b
TG		Ex
-ZG		-Im

	VW-E	
Tr^A		Y^{UN}
C		Y^{UF}
S		Y^{St}
		Y^H
		Y^O
		TG^{St}
		$-ZG^{St}$

P

	UN-P		UF-P		ST-P		H-P		O-P	
V_{UN}	V^{UN}	V_{UF}	V^{UF}	V_{St}		V_H	V^H	V_O	$C_O{}^O$
D_{UN}	C^{UN}	D_{UF}	C^{UF}	D_{St}		D_H	C^H	D_O	
WS_{UN}	I^{bUN}	WS_{UF}	uBG	WS_{St}	C^{St}	WS_H	I^{bH}	WS_O	
TG_{UN}	Ex^{UN}					TG_H			
$-ZG_{UN}$						$-ZG_H$			

E

	UN-E		UF-E		ST-E		H-E		O-E	
$T^d{}_{UN}$	$Y_{UN}{}^{UN}$	$T^d{}_{UF}$	$Y_{UF}{}^{UF}$	C_{St}	TG	$T^d{}_H$	$Y_{UN}{}^H$	$Tr_H{}^O$	$Tr_H{}^O$
$S_{UN}{}^{UI}$	$Y_{UF}{}^{UN}$	S_{UF}	$Y_{UN}{}^{UF}$	$Tr_{St}{}^H$	T^d	$Tr_H{}^O$	$Y_{UF}{}^H$	$Tr_{St}{}^O$	
	$Y_A{}^{UN}$		$Y_A{}^{UF}$	$Tr_{St}{}^O$	Y^{St}	$Tr_H{}^A$	$Y_{St}{}^H$	$Y_{UN}{}^O$	
				$Tr_{St}{}^A$		$C_H{}^{UN}$	$Y_H{}^H$	$Y_{UF}{}^O$	
				$S_{St}{}^{St}$		$C_H{}^{UF}$	$Y_O{}^H$		
				ZG_{St}		$C_H{}^H$	$Tr_{St}{}^H$		
						$S_H{}^H$			

VÄ

UN-VÄ
I^b_{UN}	VTr_{St}
	D_{UN}
	S_{UN}
	FD_{UN}

UF-VÄ
I^b_{UF}	D_{UF}
$F\ddot{U}_{UF}$	S_{UF}

ST-VÄ
$VTr_{St_H}^{UN}$	D_{St}
$VTr_{St_H}^A$	S_{St}
VTr_{St}	FD_{St}
I^b_{St}	

H-VÄ
I^b_H	$VTr_{St_H}^H$
$F\ddot{U}_H$	VTr_A^H
	D_H
	S_H

O-VÄ
I^b_O	D_O
	S_O

VW-VÄ
VTr^A	VTr_A
I^b	D
$F\ddot{U}$	S
	FD

F

UN-F
FD_{UN}	F_H^{UN}
	F_{UF}^{UN}
	F_{St}^{UN}

UF-F
F_{UF}^{UN}	$F\ddot{U}_{UF}$
F_{UF}^{St}	F_H^{UF}
F_{UF}^A	

ST-F
FD_{St}	F_H^{St}
	F_{UF}^{St}
	F_A^{St}

H-F
F_H^{UN}	$F\ddot{U}_H$
F_H^{UF}	
F_H^{St}	
F_H^A	

O-F
X	X

VW-F
FD	$F\ddot{U}$
F^A	F_A

A-RVÄ

VW-RVÄ
$NVTr^A$	S
I	
NF^A	

⇕

Übrige Welt*
Ex	Im
	NPE^A
	NTr^A
	$NVTr^A$
	NF^A

⇑

Übrige Welt*
Ex	Im
Y_A	Y^A
ZG_{EU}	TG^{EU}
Tr_A	Tr^A
VTr_A	VTr^A
F_A	F^A

Schaubild 8-2:

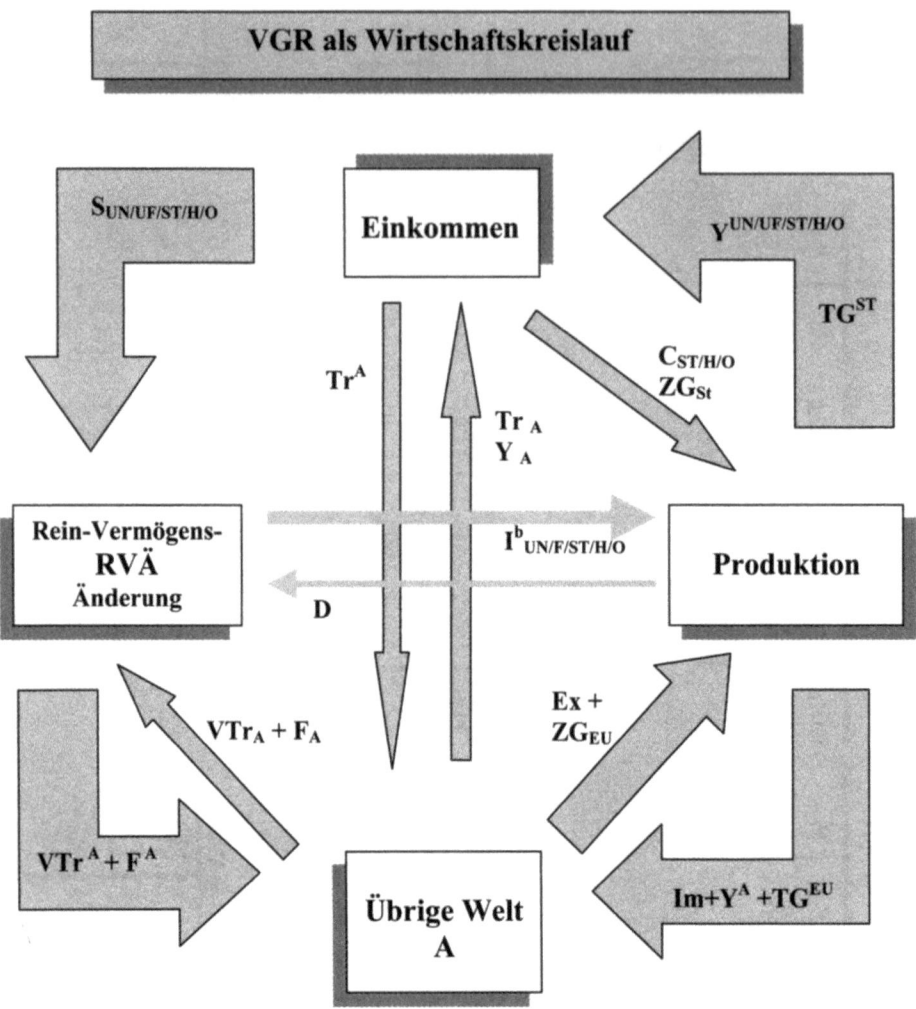

8.2 Die Berechnungsarten: Entstehung, Verwendung, Verteilung

In der VGR haben wir gesehen, dass im Zuge der Güterproduktion Einkommen entstehen, dass diese Einkommen auf die am Produktionsprozess beteiligten Produktionsfaktoren verteilt werden und dass schließlich die Einkommensbezieher ihre Einkommen verwenden, um beispielsweise Güter und Dienstleistungen nachzufragen. Das Inlandsprodukt bzw. das Nationaleinkommen lässt sich also nach drei Arten ermitteln:

Drei Berechnungsarten in den Volkswirtschaftlichen Gesamtrechnungen[2]
Ad I: Die Einkommensentstehung erfolgt im Zuge des Produktionsprozesses in den einzelnen Wirtschaftsbereichen. Im Rahmen der **Entstehungsrechnung** lasssen sich die Sektoren zu diesem Zweck grob in folgende Bereiche unterteilen[3]:
- Produzierendes Gewerbe[4] (PG)
- Baugewerbe (BG)
- Handel, Gastgewerbe und Verkehr (HGV)
- Finanzierung, Vermietung und Unternehmensdienstleister (FVU)
- Öffentliche und Private Dienstleister (DL).
- (Fiktiver Sektor zur Gegenbuchung der unterstellten Bankgebühren: FF)

Die Produktionswerte **PW** und Beiträge zur Bruttowertschöpfung **BWS** dieser Bereiche werden (anders als in der früheren deutschen VGR) **zu Herstellungspreisen** berechnet. Sie enthalten also weder Mehrwertsteuer noch Einfuhrabgaben noch sonstige Gütersteuern[5], dafür aber vom Staat und der Europäischen Union gezahlte Gütersubventionen. Die Berechnung des volkswirtschaftlichen **Produkionswertes** ergibt sich als Summe der PW der Wirtschaftsbereiche, die Bruttowertschöpfung als Differenz zwischen Produktionswert und Vorleistungen, wobei in den Vorleistungen auch die importierten (Im) enthalten sind. Die Summe aus den einzelnen Bruttowertschöpfungen der aufgeführten Wirtschafts-Bereiche ergibt die (unbereinigte) **Bruttowertschöpfung** der Volkswirtschaft zu Herstellungspreisen:

$$PW = PW_{PG} + PW_{BG} + PW_{HGV} + PW_{FVU} + PW_{DL} + PW_{FF}$$

---

[2] Vgl. Jahresgutachten 2000/2001 des Sachverständigenrates zur Begutachtung der gesamtwirtschaftlichen Entwicklung: Erläuterung von Begriffen aus den Volkswirtschaftlichen Gesamtrechnungen, Anhang VI.

[3] Vgl. Deutsche Bundesbank, Monatsberichte S. 60*. Detailliertere Unterteilungen finden sich in Wirtschaft und Statistik, Heft 4/1999, S.36ff und S.49. Es ist zu beachten, dass Wirtschaftsbereiche sektorübergreifend sind.

[4] ohne Baugewerbe.

[5] sonstigen Gütersteuern sind z.B. Mineralöl-, Branntwein-, Tabak-, Versicherungssteuern.

Eine wichtige Veränderung gegenüber der früheren deutschen VGR besteht in der so genannten **„Nettodarstellung" des Produktionswertes**, die den Wert der Handelsware nicht mehr umfasst.[6]

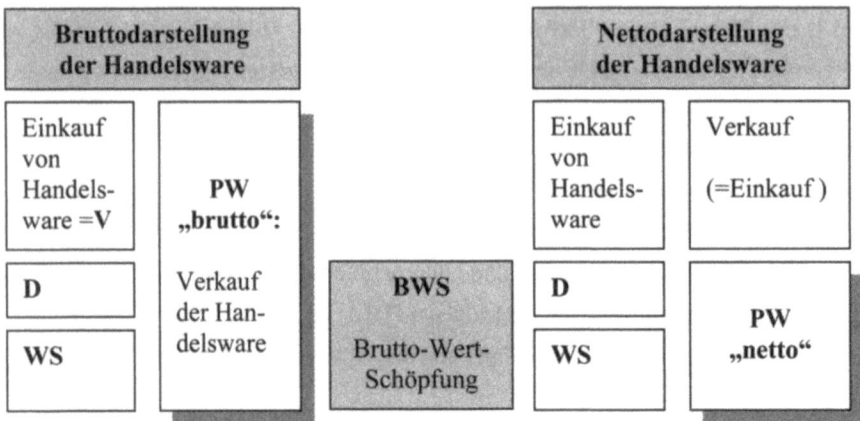

Der Produktionswert (**PW**) einer Volkswirtschaft ist zahlenmäßig der bei weitem größte Wert in der Volkswirtschaftlichen Gesamtrechnung. In ihm sind ja sämtliche Güter und Dienstleistungen enthalten, die auf allen Produktionsstufen in einem Jahr produziert worden sind, also auch diejenigen Roh-, Halb- und Zwischenprodukte, die noch in derselben Periode in anderen Unternehmungen weiterverarbeitet worden sind.[7] Der größte Teil der Güter wird mithin mehrfach gezählt: so werden zu dem Brot das Mehl addiert, aus dem das Brot gebacken wurde und das Getreide, aus dem wiederum das Mehl gemahlen wurde. Der Produktionswert ist daher in diesem Beispiel die Summe aus Getreide, Mehl und Brot, während das Endprodukt ja lediglich das Brot darstellt. Die Bewertung erfolgt nach dem ESVG95 zu **Herstellungspreisen** und nicht wie früher in der deutschen VGR zu Marktpreisen!

$$BWS_{(unbereinigt)} = BWS_{PG} + BWS_{BG} + BWS_{HGV} + BWS_{FVU} + BWS_{DL}$$

---

[6] Diese Nettodarstellung ist eine statische Fiktion, die Teile des Bruttoproduktionswertes ausklammert. Das statistische Bundesamt weist daher zusätzlich wie bisher die Bruttodarstellung aus.

[7] vgl. das Beispiel aus Kapitel 2: Getreide, Mehl, Brot.

Ein Teil des Wirtschaftsbereichs "HGV" sind Banken. In Höhe der Differenz zwischen eingenommenen und gezahlten Zinsen werden den Banken - über die durch Provisionen und Gebühren erfassten Dienstleistungen hinaus - die Produktion weiterer Dienstleistungen "unterstellt". Dadurch erhöht sich ihre Wertschöpfung, ohne dass diese Dienstleistungsproduktion an anderer Stelle innerhalb der VGR als Vorleistungen oder Endverbrauch gegengebucht würde, wodurch die gesamte Bruttowertschöpfung zu hoch ausgewiesen wird. Die Korrektur erfolgt durch die Einführung eines **"fiktiven" Sektors FF**, der die **unterstellten Bankdienstleistungen uBG** als Vorleistungen einsetzt, aber einen Produktionswert von Null hat und damit eine negative Wertschöpfung in Höhe der unterstellten Bankdienstleistungen produziert. Eine Aufteilung auf die einzelnen Sektoren, die diese Bankdienstleistungen in Anspruch genommen haben, unterbleibt.[8] Es wird die Wertschöpfung pauschal bereinigt (vgl auch Kapitel 5):

$$BWS_{bereinigt} = BWS_{unbereinigt} + BWS_{FF} = BWS_{ub} - uBG$$

$BWS_{bereinigt} = BWS_{ub} + BWS_{FF}$ ⇒ (FF=fiktiver Sektor)
$BWS_{FF} = PW_{FF} - V_{FF}^{FVU}$ ⇒ $PW_{FF} = 0$
$V_{FF}^{FVU} = uBG$ ⇒ (unterstellte Bankgebühren)
$BWS_{FF} = - V_{FF}^{FVU} = - uBG$
$BWS_{bereinigt} = BWS_{ub} - uBG$ (ub = unbereinigt)

Auch die bereinigte Bruttowertschöpfung ist in Herstellungspreisen ausgedrückt. Bei einer **Bewertung zu Marktpreisen** müssen die Gütersteuern hinzuaddiert und die Gütersubventionen in Abzug gebracht werden. Es ergibt sich das Bruttoinlandsprodukt BIP:

$$BIP = BWS_{ub} - uBG + (TG - ZG) = BWS_{bereinigt} + (TG - ZG)$$

---

[8] Über die zukünftige Behandlung der unterstellten Bankgebühr entscheidet die Kommission der EU Ende 2002.

Vergleicht man über die Zeit die Anteile am BIP, die auf die einzelnen Sektoren entfallen, lassen sich daran wichtige Veränderungen der **Produktionsstruktur** einer Volkswirtschaft ablesen und Wachstumssektoren von schrumpfenden Bereichen unterscheiden. Typische Entwicklungen des **Strukturwandels** in den letzten Jahren zeigen für die „traditionellen" Industrieländer u.a. einen relativen Rückgang des produzierenden Gewerbes (insbesondere des landwirtschaftlichen Sektors aber auch des Industriesektors) und eine überproportionale Zunahme der Dienstleistungsbereiche. Sie treten damit in eine postindustrielle Entwicklung ein. Im internationalen Vergleich erkennt man, dass die Sektoren/Bereiche von Land zu Land verschiedene Gewichte am BIP haben, wodurch sich z.T. unterschiedliche Wirtschaftsinteressen der Länder und Differenzen in ihren Wirtschaftspolitiken begründen.

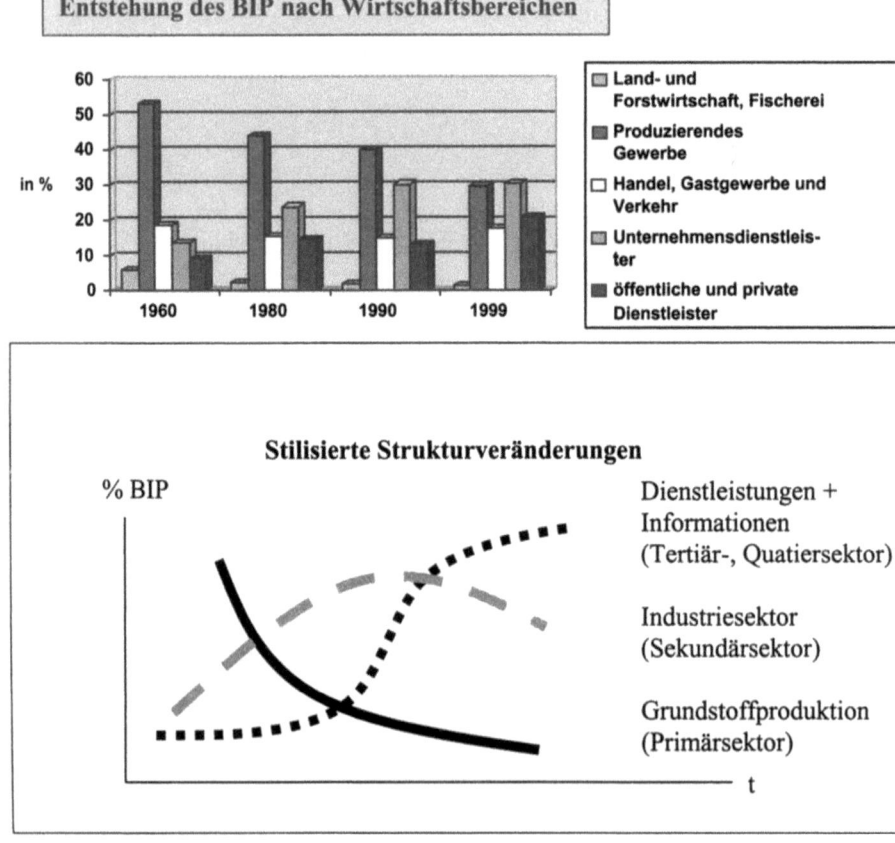

Ad II: Die **Verwendungsrechnung** ist bereits vom gesamtwirtschaftlichen Produktionskonto her bekannt. Die Verwendungskomponenten sind zu Marktpreisen bewertet. Ihre Addition ergibt das BIP:

+ Private Konsumausgaben = $C_H + C_O = C_{Pr}$
+ Konsumausgaben des Staates
+ Ausrüstungen
+ Bauten
+ sonstige Anlagen
+ Vorratsveränderungen
+ Außenbeitrag (Exporte –Importe von Waren und Dienstleistungen)
= Bruttoinlandsprodukt BIP

$$BIP = C_{Pr} + C_{ST} + I^b_{Ausr.} + I^b_{Bauten} + I^b_{so.Anl.} + I_{Vorräte} + Ex - Im$$

Ein Zeitreihenvergleich der Verwendungskomponenten des Bruttoinlandsproduktes (zu Marktpreisen) gibt Aufschluss über die Veränderungsraten der einzelnen Nachfrageaggregate und ist damit für die Konjunkturforschung und **Konjunkturpolitik** von hohem Aussagewert. Ein Schrumpfen der Anlageinvestitionen gilt beispielsweise als ein Indikator zukünftig sinkender Wachstumschancen. Ein übermäßiger Aufbau der Lagerinvestitionen gilt als sicheres Indiz für einen kommenden Konjunkturabschwung, da die Unternehmungen auf überproportionalem Lagerbestandsaufbau mit einer Einschränkung der Produktion in Zukunft reagieren werden. Die Entwicklung des Außenbeitrages schließlich gibt Aufschlüsse darüber, inwieweit das Ausland konjunkturbelebend oder dämpfend wirksam geworden ist.

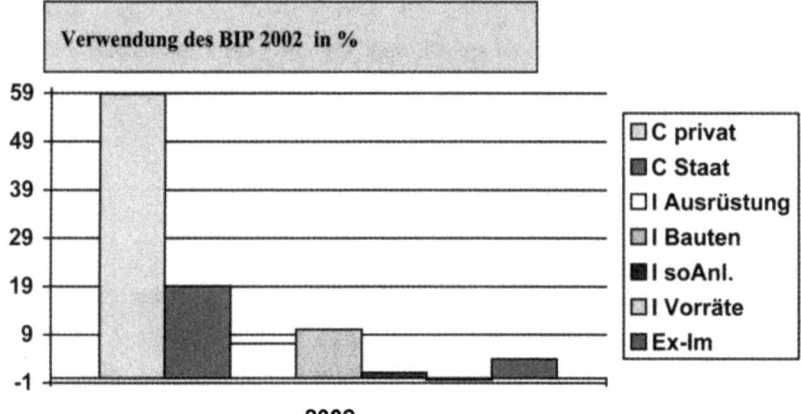

Ad III: Die **Verteilungsrechnung** weist aus, wie das Volkseinkommen funktional auf die Produktionsfaktoren verteilt ist. Dabei werden in der sogenannten Primärverteilung zwei **Einkommenskategorien** unterschieden:

- Arbeitnehmerentgelt (ANE) und
- Unternehmens- und Vermögenseinkommen (UVE).

	BIP	**Bruttoinlandsprodukt**
+	NPE	Nettoprimäreinkommen Übrige Welt
=	**BNE**	**Bruttonationaleinkommen**
−	D	Abschreibungen
=	**NNE**	**Nettonationaleinkommen**
−	NPA^{ST}	Nettoproduktionsabgaben an den Staat
		(Gütersteuern an den Staat - Gütersubventionen vom Staat)
=	**Y**	**Volkseinkommen**
=	ANE+UVE	= Arbeitnehmerentgelt + Unternehmens- und Vermögenseinkommen

Aus dieser funktionalen Einteilung in zwei Einkommensarten dürfen keine voreiligen Schlüsse gezogen werden: zum einen sorgt der Staat via Steuererhebungen und Transferzahlungen für eine sogenannte **Querverteilung**. D.h., die funktionale Einkommensverteilung ist nicht identisch mit der personalen. Zum anderen enthält die Einkommenskategorie "Unternehmens- und Vermögenseinkommen" auch Einkommenskomponenten, die Arbeitnehmerhaushalten zufließen (deren überwiegendes Einkommen aus unselbstständiger Arbeit resultiert), die aber auch über Vermögenswerte verfügen, aus denen sie Miet-, Pacht- oder Zinseinnahmen bzw. Dividenden erzielen. Setzt man die Höhe des Arbeitnehmerentgelts zum gesamten Volkseinkommen in Beziehung, so spricht man auch von der **Lohnquote**. Die Entwicklung dieser Quote ist beispielsweise für Gewerkschaften eine wichtige Orientierung, an der sie ihre Lohnpolitik mit ausrichten.

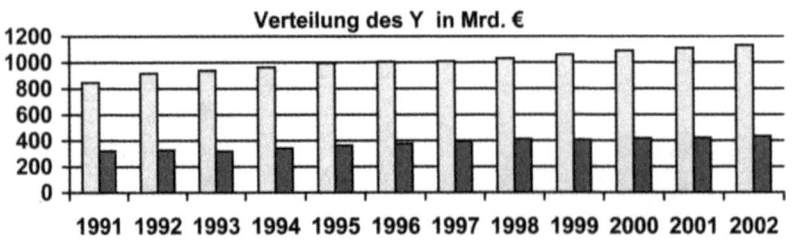

Quelle: Statistisches Bundesamt Deutschland

Zusammenfassung:

- Die Entstehungsrechnung des Sozialproduktes gibt Auskunft über die Produktionsstruktur eines Landes. Ein Zeitreihenvergleich macht deutlich, welche Branchen schrumpfen und welche wachsen. Diese Informationen sind für die Struktur- und Wachstumspolitik von Bedeutung.
- Die Verwendungsrechnung weist die einzelnen Nachfragekomponenten des Bruttoinlandsproduktes aus. Veränderungen im Umfang, aber auch in der Struktur der Nachfrage sind u.a. wichtige Informationen für die Konjunkturpolitik.
- Die Verteilungsrechnung gibt Auskunft über die Verteilung des Volkseinkommens. Die daraus zu berechnende Lohnquote und ihre zeitliche Veränderung sind u.a. eine wichtige Orientierungsgröße für die Einkommenspolitik des Staates sowie für die Tarifverhandlungen zwischen Arbeitgeber- und Arbeitnehmerverbänden.

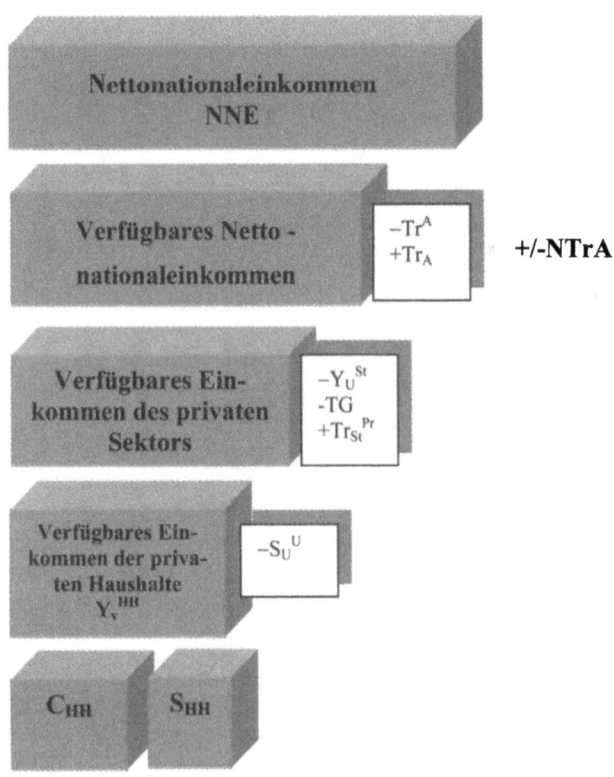

8.3 Das VGR-System der Einkommensbegriffe

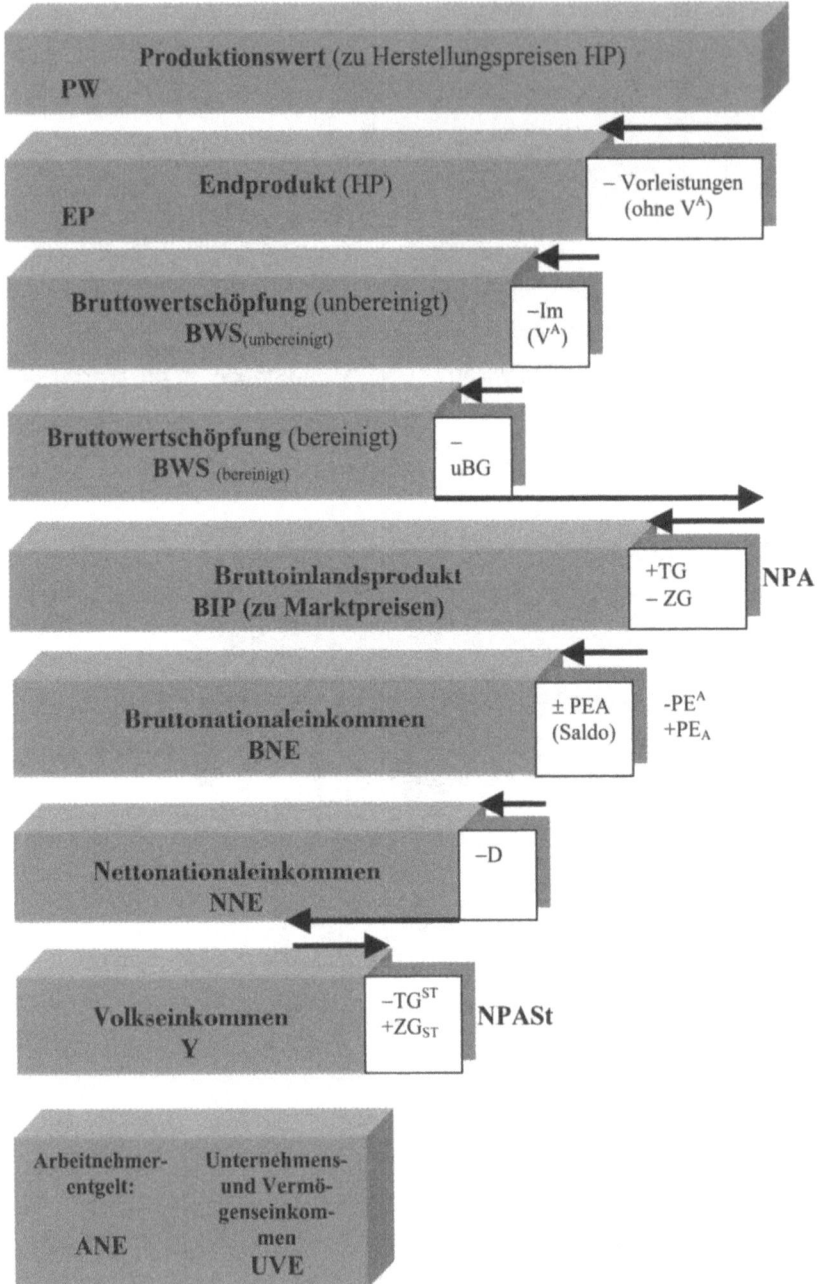

8.3 Das VGR-System der Einkommensbegriffe

Box 8-1: Entstehung und Verwendung des Inlandsprodukts

1. Entstehung und Verwendung des Inlandsprodukts, Verteilung des Volkseinkommens
Deutschland

Position	1998 Mrd DM	1999 Mrd €	2000 Mrd €	2001 Mrd €	2002 Mrd €	1999 Veränderung gegen Vorjahr in %	2000	2001	2002	1999 Anteil in %	2000	2001	2002
in Preisen von 1995													
I. Entstehung des Inlandsprodukts													
Produzierendes Gewerbe (ohne Baugewerbe)	855,2	429,4	445,6	447,3	446,5	-1,8	3,8	0,4	-0,2	22,4	22,6	22,6	22,5
Baugewerbe	205,3	105,5	102,6	96,0	90,4	0,5	-2,7	-6,5	-5,8	5,5	5,2	4,8	4,6
Handel, Gastgewerbe und Verkehr [1]	614,6	335,3	352,9	361,8	366,1	6,7	5,3	2,5	1,2	17,5	17,9	18,3	18,5
Finanzierung, Vermietung und Unternehmensdienstleister [2]	1 028,6	548,3	572,6	585,2	595,4	4,3	4,4	2,2	1,7	28,6	29,1	29,5	30,0
Öffentliche und private Dienstleister [3]	737,6	380,6	387,3	391,6	396,5	0,9	1,8	1,1	1,2	19,9	19,7	19,8	20,0
Alle Wirtschaftsbereiche	3 487,2	1 823,3	1 885,3	1 906,5	1 919,0	2,3	3,4	1,1	0,7	95,2	95,7	96,2	96,7
Nachr.: Unternehmenssektor	3 041,7	1 595,6	1 656,7	1 679,3	1 692,7	2,6	3,8	1,4	0,8	83,3	84,1	84,8	85,3
Wirtschaftsbereiche bereinigt [4]	3 320,2	1 730,3	1 785,5	1 801,4	1 809,6	1,9	3,2	0,9	0,5	90,4	90,7	90,9	91,2
Bruttoinlandsprodukt	3 669,9	1 914,8	1 969,5	1 980,8	1 984,3	2,0	2,9	0,6	0,2	100	100	100	100
II. Verwendung des Inlandsprodukts													
Private Konsumausgaben [5]	2 072,8	1 099,2	1 114,8	1 131,6	1 124,3	3,7	1,4	1,5	-0,6	57,4	56,6	57,1	56,7
Konsumausgaben des Staates	726,3	375,0	379,6	382,6	388,5	1,0	1,2	0,8	1,5	19,6	19,3	19,3	19,6
Ausrüstungen	292,5	160,3	175,5	165,4	149,9	7,2	9,5	-5,8	-9,4	8,4	8,9	8,3	7,6
Bauten	479,5	248,7	242,1	227,7	214,3	1,4	-2,6	-6,0	-5,9	13,0	12,3	11,5	10,8
Sonstige Anlagen [6]	40,0	23,2	25,2	26,5	27,1	13,5	8,4	5,0	2,5	1,2	1,3	1,3	1,4
Vorratsveränderungen [7]	3,2	-6,6	-2,7	-15,2	-13,9	.	.	.	.	-0,3	-0,1	-0,8	-0,7
Inländische Verwendung	3 614,3	1 899,8	1 934,5	1 918,6	1 890,3	2,8	1,8	-0,8	-1,5	99,2	98,2	96,9	95,3
Außenbeitrag	55,6	15,0	35,0	62,2	94,0	.	.	.	.	0,8	1,8	3,1	4,7
Exporte	1 078,6	582,5	662,1	695,4	713,8	5,6	13,7	5,0	2,6	30,4	33,6	35,1	36,0
Importe	1 023,0	567,4	627,1	633,1	619,8	8,5	10,5	1,0	-2,1	29,6	31,8	32,0	31,2
Bruttoinlandsprodukt	3 669,9	1 914,8	1 969,5	1 980,8	1 984,3	2,0	2,9	0,6	0,2	100	100	100	100
in jeweiligen Preisen													
III. Verwendung des Inlandsprodukts													
Private Konsumausgaben [5]	2 173,3	1 156,5	1 190,9	1 232,2	1 241,9	4,1	3,0	3,5	0,8	58,5	58,7	59,5	58,9
Konsumausgaben des Staates	722,7	378,8	387,2	393,5	402,8	2,5	2,2	1,6	2,4	19,1	19,1	19,0	19,1
Ausrüstungen	293,5	159,6	175,8	166,3	150,9	6,4	10,2	-5,4	-9,3	8,1	8,7	8,0	7,2
Bauten	475,3	245,2	240,2	226,2	212,8	0,9	-2,1	-5,8	-6,0	12,4	11,8	10,9	10,1
Sonstige Anlagen [6]	38,3	21,4	22,8	23,7	24,1	9,1	6,7	4,1	1,7	1,1	1,1	1,1	1,1
Vorratsveränderungen [7]	14,1	0,9	5,2	-9,4	-7,3	.	.	.	.	0,0	0,3	-0,5	-0,3
Inländische Verwendung	3 717,2	1 962,3	2 022,2	2 032,6	2 025,2	3,3	3,0	0,5	-0,4	99,2	99,6	98,1	96,1
Außenbeitrag	56,4	16,3	7,8	38,6	83,0	.	.	.	.	0,8	0,4	1,9	3,9
Exporte	1 095,6	587,0	685,4	726,9	748,3	4,8	16,8	6,1	2,9	29,7	33,8	35,1	35,6
Importe	1 039,2	570,7	677,6	688,3	665,2	7,4	18,7	1,6	-3,4	28,8	33,4	33,2	31,6
Bruttoinlandsprodukt	3 773,6	1 978,6	2 030,0	2 071,2	2 108,2	2,6	2,6	2,0	1,8	100	100	100	100
IV. Preise (1995=100)													
Privater Konsum	104,8	105,2	106,8	108,9	110,5	0,4	1,5	1,9	1,4	.	.	.	.
Bruttoinlandsprodukt	102,8	103,3	103,1	104,6	106,2	0,5	-0,3	1,4	1,6	.	.	.	.
Terms of Trade	100,0	100,2	95,8	96,2	97,7	0,2	-4,4	0,4	1,6	.	.	.	.
V. Verteilung des Volkseinkommens													
Arbeitnehmerentgelt	2 015,0	1 058,0	1 099,0	1 120,4	1 130,0	2,7	3,9	1,9	0,9	72,0	72,8	73,2	72,3
Unternehmens- und Vermögenseinkommen	805,0	411,1	410,3	410,9	432,0	-0,1	-0,2	0,2	5,1	28,0	27,2	26,8	27,7
Volkseinkommen	2 820,6	1 469,0	1 509,2	1 531,2	1 562,0	1,9	2,7	1,5	2,0	100	100	100	100
Nachr.: Bruttonationaleinkommen (Bruttosozialprodukt)	3 746,2	1 965,9	2 020,9	2 055,8	2 099,1	2,6	2,8	1,7	2,1				

Quelle: Statistisches Bundesamt; Rechenstand: Februar 2003. — 1 Einschl. Nachrichtenübermittlung. — 2 Kredit- und Versicherungsgewerbe, Grundstückswesen, Vermietung und Unternehmensdienstleister. — 3 Einschl. Häusliche Dienste. — 4 Bruttowertschöpfung nach Abzug unterstellter Bankgebühr, jedoch ohne Gütersteuern (saldiert mit Gütersubventionen). — 5 Einschl. Private Organisationen ohne Erwerbszweck. — 6 Immaterielle Anlageinvestitionen (u. a. EDV-Software, Urheberrechte) sowie Nutztiere und -pflanzen. — 7 Einschl. Nettozugang an Wertsachen.

Quelle: Deutsche Bundesbank, Monatsbericht Mai 2003, Statistischer Teil, S.60

Übersicht 8-1: Gegenüberstellung ausgewählter neuer und bisheriger Begriffe in den deutschen Volkswirtschaftlichen Gesamtrechnungen

Neue Begriffe (ESVG 1995)	Bisherige Begriffe (national angewendet)
Finanzielle Kapitalgesellschaften	Kreditinstitute und Versicherungsunternehmen + Kredit- und Versicherungshilfstätigkeit (soweit Kapital- oder Quasi-Kapitalgesellschaften) + Zusatzversorgungseinrichtungen von Bund, Ländern und Gemeinden
Nichtfinanzielle Kapitalgesellschaften	Produktionsunternehmen mit eigener Rechtspersönlichkeit + Produktionsunternehmen als Quasi-Kapitalgesellschaften
Arbeitnehmerentgelt	Bruttoeinkommen aus unselbständiger Arbeit
Bruttolöhne und -gehälter	Bruttolohn- und -gehaltsumme
Betriebsüberschuss	Entstandene Einkommen aus Unternehmertätigkeit und Vermögen der inländischen Sektoren − Entstandene Einkommen aus Unternehmen ohne eigene Rechtspersönlichkeit
Selbständigeneinkommen	Entstandene Einkommen aus Unternehmen ohne eigene Rechtspersönlichkeit
Primäreinkommen (= Nettonationaleinkommen)	Von Inländern empfangene Einkommen aus unselbständiger Arbeit und aus Unternehmertätigkeit und Vermögen (= Volkseinkommen) + Indirekte Steuern − Subventionen = Nettosozialprodukt (zu Marktpreisen)

8.3 Das VGR-System der Einkommensbegriffe

Gewinnentnahmen	Teil aus Entnommene Gewinne (nur aus Quasi-Kapitalgesellschaften)
Pachteinkommen	Nettopachten (ohne Einkommen aus immateriellen Werten)
Bruttonationaleinkommen	Bruttosozialprodukt + Empfangene Subventionen aus der übrigen Welt − Geleistete Produktions- und Importabgaben an die übrige Welt
Exporte	Ausfuhr von Waren und Dienstleistungen − Unterstellte Ausfuhr von Warengold
Importe	Einfuhr von Waren und Dienstleistungen
Konsumausgaben, Konsum	Letzter Verbrauch
Konsumausgaben der privaten Haushalte	Käufe der inländischen privaten Haushalte (ohne Nettozugang an Wertsachen)
der privaten Organisationen ohne Erwerbszweck	Eigenverbrauch der privaten Organisationen ohne Erwerbszweck
der privaten Haushalte und der privaten Organisationen ohne Erwerbszweck	Privater Verbrauch
des Staates	Staatsverbrauch
Individualkonsum	Käufe der inländischen privaten Haushalte (ohne Nettozugang an Wertsachen) + Eigenverbrauch der privaten Organisationen ohne Erwerbszweck = Privater Verbrauch + soziale Sachleistungen des Staates

Kollektivkonsum	Staatsverbrauch − soziale Sachleistungen des Staates
Sparen	Ersparnis
Bruttoinvestitionen	Bruttoinvestitionen
Bruttoanlageinvestitionen	Bruttoanlageinvestitionen + Nettozugang an zivil nutzbaren militärischen Ausrüstungen und Bauten + Nettozugang an Suchbohrungen, Computerprogrammen, Urheberrechten (immaterielle Anlageinvestitionen)
Vorratsveränderungen	Vorratsveränderung + Heranwachsende Pflanzen. (einschließlich Bäume) − Ernte und Holzeinschlag
Nettozugang an Wertsachen	+ Teil aus Ausfuhr von Waren und Dienstleistungen (Gold) + Teil aus Käufe der inländischen privaten Haushalte (Bankenprovisionen für Goldverkäufe)
Produktions- und Importabgaben − Subventionen = Nettoproduktionsabgaben	Indirekte Steuern − Subventionen
Gütersteuern	Nichtabziehbare Umsatzsteuer, Einfuhrabgaben und Teil aus Produktionsteuern
Einkommen- und Vermögensteuern	Direkte Steuern

Quelle: Wirtschaft und Statistik Heft 4/1999, S. 19, 20.

Box 8-2: Daten zur Staatsverschuldung

Im Zuge der Wiedervereinigung erhöhte sich die Verschuldung der Gebietskörperschaften (Bund, einschließlich der Sondervermögen wie Fonds "Deutsche Einheit", Kreditabwicklungsfonds, ERP-Sondervermögen und Lastenausgleichsfonds, Länder und Gemeinden) sprunghaft. Die Nettokreditaufnahme ist erheblich gestiegen, ebenso die Belastung der öffentlichen Haushalte mit Zinszahlungen. Die folgenden Schaubilder zeigen die empirische Situation:

Schulden und Schuldenquote (= Schulden/BIP) der Gebietskörperschaften

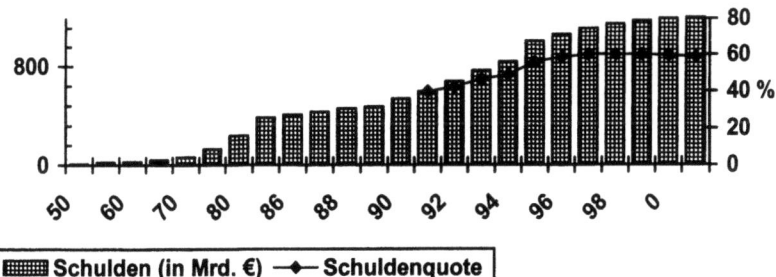

Schuldenquoten ausgewählter Industrieländer, 1993

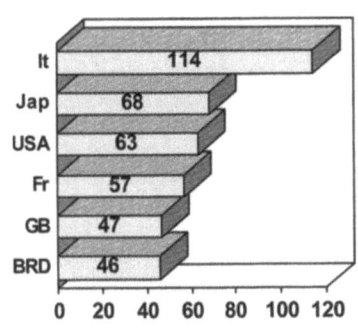

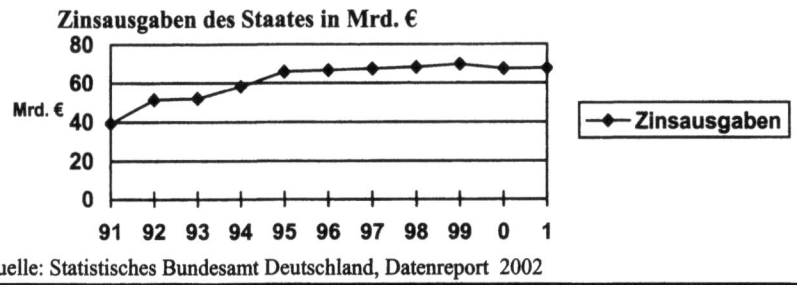

Quelle: Statistisches Bundesamt Deutschland, Datenreport 2002

Übersicht 8-2: Wirtschaftsbereiche und volkswirtschaftliche Sektoren

Wirtschaftsbereich WZ 93 Bezeichnung	Nichtfinanzielle Kapitalgesellschaften	Finanzielle Kapitalgesellschaften	Staat	Private Haushalte	Private Organisationen ohne Erwerbszweck
A Land- und Forstwirtschaft, Fischerei	Kapitalgesellschaften, Aktiengesellschaften (AG), Gesellschaften mit beschränkter Haftung (GmbH), Genossenschaften		örtlich fachliche Einheiten bei: - Forstwirtschaft	Selbständige Landwirte,	
C bis E Produzierendes Gewerbe ohne Baugewerbe			- Wasserversorgung	Einzelunternehmer im Produzierenden Gewerbe, Handwerker	
F Baugewerbe				(einschl. Eigenleistung beim Bau)	
G Handel, H Gastgewerbe, I Verkehr	Quasi-Kapitalgesellschaften: Personengesellschaften,		- Hilfs- u. Nebentätigkeiten im Verkehr	Händler, Gastwirte, selbst. Verkehrunternehmer,	
J Kredit- und Versicherungsgewerbe		Banken, Versicherungen Hilfsgewerbe		selbständige Versicherungsvertreter u.a.	
K Grundstückswesen, Vermietung, Dienstleistungen für Untern.	Offene Handelsgesellschaft (OHG), Kommanditgesellschaft (KG),	Vermietung (örtliche fachl. Einheit bei Versicherungsgesellsch.)	- Grundstückswesen - Forschung **Bund, Länder Gemeinden/Gemeindeverbände, Sozialversicherungsträger**	Vermietung und Eigennutzung von Wohnraum, "Dienstleister" des Einzelunternehmer	Wohnungsvermietung (örtl. fachl. Einheiten) Forschungseinrich.
L Öffentliche Verwaltung	rechtlich unselbständige Eigenbetriebe des Staates und der Organisat. o.Erw. Wirtschaftsverbände				
M Erziehung, Unterricht N Gesundheit, Sozialw. O Erbringung sonst. öff. u. priv. Dienstl.			- Erziehung - Gesundheit - Entsorgung - Kultur	Selbständige, "Freiberufler"	z.B. Politische Parteien, (Gewerkschaften, Kirchen, Wohlfahrtsverbände Vereine
P Häusliche Dienste					

¹⁾ Die aufgeführten Beispiele können die Zusammensetzung der volkswirtschaftlichen Sektoren nicht vollständig beschreiben

Quelle: Wirtschaft und Statistik Heft 4/1999 S.50.

Erläuterung von Begriffen aus den Volkswirtschaftlichen Gesamtrechnungen für Deutschland

1. Einführung des Europäischen Systems Volkswirtschaftlicher Gesamtrechnungen 1995

Zum 28. April 1999 wurden die Volkswirtschaftlichen Gesamtrechnungen für Deutschland auf das **Europäische System Volkswirtschaftlicher Gesamtrechnungen (ESVG) 1995** umgestellt. Das neue System, das zum gleichen Zeitpunkt auch in den anderen Mitgliedstaaten der Europäischen Union verbindlich eingeführt wurde, bringt im Hinblick auf die verwendeten Konzepte und Definitionen eine Vielzahl von Änderungen gegenüber dem zuvor angewandten eigenständigen deutschen System. Das Statistische Bundesamt hat in ausführlichen Veröffentlichungen die methodischen und konzeptionellen Änderungen zwischen dem ESVG 1995 und dem bisherigen System dargestellt.[1] Die folgenden Ausführungen beschränken sich auf wichtige Begriffe im ESVG 1995.

2. Volkswirtschaft und Sektoren

In den Volkswirtschaftlichen Gesamtrechnungen wird die wirtschaftliche Betätigung aller Wirtschaftseinheiten erfasst, die ihren ständigen Sitz beziehungsweise Wohnsitz im Wirtschaftsgebiet haben. Ein Wirtschaftsgebiet kann die gesamte Volkswirtschaft (zum Beispiel Bundesrepublik Deutschland) oder ein Teil davon (zum Beispiel ein Bundesland) sein. Die Region außerhalb des jeweiligen Wirtschaftsgebiets wird nicht als Ausland, sondern als „Übrige Welt" bezeichnet. Für die Abgrenzung ist im Allgemeinen die Staatsangehörigkeit ohne Bedeutung; ebenso ist es unerheblich, welche Rechtsform die Wirtschaftseinheiten haben. Ständig im Inland befindliche Produktionsstätten, Verwaltungseinrichtungen usw. zählen deshalb zu den inländischen Wirtschaftseinheiten, unabhängig von den Eigentumsverhältnissen; umgekehrt gehören ständig im Ausland gelegene Produktionsstätten, Verwaltungseinrichtungen usw. im Eigentum von Inländern nicht zu den inländischen Wirtschaftseinheiten. Ausnahmen von dieser Regel bilden unter anderem diplomatische und konsularische Vertretungen sowie Streitkräfte.

Als kleinste Darstellungseinheit dienen in der Inlandsproduktsberechnung Organisationen, die entweder selbst bilanzieren oder bei denen es aus rechtlicher und wirtschaftlicher Sicht möglich wäre, eine vollständige Rechnungsführung zu erstellen. Diese Einheiten werden zu folgenden Sektoren zusammengefasst:

Zu den **nichtfinanziellen Kapitalgesellschaften** gehören die Kapitalgesellschaften, wie AG und GmbH, sowie die Personengesellschaften, wie OHG und KG, die rechtlich unselbständigen Eigenbetriebe des Staates und der privaten Organisationen ohne Erwerbszweck, wie Krankenhäuser und Pflegeheime sowie die Wirtschaftsverbände.

Der Sektor der **finanziellen Kapitalgesellschaften** umfasst im Wesentlichen Banken, Versicherungen sowie das entsprechende Hilfsgewerbe (Effekten- und Warenterminbörsen, Versicherungsmakler, Versicherungsvertreter usw.)

Zu den **privaten Haushalten** zählen Einzelpersonen und Gruppen von Einzelpersonen als Konsumenten und gegebenenfalls auch als Produzenten, wie selbständige Landwirte, Einzelunternehmer, Händler, Gastwirte, selbständige Verkehrsunternehmer, selbständige Versicherungsvertreter, „Freiberufler" usw.

---

[1] Wirtschaft und Statistik, Heft 4, April 1999, Seiten 257 ff., und Heft 6, Juni 1999, Seiten 449 ff.

In der Regel mit den privaten Haushalten zusammengefasst wird aus statistischen Gründen der Sektor **private Organisationen ohne Erwerbszweck**, zu dem politische Parteien, Gewerkschaften, Kirchen, Wohlfahrtsverbände, Vereine usw. gehören.

Zum **Staat** gehören die Gebietskörperschaften (Bund, Länder und Gemeinden) sowie die Sozialversicherung.

Die Gesamtheit der Wirtschaftseinheiten, die ihren ständigen Sitz (Wohnsitz) außerhalb des Wirtschaftsgebietes haben, wird als „**Übrige Welt**" bezeichnet.

3. Inlandsprodukt und Nationaleinkommen

Das **Bruttoinlandsprodukt**, das die Produktion von Waren und Dienstleistungen im Inland nach Abzug der Vorleistungen misst, ist in erster Linie ein Produktionsindikator. Das Bruttoinlandsprodukt errechnet sich als Summe der unbereinigten Bruttowertschöpfung aller Wirtschaftsbereiche abzüglich der unterstellten Bankgebühr und zuzüglich des Saldos von Gütersteuern minus Gütersubventionen.

Die **Produktionswerte** der Unternehmen stellen den Wert der Verkäufe von Waren und Dienstleistungen aus eigener Produktion sowie von Handelsware an andere (in- und ausländische) Wirtschaftseinheiten dar, vermehrt um den Wert der Bestandsveränderung an Halb- und Fertigwaren aus eigener Produktion und um den Wert der selbsterstellten Anlagen. Zu den Verkäufen rechnen in den Volkswirtschaftlichen Gesamtrechnungen auch die Einnahmen aus der Vermietung von Wohnungen (einschließlich unterstellter Mieten für eigengenutzte Wohnungen) und von gewerblichen Anlagen sowie der Eigenkonsum der Unternehmer (im eigenen Unternehmen produzierte und im privaten Haushalt des Unternehmers konsumierte Erzeugnisse). Der Wert der Verkäufe schließt die in Rechnung gestellte Umsatzsteuer nicht ein. Der Produktionswert der sogenannten „Nichtmarktproduzenten" aus den Sektoren Staat und private Organisationen ohne Erwerbszweck, deren Leistungen der Allgemeinheit überwiegend ohne spezielles Entgelt zur Verfügung gestellt werden, werden durch Addition der Aufwandsposten dieser Institutionen ermittelt.

Unter **Vorleistungen** ist der Wert der Güter (Waren und Dienstleistungen) zu verstehen, die inländische Wirtschaftseinheiten von anderen (in- und ausländischen) Wirtschaftseinheiten bezogen und im Berichtszeitraum im Zuge der Produktion verbraucht haben. Die Vorleistungen umfassen außer Rohstoffen, sonstigen Vorprodukten, Hilfs- und Betriebsstoffen, Brenn- und Treibstoffen und anderen Materialien auch Bau- und sonstige Leistungen für laufende Reparaturen, Transportkosten, Postgebühren, Anwaltskosten, gewerbliche Mieten, Benutzungsgebühren für öffentliche Einrichtungen usw. In der Regel schließen die Vorleistungen nicht die eingesetzte Handelsware ein, da der Produktionswert von Handelsaktivitäten nur in Höhe des Dienstleistungsentgelts gebucht wird.

Zu den **Gütersteuern** zählen alle Steuern und ähnlichen Abgaben, die für gehandelte Waren oder Dienstleistungen zu entrichten sind. Sie umfassen die nichtabziehbare Umsatzsteuer (Teil der Umsatzsteuer, der nicht im Rahmen des Vorsteuerabzugsverfahrens von der geschuldeten Umsatzsteuer abgezogen werden kann), Importabgaben (unter anderem Zölle, Verbrauchsteuern und Abschöpfungsbeträge auf eingeführte Güter) und sonstige Gütersteuern (Verbrauchsteuern, Vergnügungssteuern, Versicherungsteuer usw.).

Gütersubventionen sind Subventionen, die bei produzierten oder eingeführten Waren oder Dienstleistungen geleistet werden. Unter Subventionen versteht man in den Volkswirtschaftlichen Gesamtrechnungen laufende Zahlungen ohne Gegenleistung, die der Staat oder Institutionen der Europäischen Union an gebietsansässige Produzenten leisten, um den Umfang der

Produktion dieser Einheiten, ihre Verkaufspreise oder die Entlohnung der Produktionsfaktoren zu beeinflussen.

Das **Bruttonationaleinkommen** ergibt sich, indem zum Bruttoinlandsprodukt die von der übrigen Welt empfangenen Primäreinkommen (Arbeitnehmerentgelt, Vermögenseinkommen, Subventionen) hinzugezählt und die an die übrige Welt geleisteten Primäreinkommen (Arbeitnehmerentgelt, Vermögenseinkommen, Produktions- und Importabgaben) abgezogen werden.

4. Verteilung des Volkseinkommens

Werden vom Bruttonationaleinkommen die Abschreibungen abgezogen, so ergibt sich das **Nettonationaleinkommen (Primäreinkommen)**. Durch Abzug der Produktions- und Importabgaben an den Staat und Hinzufügen der Subventionen vom Staat kann aus dem Nettonationaleinkommen das Volkseinkommen abgeleitet werden.

Das **Volkseinkommen** als häufig genutzte Größe der Verteilungsrechnung ist die Summe aller Erwerbs- und Vermögenseinkommen, die Inländern letztlich zugeflossen sind. Es umfasst also das von Inländern empfangene Arbeitnehmerentgelt sowie die Unternehmens- und Vermögenseinkommen, die Selbständigen oder Arbeitnehmern zufließen.

Erhöht man das Volkseinkommen um die Produktions- und Importabgaben an den Staat abzüglich Subventionen vom Staat sowie die empfangenen laufenden Transfers aus der übrigen Welt und zieht die geleisteten laufenden Transfers an die übrige Welt ab, so ergibt sich das **verfügbare Einkommen der Gesamtwirtschaft**.

Ein überwiegender Teil dieses verfügbaren Einkommens der Gesamtwirtschaft wird konsumiert, der Rest wird **Sparen** genannt.

Analog ist das **Sparen der privaten Haushalte** der Teil des verfügbaren Einkommens der privaten Haushalte, der nicht konsumiert wird, zuzüglich der Zunahme betrieblicher Versorgungsansprüche. Die Relation aus dem so ermittelten Sparen der privaten Haushalte zum verfügbaren Einkommen der privaten Haushalte nach dem Ausgabenkonzept wird als Sparquote bezeichnet.

5. Verwendung des Bruttoinlandsprodukts

Auf der Verwendungsseite des Bruttoinlandsprodukts werden die Konsumausgaben der privaten Haushalte, der privaten Organisationen ohne Erwerbszweck und des Staates, die Bruttoanlageinvestitionen, die Vorratsveränderungen und der Nettozugang an Wertsachen sowie der Außenbeitrag unterschieden.

Private Konsumausgaben sind die Summe von Konsumausgaben der privaten Haushalte und Konsumausgaben der privaten Organisationen ohne Erwerbszweck. Als **Konsumausgaben privater Haushalte** werden die Waren- und Dienstleistungskäufe der inländischen privaten Haushalte für Konsumzwecke bezeichnet. Neben den tatsächlichen Käufen, zu denen unter anderem Entgelte für häusliche Dienste gehören, sind auch bestimmte unterstellte Käufe enthalten, wie zum Beispiel der Eigenverbrauch der Unternehmer, der Wert der Nutzung von Eigentümerwohnungen sowie sogenannte Naturalentgelte für Arbeitnehmer (zum Beispiel Deputate). Der Konsum auf Geschäftskosten wird nicht zu den Konsumausgaben privater Haushalte gerechnet, sondern zu den Vorleistungen. Nicht enthalten sind ferner Käufe von

Grundstücken und Gebäuden, die zu den Bruttoanlageinvestitionen zählen. Die **Konsumausgaben der privaten Organisationen ohne Erwerbszweck** bestehen aus dem Eigenverbrauch, das heißt aus dem Wert der von diesen Organisationen produzierten Güter abzüglich selbsterstellter Anlagen und Verkäufe sowie den Ausgaben für Güter, die als soziale Sachtransfers den privaten Haushalten für ihren Konsum zur Verfügung gestellt werden.

Die **Konsumausgaben des Staates** entsprechen dem Wert der Güter, die vom Staat selbst produziert werden, jedoch ohne selbsterstellte Anlagen und Verkäufe, sowie den Ausgaben für Güter, die als soziale Sachtransfers den privaten Haushalten für ihren Konsum zur Verfügung gestellt werden.

Die **Bruttoanlageinvestitionen** umfassen die Käufe neuer Anlagen (einschließlich aller eingeführten und selbsterstellten Anlagen) sowie die Käufe von gebrauchten Anlagen und Land nach Abzug der Verkäufe von gebrauchten Anlagen und Land. Die Käufe und Verkäufe von gebrauchten Anlagen und Land saldieren sich weitgehend in der Volkswirtschaft, mit Ausnahme der Verkäufe von Anlageschrott, gebrauchten Ausrüstungsgütern an private Haushalte (Kraftwagen) und an die übrige Welt (Kraftwagen, Schiffe und andere). Als Anlagen werden in diesem Zusammenhang alle dauerhaften reproduzierbaren Produktionsmittel angesehen, mit Ausnahme nur militärisch nutzbarer Anlagen und Gütern, die in den Privaten Konsum eingehen. Als dauerhaft gelten in den Volkswirtschaftlichen Gesamtrechnungen diejenigen Produktionsmittel, deren Nutzungsdauer mehr als ein Jahr beträgt und die normalerweise in der betriebswirtschaftlichen Buchführung aktiviert werden. Ausgenommen sind geringwertige Güter, vor allem solche, die periodisch wiederbeschafft werden, auch wenn sie eine längere Nutzungsdauer als ein Jahr haben (zum Beispiel kleinere Werkzeuge, Reifen, Büromittel). Größere Reparaturen, die zu einer wesentlichen Steigerung des Wertes einer Anlage führen, sind dagegen Bestandteile der Bruttoanlageinvestitionen. Die **Bruttoanlageinvestitionen** untergliedern sich in **Ausrüstungen** (Maschinen, Geräte, Fahrzeuge), **Bauten** (Wohnbauten, Nichtwohnbauten) und **Sonstige Anlagen** (unter anderem Computersoftware, Urheberrechte, Nutztiere und Nutzpflanzungen).

Die **Vorratsveränderungen** werden anhand von Bestandsangaben für Vorräte berechnet, die zunächst von Buchwerten auf eine konstante Preisbasis umgerechnet werden. Die Differenz zwischen Anfangs- und Endbeständen zu konstanten Preisen wird anschließend mit jahresdurchschnittlichen Preisen bewertet. Die so ermittelte Vorratsveränderung ist frei von Scheingewinnen und -verlusten, die aus preisbedingten Änderungen der Buchwerte resultieren. Zusammengefasst mit den Vorratsveränderungen wird der **Nettozugang an Wertsachen** veröffentlicht, der in Deutschland ausschließlich aus den Käufen abzüglich Verkäufen der privaten Haushalte von Goldbarren und nichtumlauffähigen Goldmünzen besteht.

Der **Außenbeitrag** ergibt sich als Saldo zwischen den Exporten und Importen von Waren und Dienstleistungen. Als **Exporte** und **Importe** gelten alle Waren- und Dienstleistungsumsätze mit Wirtschaftseinheiten, die ihren ständigen Sitz oder Wohnsitz außerhalb Deutschlands haben. Nicht eingeschlossen sind die grenzüberschreitenden Primäreinkommen zwischen Inländern und der Übrigen Welt. Die Berechnung geht von den Zahlen des Generalhandels aus, jedoch sind die von Ausländern auf deutsche Zollager genommenen und wiederausgeführten Waren abgesetzt. Der Wert der eingeführten Waren wird mittels Schätzung vom Grenzwert (cif) auf den Wert frei Grenze (fob) des exportierenden Landes umgerechnet, das heißt die im Gesamtwert enthaltenen Fracht- und Versicherungskosten ausländischer Transport- und Versicherungsunternehmen werden in die Dienstleistungskäufe umgesetzt.

Quelle: Sachverständigenrat zur Begutachtung der Gesamtwirtschaftlichen Entwicklung: Wirtschaftspolitik unter Reformdruck, S. 209-211, Poeschel, Stuttgart 1999.

Wertschöpfung, Inlandsprodukt und Nationaleinkommen
Mrd. EUR

Gegenstand der Nachweisung	2000 [1]	2001 [1]	2002 [1]
in jeweiligen Preisen			
Bruttowertschöpfung (unbereinigt)	1 889,41	1 929,13	1 963,58
- Unterstellte Bankgebühr	65,55	65,30	65,00
= Bruttowertschöpfung (bereinigt)	1 823,86	1 863,83	1 898,58
+ Nettogütersteuern	206,14	207,37	209,62
= Bruttoinlandsprodukt	2 030,00	2 071,20	2 108,20
+ Saldo d. Primäreinkommen aus d. übrigen Welt	-9,15	-15,41	-9,09
= Bruttonationaleinkommen (Bruttosozialprodukt)	2 020,85	2 055,79	2 099,11
- Abschreibungen	302,34	312,07	318,48
= Nettonationaleinkommen (Primäreinkommen)	1 718,51	1 743,72	1 780,63
- Produktions- und Importabgaben	244,45	246,33	249,51
+ Subventionen	35,16	33,84	30,92
= Volkseinkommen	1 509,22	1 531,23	1 562,04
Arbeitnehmerentgelt	1 098,96	1 120,35	1 130,03
Unternehmens- und Vermögenseinkommen	410,26	410,88	432,01
in Preisen von 1995			
Bruttowertschöpfung (unbereinigt)	1 885,32	1 906,46	1 919,02
- Unterstellte Bankgebühr	99,86	105,04	109,45
= Bruttowertschöpfung (bereinigt)	1 785,46	1 801,42	1 809,57
+ Nettogütersteuern	184,04	179,38	174,73
= Bruttoinlandsprodukt	1 969,50	1 980,80	1 984,30
+ Saldo d. Primäreinkommen aus d. übrigen Welt	-7,42	-13,88	-7,78
= Bruttonationaleinkommen (Bruttosozialprodukt)	1 962,08	1 966,92	1 976,52

Quelle: Statistisches Bundesamt Deutschland, http://www.destatis.de/basis/d/vgr/vgrtab2.htm (Juni 2003).

Bruttowertschöpfung nach Wirtschaftsbereichen Mrd. EUR			
Wirtschaftsbereich	2000 [1]	2001 [1]	2002 [1]
in jeweiligen Preisen			
Land- und Forstwirtschaft; Fischerei	22,05	23,51	21,95
Produzierendes Gewerbe ohne Baugewerbe	458,37	470,08	475,30
Baugewerbe	96,34	91,63	87,21
Handel, Gastgewerbe und Verkehr	349,09	359,82	365,00
Finanzierung, Vermietung u. Untern.dienstl.	560,71	572,32	589,97
Öffentliche und private Dienstleister	402,85	411,77	424,15
Alle Wirtschaftsbereiche (unbereinigt)	1 889,41	1 929,13	1 963,58
in Preisen von 1995			
Land- und Forstwirtschaft; Fischerei	24,29	24,55	24,23
Produzierendes Gewerbe ohne Baugewerbe	445,56	447,29	446,46
Baugewerbe	102,62	95,99	90,38
Handel, Gastgewerbe und Verkehr	352,91	361,83	366,11
Finanzierung, Vermietung u. Untern.dienstl.	572,61	585,16	595,37
Öffentliche und private Dienstleister	387,33	391,64	396,47
Alle Wirtschaftsbereiche (unbereinigt)	1 885,32	1 906,46	1 919,02
[1] Vorläufiges Ergebnis.			

Quelle: Statistisches Bundesamt Deutschland, http://www.destatis.de/basis/d/vgr/vgrtab3.htm (Juni 2003).

8.3 Das VGR-System der Einkommensbegriffe

Konsumausgaben, Investitionen und Außenbeitrag Mrd. EUR			
Gegenstand der Nachweisung	2000 [1]	2001 [1]	2002 [1]
in jeweiligen Preisen			
Konsumausgaben	1 578,15	1 625,67	1 644,67
-Private Haushalte	1 151,66	1 191,30	1 199,58
-Private Organisationen ohne Erwerbszweck	39,25	40,85	42,30
-Staat	387,24	393,52	402,79
Bruttoanlageinvestitionen	438,77	416,31	387,78
-Ausrüstungen	175,83	166,34	150,90
-Bauten	240,15	226,24	212,75
-Sonstige Anlagen	22,79	23,73	24,13
Vorratsveränderungen und Nettozugang an Wertsachen	5,24	-9,37	-7,28
Inländische Verwendung von Gütern	2 022,16	2 032,61	2 025,17
Außenbeitrag (Exporte minus Importe)	7,84	38,59	83,03
-Exporte	685,39	726,90	748,27
-Importe	677,55	688,31	665,24
Bruttoinlandsprodukt	2 030,00	2 071,20	2 108,20
in Preisen von 1995			
Konsumausgaben	1 494,37	1 514,21	1 512,88
-Private Haushalte	1 079,32	1 095,70	1 087,81
-Private Organisationen ohne Erwerbszweck	35,43	35,87	36,53
-Staat	379,62	382,64	388,54
Bruttoanlageinvestitionen	442,84	419,54	391,28
-Ausrüstungen	175,51	165,38	149,87
-Bauten	242,14	227,71	214,31
-Sonstige Anlagen	25,19	26,45	27,10
Vorratsveränderungen und Nettozugang an Wertsachen	-2,68	-15,18	-13,87
Inländische Verwendung von Gütern	1 934,53	1 918,57	1 890,29
Außenbeitrag (Exporte minus Importe)	34,97	62,23	94,01
-Exporte	662,10	695,37	713,79
-Importe	627,13	633,14	619,78
Bruttoinlandsprodukt	1 969,50	1 980,80	1 984,30

[1] Vorläufiges Ergebnis.

Quelle: Statistisches Bundesamt Deutschland, http://www.destatis.de/basis/d/vgr/vgrtab4.htm (Juni 2003).

Konsumausgaben der privaten Haushalte im Inland nach Verwendungszwecken Mrd. EUR			
Gegenstand der Nachweisung	2000 [1]	2001 [1]	2002 [1]
in jeweiligen Preisen			
Nahrungsmittel, Getränke, Tabakwaren	177,15	187,89	191,02
Bekleidung und Schuhe	73,04	74,57	73,83
Wohnung, Wasser, Strom, Gas u.a. Brennstoffe	272,44	284,92	289,30
Einrichtungsgegenstände, Geräte für den Haushalt	81,98	83,04	81,00
Verkehr und Nachrichtenübermittlung	186,38	191,23	195,26
Freizeit, Unterhaltung und Kultur	109,08	112,21	111,24
Beherbergungs- und Gaststättendienstleistungen	56,21	57,31	56,19
Übrige Verwendungszwecke	166,09	171,39	175,89
= Konsumausgaben der priv. Haushalte im Inland	1 122,37	1 162,56	1 173,73
+ Konsumausgaben der Inländer in der übrigen Welt	51,42	51,3	49,56
- Konsumausgaben der Gebietsfremden im Inland	22,13	22,56	23,71
= Konsumausgaben der inländ. priv. Haushalte	1 151,66	1 191,3	1 199,58
+ Konsumausgaben der priv. Org. o.E.	39,25	40,85	42,30
= Private Konsumausgaben	1 190,91	1 232,15	1 241,88
+ Konsumausgaben des Staates	387,24	393,52	402,79
= Konsum	1 578,15	1 625,67	1 644,67
[1] Vorläufiges Ergebnis; Aktualisiert am 26. Februar 2003			

Quelle: Statistisches Bundesamt Deutschland, http://www.destatis.de/basis/d/vgr/vgrtab5.htm (Juni 2003).

8.3 Das VGR-System der Einkommensbegriffe

Bruttoanlageinvestitionen nach Güterarten Mrd. EUR			
Gegenstand der Nachweisung	2000 [1]	2001 [1]	2002 [1]
in jeweiligen Preisen			
Bruttoanlageinvestitionen	438,77	416,31	387,78
Ausrüstungsinvestitionen	175,83	166,34	150,90
-Maschinen und Geräte	131,26	127,18	...
-Fahrzeuge	44,57	39,16	...
Bauinvestitionen	240,15	226,24	212,75
-Wohnbauten	140,92	131,22	123,51
-Nichtwohnbauten	99,23	95,02	89,24
Sonstige Anlagen	22,79	23,73	24,13
in Preisen von 1995			
Bruttoanlageinvestitionen	442,84	419,54	391,28
Ausrüstungsinvestitionen	175,51	165,38	149,87
-Maschinen und Geräte	134,53	130,53	...
-Fahrzeuge	40,98	34,85	...
Bauinvestitionen	242,14	227,71	214,31
-Wohnbauten	141,12	131,08	123,30
-Nichtwohnbauten	101,02	96,63	91,01
Sonstige Anlagen	25,19	26,45	27,10

[1] Vorläufiges Ergebnis; Aktualisiert am 26. Februar 2003

Quelle: Statistisches Bundesamt Deutschland, http://www.destatis.de/basis/d/vgr/vgrtab6.htm (Juni 2003).

Nationaleinkommen, Verfügbares Einkommen und Finanzierungssaldo
Mrd. EUR

Gegenstand der Nachweisung	2000 [1]	2001 [1]	2002 [1]
Bruttolöhne und -gehälter	886,11	905,05	911,78
+ Arbeitgeberbeiträge	213,70	215,95	218,75
= **Arbeitnehmerentgelt**	1 099,81	1 121,00	1 130,53
+ Betriebsüberschuss/ Selbständigeneinkommen	411,30	419,98	438,39
+ Nettoproduktionsabgaben	216,55	218,15	220,80
= **Nettoinlandsprodukt**	1 727,66	1 759,13	1 789,72
+ Saldo der Primäreinkommen mit d. übr. Welt	-9,15	-15,41	-9,09
= **Primäreinkommen (Nettonationaleinkommen)**	1 718,51	1 743,72	1 780,63
+ Laufende Transfers aus der übrigen Welt	10,04	9,79	9,80
− Laufende Transfers an die übrige Welt	29,71	29,82	33,11
= **Verfügbares Einkommen**	1 698,84	1 723,69	1 757,32
− Konsum	1 578,15	1 625,67	1 644,67
= **Sparen**	120,69	98,02	112,65
+ Vermögenstransfers aus der übrigen Welt	18,79	2,15	2,18
− Vermögenstransfers an die übrige Welt	3,45	2,94	2,42
− Bruttoinvestitionen	444,01	406,94	380,50
+ Abschreibungen	302,34	312,07	318,48
= **Finanzierungssaldo**	-5,64	2,36	50,39
nachrichtlich: Verfügbares Einkommen der priv. Haushalte	1 306,56	1 355,90	1 369,25
Sparen der priv. Haushalte	129,45	138,09	144,16

[1] Vorläufiges Ergebnis.; Aktualisiert am 26. Februar 2003

Quelle: Statistisches Bundesamt Deutschland, http://www.destatis.de/basis/d/vgr/vgrtab7.htm (Juni 2003).

8.3 Das VGR-System der Einkommensbegriffe

Arbeitnehmerentgelt und Bruttolöhne und -gehälter Mrd. EUR			
Gegenstand der Nachweisung	2000 [1]	2001 [1]	2002 [1]
Arbeitnehmerentgelt im Inland	1 099,81	1 121,00	1 130,53
Land- und Forstwirtschaft; Fischerei	9,80	9,66	9,73
Produzierendes Gewerbe ohne Baugewerbe	331,96	338,15	336,45
Baugewerbe	65,59	61,61	58,06
Handel, Gastgewerbe und Verkehr	221,40	226,73	230,12
Finanzierung, Vermietung u. Untern.dienstl.	165,36	173,96	177,80
Öffentliche und private Dienstleister	305,70	310,89	318,37
Bruttolöhne und -gehälter im Inland	886,11	905,05	911,78
Land- und Forstwirtschaft; Fischerei	8,10	7,98	8,04
Produzierendes Gewerbe ohne Baugewerbe	264,59	270,04	268,27
Baugewerbe	53,53	50,30	47,32
Handel, Gastgewerbe und Verkehr	181,33	186,08	188,81
Finanzierung, Vermietung u. Untern.dienstl.	134,16	141,61	144,65
Öffentliche und private Dienstleister	244,40	249,04	254,69
[1] Vorläufiges Ergebnis.			
		Aktualisiert am 26. Februar 2003	

Quelle: Statistisches Bundesamt Deutschland, http://www.destatis.de/basis/d/vgr/vgrtab8.htm (Juni 2003).

Einige Zusammenhäge im Überblick:

Brutto - Abschreibungen = Netto
Herstellungspreise + Nettoproduktionsabgabe = Marktpreise
Inlandskonzept + Nettoprimäreinkommen Ausland = Inländerkonzept

Entstehung, Verwendung und Verteilung des Bruttoinlandsprodukts 2002

in Mrd. Euro

2 108,2

Entstehung = Verwendung = Verteilung

Entstehung (Bruttowertschöpfung):
- Land- und Forstwirtschaft, Fischerei: 22,0
- Produzierendes Gewerbe ohne Baugewerbe: 475,3
- Baugewerbe: 87,2
- Handel, Gastgewerbe und Verkehr: 365,0
- Finanzierung, Vermietung und Unternehmensdienstleister: 590,0
- Öffentliche und private Dienstleister: 424,2

− Unterstellte Bankgebühr: 65,0

+ Gütersteuern abzüglich Gütersubventionen: 209,6

Verwendung:
- Konsumausgaben der privaten Haushalte: 1 199,6 (Private Konsumausgaben)
- Konsumausgaben der privaten Organisationen ohne Erwerbszweck: 42,3
- Konsumausgaben des Staates: 402,8
- Investitionen: 380,5

+ Außenbeitrag: 83,0

Verteilung (Volkseinkommen):
- Arbeitnehmerentgelt: 1 130,0
- Unternehmens- und Vermögenseinkommen: 432,0

+ Produktions- und Importabgaben an den Staat abzüglich Subventionen vom Staat: 218,6

+ Abschreibungen: 318,5

− Saldo der Primäreinkommen aus der übrigen Welt: −9,1

Quelle: Statistisches Bundesamt Deutschland, Volkswirtschaftliche Gesamtrechnung – Wichtige Zusammenhänge im Überblick 2002, Wiesbaden März 2003.

9 Das Europäische System der Volkswirtschaftlichen Gesamtrechnung im Detail

Im letzten Kapitel haben wir die Volkswirtschaftliche Gesamtrechnung zum Abschluss gebracht. Wem die komprimierte Form des zu Grunde gelegten VGR-Schemas nicht detailliert genug ist, der kann sich in diesem Kapitel mit dem von Eurostat und vom Statistischen Bundesamt empirisch aufgefüllten Konten-System vertraut machen. Die Aufteilung in Wirtschaftssektoren ist identisch mit unserer „Modell - VGR". Die wirtschaftlichen Aktivitäten werden jedoch feiner untergliedert und auf folgenden Konten festgehalten:

Übersicht 9-1: Konten und Kontensalden nach ESVG 1995

Konten für Sektoren		Kontensalden	
I.	Produktionskonto	B.1	Wertschöpfung
II.	Einkommensverteilungs- und -verwendungskonten		
	II.1 Konten der primären Einkommensverteilung		
	II.1.1 Einkommensentstehungskonto	B.2	Betriebsüberschuß
		B.3	Selbständigeneinkommen
	II.1.2 Primäre Einkommensverteilungskonten		
	II.1.2.1 Unternehmensgewinne	B.4	Unternehmensgewinn
	II.1.2.2 Verteilung sonstiger Primäreinkommen	B.5	Primäreinkommen
	II.2 Konten der sekundären Einkommensverteilung (Ausgabenkonzept)	B.6	Verfügbares Einkommen (Ausgabenkonzept)
	II.3 Konten der sekundären Einkommensverteilung (Verbrauchskonzept)	B.7	Verfügbares Einkommen (Verbrauchskonzept)
	II.4 Einkommensverwendungskonto		
	II.4.1 Einkommensverwendungskonto (Ausgabenkonzept)	B.8	Sparen
	II.4.2 Einkommensverwendungskonto (Verbrauchskonzept)	B.8	Sparen
III.	Vermögensveränderungskonten		
	III.1 Vermögensbildungskonten		
	III.1.1 Konten der Reinvermögensänderung durch Sparen und Vermögenstransfer	B.10.1	Reinvermögen durch Sparen und Vermögenstransfers
	III.1.2 Sachvermögensbildungskonto	B.9	Finanzierungssaldo
	III.2 Finanzierungskonto	B.9	Finanzierungssaldo
	III.3 Konten sonstiger Vermögensänderungen		
	III.3.1 Konto sonstiger realer Vermögensänderungen	B.10.2	Reinvermögensänderung durch sonstige reale Vermögensänderungen
	III.3.2 Umbewertungskonto (mit Unterkonten)	B.10.3	Reinvermögensänderung durch Umbewertungen
IV.	Vermögensbilanzen		
	IV.1 Bilanz am Jahresanfang	B.90	Reinvermögen
	IV.2 Änderung der Bilanz	B.10	Reinvermögensänderung
	IV.3 Bilanz am Jahresende	B.90	Reinvermögen
Konten für die gesamte Volkswirtschaft			
0.	Güterkonto		
V.	Außenkonten		
	V.I. Außenkonto der Gütertransaktionen	B.11	Außenbeitrag
	V.II. Außenkonto der Primäreinkommen und Transfer	B.12	Saldo der laufenden Außentransaktionen
	V.III Außenkonten der Vermögensveränderungen (mit Unterkonten)	B.10.1	Reinvermögensänderung
	V.IV Außenkonto für Vermögen und Verbindlichkeiten (mit Unterkonten)	B.9	Finanzierungssaldo

Quelle: Wirtschaft und Statistik Heft 4/1999 S. 26.

Diese Konten finden sich in unserer Modell-Darstellung des ESVG 1995 in etwas komprimierterer Form ebenfalls wieder: Wir hatten auf dem Produktionskonto auch gleichzeitig die Einkommensentstehung verbucht und die Einkommensverteilungs-, -umverteilungs- und -verwendungskonten zum Einkommenskonto zusammengefasst. Vermögensänderungs- und Finanzierungskonten sind identisch abgegrenzt. Ein Blick auf das detaillierte Kontensystem ist weitgehend selbsterklärend. Er zeigt deutlich, wie die Salden der vorgelagerten auf die nachfolgenden Konten weitergegeben werden und wie insbesondere die Primäreinkommen durch die verschiedenen Abgaben, Transfer- und Subventionszahlungen umverteilt werden.

Übersicht 9-2: Konten der VGR 2002 in Mrd. €

Konto		Transaktionen und Aggregate der Aufkommens- und Verwendungsseite, Kontensalden	Gesamte Volkswirtschaft	Nichtfinanzielle Kapitalgesellschaften	Finanzielle	Staat	Private Haushalte und private Org. o. E.	Übrige Welt (Transaktionen mit Deutschland)
			S.1	S.11	S.12	S.13	S.14 / S.15	S.2
Aufkommen	Verwendung							
0 Gesamtwirtschaftliches Güterkonto								
P.1		Produktionswert (zu Herstellungspreisen)	3 717,16	-	-	-	-	-
D.21		Gütersteuern	221,13	-	-	-	-	-
D.31		Gütersubventionen	-11,51	-	-	-	-	-
P.7		Importe	665,24	-	-	-	-	-
	P.2	Vorleistungen (einschl. unterstellter Bankgebühr)	1 818,58	-	-	-	-	-
	P.3	Konsumausgaben	1 644,67	-	-	-	-	-
	P.5	Bruttoinvestitionen	380,50	-	-	-	-	-
	P.6	Exporte	748,27	-	-	-	-	-
Verwendung	Aufkommen							
I Produktionskonto								
	P.1	Produktionswert (zu Herstellungspreisen)	3 717,16	2 437,28	188,64	280,21	811,03	-
P.2		Vorleistungen (ohne unterstellte Bankgebühr)	1 753,58	1 265,72	109,10	84,31	294,45	-
B.1g		Bruttowertschöpfung	1 963,58	1 171,56	79,54	195,90	516,58	-
K.1		Abschreibungen	318,48	183,07	8,33	34,37	92,71	-
B.1n		Nettowertschöpfung 1)	1 645,10	988,49	71,21	161,53	423,87	-83,03
II.1.1 Einkommensentstehungskonto								
	B.1n	Nettowertschöpfung	1 645,10	988,49	71,21	161,53	423,87	-83,03
D.1		Arbeitnehmerentgelt	1 130,53	737,12	55,11	165,86	172,44	4,38
D.29		Sonstige Produktionsabgaben	36,80	26,20	2,54	0,05	8,01	-
D.39		Sonstige Subventionen	-25,62	-22,58		-0,75	-2,29	-
B.2/3n		Nettobetriebsüberschuss / Selbständigeneinkommen	503,39	247,75	13,56	-3,63	245,71	-87,41

9 Das Europäische System der Volkswirtschaftlichen Gesamtrechnung im Detail

II.1.2 Primäres Einkommensverteilungskonto

			Gesamte Volkswirtschaft	Nichtfinanzielle	Finanzielle	Staat	Private Haushalte und private Org. o. E.	Übrige Welt (Transaktionen mit Deutschland)
Verwendung	Aufkommen		S.1	S.11	S.12	S.13	S.14 / S.15	S.2
	B.2/3n	Nettobetriebsüberschuss / Selbständigeneinkommen	503,39	247,75	13,56	-3,63	245,71	-87,41
	D.1	Arbeitnehmerentgelt	1 130,03	-	-	-	1 130,03	4,88
	D.2	Empfangene Produktions- und Importabgaben	249,51	-	-	249,51	-	8,42
	D.21	Gütersteuern	212,71	-	-	212,71	-	8,42
	D.211	Mehrwertsteuer (MwSt)	131,95	-	-	131,95	-	5,15
	D.212	Importabgaben (ohne MwSt)	12,52	-	-	12,52	-	2,91
	D.214	Sonstige Gütersteuern	68,24	-	-	68,24	-	0,36
	D.29	Sonstige Produktionsabgaben	36,80	-	-	36,80	-	-
	D.3	Subventionen	-30,92	-	-	-30,92	-	-6,21
	D.31	Gütersubventionen	-6,47	-	-	-6,47	-	-5,04
	D.39	Sonstige Subventionen	-24,45	-	-	-24,45	-	-1,17
	D.4	Vermögenseinkommen	784,80	58,53	399,97	18,23	308,07	111,26
	D.41	Zinsen (ohne unterstellte Bankgebühr)	517,00	22,69	422,96	8,31	63,04	99,67
	P.119	Unterstellte Bankgebühr	-65,00	-	-65,00	-	-	-
	D.42	Ausschüttungen und Entnahmen	275,81	32,49	42,00	9,16	192,16	15,03
	D.43	Reinvestierte Gewinne aus der übrigen Welt	-	-	-	-	-	-3,60
	D.44	Vermögenseinkommen aus Versicherungsverträgen	53,13	1,73	0,01	-	51,39	0,02
	D.45	Pachteinkommen	3,86	1,62	-	0,76	1,48	0,14
D.4		Vermögenseinkommen	856,18	289,78	396,91	67,52	101,97	104,88
D.41		Zinsen	550,22	78,70	303,29	67,52	100,71	66,45
D.42		Ausschüttungen und Entnahmen	253,95	213,48	40,47	-	-	36,89
D.43		Reinvestierte Gewinne an die übrige Welt	-3,60	-3,60	-	-	-	-
D.44		Vermögenseinkommen aus Versicherungsverträgen	53,15	-	53,15	-	-	-
D.45		Pachteinkommen	2,46	1,20	-	-	1,26	1,54
B.5n		Primäreinkommen	1 780,63	16,50	16,62	165,67	1 581,84	-73,94

1) Für den Sektor übrige Welt Importe abzügl. Exporte aus der bzw. an die übrige Welt.

			Gesamte Volkswirtschaft	Nichtfinanzielle	Finanzielle	Staat	Private Haushalte und private Org. o. E.	Übrige Welt (Transaktionen mit Deutschland)
		Transaktionen und Aggregate der Aufkommens- und Verwendungsseite, Kontensalden		Kapitalgesellschaften				
Verwendung	Aufkommen		S.1	S.11	S.12	S.13	S.14 / S.15	S.2

II.1.2.1 Unternehmensgewinnkonto

	B.2n	Nettobetriebsüberschuss	318,88	247,75	13,56	-3,63	61,20	-87,41
	B.3n	Selbständigeneinkommen	184,51	-	-	-	184,51	-
	D.4	Vermögenseinkommen	460,84	58,53	399,97	-	2,34	-3,60
	D.41	Zinsen (ohne unterstellte Bankgebühr)	447,99	22,69	422,96	-	2,34	-
	P.119	Unterstellte Bankgebühr	-65,00	-	-65,00	-	-	-
	D.42	Ausschüttungen und Entnahmen	74,49	32,49	42,00	-	-	-
	D.43	Reinvestierte Gewinne aus der übrigen Welt	-	-	-	-	-	-3,60
	D.44	Vermögenseinkommen aus Versicherungsverträgen	1,74	1,73	0,01	-	-	-
	D.45	Pachteinkommen	1,62	1,62	-	-	-	-
D.4		Vermögenseinkommen	510,09	79,90	356,44	-	73,75	-
D.41		Zinsen	455,74	78,70	303,29	-	73,75	-
D.44		Vermögenseinkommen aus Versicherungsverträgen	53,15	-	53,15	-	-	-
D.45		Pachteinkommen	1,20	1,20	-	-	-	-
B.4n		Unternehmensgewinne	454,14	226,38	57,09	-3,63	174,30	-91,01

II.1.2.2 Konto der Verteilung sonstiger Primäreinkommen

	B.4n	Unternehmensgewinne	454,14	226,38	57,09	-3,63	174,30	-91,01
	D.1	Arbeitnehmerentgelt	1 130,03	-	-	-	1 130,03	4,88
	D.2	Empfangene Produktions- und Importabgaben	249,51	-	-	249,51	-	8,42
	D.3	Subventionen	-30,92	-	-	-30,92	-	-6,21
	D.4	Vermögenseinkommen	323,96	-	-	18,23	305,73	114,86
	D.41	Zinsen	69,01	-	-	8,31	60,70	99,67
	D.42	Ausschüttungen und Entnahmen	201,32	-	-	9,16	192,16	15,03
	D.44	Vermögenseinkommen aus Versicherungsverträgen	51,39	-	-	-	51,39	0,02
	D.45	Pachteinkommen	2,24	-	-	0,76	1,48	0,14
D.4		Vermögenseinkommen	346,09	209,88	40,47	67,52	28,22	104,88
D.41		Zinsen	94,48	-	-	67,52	26,96	66,45
D.42		Ausschüttungen und Entnahmen	253,95	213,48	40,47	-	-	36,89
D.43		Reinvestierte Gewinne an die übrige Welt	-3,60	-3,60	-	-	-	-
D.44		Vermögenseinkommen aus Versicherungsverträgen	-	-	-	-	-	-
D.45		Pachteinkommen	1,26	-	-	-	1,26	1,54
B.5n		Primäreinkommen	1 780,63	16,50	16,62	165,67	1 581,84	-73,94

9 Das Europäische System der Volkswirtschaftlichen Gesamtrechnung im Detail

Konto Verwendung	Konto Aufkommen	Transaktionen und Aggregate der Aufkommens- und Verwendungsseite, Kontensalden	Gesamte Volkswirtschaft S.1	Nichtfinanzielle Kapitalgesellschaften S.11	Finanzielle Kapitalgesellschaften S.12	Staat S.13	Private Haushalte und private Org. o. E. S.14 / S.15	Übrige Welt (Transaktionen mit Deutschland) S.2
		II.2 Konto der sekundären Einkommensverteilung (Ausgabenkonzept)						
	B.5n	Primäreinkommen	1 780,63	16,50	16,62	165,67	1 581,84	−73,94
	D.5	Einkommen- und Vermögensteuern	227,09	−	−	227,09	−	0,12
	D.51	Einkommensteuern	220,45	−	−	220,45	−	0,12
	D.59	Sonstige direkte Steuern und Abgaben	6,64	−	−	6,64	−	−
	D.61	Sozialbeiträge	437,92	22,23	26,49	388,73	0,47	0,86
	D.611	Tatsächliche Sozialbeiträge	413,48	19,98	26,28	367,22	−	0,86
	D.6111	Tatsächliche Sozialbeiträge der Arbeitgeber	194,55	19,98	17,31	157,26	−	0,44
	D.6112	Sozialbeiträge der Arbeitnehmer	147,11	−	4,44	142,67	−	0,42
	D.6113	Sozialbeiträge der Selbständigen u. Nichterwerbstätigen	71,82	−	4,53	67,29	−	−
	D.612	Unterstellte Sozialbeiträge	24,44	2,25	0,21	21,51	0,47	−
	D.62	Monetäre Sozialleistungen	438,62	−	−	−	438,62	4,76
	D.621	Geldleistungen der Sozialversicherung	289,39	−	−	−	289,39	4,19
	D.622	Sozialleistungen aus privaten Sicherungssystemen	31,07	−	−	−	31,07	0,11
	D.623	Sonstige Sozialleistungen der Arbeitgeber	39,89	−	−	−	39,89	0,11
	D.624	Sonstige soziale Geldleistungen	78,27	−	−	−	78,27	0,35
	D.7	Sonstige laufende Transfers	326,99	7,86	65,78	182,38	70,97	27,37
	D.71	Nettoprämien für Schadenversicherungen	60,25	−	60,25	−	−	0,59
	D.72	Schadenversicherungsleistungen	59,14	6,74	0,28	0,21	51,91	1,28
	D.73	Laufende Transfers innerhalb des Staatssektors	167,48	−	−	167,48	−	−
	D.74	Lfd. Transfers im Rahmen der internat. Zusammenarbeit	1,76	−	−	1,76	−	2,69
	D.75	Übrige laufende Transfers	38,36	1,12	5,25	12,93	19,06	22,81
		darunter: BSP-Eigenmittel	−	−	−	−	−	10,52
D.5		Einkommen- und Vermögensteuern	225,26	3,97	8,49	−	212,80	1,95
D.51		Einkommensteuern	218,62	3,86	8,49	−	206,27	1,95
D.59		Sonstige direkte Steuern und Abgaben	6,64	0,11	−	−	6,53	−
D.61		Sozialbeiträge	437,12	−	−	−	437,12	1,66
D.611		Tatsächliche Sozialbeiträge	412,68	−	−	−	412,68	1,66
D.6111		Tatsächliche Sozialbeiträge der Arbeitgeber	194,13	−	−	−	194,13	0,86
D.6112		Sozialbeiträge der Arbeitnehmer	146,73	−	−	−	146,73	0,80
D.6113		Sozialbeiträge der Selbständigen u. Nichterwerbstätigen	71,82	−	−	−	71,82	−
D.612		Unterstellte Sozialbeiträge	24,44	−	−	−	24,44	−
D.62		Monetäre Sozialleistungen	443,14	12,37	20,42	409,88	0,47	0,24
D.621		Geldleistungen der Sozialversicherung	293,58	−	−	293,58	−	−
D.622		Sozialleistungen aus privaten Sicherungssystemen	31,18	11,11	20,07	−	−	−
D.623		Sonstige Sozialleistungen der Arbeitgeber	40,00	1,26	0,35	37,92	0,47	−
D.624		Sonstige soziale Geldleistungen	78,38	−	−	78,38	−	0,24
D.7		Sonstige laufende Transfers	348,41	12,58	60,53	203,04	72,26	5,95
D.71		Nettoprämien für Schadenversicherungen	60,11	7,16	0,28	0,21	52,46	0,73
D.72		Schadenversicherungsleistungen	60,25	−	60,25	−	−	0,17
D.73		Laufende Transfers innerhalb des Staatssektors	167,48	−	−	167,48	−	−
D.74		Lfd. Transfers im Rahmen der internat. Zusammenarbeit	2,69	−	−	2,69	−	1,76
D.75		Übrige laufende Transfers	57,88	5,42	−	32,66	19,80	3,29
		darunter: BSP-Eigenmittel	10,52	−	−	10,52	−	−
	B.6n	Verfügbares Einkommen	1 757,32	17,67	19,45	350,95	1 369,25	−50,63

9 Das Europäische System der Volkswirtschaftlichen Gesamtrechnung im Detail

Konto		Transaktionen und Aggregate der Aufkommens- und Verwendungsseite, Kontensalden	Gesamte Volkswirtschaft	Nichtfinanzielle Kapitalgesellschaften	Finanzielle Kapitalgesellschaften	Staat	Private Haushalte und private Org. o. E.	Übrige Welt (Transaktionen mit Deutschland)
			S.1	S.11	S.12	S.13	S.14 / S.15	S.2
Verwendung	Aufkommen							

II.4 Einkommensverwendungskonto (Ausgabenkonzept)

	B.6n	Verfügbares Einkommen (Ausgabenkonzept)	1 757,32	17,67	19,45	350,95	1 369,25	-50,63
	D.8	Zunahme betrieblicher Versorgungsansprüche	16,79	-	-	-	16,79	-
D.8		Zunahme betrieblicher Versorgungsansprüche	16,79	9,22	7,57	-	-	-
P.3		Konsum (Ausgabenkonzept)	1 644,67	-	-	402,79	1 241,88	-
B.8n		Sparen	112,65	8,45	11,88	-51,84	144,16	-50,63

Veränderung der Aktiva / Passiva

III.1.1 Konto der Reinvermögensänderung durch Sparen und Vermögenstransfers

	B.8n	Sparen	112,65	8,45	11,88	-51,84	144,16	-50,63
	D.9	Vermögenstransfers	67,78	17,33	-	27,35	23,10	2,42
	D.91	Vermögenswirksame Steuern	3,03	-	-	3,03	-	-
	D.92	Investitionszuschüsse	44,34	16,89	-	20,71	6,74	1,17
	D.99	Sonstige Vermögenstransfers	20,41	0,44	-	3,61	16,36	1,25
D.9		Vermögenstransfers	68,02	1,74	6,89	53,83	5,56	2,18
D.91		Vermögenswirksame Steuern	3,03	-	-	-	3,03	-
D.92		Investitionszuschüsse	43,37	-	-	43,37	-	2,14
D.99		Sonstige Vermögenstransfers	21,62	1,74	6,89	10,46	2,53	0,04
B.10.1n		Reinvermögensänderung durch Sparen u. Vermögenstransfers	112,41	24,04	4,99	-78,32	161,70	-50,39

III.1.2 Sachvermögensbildungskonto

	B.10.1n	Reinvermögensänderung durch Sparen u. Vermögenstransfers	112,41	24,04	4,99	-78,32	161,70	-50,39
	K.1	Abschreibungen	318,48	183,07	8,33	34,37	92,71	-
P.5		Bruttoinvestitionen	380,50	200,28	9,60	33,65	136,97	-
P.51		Bruttoanlageinvestitionen	387,78	207,13	9,59	33,65	137,41	-
P.52		Vorratsveränderungen	-7,32	-6,85	0,01	-	-0,48	-
P.53		Nettozugang an Wertsachen	0,04	-	-	-	0,04	-
K.2		Nettozugang an nichtproduzierten Vermögensgütern	-	0,47	-	-1,41	0,94	-
B.9		Finanzierungssaldo	50,39	6,36	3,72	-76,19	116,50	-50,39

Quelle: Statistisches Bundesamt Deutschland, Volkswirtschaftliche Gesamtrechnung – Wichtige Zusammenhänge im Überblick 2002, Wiesbaden März 2003, S.21-24.

Hinsichtlich der methodischen Grundlagen des ESVG1995 werden drei Arten statistischer Einheiten unterschieden und diese wiederum nach **Markt- und Nicht-Marktproduktion** unterschieden, hinsichtlich der Einkommensverwendungsrechnung wird in ein **Ausgaben-** und in ein **Verbrauchskonzept** differenziert:

"Eine **institutionelle Einheit** liegt nach dem ESVG 1995 (Ziffern 2.12 bis 2.16) vor, wenn diese Einheit zum einen wirtschaftlicher Entscheidungsträger ist, das heißt eigenverantwortlich ökonomische Tätigkeiten ausübt, und zum anderen über ein vollständiges Rechnungswesen und Informationen über die Verwendung bzw. Verteilung des Betriebsüberschusses einschließlich Vermögensbilanz verfügt. Für die statistische Umsetzung dieser konzeptionellen Vorgaben ist primär das letztgenannte Kriterium wichtig. Die institutionellen Einheiten bilden die Bausteine für die volkswirtschaftlichen Sektoren und dienen vor allem der Darstellung der Einkommens-, Vermögensbildungs- und Finanzierungsvorgänge.

Für eine institutionelle Einheit können mehrere örtliche **fachliche Einheiten** (Ziffer 2.102 bis 2.106) nachgewiesen werden, falls folgende Voraussetzung erfüllt ist: "Die institutionelle Einheit muss über ein Informationssystem verfügen, das es ermöglicht, für jede örtliche (fachliche) Einheit mindestens den Produktionswert, die Vorleistung, die Arbeitnehmerentgelte, den Betriebsüberschuss, die Beschäftigen und die Bruttoanlageinvestitionen festzustellen oder zu berechnen." (Ziffer 2.106; siehe auch Verordnung EWGB Nr. 696/93 über die statistischen Einheiten). Der vollständige Produktionswert und die Vorleistungen einer örtlichen fachlichen Einheit schließen Güterleistungen zwischen solchen Einheiten, das heißt auch unternehmensinterne Lieferungen, ein, nicht jedoch die Produktion, die in derselben Einheit weiterverarbeitet wird (Weiterverarbeitungsproduktion). Grundsätzlich sind so viele örtliche fachliche Einheiten zu erfassen, wie es in einer institutionellen Einheit Nebentätigkeiten gibt. Falls die erforderlichen Rechnungsunterlagen nicht vorliegen, können mehrere Nebentätigkeiten in einer örtlichen fachlichen Einheit zusammengefasst werden (Ziffer 1.29).

Örtliche fachliche Einheiten werden für die Darstellung der Produktionsvorgänge verwendet und anhand ihrer Haupttätigkeit zu **Wirtschaftsbereichen** zusammengefasst. Sie gehören jedoch immer dem Sektor an, dem die übergeordnete institutionelle Einheit gehört. Homogene Produktionseinheiten (Ziffern 1.29 und 2.112 f.)

dienen spezifischen analytischen Zwecken, insbesondere der Darstellung der Verflechtung von Produktionsvorgängen. Sie werden durch eine einheitliche Tätigkeit gekennzeichnet, die durch die eingesetzten Produktionsfaktoren, den Produktionsprozess und die produzierten Güter charakterisiert ist. Sie produzieren ausschließlich Güter einer Gütergruppe. Solche Einheiten sind im allgemeinen nicht Gegenstand unmittelbarer Beobachtung, vielmehr müssen die Angaben aus statistischen Erhebungen so umgeformt werden, dass Ergebnisse für diese fiktiven Einheiten entstehen.

Markt- bzw. Nichtmarktproduktion
Sowohl auf der Ebene der institutionellen Einheiten als auch auf der Ebene der örtlichen fachlichen Einheiten sieht das ESVG 1995 eine Differenzierung nach Markt- bzw. Nichtmarktproduktion vor, wobei letztere nochmals in "Nichtmarktproduktion für die Eigenverwendung" (vor allem Wohnungseigennutzung im Sektor Private Haushalte und selbstgestellten Anlagen bei allen Sektoren) sowie "Sonstige Nichtmarktproduktion" (Staat und Organisationen ohne Erwerbszweck) unterteilt wird."[1]

„Für die Darstellung der Einkommensverwendung nach dem Verbrauchskonzept werden die Bezeichnungen Individualkonsum und Kollektivkonsum eingeführt. Der **Kollektivkonsum** entspricht dem Konsum des Staates nach dem Verbrauchskonzept, der sich von den **Konsumausgaben** des Staats (Ausgabenkonzept) darin unterscheidet, dass soziale Sachtransfers an private Haushalte abgezogen sind. Die sozialen Sachtransfers des Staates und vereinbarungsgemäß alle Konsumausgaben der privaten Organisationen ohne Erwerbszweck ergeben zusammen mit den Konsumausgaben der privaten Haushalte (Ausgabenkonzept) den **Individualkonsum**, der voll den privaten Haushalten zugerechnet wird."[2]

Einen Überblick über die gesamtwirtschaftlichen Einkommensgrößen und den Wirtschaftskreislauf gibt folgende Übersicht:

---

[1] "Wirtschaft und Statistik", Heft 4/1999, Statistisches Bundesamt, S. 23 - 24.
[2] Ebenda, S. 21- 22.

Übersicht 9-3: Gesamtwirtschaftliche Einkommensgrößen

(Inlands-, Inländer-, Faktorkosten-, Herstellungspreis- und Marktpreiskonzept)
1998 · Mrd. DM

Nach Wirtschaftsbereichen	Inlandskonzept	Übergang zum BIP	Einkommen aus der übrigen Welt (Saldo)	Inländerkonzept
Vor Revision				
Einkommen aus unselbständiger Arbeit	1.935,45		-2,45	1.933,00
+ Einkommen aus U. u. V.	936,60		-36,25	900,35
= NWS zu Faktorkosten	2.872,05	= NIP zu Faktorkosten	-38,70	NSP zu Faktorkosten = Volkseinkommen 2.833,35
+ Produktionssteuern	188,52			188,52
- Subventionen	70,51			70,51
= NWS zu Marktpreisen	2.990,06	N.a. Umsatzsteuer u.a. 285,50		
		= NIP zu Marktpreisen 3.275,56	-38,70	NSP zu Marktpreisen 3.236,86
+ Abschreibungen	482,54	482,54		482,54
= BWS (zu Marktpreisen)	3.472,60	= BIP zu Marktpreisen 3.758,10	-38,70	BSP zu Marktpreisen 3.719,40
Nach Revision				
Arbeitnehmerentgelt	2.003,97		-2,15	2.001,82
+ Unternehmens- u. Vermögenseinkommen	835,54		-14,14	821,40
= NWS zu Faktorkosten	2.839,51	= NIP zu Faktorkosten	-16,29	NNE zu Faktorkosten = Volkseinkommen 2.823,22
+ Sonstige Produktionsabgaben	76,37	76,37	2,55	76,37 / 58,75
- Sonstige Subventionen	61,30	61,30		
= NWS zu Herstellungspreisen	2.854,58	Gütersteuern 387,60	-25,33	362,27
		- Gütersubventionen 19,52	8,92	10,60
		= NIP zu Marktpreisen 3.222,66	-30,15	NNE zu Marktpreisen = Primäreinkommen 3.192,51
+ Abschreibungen	561,54	561,54		561,54
= BWS (zu Herstellungspreisen)	3.416,12	= BIP zu Marktpreisen 3.784,20	-30,15	BNE zu Marktpreisen 3.754,05

U. u. V.   Unternehmertätigkeit und Vermögen
NWS   Nettowertschöpfung
BWS   Bruttowertschöpfung

N.a.   nicht abziehbar
NIP   Nettoinlandsprodukt
BIP   Bruttoinlandsprodukt

NSP   Nettosozialprodukt
BSP   Bruttosozialprodukt
NNE   Nettonationaleinkommen
BNE   Bruttonationaleinkommen

Quelle: Wirtschaft und Statistik, Februar 2000, S. 88.

Teil III
Ergänzungsrechnungen zur VGR

10 Die Zahlungsbilanz

10.1 Definition der Zahlungsbilanz

Unter der **Zahlungsbilanz eines Landes (im statistischen Sinne)** versteht man die systematische Aufzeichnung sämtlicher ökonomischer Transaktionen zwischen Inländern und Ausländern in einer abgelaufenen Periode. Die Bezeichnung "Bilanz" ist etwas irreführend, da es sich hier nicht um Bestandsgrößen, sondern um Stromgrößen handelt. Auch werden keinesfalls nur "Zahlungen" festgehalten, sondern auch Forderungen, Verbindlichkeiten, Übertragungen und Tauschgeschäfte. Schließlich gibt es gewisse Transaktionen, die in der Zahlungsbilanz festgehalten werden, obgleich sie ausschließlich zwischen Inländern stattfinden (z.B. zwischen Zentralbank und Geschäftsbanken). Trotz dieser definitorischen Unsauberkeiten halten wir auch im wissenschaftlichen Bereich an diesem Begriff fest, da er sich in der wirtschaftlichen Praxis ohne Einschränkung durchgesetzt hat.

Das **Grundmuster der Zahlungsbilanz** ist weitgehend identisch mit dem Auslandskonto der Volkswirtschaftlichen Gesamtrechnung. Aus diesem Grunde ist es empfehlenswert, vor dem Studium der Zahlungsbilanz noch einmal einen Blick auf das Auslandskonto und seine Beziehung zum Reinvermögensänderungskonto zu werfen.[1] Der wesentliche Unterschied ist darin zu sehen, dass in der Zahlungsbilanz sämtliche ökonomischen Transaktionen erfasst werden und nicht nur solche, die mit der Einkommensentstehung, -verwendung und -verteilung der laufenden Periode im Zusammenhang stehen. Z.B. werden auch Vermögensübertragungen aus Vermögensbeständen (die in der VGR nicht auftauchen) erfasst. Die Zahlungsbilanz ist mithin umfassender als das Auslandskonto, das Auslandskonto ist aber vollständig in der Zahlungsbilanz enthalten. Diese untergliedert sich nach dem neuesten Schema der Deutschen Bundesbank[2] in 5 Abschnitte, die sich wiederum in weitere Teilbilanzen aufgliedern, die sich ihrerseits aus noch tiefer gegliederten Unterbilanzen zusammensetzen.

---

[1] Vgl. Kapitel 8.
[2] Das ab März 1995 eingeführt wurde.

10.2 Teilbilanzen der Zahlungsbilanz

"Bei der Erfassung außenwirtschaftlicher Transaktionen in der Zahlungsbilanz bildet die Unterscheidung zwischen den Vorgängen des Leistungsverkehrs (I) und des Kapitalverkehrs (III) das grundlegende Gliederungskriterium".[3] Zum **Leistungsverkehr** zählen nach internationaler Abgrenzung zunächst alle wirtschaftlichen Vorgänge, bei denen Waren, Dienst- und Faktorleistungen zwischen dem In- und Ausland gehandelt werden. Zusätzlich umfasst der Leistungsverkehr die unentgeltlichen Übertragungen von Waren, Dienst- und Faktorleistungen sowie Transferzahlungen. „Zum **Kapitalverkehr** rechnen alle Transaktionen, bei denen finanzielle Aktiva, z.B. Guthaben, Wertpapiere, Beteiligungen zwischen In- und Ausländern übertragen werden. Hierbei handelt es sich entweder um den Gegenwert von Leistungstransaktionen oder um einen Austauch von Vermögenswerten zwischen In- und Ausländern wie z.B. den Erwerb ausländischer Wertpapiere gegen Zahlung aus Bankguthaben"[4].

Neben diesen beiden bedeutendsten Teilbilanzen gibt es noch die (empirisch kaum relevante) Teilbilanz der **Vermögensübertragungen** (II), die Bilanz der Veränderung der **Währungsreserven** der Zentralbank (IV) und schließlich einen sogenannten **Restposten** (V), dessen Aufgabe darin besteht, etwaige Ungenauigkeiten und Unstimmigkeiten in der Verbuchungspraxis auszugleichen und die buchhalterische Identität der Soll- und Habenseiten zu sichern. Schauen wir uns jetzt diese Teilbilanzen der Zahlungsbilanz genauer an.

I. Leistungsbilanz

Sie enthält die Transaktionen des Leistungsverkehrs und setzt sich aus vier Teilbilanzen zusammen, die bei Bedarf noch weiter untergliedert werden können.

1) In der **Handelsbilanz (H-B)**[5] (auch Bilanz des Warenverkehrs genannt) wird der Außenhandel mit Waren verbucht: Exporte (Ausfuhr) im Soll und Importe (Einfuhr) von Waren im Haben. Der Warenverkehr kann nach regionalen oder sektoralen Gesichtspunkten differenziert werden und die Fragen beantworten: Wie sieht der Han-

---

[3] Die Zahlungsbilanzstatistik der Bundesrepublik Deutschland, Sonderdruck der Deutschen Bundesbank Nr. 8, 1987, S. 15.
[4] Ebd. S. 15.
[5] Das Symbol „B" steht in diesem Kapitel für Bilanz, das Symbol „S" bedeutet hier Saldo.

del mit bestimmten Ländern oder bei bestimmten Güterarten aus? Der ausgewiesene Saldo (HBS) ist die Differenz aus Exporterlösen minus Importausgaben für Waren:
Handelsbilanz-Saldo: HBS= $Ex^W - Im^W$

2) Die **Dienstleistungsbilanz (DL-B)**, enthält auf den ersten Blick recht unterschiedliche ökonomische Transaktionen:
- Reiseverkehr: (z.B. Käufe von Dienstleistungen **und** Waren im Ausland durch deutsche Touristen bzw. durch ausländische Touristen in Deutschland),
- Transportleistungen (z.B. Frachten, Personenbeförderungen, Hafendienste und Reparaturen an Transportmitteln),
- Versicherungen: (z.B. die Wertschöpfung aus Versicherungstransaktionen mit dem Ausland, aber nicht die Schadens- und Kapitalleistungen, die bei den laufenden Übertragungen erfasst werden),
- Dienstleistungen von Regierungsstellen: (in der Bundesrepublik Deutschland sind das fast ausschließlich Einnahmen von ausländischen, militärischen Dienststellen in der BRD, und zwar aus Dienstleistungen **und** Warenlieferungen, die diese von deutschen Wirtschaftseinheiten beziehen),
- Übrige Dienstleistungen (z.B. Provisionen, Werbe- und Messekosten, Lizenzen und Patente, Bauleistungen).

Der ausgewiesene Saldo (DLBS) ist die Differenz der Einnahmen aus dem Export von Dienstleistungen und der Ausgaben für importierte Dienstleistungen:
Dienstleistungs-Bilanz-Saldo: DLBS = $Ex^D - Im^D$

3) Die **Bilanz der Erwerbs- und Vermögenseinkommen EV-B** (in der Theorie auch Faktorleistungsbilanz genannt, da es sich um Faktorentgelte handelt, die den wechselseitigen Einsatz von inländischen Produktionsfaktoren in ausländischen Produktionsprozessen entgelten und umgekehrt) enthält:
- Kapitalerträge: (Dividenden und sonstige Gewinne aus Direkt- und Portfolioinvestitionen, sowie Zinsen für Auslands-Kredite und Darlehen),
- Arbeitsentgelte von Grenzgängern (keine Arbeitsentgelte an Gastarbeiter!)

Der **Saldo** (EVBS) besteht aus der Differenz der dem Ausland zur Verfügung gestellten Faktorleistungen und den vom Ausland importierten Faktorleistungen (oder was dasselbe ist: der Differenz zwischen Faktoreinkommen vom Ausland und Faktoreinkommen an das Ausland: den Nettofaktoreinkommen vom Ausland):
Erwerbs- und Vermögenseinkommens-Bilanz: EVBS= $Ex^F - Im^F = Y_A - Y^A$

4) In der **Bilanz der laufenden Übertragungen (LÜ-B)** unterscheidet man geleistete und empfangene Übertragungen aus dem laufenden Einkommen im öffentlichen und privaten Bereich.

Zu den *öffentlichen Übertragungen* gehören u.a.:
- Beiträge an internationale Organisationen (hier insbesondere zum Haushalt der Europäischen Union aber auch Weltbank, IWF, UNO usw.),
- Entwicklungshilfezuwendungen an Entwicklungsländer,
- Wiedergutmachungsleistungen an das Ausland,
- Renten und Unterstützungszahlungen an das Ausland.

Bei den *privaten Übertragungen* entfällt der größte Teil auf
- Heimatüberweisungen der Gastarbeiter und
- Unterstützungszahlungen, Renten, Pensionen an Ausländer.

Als Saldo (LÜBS) erhalten wir die Differenz zwischen empfangenen und geleisteten Übertragungen: **Laufende Übertragungs-Bilanz-Saldo: LÜBS=Tr_A-Tr^A**

II. Bilanz der Vermögensübertragungen (VÜ-B) [6].

Sie lässt sich untergliedern in:
- öffentliche Übertragungen (z. B. Schuldenerlass für Entwicklungsländer, Zahlungen der Europäischen Union für Infrastrukturmaßnahmen) und
- private Übertragungen (z. B. Schenkungen, Erbschaften, Vermögensmitnahmen von Aus- bzw. Einwanderern).

Der Saldo (VÜBS) ist die Differenz der empfangenen Vermögensübertragungen abzüglich der geleisteten Vermögensübertragungen:
Vermögens-Übertragungs-Bilanz-Saldo: VÜBS=$VÜ_A$-$VÜ^A$

III: Kapitalbilanz

1) **Die Bilanz der Direktinvestitionen (DI-B)** erfasst als erste Teilbilanz des Kapitalverkehrs diejenigen wirtschaftlichen Beziehungen, die sich durch ein besonders intensives, unternehmerisches Engagement auszeichnen und einen unmittelbaren Einfluss auf die Geschäftstätigkeit anstreben:

---

[6] Eine Vermögensübertragung wird mindestens von einer der beteiligten Seiten als „einmalig" und nicht als laufend betrachtet.

- Beteiligungskapital (in Form von Aktien und anderen Kapitalanteilen),
- Reinvestierte Gewinne,
- Finanz- und Handelskredite der Direktinvestoren,
- Immobilien und sonstige Direktinvestitionen.

Als Direktinvestitionen gelten Finanzbeziehungen zwischen in- und ausländischen Unternehmen (einschliesslich Zweigniederlassungen und Betriebsstätten), an denen der Investor 10% oder mehr der Anteile oder Stimmrechte unmittelbar hält.[7]
Der **Saldo** dieser Bilanz (DIBS) ist die Differenz ausländischer Nettodirektinvestitionen in Deutschland (Kapitalimport in Form von DI) abzüglich deutscher Nettodirektinvestitionen im Ausland (Kapitalexport von DI). Ein negativer Saldo bedeutet mithin, dass die Inländer *netto* Kapital exportiert haben, d.h. mehr Direktinvestitionen im Ausland getätigt haben, als Ausländer im Inland (oder dass die Inländer insgesamt weniger Direkinvestitionen auflösten als Ausländer im Inland): **Direkt-Investitions-Bilanz-Saldo:** $DIBS = KIm^{DI} - KEx^{DI}$
Allerdings ist hier (wie auch bei allen noch folgenden Teilbilanzen der Kapitalbilanz) zu beachten, dass sowohl der Kapitalexport als auch der Kapitalimport positiv oder negativ sein können, denn diese Größen ergeben sich als Differenz von Neuanlagen minus Liquidationen (beim Beteiligungskapital) oder Kreditgewährung minus Kreditaufnahme (beim Kreditverkehr der Direktinvestoren): Inländer bilden neue Direktinvestitionen im Ausland und lösen gleichzeitig bestehende Direktinvestitionen auf. Entsprechendes gilt für Ausländer:
KEx^{DI} = (Neuanlage im Ausland) - (Liquidation im Ausland) und
KIm^{DI} = (Neuanlage im Inland) - (Liquidation im Inland).

2) **Die Wertpapierbilanz (WP-B)** - ohne Direktinvestitionen - untergliedert sich in folgende weitere Teilbilanzen:
- Dividendenwerte (einschließlich Genuss-Scheine),
- Investmentzertifikate (darunter Geldmarktfonds),
- langfristige festverzinsliche Wertpapiere (darunter Fremdwährungsanleihen),
- Geldmarktpapiere,

Deutsche Anlagen in ausländischen Wertpapieren bezeichnen wir als Kapitalexport in Form von Wertpapieren KEx^{WP}, Anlagen von Ausländern in inländischen Wert-

---

[7] Vgl. Deutsche Bundesbank, Zahlungsbilanzstatistik, Statistisches Beiheft zum Monatsbericht, Tab. 9c.

papieren stellen Kapitalimport in Wertpapieren dar KIm^{WP}. Beide Größen können sowohl positiv als auch negativ sein, denn sie setzen sich wie folgt zusammen:
KEx^{WP}= (Käufe ausländischer WP) - (Verkäufe ausländischer WP) und
KIm^{WP}= (Käufe inländischer WP) - (Verkäufe inländischer Wertpapiere)
Als **Saldo** der Wertpapierbilanz erhalten wir: $\qquad$ WPBS = KIm^{WP} - KEx^{WP}

3) **Die Bilanz der Finanzderivate (FD-B)** verbucht Zahlungen in Optionen und Finanztermingeschäften. Ein Kapitalexport liegt vor, wenn Inländer ausländische Optionen erwerben, ein Kapitalimport vollzieht sich, indem Ausländer inländische Optionen erwerben bzw. entsprechende Termingeschäfte abschließen. Als **Saldo** erhalten wir: $\qquad$ FDBS = KIm^{FD} - KEx^{FD}
Dabei gilt: KEx^{FD}= (Kauf ausländischer FD) - (Verkauf ausländischer FD) und
KIm^{FD}= (Kauf inländischer FD) - (Verkauf inländischer FD).

4) **Die Kreditverkehrsbilanz (KV-B)** kann nach unterschiedlichen Gesichtspunkten untergliedert werden:
a) funktional[8]: Finanzkredite/Bankguthaben / Handelskredite
b) Fristigkeit[9]: lang-/kurzfristige Kredite
c) Akteure: Kreditinstitute/Unternehmen und Privatpersonen/ Staat/ Bundesbank.
Welche Untergliederung gewählt wird, richtet sich nach der Zweckmäßigkeit, um bestimmte ökonomische Fragen beantworten zu können. Kreditgewährungen ans Ausland stellen Kapitalexport in Form von Krediten dar KEx^{Kr}. Kreditaufnahme vom Ausland ist hingegen Kapitalimport: KIm^{Kr}. Der **Saldo** der Kreditverkehrsbilanz beträgt: KVBS = KIm^{Kr}-KEx^{Kr}: Gewährt das Inland netto mehr Kredite an das Ausland als es netto im Ausland neu aufnimmt, ist der Saldo negativ: das Land ist ein Nettokapitalexporteur von Krediten. Doch auch hier ist zu beachten, dass sowohl der Kapitalexport als auch der Kapitalimport positiv oder negativ sein können, denn sie sind ihrerseits zusammengesetzte Größen:
KEx^{Kr}= Kreditgewährung ans Ausland - Kreditrückzahlung durch das Ausland
KIm^{Kr}= Kreditgewährung des Auslands - Kreditrückzahlung an das Ausland.

---

[8] Buchkredite, Schuldscheindarlehn, im Wege der Abtretung erworbene Forderungen u.ä. sowie Forderungen und Verbindlichkeiten aus Zahlungszielen und Anzahlungen im Waren und Dienstleistungsverkehr.

[9] Langfristig: ursprüngliche Laufzeit mehr als ein Jahr oder keine Kaufzeitbegrenzung, kurzfristig: Laufzeit bis zu einem Jahr.

5) **Bilanz sonstiger Kapitalanlagen (SK-B)**. In dieser Bilanz werden solche Transaktionen verbucht, die bisher noch nicht systematisch erfasst wurden. Es gelten dieselben Verbuchungsregeln wie bei den übrigen Kapitalbilanztransaktionen. Als **Saldo** ergibt sich: $\text{SKBS} = \text{KIm}^{SK} - \text{KEx}^{SK}$

IV. Veränderung der Währungsreserven zu Transaktionswerten (WRB)

Diese Bilanz enthält die transaktionsbedingten Veränderungen der Währungsreserven der Deutschen Bundesbank. Ihre wichtigsten Aktiva sind Devisen (insbesondere US-Dollar-Bestände) und Gold sowie Reserven beim Internationalen Währungsfonds. Die institutionelle Sonderstellung der Zentralbank in einer eigenen Teilbilanz erklärt sich aus ihrer wirtschaftspolitischen Bedeutung. Sie ist ein (bedeutendes) Mitglied im Europäischen System der Zentralbanken, beeinflusst dadurch die Entscheidungen der Europäischen Zentralbank (EZB) und hat auf nationaler Ebene die Beschlüsse der EZB für die Stabilität der Währung (des Euro) umzusetzen. Die EZB hat die gesetzlich verankerte politische Zielvorgabe, den Euro wertstabil zu halten, d.h. keine signifikanten Preissteigerungen zuzulassen.[10] Über Geldmengen- und Zinssatzpolitik versucht sie dieses Ziel zu realisieren. Die Deutsche Bundesbank hat mit der Einführung des Euro und der Europäischen Zentralbank ihre währungspolitische Unabhängigkeit aufgegeben und an die EZB übertragen.

V. Saldo der statistisch nicht aufgliederbaren Transaktionen (Restposten)

Nach den Grundsätzen der doppelten Buchführung und den Prinzipien einer systematischen Erfassung aller grenzüberschreitenden ökonomischen Transaktionen müssten sich die Salden der Teilbilanzen I-IV genau ausgleichen und in ihrer Summe Null ergeben. Doch lässt sich diese buchhalterische Identität nur in didaktischen Zahlenbeipielen herstellen. In der empirischen Praxis geht die Rechnung nicht auf. Das hat verschiedene Gründe:

- Probleme bei der zeitlichen Zuordnung von Transaktionen (die sich allerdings im Zeitablauf durch gegenläufige Bewegungen wieder aufheben)

---

[10] Die EZB hat die Obergrenze einer noch tolerierbaren Inflationsrate bei 2% festgelegt.

- Lücken in der Erfassung aller notwendigen statistischen Informationen und Meldefehler

Unabhängig von den Ursachen bedeutet ein positives Vorzeichen des Restpostens, dass entweder die Zahlungsausgänge im Leistungs- oder Kapitalverkehr per saldo zu hoch oder die Zahlungseingänge zu niedrig ausgewiesen wurden.[11]

Unter *Devisen* versteht man Sichtguthaben, die von Inländern in ausländischen Währungseinheiten gehalten werden und Forderungen an das Ausland darstellen. Bei *Sorten* handelt es sich dagegen um Bargeld in einer ausländischen Währung, das sich im Besitz von Inländern befindet. Bargeld in Form von Banknoten stellen stets Forderungen gegen die jeweilige Zentralbank dar, die es emittiert.

Bei der **Verbuchung der Finanztransaktionen** taucht das Problem auf, dass Forderungen und Verbindlichkeiten zu- oder abnehmen können. Die (auf ausländische Währungseinheiten) lautenden Forderungen werden *mit ihrem Euro-Gegenwert* auf der Kapitalbilanz im Haben verbucht: bei einer Zunahme mit positivem und bei einer Abnahme (entgegen den buchhalterischen Gepflogenheiten) mit negativem Vorzeichen. Die Euro-Verbindlichkeiten finden sich hingegen auf der Soll-Seite der Kapitalverkehrsbilanz. Auch hier wird ihre Zunahme mit positivem und ihre Abnahme mit negativem Vorzeichen verbucht.

I. Leistungsbilanz:

1. Handelsbilanz (H-B)
(Warenverkehrsbilanz)

(+)			(-)
Ex^W	Export von Waren (Ausfuhr)	Import von Waren (Einfuhr)	Im^W

---

[11] Vgl. Deutsche Bundesbank: Die deutsche Zahlungsbilanz im Jahre 1999, in Monatsbericht März 2000, S. 70.

2. Dienstleistungsbilanz (DL-B)

Ex^D	Export von Dienstleistungen (Einnahmen)	Import von Dienstleistungen (Ausgaben)	Im^D

3. Bilanz der Erwerbs- und Vermögenseinkommen (EV-B)
(Faktorleistungsbilanz)

Y_A	Einnahmen aus dem Export von Faktor-Leistungen (= Ex^F)	Ausgaben für den Import von Faktor-Leistungen (=Im^F)	Y^A

4. Bilanz der laufenden Übertragungen (LÜ-B)

Tr_A	Transferzahlungen vom Ausland (fremde Leistungen = Einnahmen)	Transferzahlungen an das Ausland (eigene Leistungen = Ausgaben)	Tr^A

II. Bilanz der Vermögensübertragungen (VÜ-B)

$VÜ_A$	Vermögensübertragungen vom Ausland (fremde Leistungen = Vermögenszugänge)	Vermögensübertragungen an das Ausland (eigene Leistungen = Vermögensabgabe)	$VÜ^A$

III. Kapitalbilanz
1. Bilanz der Direktinvestitionen (DI-B)

KIm^{DI}	Kapitalimport in Form von Direktinvestitionen (ausländische Anlagen im Inland) Zunahme + Abnahme -	Kapitalexport als Direktinvestitionen (deutsche Anlagen im Ausland) Zunahme + Abnahme -	KEx^{DI}

2. Wertpapierbilanz (WP-B)

KIm^{WP}	Kapitalimport in Form von Wertpapieren (ausländische Anlage im Inland) Zunahme + Abnahme -	Kapitalexporte in Form von Wertpapieren (deutsche Anlage im Ausland) Zunahme + Abnahme -	KEx^{WP}

3. Finanzderivate-Bilanz (FD-B)

KIm^{FD}	Kapitalimport in Form von Finanzderivaten (ausländische Anlagen im Inland) Zunahme + Abnahme -	Kapitalexporte in Form von Finanzderivaten (deutsche Anlagen im Ausland) Zunahme + Abnahme -	KEx^{FD}

4. Kreditverkehrsbilanz (KV-B)

KIm^{KV}	Kreditaufnahme im Ausland: kurz- und langfristige Verbindlichkeiten inländischer a) Kreditinstitute, b) Unternehmen, c) Privatpersonen und d) öffentlicher Stellen Zunahme + Abnahme -	Kreditvergabe an das Ausland: kurz- und langfristige Forderungen inländischer a) Kreditinstitute, b) Unternehmen, c) Privatpersonen und d) öffentlicher Stellen Zunahme + Abnahme -	KEx^{KV}

5. Bilanz sonstiger Kapitalanlagen (SK-B)

KIm^{SK}	Sonstige Kapitalanlagen des Auslands im Inland Zunahme + Abnahme -	Sonstige deutsche Kapitalanlagen im Ausland Zunahme + Abnahme -	KEx^{SK}

IV. Veränderung der Währungsreserven zu Transaktionswerten (WR-B)

KIm^{WR}	Kapitalimport der Zentralbank (Auslandsverbindlichkeiten) Zunahme + Abnahme -	Kapitalexport der Zentralbank (Auslandsforderungen) Zunahme + Abnahme -	KEx^{WR}

V. Restposten (= Saldo KIm^{RP} - KEx^{RP})

KIm^{RP}	Kapitalimport, der auf keiner Teilbilanz der Kapitalbilanz verbucht wurde	Kapitalexport, der auf keiner Teilbilanz der Kapitalbilanz erfasst wurde	KEx^{RP}

Die Salden der aufgeführten Teilbilanzen bestimmen sich wie folgt:

Der Außenbeitrag (zum BIP) ist der zusammengefasste Saldo der Handels- und Dienstleistungsbilanz. Ein positiver Saldo zeigt einen Exportüberschuss von Gütern an.

$$AB = (Ex^W + Ex^D) - (Im^W + Im^D) = (Ex^W - Im^W) + (Ex^D - Im^D)$$
$$= Ex - Im = HBS + DLBS$$

Die Leistungsbilanz enthält die zusammengefassten Ergebnisse der Handels-, Dienstleistungs-, Einkommens- und Vermögens- und laufenden Übertragungsbilanz. Als Saldo der Leistungsbilanz erhält man:

$$\begin{aligned}
\text{LBS} &= (\text{Ex}^W + \text{Ex}^D + Y_A + \text{Tr}_A) - (\text{Im}^W + \text{Im}^D + Y^A + \text{Tr}^A) \\
&= (\text{Ex}^W - \text{Im}^W) + (\text{Ex}^D - \text{Im}^D) + (Y_A - Y^A) + (\text{Tr}_A - \text{Tr}^A) \\
&= \text{HBS} \quad + \quad \text{DLBS} \quad + \text{EVBS} + \text{LÜBS}
\end{aligned}$$

Ein positiver Saldo bedeutet, dass das Inland aus dem laufenden Einkommen netto Forderungen gegenüber dem Ausland erworben hat.

Schaubild 10-1: Zahlungsbilanz und Teilbilanzen im Überblick

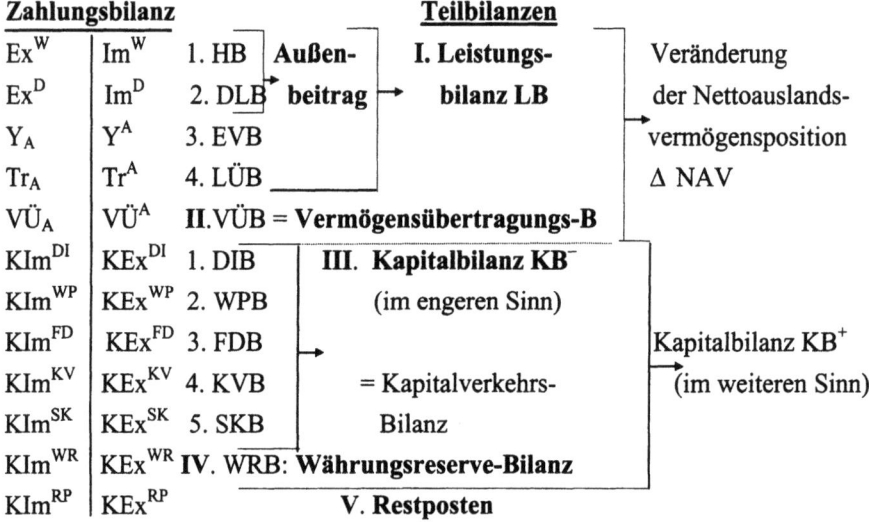

Das Auslandsvermögen ist die Summe aller in der Vergangenheit akkumulierten Auslandsforderungen. *Die Veränderung der Nettoauslandsvermögensposition* eines Landes resultiert (fast ausschließlich) aus dem Saldo der Transaktionen der Leistungsbilanz zuzüglich der (quantitativ unbedeutenden) Vermögensübertragungen (von Vermögensbeständen). Zur Leistungsbilanz sind mithin die Vermögensübertragungen noch hinzuzuaddieren. Die Veränderung der gesamten Nettoauslandsvermögensposition ist:

10.2 Teilbilanzen der Zahlungsbilanz

$$\Delta \text{NAV} = (Ex + Y_A + Tr_A + \ddot{\text{U}}_A) - (Im + Y^A + Tr^A + V\ddot{\text{U}}^A)$$
$$= (Ex + Y_A + Tr_A) - (Im + Y^A + Tr^A) + (V\ddot{\text{U}}_A - V\ddot{\text{U}}^A)$$
$$= \text{LBS} + \text{V\"UBS}$$

Ein positiver Saldo bedeutet, dass das Auslandsvermögen netto zugenommen hat.

Der Kapitalverkehr aller Inländer mit Ausnahme der Deutschen Bundesbank wird zur **Kapitalverkehrsbilanz** bzw. **Kapitalbilanz** (im engeren Sinne) zusammengefasst. Der Zusatz „im engeren Sinne" soll andeuten, dass der Kapitalverkehr der Zentralbank in dieser Kapitalbilanz nicht enthalten ist. Die Deutsche Bundesbank selbst versteht unter „Kapitalbilanz" stets die Kapitalverkehrsbilanz (die Kapitalbilanz im engeren Sinne) und weist ihren eigenen Kapitalverkehr separat aus.

$$\text{KBS} = \text{KBS (i.e.S.)} = (KIm^{DI} + KIm^{WP} + KIm^{FD} + KIm^{KV} + KIm^{SK})$$
$$- (KEx^{DI} + KEx^{WP} + KEx^{FD} + KEx^{KV} + KEx^{SK})$$
$$= KIm^{\text{ohne Zentralbank (WR)}} - KEx^{\text{ohne Zentralbank (WR)}}$$
$$= \text{DIBS} + \text{WPBS} + \text{FDBS} + \text{KVBS} + \text{SKVBS}$$

Ein negativer Saldo der Kapitalbilanz (i.e.S.) bedeutet, dass (vom privaten und staatlichen Sektor ohne Zentralbank) mehr Kapital exportiert als importiert worden ist und damit die Forderungen (dieser Sektoren) gegenüber dem Ausland zunehmen.

Die **Kapitalbilanz „im weiteren Sinne"** umfasst den gesamten Kapitalverkehr eines Landes einschließlich der Kapitaltransaktionen der Zentralbank. Ihr Saldo ist:

$$\text{KBS (i.w.S.)} = (KIm^{i.e.S.} + KIm^{WR}) - (KEx^{i.e.S.} + KEx^{WR})$$
$$= KIm - KEx$$

Ein negativer Saldo bedeutet, dass die Forderungen des Inlands gegenüber dem Ausland zugenommen haben (und damit das Auslandsvermögen gestiegen ist).

Der **Saldo der Zahlungsbilanz** ist insgesamt Null, denn die Zahlungsbilanz wird nach den Regeln der doppelten Buchführung aufgestellt. D.h. jede ökonomische Transaktion wird zweimal erfasst: auf einem Konto einer Teilbilanz im Soll und auf einem anderen Konto einer Teilbilanz im Haben:

$$\text{ZBS} = \text{LBS} + \text{KBS} + \text{WRBS} + \text{RPS} = 0$$

10.3 Ein Buchungsbeispiel zur Zahlungsbilanz

Die Zahlungsbilanz lernen wir am besten kennen, indem wir verschiedene ökonomische Transaktionen verbuchen. Wir beachten dabei zwei Währungsgebiete: Den Euro-Raum und den Dollar-Raum. Der Wechselkurs betrage (aus Gründen der didaktischen Vereinfachung) 1€ = 1$. Die Zahlungsbilanz wird (als inländische Rechnung) aber stets in inländischen Währungseinheiten, also in €, bilanziert. Die Beschreibung der Transaktionen erfolgt immer aus der Sicht des Inlandes. Die angegebenen Zahlen verstehen sich als Millionen €.

(1) Ein deutsches Unternehmen exportiert in die USA für € 600. Die Bezahlung erfolgt durch eine Überweisung des amerikanischen Käufers in US-Dollar.

In der Handelsbilanz werden 600 € im Soll verbucht. Die Geschäftsbank des Exporteurs erhält den Gegenwert (600 US-Dollar) überwiesen und schreibt dem Exporteur auf seinem Bankkonto € 600 gut. Die deutsche Geschäftsbank hält damit 600 US-Dollar als (kurzfristige) Forderung gegenüber einer amerikanischen Geschäftsbank. Bilanziert wird diese Forderung auf der Kreditverkehrsbilanz im Haben, da die Dollarforderungen eines Inländers (der Geschäftsbank) zugenommen haben. Da die Zahlungsbilanz eine deutsche Bilanz ist, müssen diese Dollarforderungen mit ihrem Gegenwert in € umgerechnet und bilanziert werden.

Zum besseren Verständnis werden für dieses erste Buchungsbeispiel alle stattfindenden Transaktionen anhand des Schaubildes 10 - 3 veranschaulicht:

(a) Das inländische Unternehmen Ui exportiert Güter (600 €), die für das ausländische Unternehmen Ua Importe sind (600 $).

(b) Ua überweist den Dollargegenwert der Importe von seinem Konto bei seiner Geschäftsbank BKa zu Gunsten von Ui.

(c) Die Bka belastet das Konto Ua und schreibt den Betrag der Geschäftsbank des inländischen Exporteurs BKi gut (die bei der BKa ein Konto unterhält).

(d) Die inländische Bank BKi verbucht das Guthaben als Zugang von Forderungen (600 $ = 600 €) gegen einen Ausländer.

(e) Dieser Betrag wird dem Konto der Ui gutgeschrieben. Der Exporteur erhält als Gegenwert seines Exports eine Forderung gegenüber seiner Geschäftsbank (ein Guthaben auf seinem laufenden Bankkonto).

In die Zahlungsbilanz gehen von diesen Transaktionen nur diejenigen ein, die zwischen inländischen und ausländischen Wirtschaftssubjekten stattfinden. Das sind die Transaktionen (a) und (d). Der Export von Waren wird in der Handelsbilanz erfasst (a) der Erwerb von Devisen durch die BKi auf der Kreditverkehrsbilanz (d).

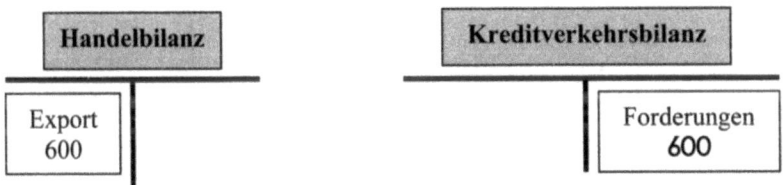

(2) Ein deutsches Unternehmen importiert für € 200. Die Bezahlung erfolgt durch eine Überweisung in € an die Geschäftsbank des ausländischen Exporteurs.
Der Import von Waren wird in der Handelsbilanz im Haben verbucht. Die Überweisung lautet auf € und wird von der deutschen Geschäftsbank BKi zugunsten der ausländischen Geschäftsbank BKa überwiesen (BKa unterhält bei BKi ein Konto): das Euro-Guthaben der Bka bei der BKi erhöht sich. Anders ausgedrückt: die Euro-Verbindlichkeiten der deutschen Geschäftsbank gegenüber einem Ausländer nehmen zu. Die Gegenbuchung des Imports erfolgt auf der Kreditverkehrsbilanz im Soll mit positivem Vorzeichen.

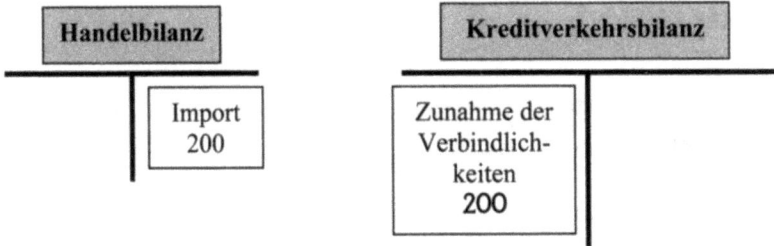

(3) Ein deutsches Unternehmen importiert Öl für US$ 100. Die Bezahlung erfolgt durch Überweisung von US-Dollar über die Geschäftsbanken.
Der Warenimport wird wie unter (2) in der Handelsbilanz verbucht. Allerdings mit dem Gegenwert in Euro! (Dieser ist nur bei dem hier unterstellten Wechselkurs von 1€ = 1$ mit dem Dollarwert identisch). Die deutsche Geschäftsbank überweist den Gegenwert in US-Dollar an die ausländische Geschäftsbank: Ihre Dollarbestände (ihre Forderungen an das Ausland) nehmen entsprechend ab. Die Gegenbuchung zum Import von Waren erfolgt in der Kreditverkehrsbilanz im Haben mit negativem Vorzeichen.

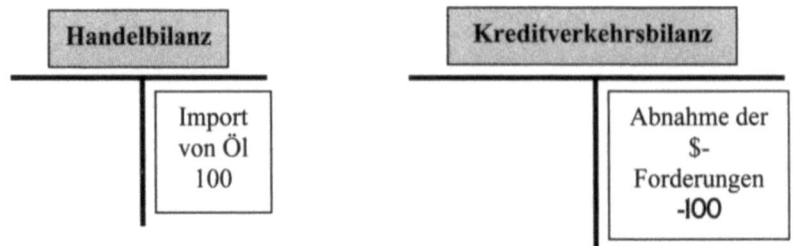

(4) Deutsche Touristen geben im Ausland € 50 aus, darunter € 5 für Geschenke und Urlaubsandenken.

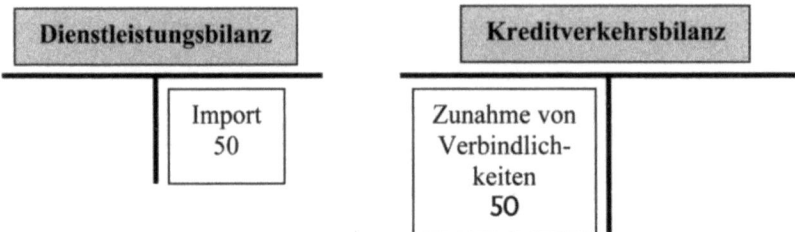

Diese Ausgabe von 50 € entspricht einem Import von Dienstleistungen und wird daher auf der Dienstleistungsbilanz im Haben verbucht. Der Einkauf von „touristischen Gütern" wird aus Gründen der Unmöglichkeit einer genauen separaten Erfassung nicht nach Waren und Dienstleistungen differenziert, sondern ebenfalls über die Dienstleistungsbilanz verbucht.

(5) Ein deutsches Unternehmen verkauft Lizenzen zum Bau von Maschinen an ein ausländisches Unternehmen, das dafür $ 150 überweist.

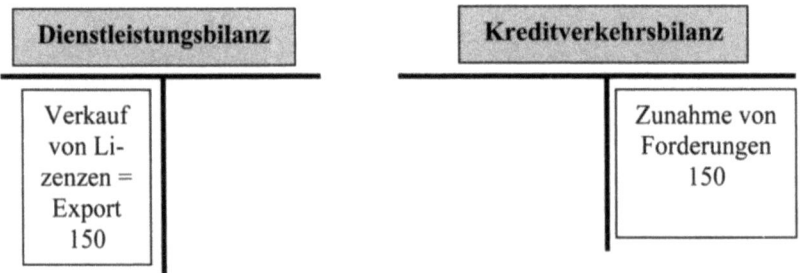

Es handelt sich um einen Export von Dienstleistungen, denn die Lizenzbilanz ist Teil der Dienstleistungsbilanz. Da der Wechselkurs mit 1$ = 1€ angenommen wurde, stellt die Überweisung in $ eine Zunahme an Dollar-Forderungen dar, die auf der Kreditverkehrsbilanz im Haben verbucht wird.

(6) In Deutschland lebende Gastarbeiter überweisen € 200 über die Geschäftsbanken in die Türkei.

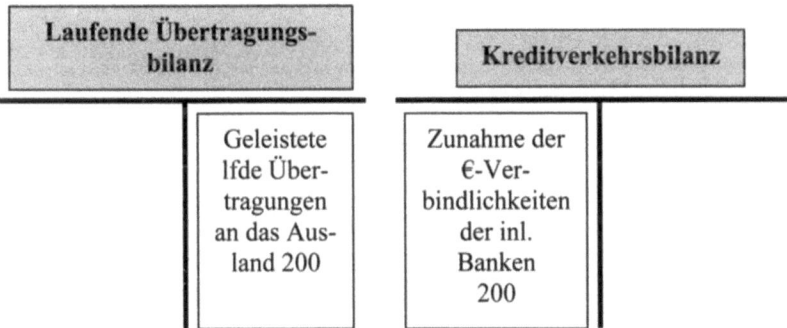

Es handelt sich dabei um geleistete laufende (private) Übertragungen. Die Verbuchung erfolgt auf der laufenden Übertragungsbilanz im Haben. Die Gegenbuchung steht in der Kreditverkehrsbilanz mit positivem Vorzeichen im Soll, da sich die €-Verbindlichkeiten von Inländern (hier: inländischen Geschäftsbanken) entsprechend erhöhen.

(7) Polnische Staatsbürger arbeiten zur Erntezeit in Deutschland. Sie erhalten freie Unterkunft und Verpflegung und ihren Arbeitslohn in Höhe von € 30, den sie an ihre Familien in Polen überweisen.

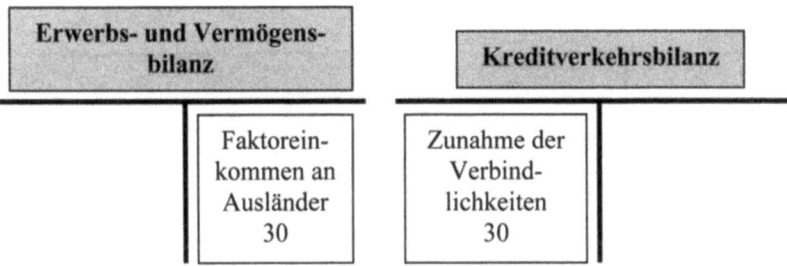

Anders als Überweisungen von Gastarbeitern (die Transferzahlungen von Inländern darstellen), handelt es sich bei Polen (solange die polnischen Saisonarbeiter nur vorübergehend einreisen) um Ausländer, die im Inland ein Faktorentgelt beziehen und dieses Faktoreinkommen überweisen.

(8) Deutsche Besitzer ausländischer Wertpapiere erzielen Dividenden und Zinszahlungen in Höhe von 90 $.

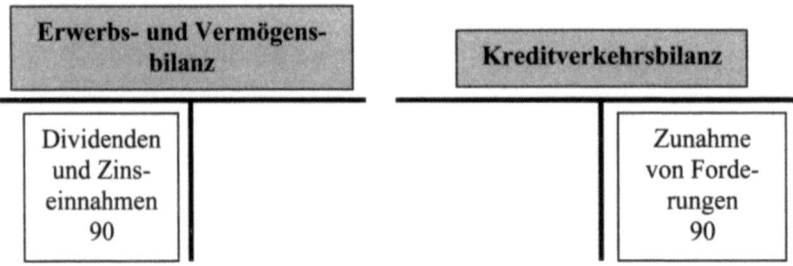

Es handelt sich bei Dividenden und Zinserträgen um das Entgelt, das ein vorausgegangener Kapitalexport (Auslandsvermögen) abwirft und das einem Inländer zufliesst. Die Geschäftsbanken halten auf ihren Konten die Forderungen gegenüber dem Ausland und in der EV-Bilanz stehen die Faktoreinnahmen, als Export von Faktorleistungen für die Nutzung des Faktors Kapital.

(9) Die Regierung kauft für 80 € Medikamente, Milchpulver, Zelte und Decken und stellt sie einem Entwicklungsland als Katastrophenhilfe unentgeltlich zur Verfügung.

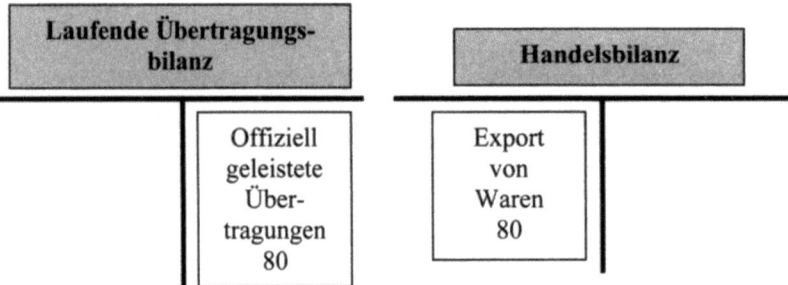

Die geleistete Entwicklungshilfe wird auf der laufenden Übertragungsbilanz im Haben gebucht. Die Waren, die exportiert werden, finden sich in der Handelsbilanz im Soll.

(10) Die Bundesregierung überweist den vereinbarten Mehrwertsteueranteil an die EU nach Brüssel.

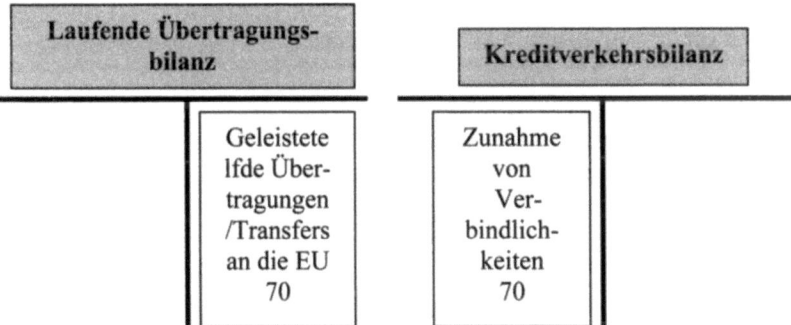

Es handelt sich um Transferzahlungen (keine Faktorleistungen). In der Bilanz der laufenden Übertragungen stehen die geleisteten Übertragungen im Haben. Die Verbindlichkeiten nehmen entsprechend in der Kreditverkehrsbilanz zu (Soll).

(11) Eine deutsche Organisation ohne Erwerbszweck erhält von gestorbenen Schweizer Bürgern Vermächtnisse in Höhe von 30 Mio. sfr, die sie bei einer schweizer Bank in festverzinslichen Wertpapieren anlegt. Der Wechselkurs beträgt: 1,5 sfr = 1 €.

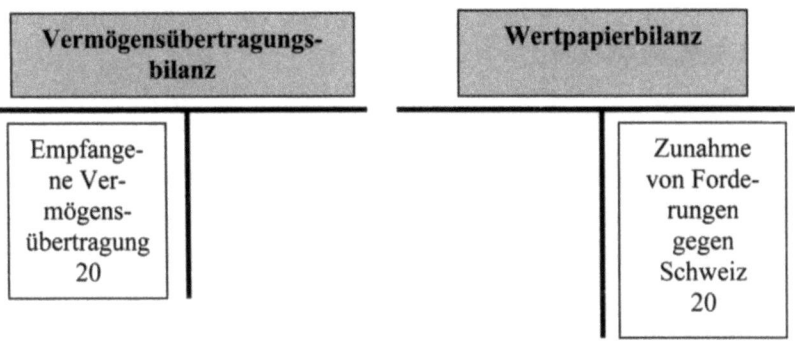

Die Zahlungsbilanz wird in € erstellt. $\frac{30 \text{ sfr}}{1,5 \text{ sfr/€}} = 20 \text{ €}$
Ein Inländer erhält die Vermögensübertragung, die in ausländischen Wertpapieren angelegt ist.

(12) Im Zuge weltweiter Fusionen wird eine große deutsche Unternehmung Ui von einem ausländischen Konzern Ua aufgekauft. Die Aktionäre der deutschen Unternehmung erhalten Aktien des ausländischen Konzerns im Gegenwert von 150 €. Ein Drittel des Aktienbestandes Ui wird von Inländern gehalten, 2/3 des Aktienbestandes der Ui gehört Ausländern.

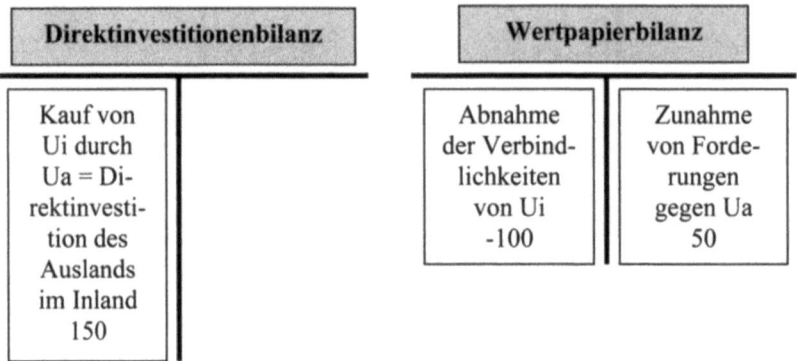

Die Direktinvestitionen, die das Ausland im Inland tätigt (es handelt sich hier um einen Kapitalimport in Gestalt von Direktinvestitionen: KIm^{DI}) wird auf der Direktinvestitionen-Bilanz im Soll verbucht. Die Inländer, die bisher Aktien der übernommenen Unternehmung Ui hatten, erhalten jetzt im Tausch Aktien von Ua. Das ist eine Zunahme der Forderungen in Höhe von 50. Die Ausländer, die bisher Aktien von Ui hielten, tauschen diese gegen Aktien von Ua. Damit entfallen Verbindlichkeiten in Höhe von 100.

(13) Die Wirtschaftssubjekte erwarten eine drastische Abwertung des € gegenüber dem $. Die Importeure, die gewöhnlich ihre Rechnung erst ein Vierteljahr nach Erhalt der Ware zahlen, leisten plötzlich Vorauszahlungen für Importe der nächsten 3 Monate in Höhe von 90 €.

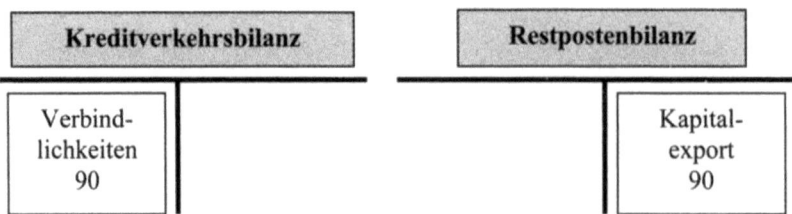

Die Zahlungen der Importeure erfolgen ohne zeitgleiche Gegenleistung. Die tatsächlichen Importe werden erst in zukünftigen Perioden getätigt. Die HB bleibt daher unberührt. Die Überweisung in € erhöht die Verbindlichkeiten um 90 €, die Gegenbuchung erfolgt auf der Bilanz der Restposten.

(14) Die deutsche Bundesbank überträgt Währungsreserven von 120 $ an die EZB.

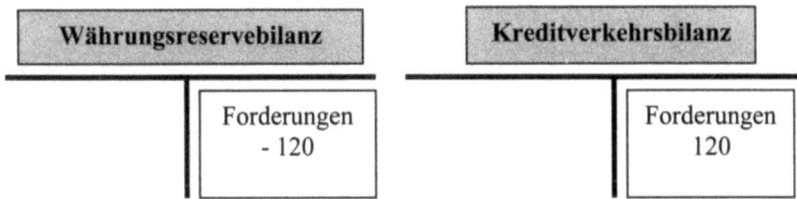

Es nehmen die Währungsreserven ab, Forderungen an das Ausland sinken um 120 € und gleichzeitig nehmen die Forderungen gegen die EZB zu.

(15) Inländer kaufen ausländische Optionen, um sich gegen Kursrisiken auf dem ausländischen Aktienmarkt abzusichern für 100 $.

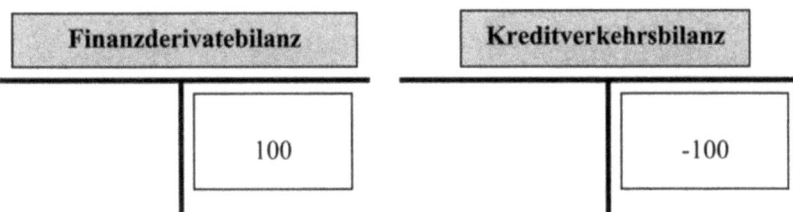

Es sind annahmegemäß 100 $ = 100 €. Die Forderungen an das Ausland nehmen ab (Haben in der KrVB) und Forderungen aus future options nehmen zu (Haben FDB).

Schaubild 10-2: Buchungsbeispiel zur Zahlungsbilanz
Teilbilanzen

I. LEISTUNGSBILANZ

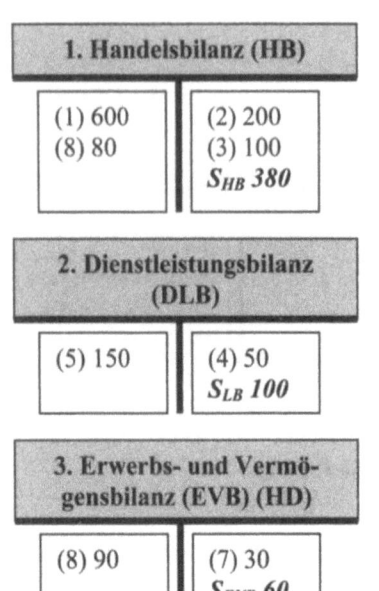

II. VERMÖGENSÜBER-TRAGUNGSBILANZ

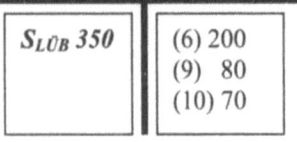

Im englischen Sprachraum heißen die Zahlungsbilanz und ihre Teilbilanzen:
Balance of Payments Accounts
- I   Current Account
- II   Capital Account
- III+IV Financial Account
- (IV=   Official Reserve Transactions)

III. KAPITALBILANZ

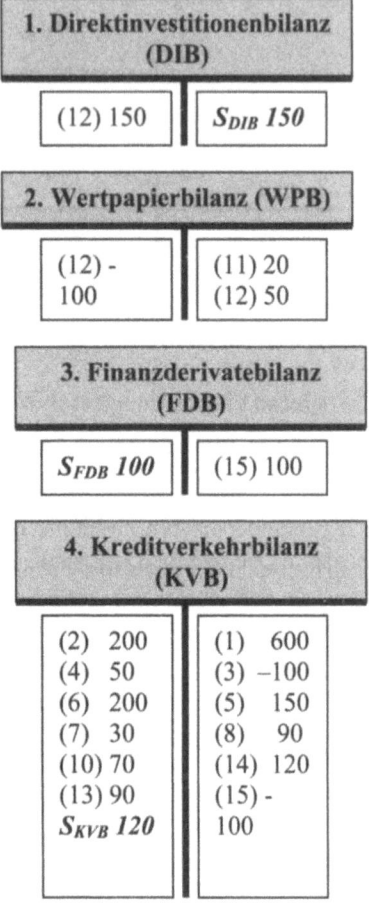

IV. WÄHRUNGS-RESERVE BILANZ

V. RESTPOSTENBILANZ

S_{RPB} 90	(13) 90

Skalenform		
1. HB	+	380
2. DLB	+	100
3. EVB	+	60
4. LÜB	-	350
5. VÜB	+	20
6. DIB	+	150
7. WPB	-	170
8. FDB	-	100
9. KVB	-	120
10. WRB	+	120
11. RPB	-	90
Summe		**0**

Die Posten auf der Sollseite der Zahlungsbilanz respektive ihrer Teilbilanzen erhalten ein positives Vorzeichen, da sie Zahlungseingänge bzw. Einnahmen darstellen. Die Posten der Habenseite erhalten entsprechend ein negatives Vorzeichen, da sie mit Zahlungsausgängen bzw. Ausgaben verbunden sind. Die Summe aller Salden ist Null!

10.4 Zahlungsbilanz - empirisch

Betrachten wir nun die Zahlungsbilanz der Bundesrepublik Deutschland. Die Darstellungen der Zahlungsbilanz der Bundesrepublik Deutschland sind dem Geschäftsbericht[12] und dem Monatsbericht der Deutschen Bundesbank[13] entnommen (vgl. Box 18-1). Hier werden einige Detailprobleme behandelt, die zum besseren Verständnis der empirischen Zahlungsbilanz führen:
Der **Außenhandel** wird von der Deutschen Bundesbank im Geschäftsbericht "fob", im Monatsbericht „cif" bewertet. Was bedeuten diese Kürzel und worin unterscheiden sich beide Angaben? Die Abkürzung "fob" steht für "free on board". Bei dem (internationalen) Handel von Waren fallen Transport- und Versicherungskosten an. Erfolgt die Bewertung der gehandelten Güter "fob", so werden die Kosten für Transport und Versicherung, die auf dem Weg von der Grenze des ausführenden Landes bis zur Grenze des Empfängerlandes anfallen, nicht mit in den Wert der Waren einbezogen, der sich in der Handelsbilanz niederschlägt. Die Transport- und Versicherungskosten werden in diesem Fall ausschließlich in der Dienstleistungsbilanz erfasst.

---

[12] Deutsche Bundesbank, Geschäftsbericht 1999, S.85.
[13] Deutsche Bundesbank, Monatsbericht, März 2000, Die Deutsche Zahlungsbilanz im Jahr 1999.

Die amtliche deutsche Außenhandelsstatistik[14] bewertet die Importe mit ihrem "cif"-Wert. Das Kürzel "cif" steht für "cost, insurance, freight". In diesem Fall sind die gesamten Kosten, die mit dem Transport und der Versicherung der Güter von der ausländischen Grenze (d.h. der des exportierenden Landes) bis zur inländischen Grenze anfallen, in den Importwert eingerechnet, der in die Handelsbilanz eingeht. Dieser Wert umfasst damit sowohl den Warenwert als auch die mit dem Import verbundenen Dienstleistungen.

Der **Handelsbilanzsaldo** der Bundesrepublik Deutschland ist durchgängig positiv. Dennoch schloß die **Leistungsbilanz** seit der Wiedervereinigung 1990 bis 2001 mit einem negativen Saldo ab. Das lag daran, dass alle anderen Teilbilanzen der Leistungsbilanz mehr oder weniger ausgeprägte Defizite auswiesen, die in ihrer Summe den Überschuss der Handelsbilanz überschritten.

Die **Dienstleistungsbilanz** und die laufende Übertragungsbilanz sind für die Bundesrepublik typischerweise stark negativ, während der Saldo der Erwerbs- und Vermögenseinkommen stärkeren Schwankungen unterworfen ist.

Typisch für die Bundesrepublik ist ihr strukturelles Defizit in der **laufenden Übertragungsbilanz**. Zwischen 1,5% und 2% des BIP stellt Deutschland dem Ausland ohne Gegenleistung zur Verfügung. Den größten Einzelposten bilden hier die Netto-Leistungen an die Europäische Union, die 1998 mit netto 15 Mrd € den bislang höchsten Stand erreichten. Dagegen belaufen sich die Zuwendungen an Entwicklungsländer (einschließlich internationaler Organisationen) auf lediglich 2 Mrd.€. Aber auch die privaten Übertragungen sind per Saldo durchgängig defizitär, wobei die Heimatüberweisungen der Gastarbeiter regelmäßig mit 3-4 Mrd.€ zu Buche schlagen.

Die Bilanz der **Vermögensübertragungen** weist einen (absolut gesehen) unbedeutenden Saldo auf. Schwankungen gehen auf singuläre Ereignisse zurück, wie z. B. öffentliche Leistungen an das Ausland in Form eines Schuldenerlasses gegenüber den ärmsten Entwicklungsländern oder größere Erbschaften usw.

Zum Verständnis der **Kapitalbilanz** erinnern wir uns, dass der Kapitalexport bzw. die Zunahme deutscher Anlagen im Ausland auf der Habenseite der Kapital(verkehrs)bilanz verbucht wird, und das heißt in der hier gewählten Skalendarstellung, mit einem negativen Vorzeichen versehen wird.

---

[14] Vgl. ebd. S. 56.

Die Salden der einzelnen Teilbilanzen der Kapital(verkehrs)bilanz unterliegen erheblich größeren Schwankungen als die der Leistungsbilanz. Z. B. können Mega-Fusionen zwischen inländischen und ausländischen Unternehmungen einen großen Einfluss auf die Bilanzen der Direktinvestitionen, die Wertpapierbilanz oder die Kreditverkehrsbilanz haben.

Die Kapital(verkehrs)bilanz insgesamt erreichte einen maximalen Negativsaldo von -134 Mrd. DM im Jahre 1989 (ein Jahr vor der Wiedervereinigung) und einen maximalen Positivsaldo von +90 Mrd.DM im Jahre 1992. Hierin dokumentiert sich der Wiedervereinigungs"schock": Deutschland veränderte sich von einem der größten Nettokapitalexporteure zu einem bedeutenden Nettokapitalimporteur, und finanzierte auf diese Weise den „Wiederaufbau Ost" zum Teil durch Rückgriff auf ausländisches Kapital bzw. durch Abbau von Auslandsvermögen.

Der "**Restposten**" oder Saldo der statistisch nicht aufgliederbaren Transaktionen resultiert daraus, dass nicht alle tatsächlich getätigten ökonomischen Transaktionen mit dem Ausland erfasst werden (können). In der Aussenhandelsstatistik des Statistischen Bundesamtes werden die Handelsströme direkt erfasst, aber nicht die damit verbundenen Finanzierungsströme. Das ist solange unproblematisch, wie die Finanzierungs- und Zahlungsmodalitäten, die "terms of payment", weitgehend unverändert bleiben. Sollten aber beispielsweise die Wirtschaftssubjekte eine Ab- oder Aufwertung des € gegenüber dem US$ erwarten, wird das ihre Zahlungsgewohnheiten verändern. Wie? Überlegen Sie getrennt für Exporteure, Importeure und Kapitalanleger.[15] Auch verbergen sich im Restposten Kapitalströme, die in den "ordentlichen" Kapitalverkehrsbilanzen nicht erfasst sind wie z.B. "Kapitalflucht", die unter bestimmten ökonomischen und politischen Konstellationen sehr umfangreich ausfallen kann. (Den deutlichen Swing im Restposten von +11 Mrd. DM auf -17 Mrd. DM im Jahr 1993 führt die Bundesbank u.a. darauf zurück, dass im Zusammenhang mit der damaligen Einführung der Zinsabschlagssteuer Vermögensumschichtungen vom Inland ins Ausland vorgenommen wurden, die nicht sämtlich im "ordentlichen" Kapitalverkehr erfasst wurden sondern „schwarz" über die Grenze gingen.) Aus Kapitalflucht resultierende "unechte" Auslandskäufe am deutschen Wertpapiermarkt spiegeln sich ebenfalls im Restposten wider.[16]

---

[15] Vgl Sie dazu das Buchungsbeispiel 11.
[16] Vgl. Geschäftsbericht der Deutschen Bundesbank, 1993, S. 54.

Box 10-1: Hauptposten der Zahlungsbilanz

Zahlungsbilanz — Tabelle 6

Mrd €

Position	1999	2000	2001	2002
I. Leistungsbilanz	− 22,2	− 28,5	+ 1,0	+ 48,9
1. Außenhandel [1]	+ 66,6	+ 62,8	+ 100,7	+ 130,5
Ausfuhr (fob) [1]	509,7	596,9	637,3	650,9
Einfuhr (fob) [1]	443,1	534,0	536,7	520,4
2. Dienstleistungen	− 55,3	− 60,6	− 61,8	− 48,4
darunter: Reiseverkehr	− 36,4	− 37,4	− 37,4	− 36,0
3. Erwerbs- und Vermögenseinkommen	− 8,4	− 2,4	− 10,4	− 6,7
darunter: Vermögenseinkommen	− 7,7	− 1,9	− 10,2	− 6,3
4. Laufende Übertragungen	− 25,0	− 28,4	− 27,4	− 26,6
darunter: Nettoleistung zum EU-Haushalt [2]	− 13,4	− 15,0	− 12,3	− 10,9
Sonstige laufende öffentliche Leistungen an das Ausland (netto)	− 4,0	− 4,2	− 4,7	− 4,9
II. Vermögensübertragungen [3]	− 0,2	+ 6,8	− 0,4	− 0,2
III. Kapitalbilanz (Netto-Kapitalexport: −)	− 24,1	+ 36,9	− 18,2	− 78,7
1. Direktinvestitionen	− 50,5	+ 158,7	− 9,1	+ 14,3
Deutsche Anlagen im Ausland	− 102,9	− 61,7	− 47,0	− 26,1
Ausländische Anlagen im Inland	+ 52,4	+ 220,4	+ 37,9	+ 40,4
2. Wertpapiere	+ 9,3	− 155,8	+ 26,6	+ 37,0
Deutsche Anlagen im Ausland	− 177,4	− 203,4	− 129,6	− 69,0
darunter: Aktien	− 68,0	− 102,3	− 15,6	− 5,3
Rentenwerte	− 94,6	− 70,3	− 95,1	− 50,8
Ausländische Anlagen im Inland	+ 168,1	+ 47,6	+ 156,2	+ 106,0
darunter: Aktien	+ 22,6	− 35,9	+ 88,6	+ 16,8
Rentenwerte	+ 97,6	+ 74,0	+ 81,2	+ 79,2
3. Finanzderivate	− 2,2	− 5,5	+ 6,3	− 0,5
4. Kreditverkehr	+ 40,3	+ 41,3	− 40,6	− 128,0
Kreditinstitute	+ 53,0	+ 13,8	− 76,3	− 102,2
darunter kurzfristig	+ 60,4	+ 38,3	− 33,1	− 88,7
Unternehmen und Privatpersonen	+ 40,5	+ 4,6	− 7,8	+ 4,1
darunter kurzfristig	+ 38,7	+ 0,5	− 17,3	− 0,7
Staat	− 3,6	− 19,4	+ 16,8	+ 5,5
darunter kurzfristig	+ 5,1	− 17,9	+ 16,8	+ 5,4
Bundesbank	− 49,5	+ 42,4	+ 26,6	− 35,4
5. Sonstige Kapitalanlagen	− 2,4	− 1,9	− 1,3	− 1,5
IV. Veränderung der Währungsreserven zu Transaktionswerten (Zunahme: −) [4]	+ 12,5	+ 5,8	+ 6,0	+ 2,1
V. Saldo der statistisch nicht aufgliederbaren Transaktionen (Restposten)	+ 34,0	− 21,0	+ 11,6	+ 28,0

1 Spezialhandel nach der amtlichen Außenhandelsstatistik einschl. Ergänzungen; Einfuhr ohne Fracht- und Seetransportversicherungskosten, die in den Dienstleistungen enthalten sind. — 2 Ohne Erhebungskosten, EAGFL (Ausrichtungsfonds), Regionalfonds und sonstige Vermögensübertragungen, soweit erkennbar. — 3 Einschl. Kauf/Verkauf von immateriellen nichtproduzierten Vermögensgütern. — 4 Ohne SZR-Zuteilung und bewertungsbedingte Veränderungen.

Deutsche Bundesbank

Quelle: Geschäftsbericht der Deutschen Bundesbank, 2002, S. 77: Zahlungsbilanz.

Box 10-2: Außenhandel und Leistungsbilanz

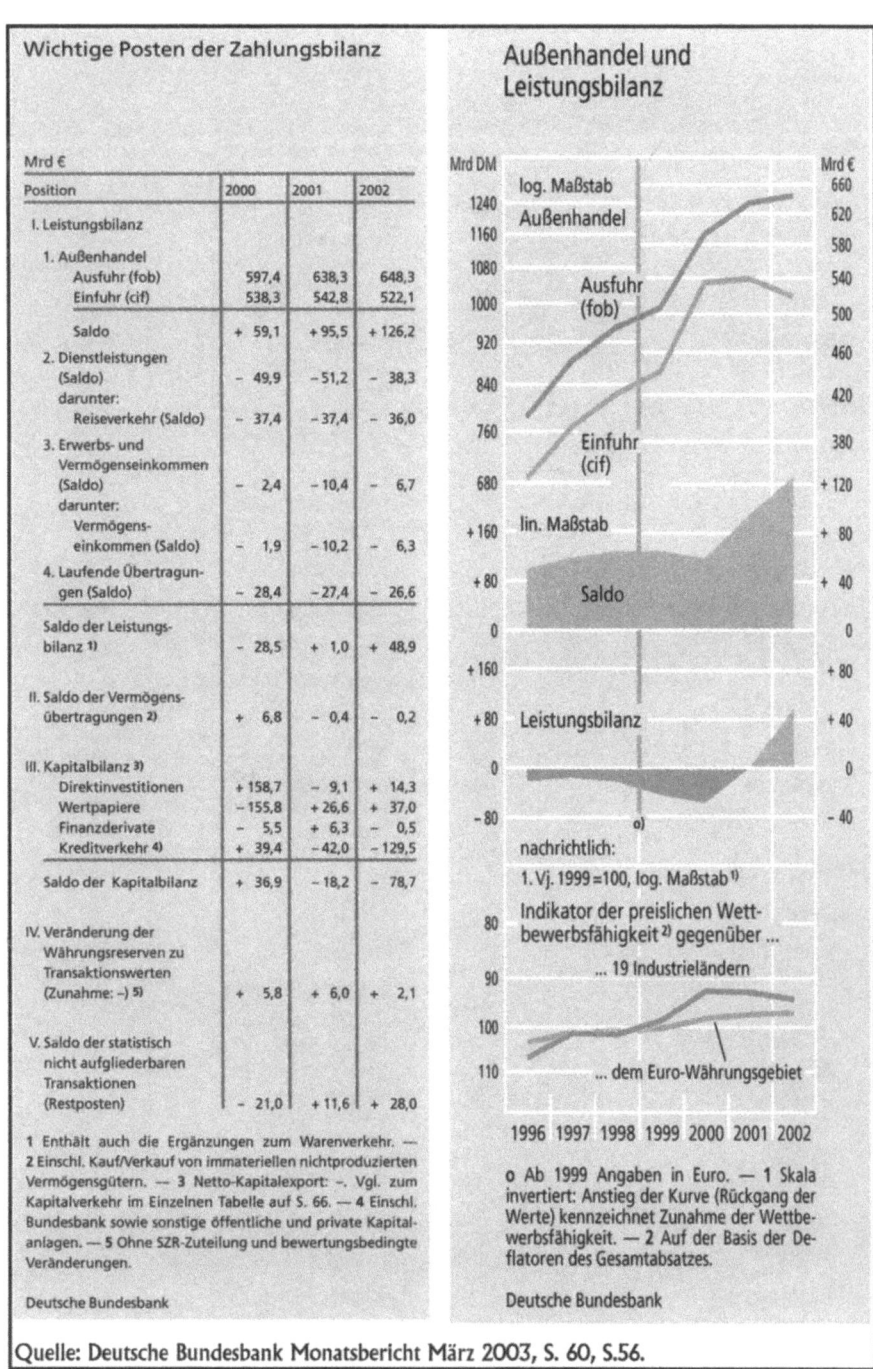

Quelle: Deutsche Bundesbank Monatsbericht März 2003, S. 60, S.56.

Regionale Entwicklung des Außenhandels

2002

Ländergruppe/Land	Anteile in %	Veränderung in % vom absoluten Wert gegenüber dem Vorjahr
Ausfuhr		
Alle Länder	100,0	1,6
darunter:		
EWU-Länder	42,6	0,3
Übrige EU-Länder	12,1	3,1
Vereinigte Staaten	10,3	− 1,8
Mittel- und osteuropäische Reformländer	11,6	7,5
Japan	1,9	− 7,1
Südostasiatische Schwellenländer	3,9	1,1
China	2,2	19,6
OPEC-Länder	2,2	6,7
Einfuhr		
Alle Länder	100,0	− 3,8
darunter:		
EWU-Länder	41,6	− 2,0
Übrige EU-Länder	9,9	− 6,5
Vereinigte Staaten	7,7	− 13,0
Mittel- und osteuropäische Reformländer	13,5	2,5
Japan	3,6	− 16,9
Südostasiatische Schwellenländer	5,1	− 6,9
China	4,0	5,6
OPEC-Länder	1,3	− 15,3

Deutsche Bundesbank

Kapitalverkehr

Mrd €; Netto-Kapitalexport: −

Position	2000	2001	2002
1. Direktinvestitionen	+ 158,7	− 9,1	+ 14,3
Deutsche Anlagen im Ausland	− 61,7	− 47,0	− 26,1
Ausländische Anlagen im Inland	+ 220,4	+ 37,9	+ 40,4
2. Wertpapiere	− 155,8	+ 26,6	+ 37,0
Deutsche Anlagen im Ausland	− 203,4	− 129,6	− 69,0
Aktien	− 102,3	− 15,6	− 5,3
Investmentzertifikate	− 32,5	− 19,7	− 6,8
Rentenwerte	− 70,3	− 95,1	− 50,8
Geldmarktpapiere	+ 1,7	+ 0,9	− 6,1
Ausländische Anlagen im Inland	+ 47,6	+ 156,2	+ 106,0
Aktien	− 35,9	+ 88,6	+ 16,8
Investmentzertifikate	+ 11,0	+ 1,1	− 0,2
Rentenwerte	+ 74,0	+ 81,2	+ 79,2
Geldmarktpapiere	− 1,4	− 14,8	+ 10,2
3. Finanzderivate [1]	− 5,5	+ 6,3	− 0,5
4. Kreditverkehr	+ 41,3	− 40,6	− 128,0
Kreditinstitute	+ 13,8	− 76,3	− 102,2
langfristig	− 24,5	− 43,2	− 13,5
kurzfristig	+ 38,3	− 33,1	− 88,7
Unternehmen und Privatpersonen	+ 4,6	− 7,8	+ 4,1
langfristig	+ 4,1	+ 9,5	+ 4,7
kurzfristig	+ 0,5	− 17,3	− 0,7
Staat	− 19,4	+ 16,8	+ 5,5
langfristig	− 1,5	+ 0,0	+ 0,1
kurzfristig	− 17,9	+ 16,8	+ 5,4
Bundesbank	+ 42,4	+ 26,6	− 35,4
5. Sonstige Kapitalanlagen	− 1,9	− 1,3	− 1,5
6. Saldo aller statistisch erfassten Kapitalbewegungen	+ 36,9	− 18,2	− 78,7
Nachrichtlich: Veränderung der Währungsreserven zu Transaktionswerten (Zunahme: −) [2]	+ 5,8	+ 6,0	+ 2,1

1 Verbriefte und nicht verbriefte Optionen sowie Finanztermingeschäfte. — **2** Ohne SZR-Zuteilung und bewertungsbedingte Veränderungen.

Deutsche Bundesbank

Quelle: Deutsche Bundesbank Monatsbericht März 2003, S. 57, S.66.

Box 10-3: Außenhandel und Leistungsbilanz

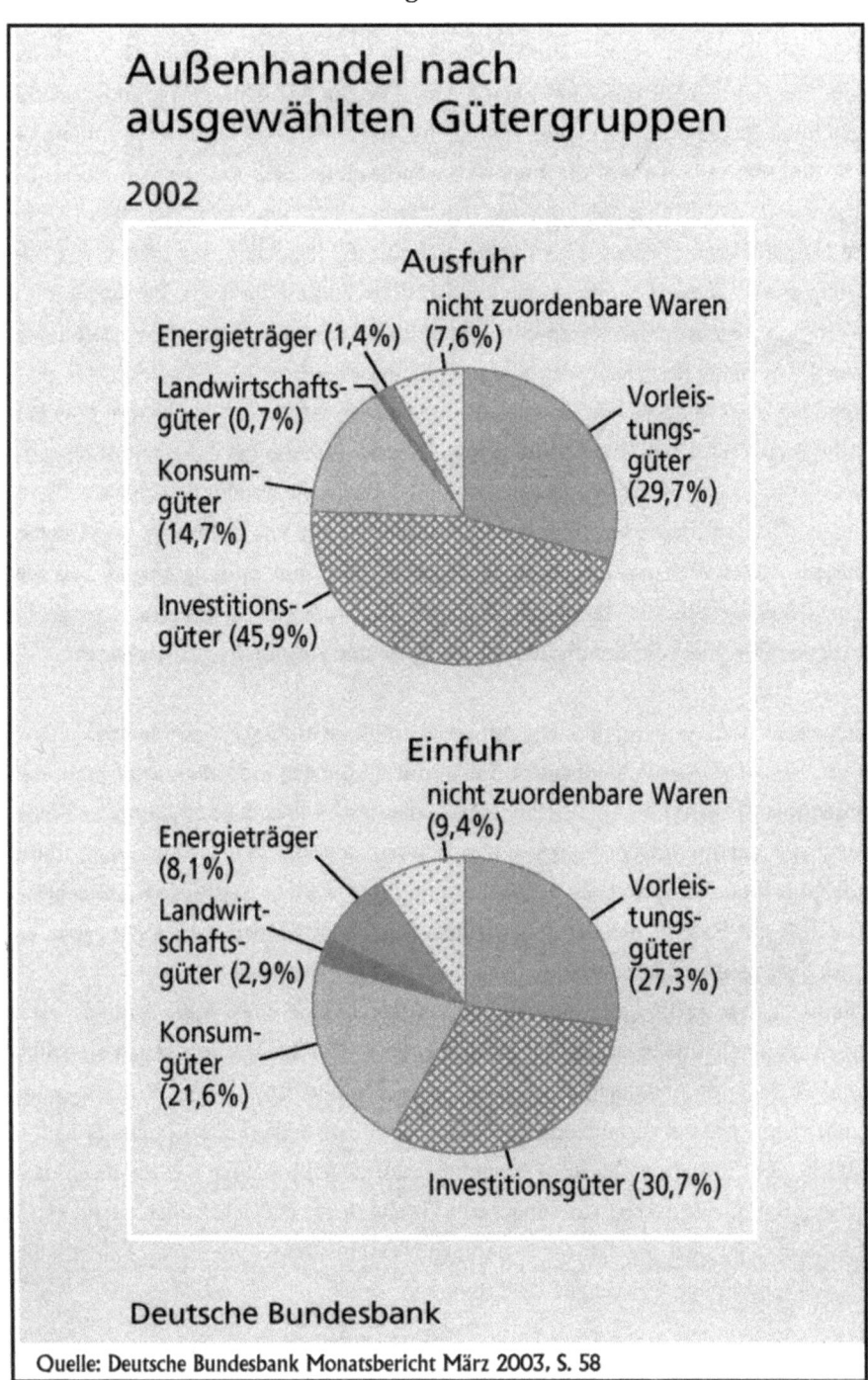

Box 10-4: Zur Struktur des Außenhandels der BR Deutschland

Das Außenhandelsvolumen der Bundesrepublik Deutschland (früheres Bundesgebiet) hat sich von 1950 bis 1992 von 8 Mrd. DM auf 657 Mrd. DM gesteigert. 1992 machten die Exporte von Gütern und Dienstleistungen 34,5 % der Verwendung des „Sozialprodukts" aus und die Importe 29 % (Anteile nach Preisen von 1991). Die Theorie des Außenhandels, die auf den Nationalökonom David Ricardo (1772 - 1823) zurückgeht, besagt, dass Länder sich auf die Produktion und den Export der Güter spezialisieren, bei denen sie komparative Vorteile besitzen. Wo liegen diese Vorteile im Fall der Bundesrepublik Deutschland? Um dies festzustellen, betrachten wir die Struktur des bundesdeutschen Außenhandels Box 10-3. Es zeigt sich deutlich, dass die bundesdeutschen Exporte zu fast 60% aus Investitionsgütern bestehen. Allerdings findet sich auch bei den Importen der Anteile der Investitionsgüter mit über 40% in den Sektoren: chemische und industrielle Produktion. Neben diesen beiden "Säulen" deutscher Exporte machen die Exporte von Nahrungs- und Genussmitteln, Rohstoffen und mineralischen Brennstoffen nur einen geringen Teil aus. Eine ähnliche Struktur lässt sich auch bei den Importen feststellen. Die größte Gruppe bilden hier die chemischen Erzeugnisse und sonstigen Industriewaren.

Schaubild 10-2 verdeutlicht auch, mit welchen Ländern dieser Außenhandel getätigt wird. Fast 80 % des Außenhandels findet mit westlichen Industriestaaten statt, darunter über 50 % mit den EU-Staaten. Das wichtigste Exportland ist hierunter Frankreich, auf der Importseite finden wir an vorderster Stelle neben Frankreich, Italien auch die Niederlande. Neben den EU-Staaten sind weitere wichtige Handelspartner die USA mit 7 - 8 % des deutschen Außenhandels und Japan, wobei mit Japan ein stark unausgeglichenes Verhältnis von Im- und Exporten besteht.
Die ehemalige DDR hatte eine ähnliche Güterstruktur ihres Außenhandels, doch einen regionalen Schwerpunkt in Richtung der RGW-Staaten, mit denen sie früher rund 70 % ihres Außenhandels betrieb. Dieser Export ist nach der Wiedervereinigung weitestgehend zusammengebrochen: Zum einen müssen die Abnehmer jetzt in EURO (d.h. in harten Devisen) bezahlen, zum anderen kaufen sie für diese dann lieber original West-Produkte modernster Technologie und schließlich verfügen sie nur beschränkt über die dafür notwendigen Devisen. Die westdeutsche Industrie hat diese Exportanteile weitgehend übernommen.

10.4 Zahlungsbilanz - empirisch

Schaubild 10-3: Buchungsbeispiel 1 im Detail

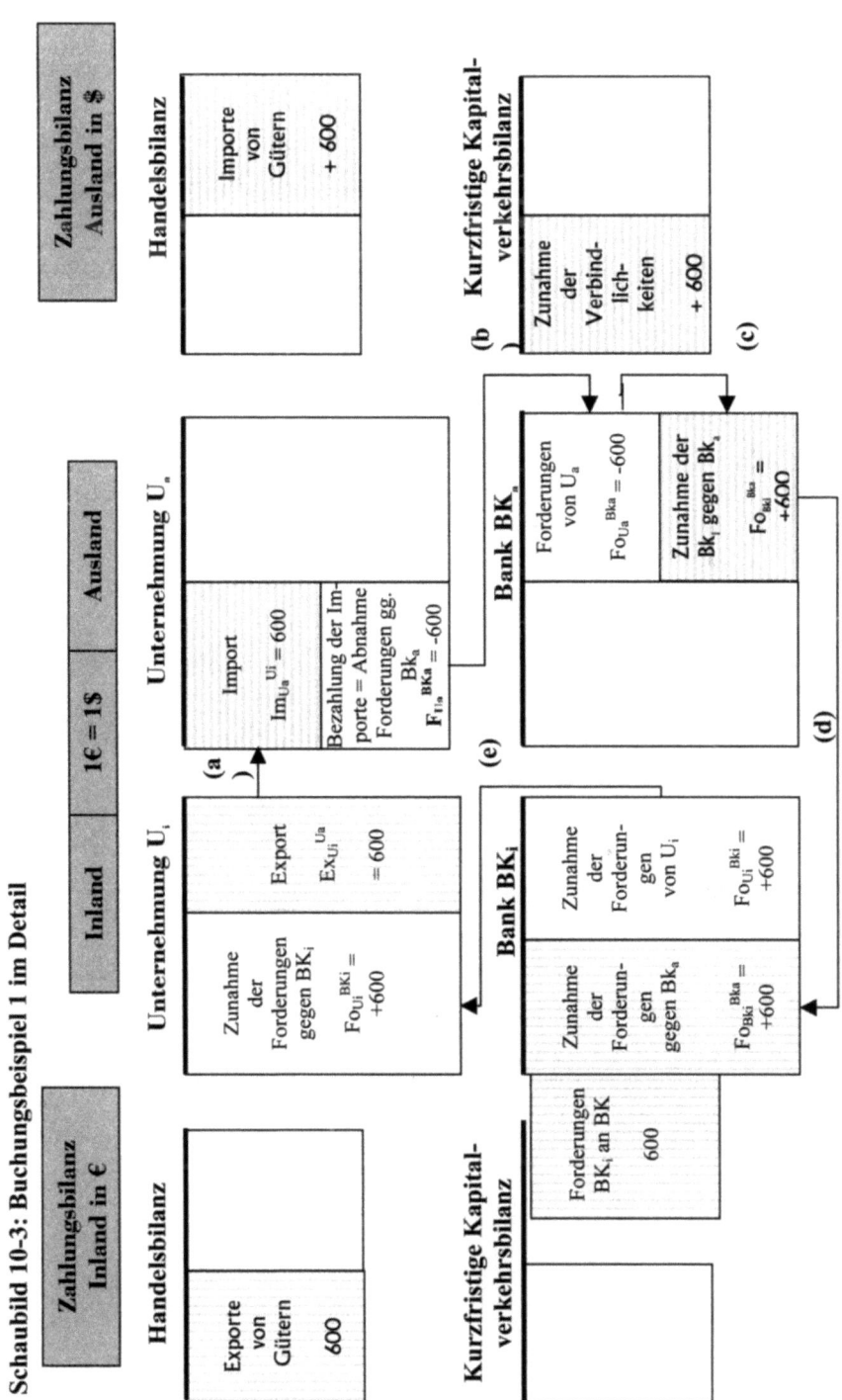

Schaubild 10-4: Summary Balance of Payments

Summary balance of payments [1)2)]
(EUR billions (ECU billions to end-1998); net flows)

	Current account					Capital account	Financial account						Errors and omissions
	Total	Goods	Services	Income	Current transfers		Total	Direct investment	Portfolio investment	Financial derivatives	Other investment	Reserve assets	
	1	2	3	4	5	6	7	8	9	10	11	12	13
1997	56.7	116.4	-2.3	-15.2	-42.2	13.0	.	-44.4	-24.1	.	.	.	.
1998	26.7	109.0	-6.3	-28.8	-47.2	12.4	-67.0	-81.3	-109.9	-8.2	124.2	8.2	27.9
1999	-23.8	75.7	-16.5	-37.0	-46.1	12.8	13.5	-119.5	-41.4	3.3	161.0	10.1	-2.5
2000	-66.0	31.6	-17.5	-25.5	-54.6	9.8	66.9	-16.5	-111.6	-3.4	180.8	17.6	-10.7
					Euro area enlargement								
2001	-19.4	75.5	-3.7	-39.9	-51.2	9.5	-24.9	-102.8	64.7	-3.5	-1.1	17.8	34.7
2002	59.6	131.1	11.1	-36.6	-46.0	11.6	-132.1	-33.6	108.4	-14.0	-190.7	-2.2	60.9
2002 Q1	12.0	26.7	-4.7	-7.4	-2.6	3.2	-8.2	-16.0	-35.8	2.5	44.1	-3.1	-6.9
Q2	2.2	31.3	5.9	-16.2	-18.8	3.5	-19.8	-9.2	72.2	-2.8	-86.7	6.7	14.1
Q3	23.0	38.5	5.9	-10.7	-10.7	2.3	-50.3	-12.0	35.7	-9.6	-59.7	-4.6	24.9
Q4	22.4	34.6	4.0	-2.4	-13.8	2.6	-53.9	3.6	36.2	-4.0	-88.4	-1.3	28.8
2003 Q1	2.8	17.3	1.1	-12.6	-3.0	1.9	-30.5	-7.7	2.8	-0.1	-37.5	11.9	25.8
2002 Mar.	7.4	13.5	-0.8	-0.8	-4.4	0.3	17.9	-8.1	6.4	-2.9	22.7	-0.2	-25.6
Apr.	-5.8	7.3	0.6	-7.7	-6.0	1.3	14.8	8.1	16.0	1.4	-19.1	8.4	-10.3
May	0.7	10.3	2.1	-6.4	-5.3	1.0	5.6	1.5	34.2	-2.0	-30.0	1.9	-7.3
June	7.4	13.7	3.2	-2.1	-7.5	1.1	-40.2	-18.8	22.0	-2.2	-37.7	-3.5	31.8
July	4.8	15.3	1.7	-9.0	-3.1	0.5	-17.4	-6.7	10.7	-8.2	-10.7	-2.6	12.1
Aug.	9.9	12.2	0.4	0.3	-3.0	0.6	-11.5	1.7	8.3	-2.1	-21.1	1.8	1.0
Sep.	8.3	11.1	3.9	-2.0	-4.6	1.2	-21.3	-7.0	16.7	0.7	-27.9	-3.8	11.8
Oct.	4.7	12.4	0.9	-2.4	-6.2	1.4	-17.4	-6.2	25.9	-0.1	-39.3	2.1	11.3
Nov.	10.6	12.6	1.7	0.2	-3.9	0.3	-20.2	7.2	15.6	-1.4	-39.2	-2.4	9.3
Dec.	7.1	9.6	1.4	-0.2	-3.7	0.9	-16.2	2.5	-5.3	-2.5	-9.9	-1.0	8.2
2003 Jan.	-4.8	2.1	-0.6	-9.4	3.2	2.1	-12.7	-3.1	-2.8	-0.8	-7.4	1.5	15.3
Feb.	3.5	9.1	0.1	-2.6	-3.1	-0.9	-25.8	3.2	-12.0	0.6	-22.9	5.3	23.2
Mar.	4.0	6.2	1.5	-0.6	-3.0	0.8	7.9	-7.7	17.6	0.2	-7.2	5.0	-12.7
Apr.	-8.6	7.4	0.8	-10.5	-6.3	0.1	7.8	-20.2	9.3	-4.6	22.9	0.5	0.7
May	-0.4	8.3	1.5	-4.6	-5.6	0.4	-31.0	-0.3	7.0	0.6	-39.7	1.4	31.0

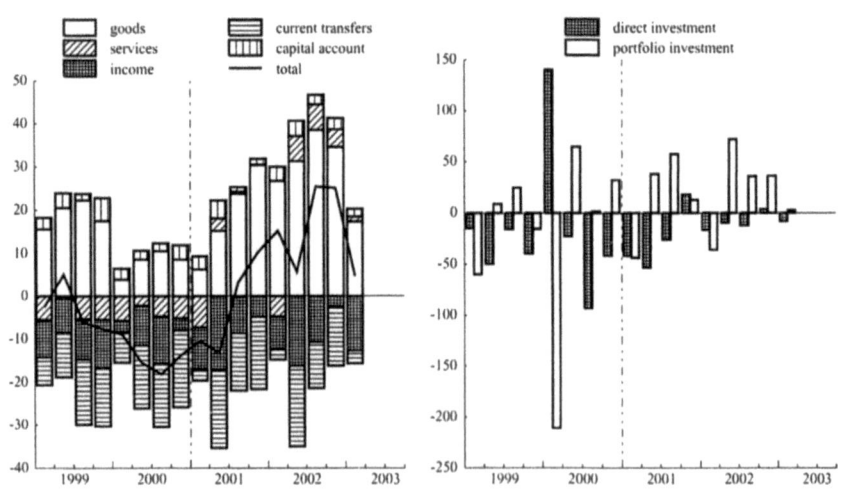

Current and capital accounts
(EUR billions (ECU billions to end-1998); net flows)

Direct and portfolio investment
(EUR billions (ECU billions to end-1998); net flows)

Source: ECB.
1) Inflows (+); outflows (-). Reserve assets: increase (-); decrease (+).
2) For the comparability of recent and some earlier data, see the general notes.

11 Die Input - Output - Rechnung

11.1 Die Bedeutung der Input - Output - Rechnung

Wie wir bereits aus dem Teil I wissen, ist das Hauptmerkmal des Produktionsprozesses, Güter unter Einsatz von Produktionsfaktoren in andere Güter weiter zu verarbeiten: also Input in Output zu verwandeln. Bei der Erstellung der Produktionskonten der VGR und ihrer Zusammenfassung zum gesamtwirtschaftlichen Produktionskonto gingen Informationen über die Vorleistungs-Verflechtung verloren zu Gunsten der Ermittlung des Endproduktes und des Brutto-Inlandsproduktes. Die Input - Output - Rechnung und -Tabelle greift speziell diese empirischen Informationen über die Produktionsverflechtung einer Volkswirtschaft auf, um sie systematisch zu erfassen, zusammenzustellen und auszuwerten.

Aus der Sicht einer einzelnen Unternehmung lautet die hier interessierende Fragestellung: Von welchen Sektoren bezieht eine Unternehmung die Input-Güter und an welche Sektoren verkauft es die Output-Güter? Welche Güter müssen in welchen Mengen von anderen Unternehmungen bezogen und im eigenen Produktionsprozess eingesetzt werden (Input), um eine Mengeneinheit des Fertigproduktes (Output) herzustellen? Welche Wirtschaftseinheiten nehmen welche Menge der produzierten Güter ab, um sie entweder selbst als Vorleistungen einzusetzen oder als Endprodukt zu erwerben? In der Input - Output - Rechnung werden unter anderem genau diese Lieferbeziehungen (die Vorleistungsverflechtung, der Produktionswert und die Wertschöpfung) festgehalten und systematisch zu Tabellen in Matrix-Form (den Input - Output - Tabellen) zusammengestellt. Diese Rechnungen werden aber nicht bis zur Mikroebene der einzelnen Unternehmungen hin erstellt. Vielmehr werden i.d.R. möglichst homogene Produktionssektoren bzw. Wirtschaftsbereiche gebildet, die sich dadurch auszeichnen, dass sie Güter einer bestimmten Gütergruppe produzieren.

Mit Hilfe entsprechend detaillierter Input-Output-Tabellen ließen sich z.B. Fragen folgender Art beantworten: an welche Sektoren hat die Automobil-Industrie ihre Fahrzeuge geliefert und von welchen Sektoren hat sie ihre Vorleistungen bezogen? Aus welchen Endprodukten setzt sich ihr Produktionswert zusammen? Aus welchen

Komponenten besteht die Wertschöpfung? Kenntnisse über derartige Zusammenhänge können unter bestimmten wirtschaftstheoretischen und -politischen Fragestellungen von großer Bedeutung sein: angenommen, die Automobilindustrie steigert auf Grund einer verstärkten Auslandsnachfrage die Produktion um eine Million PKW- Einheiten. Aus der Input - Output - Tabelle ließe sich genau ablesen, welche Zulieferindustrien in welchem Umfang von der Produktionssteigerung in der Automobilindustrie betroffen sind und ebenfalls ihre Produktion steigern müssen und welche Beschäftigungseffekte, Steuereffekte usw. zu erwarten sind.

Streng genommen sind kausale Schlüsse aus dieser Tabelle aber nur unter bestimmten zusätzlichen Annahmen möglich, denn die Input - Output - Rechnung und die darauf fußende Tabelle ist eine reine empirische Stromrechnung, die wie die VGR insgesamt lediglich ex-post Beobachtungen festhält. Erst die Input - Output - **Analyse** erlaubt Aufschlüsse über kausale Zusammenhänge. Doch dazu müssen bestimmte Hypothesen unterstellt werden und zutreffen. Eine einfache Annahme, die in aller Regel für kurzfristige Analysen getroffen wird, unterstellt, dass die aus der Tabelle zu berechnenden relativen Liefer-/Abnehmer-Anteile (die Input-/Output-Koeffizienten) konstant sind: z.B. ist die Relation „Reifen pro Automobil" konstant. Der entsprechende Koeffizient wäre 4 (oder einschließlich Reserverad 5).

11.2 Aufbau der Input - Output - Tabelle

Der Aufbau der Input - Output - Tabelle wird am besten verständlich, wenn wir uns noch einmal das (nicht konsolidierte) Produktionskonto eines Sektors vor Augen führen einschließlich der eingekauften und verkauften Vorleistungen (vgl. Schaubild 11 - 2): Die Sollseite des „Sektors 1" enthält die vom eigenen und allen anderen Sektoren eingekauften Vorleistungen - detailliert nach den jeweils verkaufenden Sektoren untergliedert - und die Bruttowertschöpfung dieses Sektors. Auf der Habenseite finden sich alle Güter, die der Sektor 1 an andere Sektoren verkauft: Vorleistungen - nach den jeweiligen abnehmenden Sektoren spezifiziert - und die Endprodukte (unterteilt nach Konsum-, Investitions- und Exportgütern. Auf beiden Seiten findet sich der Produktionswert. Derartige Konten lassen sich von sämtlichen Sektoren bilden und systematisch zu Tabellen zusammenstellen.

Betrachtet man lediglich die Sollseiten sämtlicher Konten erhält man eine so genannte **Aufkommenstabelle**, betrachtet man lediglich die Habenseiten spricht man von der **Verwendungstabelle**. Die symmetrische Zusammenfügung dieser beiden Teiltabellen bildet die **Input-Output-Tabelle**: Die Soll- Seiten der Sektorkonten (Input) finden sich als Spalten der Tabelle wieder, die Haben- Seiten (Output) sind als Zeilen angeordnet (vgl. Schaubild 11 - 3). Die Darstellungseinheiten können Gütergruppen, Produktionseinheiten oder Wirtschaftsbereiche bzw. Sektoren sein. Das Statistische Bundesamt stellt „symmetrische" Input-Output-Tabellen mit gütermäßiger Abgrenzung zusammen. Man nennt diese Tabellen auch **Produktionsverflechtungstabellen** oder „Güter mal Güter-Tabellen". Hierbei werden in tiefer Gütergliederung das gesamte Aufkommen an Gütern (in Spalten) und ihre Verwendung (in Zeilen) in Gestalt von Matrizen miteinander verknüpft. Durch diese Anordnung entstehen vier **Quadranten** oder Matrizen:

I. die Vorleistungsverflechtung, die die Hauptmatrix darstellt,
II. die letzte Verwendung von Gütern (Endnachfrage),
III. die Bruttowertschöpfung der Produktionsbereiche und
IV. der letzte Quadrant der Tabelle, der gewöhnlich leer bleibt.

Schaubild 11-1: Stilisierte Input-Output-Matrix

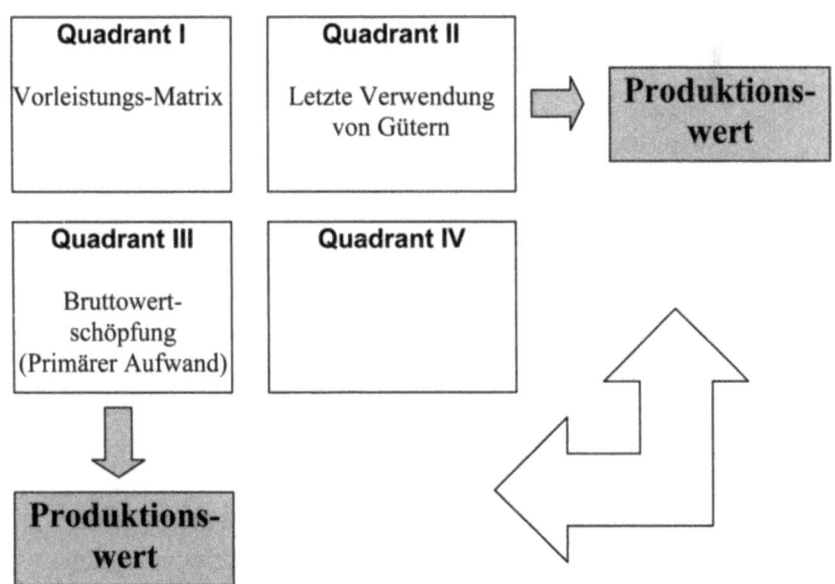

Schaubild 11-2: Produktionskonto des Sektors 1

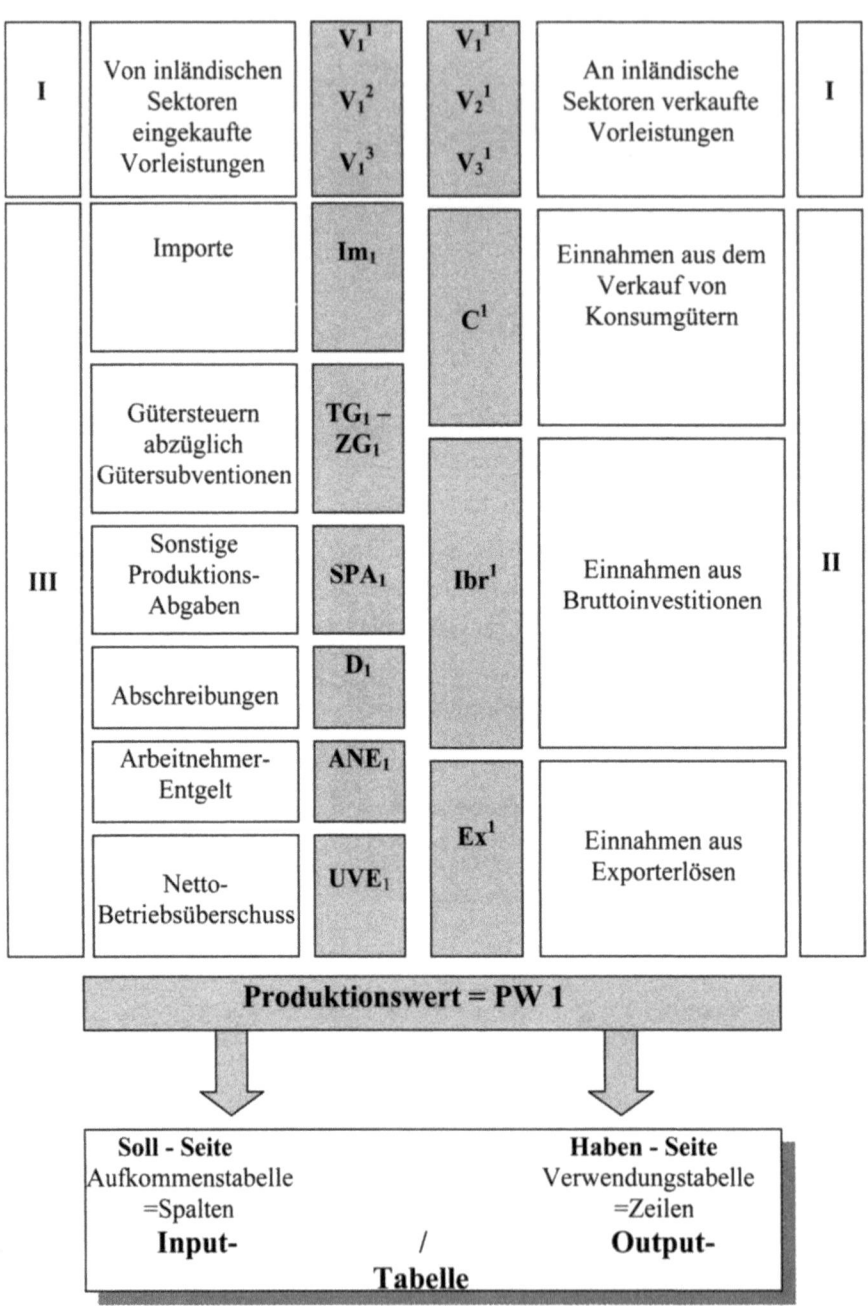

Zur Indexierung: Die realen Güterströme fließen vom oben indexierten Pol an den unten indexierten. Die monetären Ströme (wie im ganzen Buch durchgehend) von „unten" an „oben".

11.3 Die Matrizen der Input - Output - Tabelle

Wir wollen zunächst das allgemeine Schema einer Input - Output - Tabelle für eine **drei Sektoren Volkswirtschaft** entwickeln:

Primärer Bereich oder Sektor: Land- und Forstwirtschaft, Fischerei,
Sekundärer Bereich oder Sektor: Produzierendes Gewerbe,
Tertiärer Bereich oder Sektor: Dienstleistungen.
Vergleichen Sie dazu sowohl die schematische Darstellung der Input - Output - Tabelle in Schaubild 11-3 als auch die empirische Darstellung in Schaubild 11-4.

Die Vorleistungsmatrix oder Zentralmatrix ist der **Quadrant I,** der im Zentrum der Input - Output - Tabelle steht. Dieser Quadrant legt die gegenseitige Vorleistungsverflechtung der drei Sektoren offen:
- Die Symbole V_1^1, V_1^2, V_1^3 bedeuten Ausgaben für Einkäufe von Vorleistungen, die der Sektor 1 von anderen Sektoren und sich selbst bezieht. Sie werden auf der Sollseite des Produktionskontos des Sektors 1 verbucht und finden sich in der ersten Spalte der Matrix. Für den Sektor 2 gilt entsprechend: V_2^1, V_2^2, V_2^3, allgemein gilt für den Sektor i: V_i^j. Die empirische Tabelle weist aus: Der Sekundäre Bereich bezieht vom Tertiären Bereich Vorleistungen im Werte von 229,2 Mrd. € = V_2^3. (Zweite Spalte, dritte Zeile der Tabelle).
- Die Symbole V_1^1, V_2^1, V_3^1, bezeichnen die Einnahmen, die der Sektor 1 von allen anderen Sektoren (aber auch von sich selbst) aus dem Verkauf von Vorleistungen erzielt. Sie stehen auf der Habenseite seines Produktionskontos und in der ersten Zeile der Vorleistungsmatrix. Für die anderen Sektoren gilt Entsprechendes. Allgemein gilt für den Sektor i: V_j^i. Aus der empirischen Tabelle erfahren wir, dass der Sekundäre Bereich an den Tertiären Bereich Dienstleistungen in Höhe von 146,3 Mrd. € abgegeben hat (Spalte 3 und Zeile 2 = V_3^2).
- V_1^1, V_2^2, V_3^3, allgemein: V_i^i oder V_j^j geben die jeweils intra- sektoral eingesetzten und gelieferten Vorleistungen an. Diese internen Ströme bilden in der Vorleistungsmatrix die Hauptdiagonale. Der primäre Bereich liefert an sich selbst V_1^1 = 1,4 Mrd. €, das Produzierende Gewerbe hat für sich selbst Vorleistungen produziert im Umfang von V_2^2 = 563,1 Mrd. € (Spalte 2 / Zeile 2). Der Einsatz selbst produzierter Vorleistungen ist beim tertiären Sektor mit V_3^3 = 574,9 Mrd. € am höchsten (Spalte 3 / Zeile 3)

Schaubild 11-3: Allgemeine Struktur einer 3-Sektoren Input - Output - Tabelle

	Vorleistungen			Endprodukte			PW	ΣPW
	Sektor 1	Sektor 2	Sektor 3	C	I^b	Ex		
Sektor 1	V_1^1	V_2^1	V_3^1	C^1	I^1	Ex^1	PW^1	
Sektor 2	V_1^2	V_2^2	V_3^2	C^2	I^2	Ex^2	PW^2	
Sektor 3	V_1^3	V_2^3	V_3^3	C^3	I^3	Ex^3	PW^3	
Importe	Im_1	Im_2	Im_3	$Im\ C$	$Im\ I^b$	$Im\ Ex$	Im	
NPA (TG-ZG)	NPA_1	NPA_2	NPA_3	$NPA\ C$	$NPA\ I^b$	$NPA\ Ex$	NPA	
Sonstige PA	SPA_1	SPA_2	SPA_3					
Abschreibung	D_1	D_2	D_3					
Arbeitnehmereinnahmen	ANE_1	ANE_2	ANE_3					
Unternehmungs- und Vermögenseinnahmen	UVE_1	UVE_2	UVE_3					
PW	PW_1	PW_2	PW_3					$\Sigma\ PW$

Summe der Güterverwendung zu Anschaffungspreisen

11.3 Die Matrizen der Input – Output – Tabelle

Schaubild 11-4: Input - Output - Tabelle 1999 zu Herstellungspreisen - Inländische Produktion und Importe, in Mrd. €

Aufkommen / Verwendung		Verwendung					
		Primärer Bereich [1]	Sekundärer Bereich [2]	Tertiärer Bereich [3]	Input der Produktionsbereiche insgesamt	Letzte Verwendung von Gütern	Gesamte Verwendung von Gütern
		I. Quadrant				II. Quadrant	I + II
Primärer Bereich [1]	(1)	1,4	35,5	2,8	39,7	21,7	61,3
Sekundärer Bereich [2]	(2)	10,8	563,1	146,3	720,2	1 120,5	1 840,7
Tertiärer Bereich [3]	(3)	9,8	279,2	574,9	863,8	1 193,9	2 057,7
Vorleistungen der Produktionsbereiche bzw. letzte Verwendung von Gütern	(4)	22,0	877,8	724,0	1 623,7	2 336,0	3 959,7
Gütersteuern abzüglich Gütersubventionen	(5)	1,1	8,6	35,4	45,0	157,0	202,1
Vorleistungen der Produktionsbereiche bzw. letzte Verwendung von Gütern zu Anschaffungspreisen	(6)	23,1	886,3	759,4	1 668,8	2 493,0	4 161,8
		III. Quadrant					
Sonstige Produktionsabgaben abzüglich sonstige Subventionen	(7)	-1,5	3,7	7,9	10,0		
Arbeitnehmerentgelt im Inland	(8)	9,6	370,4	679,4	1 059,3		
Abschreibungen	(9)	7,8	71,4	212,4	291,6		
Nettobetriebsüberschuss	(10)	5,7	72,9	332,7	411,4		
Bruttowertschöpfung zu Herstellungspreisen	(11)	21,6	518,4	1 232,3	1 772,3		
Produktionswert zu Herstellungspreisen I + III	(12)	44,6	1 404,7	1 991,7	3 441,0		
Importe gleichartiger Güter zu cif- Preisen	(13)	16,7	436,0	66,0	518,7		
Gesamtes Aufkommen an Gütern zu Herstellungspreisen	(14)	61,3	1 840,7	2 057,7	3 959,7		

[1] Land- und Forstwirtschaft, Fischerei. [2] Produzierendes Gewerbe. [3] Private und öffentliche Dienstleistungen.

Quelle: Statistisches Bundesamt Deutschland.

Die **Endnachfrage-Matrix** steht im **Quadranten II**. Sie weist die „letzte Verwendung von Gütern" aus und gibt an, welcher Sektor in welchem Umfang Endprodukte hergestellt hat. Diese Endprodukte sind im Schaubild 11-4 nicht näher spezifiziert. Sie ließen sich nach ihren Nachfrage-Komponenten aufschlüsseln: Konsum-, Investitions-, Exportgüter. Die Bewertung erfolgt zu Herstellungspreisen.

Die Zeilensumme der Quadranten I + II = Vorleistungs- plus Endnachfrage-Matrix ergibt die „gesamte Verwendung von Gütern", die ein Sektor produziert hat. Dieser gesamte Output wäre theoretisch identisch mit seinem Produktionswert, der auf der Habenseite des Produktionskontos abzulesen wäre. Da in der gesamten Verwendung der Güter aber Importe gleichartiger Güter enthalten sind (zu cif- Preisen bewertet), müssen diese zuvor in Abzug gebracht werden, um den Produktionswert (zu Herstellungspreisen) ermitteln zu können!

Eine Bewertung zu Anschaffungspreisen erfordert, dass die Netto-Produktionsabgaben (Gütersteuern minus Güter-Subventionen: TG-ZG = Zeile 5 der empirischen Tabelle 11-4) den einzelnen Güterarten des Endproduktes zugerechnet werden.

Die **Matrix des Quadranten III** (Matrix der primären Aufwendungen) verzeichnet aus der Sicht der einzelnen Sektoren alle weiteren Aufwendungen, die zum Produktionsergebnis beigetragen haben. In den Spalten dieser Matrix stehen die Bruttowertschöpfungen der einzelnen Sektoren, die sich aus sonstigen Produktionsabgaben abzüglich sonstiger Subventionen, Arbeitnehmerentgelt, Abschreibungen und den Nettobetriebsüberschuss zusammensetzen.

Als Summe einer Spalte der Quadranten I + III ergibt sich der Produktionswert (zu Herstellungspreisen). Auf dem zugehörigen Produktionskonto wäre das die Sollseite des Kontos. Es fällt auf, dass der primäre Bereich mit nur 21,6 Mrd. € Bruttowertschöpfung (zu Herstellungspreisen) lediglich 1,2% der gesamten Brutto- Wertschöpfung erwirtschaftet und auf den tertiären Bereich fast 70% entfallen: ein deutliches Zeichen wie stark Deutschland bereits in die „post- industrielle" Entwicklung eingetreten ist.

Der Übergang von einer Bewertung zu Herstellungspreisen auf eine Bewertung zu Anschaffungspreisen erfordert die Berücksichtigung der Nettoproduktionsabgaben, die in Zeile 5 erfasst sind. In der Input-Output-Tabelle erhalten wir mithin das gesamte Güteraufkommen einer Volkswirtschaft als Summe der Spalten und die gesamte Güterverwendung als Summe aller Zeilen. Es gilt folgender Zusammenhang:

Verwendung der Güter zu Anschaffungspreisen
- Importe
- Nettoproduktionsabgaben
= Produktionswert zu Herstellungspreisen

Der **IV. Quadrant** der Input-Output-Matrix bleibt in der Regel leer!

Bei einem unmittelbaren **Vergleich** der Angaben aus einer Input-Output-Tabelle mit den Angaben aus den Produktionskonten der VGR ist eine gewisse Vorsicht geboten: In der VGR wird der Produktionssektor nach Unternehmenseinheiten untergliedert, deren ökonomische Beziehungen (Käufe/Verkäufe) auf Markt-Vorgänge zurückzuführen sind. Nur wenn die Input-Output-Tabelle ebenfalls nach dem Prinzip dieser volkswirtschaftlichen Marktverflechtung aufgebaut ist, ist sie mit der VGR kongruent. Nur dann gilt, dass die Summe aller sektoralen Produktionswerte gleich ist dem volkswirtschaftlichen Produktionswert. Werden jedoch in der Input-Output-Tabelle die Sektoren nach technischen Produktionsbereichen unterteilt, die nicht identisch sein müssen mit Unternehmenseinheiten, entsteht eine volkswirtschaftliche Produktionsverflechtung, deren Ergebnisse von denen der volkswirtschaftlichen Marktverflechtung mehr oder weniger deutlich abweichen (können).

11.4 Input - Output - Koeffizienten

Aus dem Datenmaterial einer Input-Output-Tabelle lassen sich Koeffizienten berechnen, die sozusagen "auf einen Blick" einen tiefen Einblick in die Produktionsstruktur einer Volkswirtschaft ermöglichen. Hierbei geht es nicht mehr - wie in der VGR – um den Ausweis des Bruttoinlandsproduktes, sondern um die Frage, welchen Beitrag welcher Sektor zum Bruttoinlandsprodukt und zur Bruttowertschöpfung liefert, und vor allem darum, welchen Beitrag jeder Sektor für die Produktion der anderen Sektoren leistet, wie sich also die Vorleistungsverflechtungen und gegenseitigen Abhängigkeiten darstellen. Die zu bildenden Koeffizienten, die diese Beziehungen abbilden werden gewöhnlich auf eine identische Bezugsgröße bezogen: dem Produktionswert. Dieser lässt sich sowohl auf der Soll- wie auch auf der Habenseite eines Produktionskontos ermitteln und so können wir die Koeffizienten danach unterscheiden, ob sie input- oder output- Faktoren erfassen.

a) Input-Koeffizienten:

Sie bilden allgemein einen Quotienten aus irgendeinem Faktor, der in die Produktion hineingegangen ist und dem Produktionswert dieses Sektors. Die in der Produktion eingesetzten Faktoren können zum einen Vorleistungen sein (Quadrant I) und zum anderen Faktoren des "primären Aufwandes" (Quadrant III):

A1) Vorleistungen zu Produktionswert

$$\text{Vorleistungskoeffizient } VK_i^{\ j} = V_i^{\ j} / PW_i$$

Dieser Koeffizient gibt an, wie hoch der Input-Anteil ist, den der Sektor "i" vom Sektor "j" als Vorleistungen bezogen hat, um eine Einheit seines Produktionswertes PWi herzustellen. Je höher dieser Koeffizient, desto größer ist die Abhängigkeit des Sektors i vom Sektor j. Aus der empirischen Tabelle 11-4 ergeben sich z.B. folgende Informationen: Der produzierende Sektor 2 benötigt für die Produktion seines Produktionswertes nur 2,5% Input-Einheiten Vorleistungen vom Sektor 1 aber fast 20% vom Sektor 3:

(1) $V_2^1 / PW2 = 35,5 / 1404,7 = 0,02527$ und $V_2^3 / PW2 = 279,2 / 1404,7 = 0,19876$

Sollte die Güterproduktion des Sektors 2 um 1 Mrd. € wachsen, so nimmt die Nachfrage nach Input-Vorleistungen vom Primären Sektoren um lediglich 5 Mio. € zu, wohingegen die entsprechende Steigerung nach Dienstleistungs-Inputs des Tertiären Sektors um 200 Mio. € wächst (vgl. Gleichung 1).

Die Vorleistungsabhängigkeit des Primären Sektors von Lieferungen des sekundären und tertiären Sektors ist hingegen viel intensiver: Der primäre Sektor bezieht 24% seines Produktionswertes vom sekundären und 22 % an Vorleistungen vom Tertiären Sektor:

(2) $V_1^2 / PW1 = 10,8 / 44,6 = 0,24$ und $V_1^3 / PW1 = 9,8 / 44,6 = 0,2197$

Werden die gesamten Vorleistungen, die von einem Sektor eingesetzt wurden, dem Produktionswert gegenübergestellt, erhält man den aggregierten Vorleistungs-

11.4 Input – Output – Koeffizienten 237

koeffizienten eines Sektors, der angibt, wie hoch der Anteil aller eingesetzter Vorleistungen am Produktionswert ist: Der Primäre Sektor setzt über 50%, der Sekundäre Sektor 62% und der Tertiäre Sektor lediglich 36% Vorleistungen ein. Allgemein gilt:

> **Gesamter Vorleistungskoeffizient** $VK_i = V_i / PW_i$

Und die einzelnen Ergebnisse berechnen sich wie folgt:

(3) $V1/PW1 = 22{,}0/44{,}6 = 0{,}5$

(4) $V2/PW2 = 877{,}8/1404{,}7 = 0{,}6249$

(5) $V3/PW3 = 724/1991{,}7 = 0{,}3635$

Der Produktionswert des Sektors 1 besteht exakt zur Hälfte aus Vorleistungen, der PW des Sektors 2 zu fast zwei Drittel. Die größte Unabhängigkeit von Vorleistungen hat der tertiäre Sektor.

Wenn die Fragestellung lautet, in welchem Umfang ein Sektor von den Vorleistungen der anderen Sektoren abhängig ist, werden folgende Koeffizienten gebildet:

(6) $V_1^{2+3} / PW1 = 20{,}6 / 44{,}6 = 0{,}46188$

(7) $V_2^{1+3} / PW2 = 314{,}7 / 1404{,}7 = 0{,}2240$

(8) $V_3^{1+2} / PW3 = 149{,}1 / 1991{,}7 = 0{,}07486$

Unter der Annahme, dass diese Koeffizienten von der Produktionstechnik determiniert werden, bleiben sie bei unveränderter Technik konstant. Davon kann in kurzfristigen Analysen ausgegangen werden. Starke technologische Innovationen ziehen technische Veränderungen des Produktionsapparates einer Volkswirtschaft bzw. bestimmter Sektoren nach sich und bewirken langfristig Veränderungen der Koeffizienten.

A2)   Primäraufwendungen zu Produktionswert

Neben diesen Koeffizienten, die aus der Vorleistungsmatrix des Quadranten I gebildet werden, lassen sich nach demselben Prinzip entsprechende Koeffizienten für die

Primär-Aufwands-Matrix des Quadranten III formulieren. Diese heißen dann Abschreibungs-, Lohn-, Gewinnkoeffizienten. Wir betrachten exemplarisch den:

$$\text{Lohn- Koeffizient } LK_i = ANE_i / PW_i$$

Für die Sektoren ergeben sich folgende Werte: 1) 0,2152, 2) 0,2636, 3) 0,3411. Für die gesamte Volkswirtschaft erhält man: LK = ANE /PW=1059,3 / 3441,0 = 0,3078.

Die Lohnkosten haben im Tertiären Bereich einen Anteil von 34% am Produktionswert und übertreffen mit deutlichem Abstand die anderen Sektoren. Mit einem Anteil von 21% am PW sind die Lohnkosten im Primären Bereich am niedrigsten.

Für die Netto- Betriebsüberschüsse (UVE = Unternehmens- und Vermögenseinkommen) definieren wir einen Gewinn- Koeffizienten und erhalten in der Reihenfolge der Sektoren folgende Werte:

$$\text{Gewinn-Koeffizient } GK_i = UVE_i / PW_i$$

1) GK1 = 5,7 / 44,6 = 0,1278, 2) GK2 = 72,9 / 1404,7 = 0,05189 und 3) GK3 = 332,7 / 1991,7 = 0,1670. Für die Volkswirtschaft insgesamt lautet diese Koeffizient: GK = UVE / PW = 411,3 / 3441 = 0,1195.

Zur Bestimmung der Abhängigkeit vom Kapitaleinsatz kann der Abschreibungskoeffizient gebildet werden. Für die Sektoren und die Volkswirtschaft erhalten wir:

$$\text{Abschreibungskoeffizient } DK_i = D_i / PW_i$$

DK1 = 7,8 / 44,6 = 0,1748, 2) DK2 = 71,4 / 1404,7 = 0,0508, 3) DK3 = 212,4 / 1991,7 = 0,1066. Für die Volkswirtschaft beträgt er: DK = 291,6 / 3441 = 0,0847.
Es überrascht nicht, dass der primäre Bereich den höchsten Abschreibungskoeffizienten aufweist aber vielleicht doch, dass an zweiter Stelle der tertiäre Bereich steht, dessen Koeffizient doppelt so hoch wie der des zweiten Sektors ist. Der tertiäre Bereich produziert also mit einem relativ hohen Kapitaleinsatz!

b) Output-Koeffizienten:

Geht es darum, die Bedeutung einzelner Sektoren als Abnehmer von Vorleistungen und Endprodukten zu erkennen, müssen Output-Koeffizienten gebildet werden. Aus der Input – Output- Tabelle ergeben sich diese Koeffizienten, indem wir die entsprechenden Posten, die in den Zeilen eines Sektors stehen (auf der Habenseite des entsprechenden Produktionskontos) und diese zu dem Produktionswert in Beziehung setzen. Der Output – Koeffizient des Sektors i gibt an, welcher Anteil vom Produktionswert des Sektors i von den Sektoren j als Vorleistungen oder Endprodukte abgenommen wurde bzw. vom Sektor i an den Sektor j geliefert wurde:

$$\text{Output- Koeffizient } OK^i = O_j^i / PW^i$$

b1) Vorleistungs- Output- Koeffizienten setzen die verkauften Vorleistungen zum eigenen Produktionswert ins Verhältnis.

$$\text{Output-Vorleistungs-Koeffizient } OVK^i = V_j^i / PW^i$$

Für die Sektoren berechnen sich diese Koeffizienten wie folgt:

1) $OVK_2^1 = 35{,}5 / 44{,}6 = 0{,}7959$, $OVK_3^1 = 2{,}8 / 44{,}6 = 0{,}0617$

2) $OVK_1^2 = 10{,}8 / 1404{,}6 = 0{,}007689$, $OVK_3^2 = 146{,}3 / 1404{,}6 = 0{,}104$

3) $OVK_1^3 = 9{,}8 / 1991{,}7 = 0{,}004920$, $OVK_2^3 = 279{,}2 / 1991{,}7 = 0{,}14$

Für den Sektor 1 erkennt man, dass 80% seines Produktionswertes vom Sektor 2 abgenommen wird, um weiterverarbeitet zu werden. Der Sektor 3 bezieht hingegen nur 6% des Produktionswertes von 1. Der Primäre Sektor ist also extrem anhängig von den Abnehmern des Sekundären Sektors. Interpretieren Sie selbstständig die anderen Ergebnisse.

b2) Lautet die Fragestellung, welcher Anteil am Output auf Endprodukte entfällt, wird der Endprodukt-Koeffizient gebildet. Für den Sektor i gilt:

$$\text{Endprodukt-Koeffizient } EPK_j^i = EP_j^i / PW^i$$

Für die Ermittlung bestimmter Endnachfragekategorien, muss der obige Koeffizient entsprechend modifiziert werden: Statt EP_j^i werden dann die Konsumgüternachfrage C_j^i, die Investitionsgüternachfrage Ib_j^i oder die Exportgüternachfrage Ex^i in den Zähler eingesetzt:

$$\text{Konsumgüter-Koeffizient:} \quad C^i : PW^i$$

$$\text{Investitionsgüter-Koeffizient:} \quad Ib^i : PW^i$$

$$\text{Exportgüter-Koeffizient} \quad Ex^i : PW^i$$

Aus der bisher benutzten Tabelle 11-4 sind diese speziellen Endnachfrage – Koeffizienten nicht zu ermitteln.

Sie sollten jetzt in der Lage sein, aus den folgenden empirischen Tabellen des Statistischen Bundesamtes für jeden Sektor die einzelnen Koeffizienten berechnen und interpretieren zu können. Ein Vergleich der Koeffizienten macht die Unterschiede in den Abhängigkeiten deutlich. Eine detailliertere Analyse verbietet sich an dieser Stelle. Das wäre die Aufgabe einer Theorie der industriellen Verflechtung. Genau diese Theorie arbeitet mit den soeben entwickelten Koeffizienten. Allerdings trifft sie bestimmte Annahmen, warum diese so sind wie sie sind.

Die wichtigsten Anwendungsgebiete der hier vorgestellten Input-Output-Rechnung erstrecken sich auf folgende Bereiche:

- Überprüfung der Berechnung des Inlandsproduktes der VGR hinsichtlich der Konsistenz der ausgewiesenen Komponenten und Unterstützung bei der Berechnung der Aggregate der VGR in konstanten Preisen,

- Untersuchungen zum Strukturwandel einer Volkswirtschaft,

- Datenbasis für Modellrechnungen der Input-Output-Analyse,

- Datenbasis für die Erstellung von Satelliten-Systemen der VGR (z.B. Öko-Bilanz).

11.4 Input – Output – Koeffizienten

Tabelle 11-1: Input - Output - Tabelle 1999

Lfd. Nr.	Verwendung (H.v. = Herstellung von) / Aufkommen (DL = Dienstleistungen)	Erzg. v. Produkten d. Land- u. Forstwirtschaft, Fischerei	Gew. v. Bergbauerzeugn., Steinen u. Erden, Erzg. v. Energie u. Gew. v. Wasser	H.v. Mineralölerzeugnissen, chemischen Erzeugnissen, Glas, Verarb. v. Steinen u. Erden	Erzg. u. Bearb. v. Metallen	H.v. Maschinen, Fahrzeugen, DV-Geräten, elektrotechn. Geräten	H.v. Textilien, Bekleidung, Leder, Holz, Papier, Sekundärrohstoffen u.Ä.	H.v. Nahrungsmitteln, Getränken u. Tabakwaren	Bauarbeiten
		1	2	3	4	5	6	7	8
					Mrd. EUR				
	Output nach Gütergruppen ¹) (Zeile 1 bis Zeile 12):								
1	Erzeugnisse der Land- und Forstwirtschaft, Fischerei	1,2	0,0	0,1	–	0,0	1,3	24,6	0,0
2	Bergbauerzeugnisse, Steine und Erden, Energie und Wasser	1,1	5,1	7,9	3,8	4,3	2,9	2,0	2,3
3	Mineralölerzeugnisse, chemische Erzeugnisse, Glas, Keramik, bearbeitete Steine und Erden	1,9	0,8	25,7	4,2	18,3	5,4	2,2	28,8
4	Metalle	0,3	1,1	2,8	24,2	32,1	1,7	1,3	9,2
5	Maschinen, Fahrzeuge, DV-Geräte, elektrotechnische Geräte	0,8	2,7	2,8	3,8	93,7	1,2	0,8	10,3
6	Textilien, Bekleidung, Leder und Lederwaren, Erzeugnisse des Holz-, Papiergewerbes, Sekundärrohstoffe u.Ä.	0,2	0,3	2,7	1,6	6,9	25,5	2,7	7,3
7	Nahrungs- und Futtermittel, Getränke, Tabakerzeugnisse	3,0	0,0	1,2	0,0	0,1	0,0	15,1	0,0
8	Bauarbeiten	0,4	1,7	1,1	1,0	1,6	0,8	0,6	2,9
9	Handelsleistungen, Verkehrs- u. Nachrichtenübermittlungs-DL, Gaststätten-DL	3,7	2,6	11,5	10,4	33,1	12,3	12,2	14,1
10	DL der Kreditinstitute und Versicherungen, DL des Wohnungswesens und sonstige unternehmensbezogene DL	4,4	8,4	23,9	9,5	46,6	17,8	14,4	33,3
11	DL des Gesundheits-, Veterinär- und Sozialwesens, Erziehungs- und Unterrichts-DL, Entsorgungsleistungen	1,3	0,2	1,1	0,5	0,6	0,7	0,8	0,6
12	DL der öffentl. Verwaltung, Verteidigung, Sozialversicherung, DL von Kirchen, Kultur-DL u.Ä., DL privater Haushalte	0,3	3,8	1,5	0,8	1,8	3,7	1,1	1,2
13	Vorleistungen der Produktionsbereiche (Sp. 1 bis Sp. 12) bzw. letzte Verwendung von Gütern (Sp. 14 bis Sp. 19) aus inländischer Produktion	18,4	26,9	82,2	59,9	239,2	73,3	77,9	110,0
14	Vorleistungen der Produktionsbereiche (Sp. 1 bis Sp. 12) bzw. letzte Verwendung von Gütern (Sp. 14 bis Sp. 19) aus Importen	3,5	3,8	44,7	20,2	83,5	25,6	15,9	14,7
15	Gütersteuern abzüglich Gütersubventionen	1,1	2,2	0,9	0,4	2,2	0,8	0,4	1,7
16	Vorleistungen der Produktionsbereiche (Sp. 1 bis Sp. 12) bzw. letzte Verwendung von Gütern (Sp. 14 bis Sp. 19) zu Anschaffungspreisen	23,1	32,8	127,8	80,4	324,9	99,7	94,2	126,5
17	Sonstige Produktionsabgaben abzüglich sonstige Subventionen	– 1,5	– 3,3	1,8	0,8	1,3	1,3	0,8	1,1
18	Arbeitnehmerentgelt im Inland	9,6	20,0	48,6	37,7	135,0	39,0	20,5	69,7
19	Abschreibungen	7,8	13,3	11,6	6,3	20,1	8,8	5,4	5,8
20	Nettobetriebsüberschuss	5,7	7,7	10,0	6,4	8,9	10,4	4,8	24,7
21	Bruttowertschöpfung	21,6	37,7	72,1	51,1	165,3	59,5	31,5	101,3
22	Produktionswert	44,6	70,4	199,9	131,5	490,3	159,2	125,7	227,7

¹) Abgrenzung entspricht derjenigen für Produktionsbereiche.

11 Die Input - Output - Rechnung

Input der Produktionsbereiche					Letzte Verwendung von Gütern						Gesamte Verwendung von Gütern	Lfd. Nr.
DL d. Handels u. Verkehrs, DL d. Nachrichten- übermittlung, Beherbergungs- u. Gaststätten-DL	DL d. Kreditinstitute u. Versicherungen, DL d. Grundstücks- u. Wohnungswesens, unternehmensbezogene DL	DL d.Gesundheits-, Veterinär- u. Sozialwesens, Erziehungs- u. Unterrichts-DL, Entsorgungs-DL	DL d. öffentl. Verwaltung, Verteidigung, Sozialversicherung, sonst. DL, DL privater Haushalte	zusammen	Private Konsumausgaben im Inland	Konsumausgaben des Staates	Bruttoanlageinvestitionen	Vorratsveränderungen u. Nettozugang an Wertsachen	Exporte	zusammen		
9	10	11	12	13	14	15	16	17	18	19	20	
Mrd. EUR												
0,5	0,8	0,4	0,5	29,3	9,5	0,0	3,1	-1,1	3,9	15,3	44,6	1
5,9	1,9	2,5	2,3	42,1	26,9	0,3	0,0	-0,3	1,5	28,3	70,4	2
5,4	0,9	3,2	1,3	98,3	16,9	5,1	0,9	-2,6	81,4	101,6	199,9	3
2,5	0,4	1,0	0,6	77,1	2,5	0,0	12,7	1,0	38,2	54,4	131,5	4
10,7	2,4	6,5	2,3	137,9	39,5	1,7	81,7	3,7	225,8	352,4	490,3	5
8,9	6,5	3,0	3,9	69,5	44,0	0,4	8,8	-0,4	36,9	89,7	159,2	6
10,0	0,0	2,7	0,9	33,1	73,4	0,3	-	0,5	18,4	92,5	125,7	7
5,4	22,4	5,4	3,2	46,5	3,4	0,7	177,0	-	0,1	181,3	227,7	8
86,5	12,9	10,5	12,6	222,6	287,5	14,1	17,5	-	61,0	380,0	602,6	9
81,1	229,1	25,4	16,6	510,6	254,7	10,4	33,7	-	20,0	318,7	829,4	10
4,3	2,9	3,0	1,7	17,8	79,0	186,5	-	-	1,4	266,9	284,8	11
7,5	14,7	3,8	16,0	56,2	63,1	150,7	4,0	-	0,9	218,7	274,9	12
228,8	294,9	67,5	61,9	1 341,0	900,2	370,2	339,4	0,7	489,5	2 100,0	3 441,0	13
30,2	21,4	8,2	11,0	282,7	99,4	4,1	55,7	1,0	75,8	236,0	518,7	14
8,4	11,1	7,8	8,0	45,0	122,6	4,2	31,0	-	-0,6	157,0	202,1	15
267,5	327,5	83,5	80,9	1 668,8	1 122,2	378,4	426,0	1,7	564,7	2 493,0	4 161,8	16
6,8	8,7	-6,7	-1,1	10,0	X	X	X	X	X	X	X	17
224,7	155,4	162,9	136,3	1 059,3	X	X	X	X	X	X	X	18
43,6	116,5	26,3	25,9	291,6	X	X	X	X	X	X	X	19
59,9	221,3	18,7	32,8	411,4	X	X	X	X	X	X	X	20
335,1	501,9	201,3	194,0	1 772,3	X	X	X	X	X	X	X	21
602,6	829,4	284,8	274,9	3 441,0	X	X	X	X	X	X	X	22

Quelle: Statistische Jahrbuch 2002, S.652-653.

Tabelle 11-2: Koeffizienten der Input-Output-Tabelle 1999 zu Herstellungspreisen – Inländische Produktion

Lfd. Nr.	Gegenstand der Nachweisung (DL = Dienstleistungen)	Erzeugung v. Produkten der Land- u. Forstwirtschaft, Fischerei	Gewinnung v. Bergbauerzeugnissen, Steinen u. Erden, Erzeugung v. Energie u. Gew.v. Wasser	H.v. Mineralölerzeugnissen, chemischen Erzeugn., Glas, Verarb.v. Steinen u.Erden	Erzeugung u. Bearbeitung v. Metallen
		1	2	3	4
	Input-Koeffizienten in % des Produktionswertes				
	Output nach Gütergruppen ¹) (Zeile 1 bis Zeile 12):				
1	Erzeugnisse der Land- und Forstwirtschaft, Fischerei	2,6	0,0	0,0	–
2	Bergbauerzeugnisse, Steine und Erden, Energie und Wasser	2,4	7,3	3,9	2,9
3	Mineralölerzeugn., chem. Erzeugnisse, Glas, Keramik, bearb. Steine u. Erden	4,3	1,2	12,8	3,2
4	Metalle	0,6	1,5	1,4	18,4
5	Maschinen, Fahrzeuge, DV-Geräte, elektrotechnische Geräte	1,8	3,8	1,4	2,9
6	Textilien, Bekleidung, Leder und Lederwaren, Erzeugnisse des Holz-, Papiergewerbes, Sekundärrohstoffe u.Ä.	0,4	0,4	1,4	1,2
7	Nahrungs- und Futtermittel, Getränke, Tabakerzeugnisse	6,7	0,0	0,6	0,0
8	Bauarbeiten	0,9	2,4	0,6	0,8
9	Handelsleistungen, Verkehrs- u. Nachrichtenübermittlungs-DL, Gaststätten-DL	8,2	3,8	5,8	7,9
10	DL der Kreditinstitute und Versicherungen, DL des Wohnungswesens und sonstige unternehmensbezogene DL	9,9	12,0	11,9	7,2
11	DL des Gesundheits-, Veterinär- u. Sozialwesens, Erziehungs- u. Unterrichts-DL, Entsorgungsleistungen	2,8	0,3	0,6	0,4
12	DL der öffentlichen Verwaltung, Verteidigung, Sozialversicherung, DL von Kirchen, Kulturdienstleistungen u.Ä., DL privater Haushalte	0,6	5,4	0,7	0,6
13	Vorleistungen der Produktionsbereiche aus inländischer Produktion	41,3	38,1	41,1	45,5
14	Vorleistungen der Produktionsbereiche aus Importen	7,9	5,3	22,3	15,4
15	Gütersteuern abzüglich Gütersubventionen	2,5	3,1	0,5	0,3
16	Vorleistungen der Produktionsbereiche zu Anschaffungspreisen	51,7	46,5	63,9	61,2
17	Sonstige Produktionsabgaben abzüglich sonstige Subventionen	– 3,4	– 4,7	0,9	0,6
18	Arbeitnehmerentgelt im Inland	21,5	28,4	24,3	28,6
19	Abschreibungen	17,4	18,9	5,8	4,8
20	Nettobetriebsüberschuss	12,8	10,9	5,0	4,9
21	Bruttowertschöpfung	48,3	53,5	36,1	38,8
22	Produktionswert	100	100	100	100
	Inverse Koeffizienten ²)				
	Output nach Gütergruppen ¹) (Zeile 1 bis Zeile 12)				
1	Erzeugnisse der Land- und Forstwirtschaft, Fischerei	1,04419	0,00146	0,00314	0,00123
2	Bergbauerzeugnisse, Steine und Erden, Energie und Wasser	0,03518	1,08366	0,05279	0,04450
3	Mineralölerzeugn., chem. Erzeugnisse, Glas, Keramik, bearb. Steine u. Erden	0,06134	0,02526	1,15522	0,05390
4	Metalle	0,01479	0,02757	0,02508	1,23364
5	Maschinen, Fahrzeuge, DV-Geräte, elektrotechnische Geräte	0,03255	0,05804	0,02803	0,05187
6	Textilien, Bekleidung, Leder und Lederwaren, Erzeugnisse des Holz-, Papiergewerbes, Sekundärrohstoffe u.Ä.	0,01463	0,01304	0,02498	0,02503
7	Nahrungs- und Futtermittel, Getränke, Tabakerzeugnisse	0,08311	0,00197	0,01027	0,00325
8	Bauarbeiten	0,01917	0,03492	0,01611	0,01771
9	Handelsleistungen, Verkehrs- u. Nachrichtenübermittlungs-DL, Gaststätten-DL	0,12839	0,06833	0,09500	0,13259
10	DL der Kreditinstitute und Versicherungen, DL des Wohnungswesens und sonstige unternehmensbezogene DL	0,21291	0,22273	0,23504	0,18104
11	DL des Gesundheits-, Veterinär- u. Sozialwesens, Erziehungs- u. Unterrichts-DL, Entsorgungsleistungen	0,03308	0,00568	0,00878	0,00744
12	DL der öffentlichen Verwaltung, Verteidigung, Sozialversicherung, DL von Kirchen, Kulturdienstleistungen u.Ä., DL privater Haushalte	0,01716	0,06836	0,01899	0,01668
13	Alle Gütergruppen	1,69650	1,61101	1,67343	1,76890

¹) Abgrenzung entspricht derjenigen für Produktionsbereiche.

Input der Produktionsbereiche					Letzte Verwendung von Gütern						Gesamte Verwendung von Gütern	Lfd. Nr.
DL d. Handels u. Verkehrs, DL d. Nachrichtenübermittlung, Beherbergungs- u. Gaststätten-DL	DL d. Kreditinstitute u. Versicherungen, DL d. Grundstücks- u. Wohnungswesens, unternehmensbezogene DL	DL d. Gesundheits-, Veterinär- u. Sozialwesens, Erziehungs- u. Unterrichts-DL, Entsorgungs-DL	DL d. öffentl. Verwaltung, Verteidigung, Sozialversicherung, sonst. DL, DL privater Haushalte	zusammen	Private Konsumausgaben im Inland	Konsumausgaben des Staates	Bruttoanlageinvestitionen	Vorratsveränderungen u. Nettozugang an Wertsachen	Exporte	zusammen		
9	10	11	12	13	14	15	16	17	18	19	20	
Mrd. EUR												
0,5	0,8	0,4	0,5	29,3	9,5	0,0	3,1	-1,1	3,9	15,3	44,6	1
5,9	1,9	2,5	2,3	42,1	26,9	0,3	0,0	-0,3	1,5	28,3	70,4	2
5,4	0,9	3,2	1,3	98,3	16,9	5,1	0,9	-2,6	81,4	101,6	199,9	3
2,5	0,4	1,0	0,6	77,1	2,5	0,0	12,7	1,0	38,2	54,4	131,5	4
10,7	2,4	6,5	2,3	137,9	39,5	1,7	81,7	3,7	225,8	352,4	490,3	5
8,9	6,5	3,0	3,9	69,5	44,0	0,4	8,8	-0,4	36,9	89,7	159,2	6
10,0	0,0	2,7	0,9	33,1	73,4	0,3	-	0,5	18,4	92,5	125,7	7
5,4	22,4	5,4	3,2	46,5	3,4	0,7	177,0	-	0,1	181,3	227,7	8
86,5	12,9	10,5	12,6	222,6	287,5	14,1	17,5	-	61,0	380,0	602,6	9
81,1	229,1	25,4	16,6	510,6	254,7	10,4	33,7	-	20,0	318,7	829,4	10
4,3	2,9	3,0	1,7	17,8	79,0	186,5	-	-	1,4	266,9	284,8	11
7,5	14,7	3,8	16,0	56,2	63,1	150,7	4,0	-	0,9	218,7	274,9	12
228,8	294,9	67,5	61,9	1 341,0	900,2	370,2	339,4	0,7	489,5	2 100,0	3 441,0	13
30,2	21,4	8,2	11,0	282,7	99,4	4,1	55,7	1,0	75,8	236,0	518,7	14
8,4	11,1	7,8	8,0	45,0	122,6	4,2	31,0	-	-0,6	157,0	202,1	15
267,5	327,5	83,5	80,9	1 668,8	1 122,2	378,4	426,0	1,7	564,7	2 493,0	4 161,8	16
6,8	8,7	-6,7	-1,1	10,0	X	X	X	X	X	X	X	17
224,7	155,4	162,9	136,3	1 059,3	X	X	X	X	X	X	X	18
43,6	116,5	26,3	25,9	291,6	X	X	X	X	X	X	X	19
59,9	221,3	18,7	32,8	411,4	X	X	X	X	X	X	X	20
335,1	501,9	201,3	194,0	1 772,3	X	X	X	X	X	X	X	21
602,6	829,4	284,8	274,9	3 441,0	X	X	X	X	X	X	X	22

Quelle: Statistische Jahrbuch 2002, S.654-655.

12 Finanzierungs- und Vermögensrechnung

12.1 Die Finanzierungsrechnung

Das Schema der Volkswirtschaftlichen Gesamtrechnung enthält als dritte und vierte ökonomische Aktivität die Vermögensbildung und ihre Finanzierung. Beide Aktivitäten wurden im „Reinvermögensänderungskonto" zusammengefasst. Beim Aggregieren und Konsolidieren sind wichtige Informationen über den Fluss der Finanzierungsströme verloren gegangen, die wir an dieser Stelle in einer speziellen Finanzierungsrechnung näher betrachten wollen. Dabei interessieren uns insbesondere folgende Fragen: Welche Sektoren bilden in welchem Umfang Realvermögen und Geldvermögen? In welchem Umfang erfolgt die Finanzierung des Realvermögens durch Eigenmittel der Sektoren (Innen-Finanzierung), zu welchem Teil durch Fremdfinanzierung (Außen-Finanzierung)? Aus welchen Komponenten setzt sich die Innen-Finanzierung zusammen und von welchen Sektoren stammt die Außen-Finanzierung? In welchen Sektoren entstehen Finanzierungsüberschüsse und auf welchen Wegen - über welche Finanzintermediäre - werden diese zur Finanzierung entsprechender Finanzierungsdefizite anderer Sektoren herangezogen? Kurz: „Die Ergebnisse der Finanzierungsrechnung zeigen auf, von wem, in welchem Umfang, wem und in welcher Form in einer Volkswirtschaft finanzielle Mittel bereitgestellt oder beansprucht wurden und welche Finanzintermediäre in den Finanzierungskreislauf eingeschaltet worden sind."[1]

Die Finanzierungsrechnung wird von der Deutschen Bundesbank erstellt und ist eine Stromrechnung. Sie wird nicht - wie die VGR - in Kontenform veröffentlicht, sondern in Tabellenform. Die Sektoreneinteilung ist gegenüber der VGR etwas modifiziert, da nun der Schwerpunkt der Betrachtung auf den Finanzierungsbeziehungen zwischen den finanziellen und den nichtfinanziellen Sektoren liegt. Auch werden die Finanzierungsinstrumente tiefer gegliedert, als wir es in unserer „Modell-VGR" getan haben.[2]

---

[1] Ergebnisse der gesamtwirtschaftlichen Finanzierungsrechnung für Deutschland 1991-1999, Deutsche Bundesbank, Statistische Sonderveröffentlichung 4, Dez. 2000, S. 7.
[2] In der Modell –VGR reduzierten sich die von uns behandelten Finanzierungsinstrumente auf die Form der Kreditbeziehungen.

Box 12-1: Gliederung der Sektoren und Finanzinstrumente

Gliederung der Sektoren	Gliederung der Finanzinstrumente
	Währungsgold und Sonderziehungsrechte
Inländische nichtfinanzielle Sektoren	Bargeld und Einlagen
	Bargeld und Sichteinlagen
Private Haushalte und private Organisationen ohne Erwerbszweck	Termingelder
	Spareinlagen
Nichtfinanzielle Kapitalgesellschaften	Sparbriefe
Staat	Geldmarktpapiere
Gebietskörperschaften	Rentenwerte
Sozialversicherungen	Finanzderivate
	Aktien
Inländische finanzielle Sektoren	Sonstige Beteiligungen
Monetäre Finanzinstitute	Investmentzertifikate
Sonstige Finanzinstitute	Kredite
Versicherungen	Ansprüche gegenüber Versicherungen
	Ansprüche aus Pensionsrückstellungen
Übrige Welt	Sonstige Forderungen bzw. Verbindlichkeiten
Deutsche Bundesbank	Deutsche Bundesbank

Quelle: Deutsche Bundesbank, Statistische Sonderveröffentlichung 4, Dezember 2000, S. 10/11.

Die gesamtwirtschaftlichen Finanzierungsströme weisen für die einzelnen Sektoren den für die Sachvermögensbildung erforderlichen Mittelbedarf und die detaillierte Herkunft der Mittelaufkommen aus, die zur Finanzierung dienen: Aus der Sachvermögensbildung minus Innenfinanzierung des Sektors (Eigenmittel) ergibt sich ein Finanzierungsdefizit oder -überschuss. Neben dem Sachvermögen bilden die Sektoren Geldvermögen und gehen Verbindlichkeiten (Außen-Finanzierung) ein. Die Differenz aus Geldvermögensbildung und Außenfinanzierung stellt die Nettogeldvermögensbildung dar, die mit dem Finanzierungssaldo korrespondiert.[3]

---

[3] Vgl. Deutsche Bundesbank, Statistische Sonderveröffentlichung 4, Ergebnisse der gesamtwirtschaftlichen Finanzierungsrechnung für Deutschland, 1991 bis 1999.

Box 12-2: Die Finanzierungsströme und Mittelverwendung

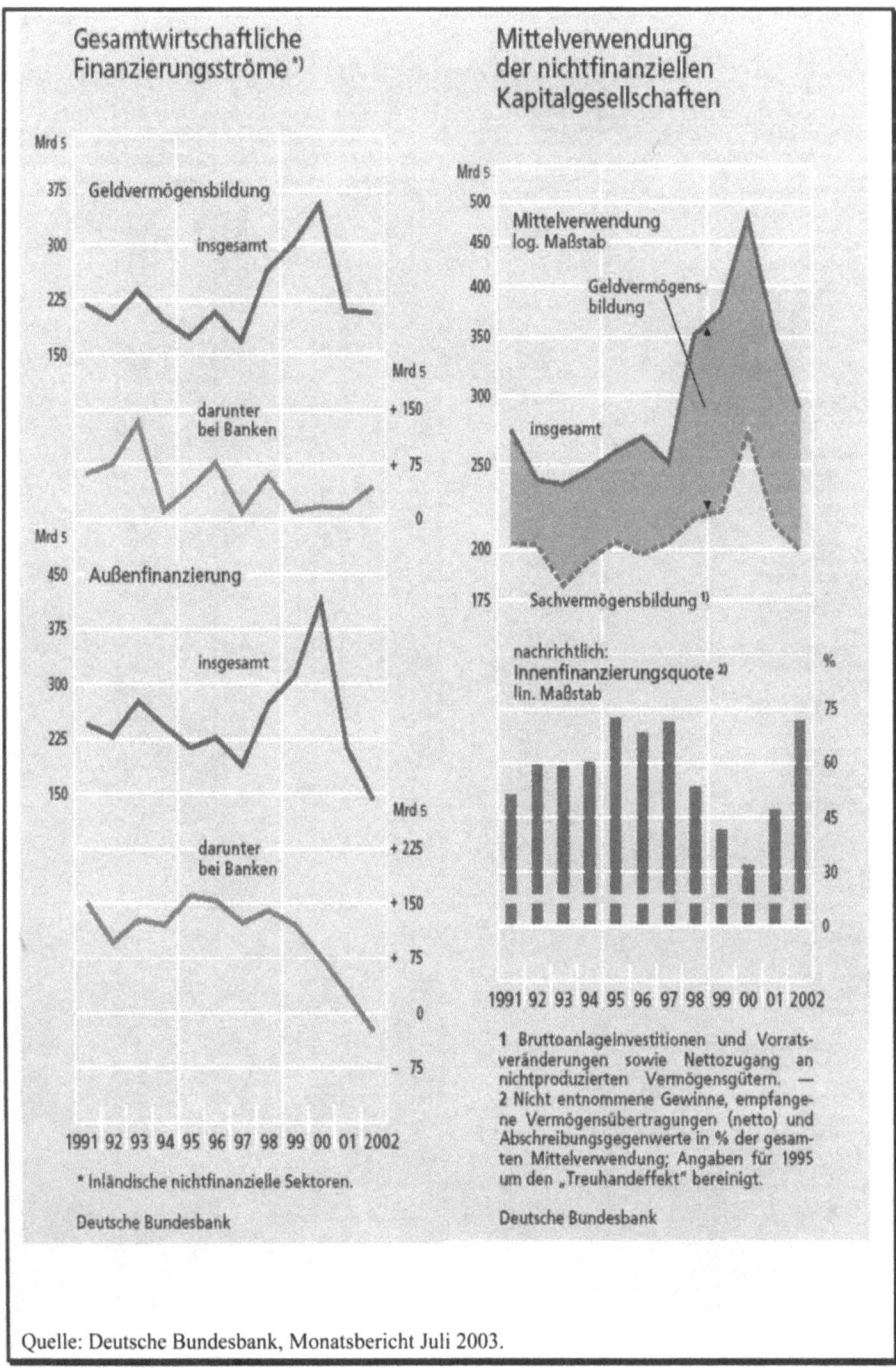

Quelle: Deutsche Bundesbank, Monatsbericht Juli 2003.

Tabelle 12-1: Vermögensbildung der Sektoren und ihre Finanzierung 2002

Mrd €

Position	Inländische nichtfinanzielle Sektoren					Insgesamt
	Private Haushalte und private Organisationen ohne Erwerbszweck	Nichtfinanzielle Kapitalgesellschaften	Staat Insgesamt	Gebietskörperschaften	Sozialversicherungen	
Sachvermögensbildung und Sparen						
Nettoinvestitionen	44,26	17,21	− 0,72	− 0,76	0,04	60,75
Bruttoinvestitionen	136,97	200,28	33,65	32,81	0,84	370,90
Abschreibungen	92,71	183,07	34,37	33,57	0,80	310,15
Nettozugang an nichtproduzierten Vermögensgütern	0,94	0,47	− 1,41	− 1,41	−	−
Sparen und Vermögensübertragungen	161,70	25,97	− 78,32	− 71,61	− 6,71	109,35
Sparen	144,16	10,38	− 51,84	− 45,93	− 5,91	102,70
Vermögensübertragungen (netto)	17,54	15,59	− 26,48	− 25,68	− 0,80	6,65
Finanzierungsüberschuss/-defizit 3)	116,50	8,29	− 76,19	− 69,44	− 6,75	48,60
Statistische Differenz 4)	.	18,29	.	.	.	18,29
Geldvermögensbildung						
Währungsgold und Sonderziehungsrechte	.	.	.	.	.	.
Bargeld und Einlagen	78,85	− 14,43	− 15,92	− 8,96	− 6,97	48,50
Bargeld und Sichteinlagen	83,39	− 8,44	0,49	0,50	− 0,01	75,44
Termingelder 5)	− 5,24	− 5,79	− 16,03	− 9,32	− 6,70	− 27,06
Spareinlagen	0,88	0,03	− 0,18	− 0,16	− 0,02	0,73
Sparbriefe	− 0,18	− 0,23	− 0,21	0,02	− 0,23	− 0,62
Geldmarktpapiere	− 0,03	17,44	0,01	0,01	.	17,43
Rentenwerte	0,45	− 11,85	− 2,11	− 1,66	− 0,44	− 13,51
Finanzderivate	.	0,27	.	.	.	0,27
Aktien	− 61,00	70,74	0,00	0,00	−	9,74
Sonstige Beteiligungen	1,55	− 4,03	− 14,34	− 14,34	.	− 16,83
Investmentzertifikate	37,42	7,81	2,01	.	2,01	47,23
Kredite	.	− 26,06	o) − 0,71	− 0,71	0,04	− 26,77
Kurzfristige Kredite	.	− 28,91	0,07	0,07	.	− 28,85
Längerfristige Kredite	.	2,85	o) − 0,77	− 0,77	0,04	2,08
Ansprüche gegenüber Versicherungen 2)	53,80	2,42	0,04	0,04	.	56,25
Kurzfristige Ansprüche	4,51	2,42	0,04	0,04	.	6,96
Längerfristige Ansprüche	49,29	.	.	.	.	49,29
Ansprüche aus Pensionsrückstellungen	10,51	.	.	.	.	10,51
Sonstige Forderungen	11,77	48,81	18,28	18,96	− 0,67	78,86
Insgesamt	133,30	91,11	o) − 12,74	− 6,66	− 6,04	211,67
Außenfinanzierung						
Bargeld und Einlagen	.	.	2,23	2,23	.	2,23
Bargeld und Sichteinlagen	.	.	2,23	2,23	.	2,23
Termingelder 5)	.	.	.	.	.	.
Spareinlagen	.	.	.	.	.	.
Sparbriefe	.	.	.	.	.	.
Geldmarktpapiere	.	− 0,40	7,82	7,82	.	7,42
Rentenwerte	.	6,38	62,29	62,29	.	68,67
Finanzderivate	.	.	.	.	.	.
Aktien	.	6,75	.	.	.	6,75
Sonstige Beteiligungen	.	20,83	.	.	.	20,83
Investmentzertifikate	.	.	.	.	.	.
Kredite	16,27	2,32	o) − 12,71	− 13,39	0,71	5,88
Kurzfristige Kredite	− 3,77	− 38,28	4,37	3,76	0,61	− 37,68
Längerfristige Kredite	20,04	40,60	o) − 17,08	− 17,14	0,10	43,56
Ansprüche gegenüber Versicherungen 2)	.	.	.	.	.	.
Kurzfristige Ansprüche	.	.	.	.	.	.
Längerfristige Ansprüche	.	.	.	.	.	.
Ansprüche aus Pensionsrückstellungen	.	9,22	.	.	.	9,22
Sonstige Verbindlichkeiten	0,53	19,43	3,83	3,83	.	23,78
Insgesamt	16,80	64,52	o) 63,45	62,78	0,71	144,77
Nettogeldvermögensbildung 6)	116,50	26,58	− 76,19	− 69,44	− 6,75	66,89

1 Kreditinstitute einschl. Deutsche Bundesbank, Bausparkassen und Geldmarktfonds. — 2 Einschl. Pensions- und Sterbekassen sowie berufsständische Versorgungswerke und Zusatzversorgungseinrichtungen. — 3 Sparen und Vermögensübertragungen (netto) abzüglich Nettoinvestitionen und Nettozugang an nichtproduzierten Vermögensgütern.

Deutsche Bundesbank

12.1 Die Finanzierungsrechnung

Inländische finanzielle Sektoren						
Monetäre Finanzinstitute [1]	Sonstige Finanzinstitute	Versicherungen [2]	Insgesamt	Übrige Welt	Sektoren insgesamt	Position
						Sachvermögensbildung und Sparen
0,70	0,04	0,53	1,27	.	62,02	Nettoinvestitionen
6,54	0,09	2,97	9,60	.	380,50	Bruttoinvestitionen
5,84	0,05	2,44	8,33	.	318,48	Abschreibungen
.	.	.	.	–	.	Nettozugang an nichtproduzierten Vermögensgütern
7,28	–	– 4,22	3,06	– 50,39	62,02	Sparen und Vermögensübertragungen
7,28	–	2,67	9,95	– 50,63	62,02	Sparen
–	–	– 6,89	– 6,89	0,24	.	Vermögensübertragungen (netto)
6,58	– 0,04	– 4,75	1,79	– 50,39	.	Finanzierungsüberschuss/-defizit [3]
.	.	.	.	– 18,29	.	Statistische Differenz [4]
						Geldvermögensbildung
0,19	.	.	0,19	– 0,19	.	Währungsgold und Sonderziehungsrechte
123,90	6,53	17,38	147,81	46,14	242,44	Bargeld und Einlagen
30,60	1,57	3,83	35,99	35,57	147,01	Bargeld und Sichteinlagen
93,30	4,94	14,10	112,34	11,53	96,82	Termingelder [5]
.	0,00	0,05	0,05	– 1,08	– 0,30	Spareinlagen
.	0,02	– 0,60	– 0,57	0,11	– 1,08	Sparbriefe
5,33	– 0,42	.	4,92	10,16	32,51	Geldmarktpapiere
6,76	27,84	5,25	39,86	79,23	105,57	Rentenwerte
0,27	.	.	0,27	.	0,53	Finanzderivate
– 13,38	20,45	16,16	23,23	19,87	52,84	Aktien
17,32	13,27	5,48	36,07	20,23	39,48	Sonstige Beteiligungen
2,10	0,13	30,46	32,69	– 0,24	79,67	Investmentzertifikate
28,46	3,87	10,06	42,39	14,44	30,07	Kredite
13,09	.	3,84	16,93	– 19,81	– 31,72	Kurzfristige Kredite
15,36	3,87	6,23	25,46	34,25	61,79	Längerfristige Kredite
.	.	.	.	3,25	59,50	Ansprüche gegenüber Versicherungen [2]
.	.	.	.	3,24	10,20	Kurzfristige Ansprüche
.	.	.	.	0,01	49,30	Längerfristige Ansprüche
.	.	.	.	.	10,51	Ansprüche aus Pensionsrückstellungen
9,18	– 0,04	3,73	12,87	– 16,02	75,71	Sonstige Forderungen
180,12	71,64	88,52	340,29	176,88	728,83	Insgesamt
						Außenfinanzierung
127,30	.	.	127,30	112,92	242,44	Bargeld und Einlagen
114,18	.	.	114,18	30,60	147,01	Bargeld und Sichteinlagen
14,49	.	.	14,49	82,33	96,82	Termingelder [5]
– 0,30	.	.	– 0,30	.	– 0,30	Spareinlagen
– 1,08	.	.	– 1,08	.	– 1,08	Sparbriefe
18,97	.	.	18,97	6,12	32,51	Geldmarktpapiere
– 6,36	.	0,10	– 6,26	43,16	105,57	Rentenwerte
.	.	.	.	0,53	0,53	Finanzderivate
1,63	.	0,80	2,43	43,66	52,84	Aktien
2,07	.	.	2,07	16,58	39,48	Sonstige Beteiligungen
4,36	68,53	.	72,89	6,78	79,67	Investmentzertifikate
.	3,15	– 0,42	2,73	21,45	30,07	Kredite
.	0,43	– 0,58	– 0,14	6,10	– 31,72	Kurzfristige Kredite
.	2,72	0,16	2,88	15,35	61,79	Längerfristige Kredite
.	.	59,48	59,48	0,02	59,50	Ansprüche gegenüber Versicherungen [2]
.	.	10,20	10,20	.	10,20	Kurzfristige Ansprüche
.	.	49,28	49,28	0,02	49,30	Längerfristige Ansprüche
.	.	.	.	.	10,51	Ansprüche aus Pensionsrückstellungen
0,73	.	0,56	1,29	.	10,51	
24,85	.	32,75	57,59	– 5,67	75,71	Sonstige Verbindlichkeiten
173,54	71,68	93,27	338,50	245,56	728,83	Insgesamt
6,58	– 0,04	– 4,75	1,79	– 68,68	.	Nettogeldvermögensbildung [6]

mögensgütern. — 4 Nettogeldvermögensbildung abzüglich Finanzierungsüberschuss. — 5 Einschl. Bausspareinlagen. — 6 Geldvermögensbildung abzüglich Außenfinanzierung. — o Bei der Summenbildung wurden die innersektoralen Ströme nicht mitaddiert.

Quelle: Deutsche Bundesbank, Monatsbericht Juni 2003, S.46-47.

Die **Sachvermögensbildung** der deutschen Volkswirtschaft konzentriert sich fast vollständig auf zwei Sektoren: Private Haushalte einschließlich privater Organisationen ohne Erwerbszweck und den nicht finanziellen Kapitalgesellschaften. Im Jahre 2002 bestritten diese beiden Sektoren über 99% der gesamten Nettoinvestitionen. Der zentrale Unterschied zwischen beiden Sektoren besteht allerdings darin, dass der erste Sektor üblicherweise über die Sachvermögensbildung hinausgehend Nettogeldvermögen bildet und regelmäßig die größten volkswirtschaftlichen Finanzierungsüberschüsse aller Sektoren erzielt, während der Sektor der nicht finanziellen Kapitalgesellschaften üblicherweise mit den größten Finanzierungsdefiziten abschließt.[4]

Der Sektor Private Haushalte stand ab 1999 bis 2002 durchgängig an erster Stelle bei den Nettoinvestition vor dem Sektor der nicht-finanziellen Kapitalgesellschaften. Das hängt zum einen damit zusammen, dass in der Abgrenzung des ESVG95 auch sämtliche Unternehmungen, die nicht Kapitalgesellschaften sind, im Sektor Haushalte zusammengefasst werden[5], und zum anderen, dass ein großer Teil der von diesem Sektor getätigten Bruttoinvestitionen Bauten und andere sehr langlebige Investitionsgüter sind, die eine erheblich geringere, jährliche Abschreibung haben als (sich sehr schnell abnutzende und veraltende) Industrieinvestitionen der Kapitalgesellschaften. Bemerkenswert ist der Rückgang der Netto-Investitionen insgesamt um ein Drittel von 2001 auf 2002 – Ausdruck eines starken Konjunktureinbruchs.

Der Finanzierungsüberschuss (FÜ) eines Sektors ergibt sich als Differenz seiner Nettosachvermögensbildung (I) abzüglich seines Sparens (S). Dieser Überschuss korrespondiert mit der Nettogeldvermögensbildung (NGVB), die ihrerseits ein Saldo ist aus Geldvermögensbildung (GVB) abzüglich Außenfinanzierung (AF). Für ein Finanzierungsdefizit (FD) gelten dieselben Zusammenhänge mit umgekehrten Vorzeichen:

1) $FÜ = S - I$ mit $S > I$.
2) $NGVB = GVB - AF$ mit $GVB > AF$
3) $FÜ = NGVB$
4) $FD = S - I$ mit $S < I$
5) $NGVB = GVB - AF$ mit $GVB < AF$
6) $FD = NGVB$

---

[4] Vgl. Tabellen 12.1 und 12.3 In 2002 wies der Sektor NFKG einen positiven Finanzierungssaldo auf.
[5] Vgl. Kap. 4.

Die Tabellen der **Geldvermögensbildung** sowie der **Außenfinanzierung** zeigen auf, in welchen Finanztiteln die einzelnen Sektoren ihr Finanzvermögen anlegten und in welcher Form sie ihre finanziellen Verbindlichkeiten eingingen.[6] Sieht man von den sehr speziellen Fällen der Zuteilung von Sonderziehungsrechten durch den Internationalen Währungsfonds an die Zentralbank und Veränderungen der Goldreserven ab, ergeben sich die in der „Gliederung der Finanzinstrumente" genannten Kategorien, die sowohl für die Geldvermögensbildung als auch spiegelbildlich für die Außenfinanzierung gelten: Bargeld und Einlagen bei Banken[7], Geldmarktpapiere[8], Rentenwerte[9], Finanzderivate[10], Aktien, sonstige Kapitalbeteiligungen, Investmentzertifikate, Kredite, Ansprüche gegen Versicherungen[11], Ansprüche aus Pensionsrückstellungen[12] und sonstige Forderungen. Für das Jahr 2002 zeigt sich, dass die Haushalte ihre größten Positionen der Geldvermögensbildung in Ansprüchen gegenüber Banken (hauptsächlich kurzfristige Sichteinlagen und Bargeld) und in Form von Wertpapieren (hauptsächlich Investmentzertifikate und Rentenwerte) und an dritter Stelle bei Versicherungen hielten. Außerdem haben sie in erheblichen Umfang langfristige Kredite (hauptsächlich für den Wohnungsbau) aufgenommen. Per Saldo ergibt sich eine positive Nettogeldvermögensbildung, die exakt ihrem Finanzierungsüberschuss entspricht.[13] Studieren Sie die weiteren Sektoren hinsichtlich ihrer Finanzierungsströme: „Die Bundesbank selbst nutzt die Ergebnisse der Finanzierungsrechnung zum einen für Untersuchungen über Verschiebungen in den Finanzierungsstrukturen. Hier interessiert vor allem der Zusammenhang zwischen den Kreditaktivitäten der heimischen Banken (einschließlich der Bausparkassen) einerseits und den übrigen Finanzierungsquellen (Wertpapiermärkte, sonstige Finanzin-

---

[6] Vgl. hierzu die Tabelle „Gliederung der Finanzinstrumente".
[7] Wenn Sie der Frage nachgehen wollen „Wie entsteht Geld" können Sie sich übersichtlich informieren: H.P. Nissen, Das Geldangebot, in WISU, Heft 4, 2001, S. 586-596 und in H.P. Nissen: Einführung in die makroökonomische Theorie, 1999, Teil III.
[8] Verbriefte Forderungen.
[9] i.d.R. festverzinsliche Wertpapiere.
[10] Finanzderivate sind finanzielle Instrumente, die auf einem anderen Instrument basieren und es ermöglichen, spezielle Risiken losgelöst von dem zu Grunde liegenden Instrument zu handeln. Vgl. auch Deutsche Bundesbank, Statistische Sonderveröffentlichung 4, Ergebnisse der gesamtwirtschaftlichen Finanzierungsrechnung für Deutschland, 1991 bis 1999, S. 12.
[11] Als Ansprüche gegenüber Versicherungen gelten (Eventual-) Forderungen von Versicherungsnehmern, denen entsprechende Rückstellungen der Versicherungen gegenüberstehen. Vgl. ebd. S.12.
[12] Diese Position beinhaltet die betriebliche Altervorsorge durch direkte Pensionszusagen der Arbeitgeber.
[13] Vgl. Tabelle 12-1 und 12-2.

stitute, Versicherungen und ausländische Kreditgeber) andererseits. Eine solche Betrachtung will die gegenseitige Verflechtung der partiellen Kredit- und Wertpapiermärkte offen legen."[14]

12.2 Die Vermögensrechnung

12.2.1 Vermögensbilanzierung

Aus der Finanzierungsrechnung lassen sich Veränderungen der Vermögens-Bestände errechnen, so dass die Erstellung sektoraler und gesamtwirtschaftlicher Vermögens-Bilanzen ermöglicht wird. Aus diesen Informationen lassen sich (ähnlich wie die bereits behandelten Input-Output-Koeffizienten) Verhältnis-Zahlen bilden, die wiederum für analytische Zwecke nützlich sind, insofern nämlich ökonomische Verhaltensweisen auch durch Höhe und Struktur von Vermögensbeständen beeinflusst werden.[15]

Die Vermögensrechnung ist - im Gegensatz zur Vermögensänderung - eine Bestandsrechnung, die den Vermögensbestand einer Wirtschaftseinheit, eines Sektors oder einer Volkswirtschaft zu einem Zeitpunkt feststellt. Allgemein wird die Vermögensrechnung einer Wirtschaftseinheit in einer Bilanz[16] festgehalten:

A) Für eine einzelne Wirtschaftseinheit gilt:

(1)	Sachvermögen + Forderungen = Verbindlichkeiten + Reinvermögen

(2)	Bruttovermögen = Verbindlichkeiten + Reinvermögen

(3)	Geldvermögen = Forderungen - Verbindlichkeiten

---

[14] Deutsche Bundesbank, ebd. S. 8.
[15] Vgl. ebd. S. 31ff und Tabellenanhang S. 35 – 43, ein Beispiel der genannten Zusammenhänge ist der Pigou- Effekt. Vgl. dazu Nissen, Einführung in die makroökonomische Theorie, S. 211, 220.
[16] Vgl. auch Kapitel 3.

12.2 Die Vermögensrechnung

Übersteigen die Forderungen die Verbindlichkeiten, dann besitzt die Wirtschaftseinheit eine positive Nettoposition, sie ist Nettogläubiger, im umgekehrten Fall spricht man von einer negativen Nettoposition bzw. einem Nettoschuldner.

Setzt man (3) in (1) ein, so erhält man die fundamentale Beziehung:

| (4) | Sachvermögen + Geldvermögen | = | Reinvermögen |

B) Für eine geschlossene Volkswirtschaft gilt:
dass die Forderungen aller Wirtschaftssubjekte gleich sein müssen den Verbindlichkeiten aller Wirtschaftssubjekte. Das gilt natürlich auch für Forderungen gegenüber Banken (Geld). Dies hat zur Folge, dass das Sachvermögen gleich ist dem Reinvermögen. Nur für einzelne Sektoren bzw. Gruppen von Wirtschaftssubjekten kann es zu positiven bzw. negativen Geldvermögen kommen und damit zum Auseinanderfallen von Sachvermögen und Reinvermögen.

(5)	Forderungen	=	Verbindlichkeiten	
	Forderungen - Verbindlichkeiten	=	Null	
	Geldvermögen	=	Null	(Vgl. (3))

und somit vereinfacht sich (4) zu:

| (6) | Sachvermögen | = | Reinvermögen |

C) Für eine offene Volkswirtschaft gilt:

dass es durch die internationalen Kapitalbeziehungen zu positiven bzw. negativen Nettoforderungen kommen kann. Sind in einem Land die Forderungen an das Ausland größer als die Verbindlichkeiten gegenüber dem Ausland, hält dieses Land eine positive Nettoauslandsposition, man spricht dann von einem Gläubigerland. Im umgekehrten Fall spricht man von einem Schuldnerland.

| (7) Sachvermögen + Nettoforderungen an das Ausland = Reinvermögen |

Das Reinvermögen einer Volkswirtschaft heißt auch Volksvermögen, es ergibt sich aus der Konsolidierung aller sektoralen Vermögensrechnungen.

12.2.2 Geld-Vermögensbilanzierung

Auch wenn sich die Bestände an Geldvermögen und Verbindlichkeiten der inländischen Sektoren (mit Ausnahme der Netto-Forderungen an die übrige Welt) zu Null addieren, kann eine Geldvermögensrechnung wichtige Erkenntnisse liefern. Die nach Sektoren und Geldvermögenstiteln unterteilte Aufstellung ist insofern nützlich, „als wirtschaftliche Verhaltensweisen auch von der Höhe und Struktur der Bestände an finanziellen (und nichtfinanziellen) Aktiva beziehungsweise Passiva beeinflusst werden können."[17]

Detaillierte Informationen sind in der Tabelle: „**Geldvermögen und Verbindlichkeiten**" für den Sektor Haushalte exemplarisch zusammengestellt. Diese Tabelle ist weitgehend selbsterklärend.

Deutschland hält eine **Nettoforderungsposition gegenüber der übrigen Welt.** Das ist gleichbedeutend mit:
= negativem Nettogeldvermögen der übrigen Welt, oder der Differenz aus
= Verbindlichkeiten der übrigen Welt – Geldvermögen der übrigen Welt.

---

[17] Deutsche Bundesbank, Statistische Sonderveröffentlichung 4, Ergebnisse der gesamtwirtschaftlichen Finanzierungsrechnung für Deutschland, 1991 bis 1999, S. 8.

Tabelle 12-2: Geldvermögen und Verbindlichkeiten der privaten Haushalte[*]

Position	1991	1993	1995	1997	1999	2000	2001	2002
	in Mrd €							
Geldvermögen								
bei Banken [1]	926	1 089	1 128	1 210	1 266	1 235	1 262	1 341
kurzfristig	617	760	782	877	963	921	957	1 041
längerfristig	309	329	346	333	303	314	305	300
bei Versicherungen [2][3]	401	479	573	684	808	866	929	994
in Wertpapieren	570	714	847	1 017	1 311	1 345	1 300	1 130
Rentenwerte [4]	276	307	364	358	363	368	381	394
Aktien	131	172	191	296	473	439	347	166
Sonstige Beteiligungen	80	99	102	119	113	130	137	145
Investmentzertifikate	84	136	190	244	362	408	435	425
aus Pensionsrückstellungen	123	138	152	161	171	177	182	193
Insgesamt	2 020	2 420	2 699	3 072	3 556	3 623	3 673	3 658
Verbindlichkeiten								
Kredite	815	970	1 138	1 275	1 442	1 488	1 509	1 526
kurzfristig	91	99	104	103	110	113	109	106
längerfristig	724	871	1 034	1 172	1 332	1 375	1 400	1 420
Sonstige Verbindlichkeiten	9	10	12	12	9	8	8	9
Insgesamt	824	980	1 150	1 287	1 451	1 495	1 518	1 535
darunter:								
Konsumentenkredite	131	154	165	178	188	194	193	195
Wohnungsbaukredite	492	580	697	803	913	947	978	1 000
Gewerbliche Kredite	191	236	275	294	341	346	338	331
Nettogeldvermögen	1 196	1 440	1 549	1 785	2 106	2 128	2 156	2 123
Nachrichtlich:	in € je Haushalt							
Geldvermögen	57 300	66 800	73 100	82 000	94 100	95 000	95 500	94 300
Verbindlichkeiten	23 400	27 000	31 100	34 400	38 400	39 200	39 500	39 600
	in % des Verfügbaren Einkommens							
Geldvermögen	206,0	223,2	234,0	254,9	277,5	274,4	268,1	263,9
Verbindlichkeiten	84,0	90,3	99,7	106,8	113,2	113,2	110,8	110,7
Nettogeldvermögen	122,0	132,8	134,3	148,1	164,3	161,1	157,3	153,2
	in % des BIP							
Geldvermögen	134,5	146,3	149,9	164,1	179,7	178,5	177,3	173,5
Verbindlichkeiten	54,8	59,2	63,8	68,8	73,3	73,7	73,3	72,8
Nettogeldvermögen	79,6	87,1	86,0	95,4	106,4	104,8	104,1	100,7

* Einschl. private Organisationen ohne Erwerbszweck. — 1 Im In- und Ausland. — 2 Einschl. Pensionskassen, berufsständische Versorgungswerke und Zusatzversorgungseinrichtungen. — 3 Einschl. sonstige Forderungen. — 4 Einschl. Geldmarktpapiere.

Deutsche Bundesbank

12.2.3 Sach-Vermögensbilanzierung

Der Vermögensbegriff lässt sich sehr weit und relativ eng definieren: Im weitesten Sinne sind alle Güterbestände (und Netto-Forderungspositionen gegenüber der übrigen Welt) zum Volksvermögen zusammengefasst. Hierunter wären sowohl immaterielle Vermögen zu fassen, (wie z.B. Kunst, Bildung, Wissen, Lizenzen, Patente, institutionelle Regeln und Verhaltensweisen) als auch materielle Vermögenswerte. Dieses Sachvermögen zerfällt wiederum in nicht-reproduzierbares materielles Sachvermögen (wie z.B. Kunstgegenstände, Bodenschätze, Grundstücke, Flüsse, Seen, Gebirge) und reproduzierbares Sachvermögen. Das letztere lässt sich wiederum in dauerhaftes Gebrauchsvermögen (wie z.b. die Bestände von Gebrauchsgütern im Besitz von privaten Haushalten im engeren Sinne) und Produktivvermögen unterteilen. Das Produktivvermögen besteht aus Anlagen und Gütervorräten der Unternehmungen und des Staates, die unmittelbar Nutzungen im Produktionsprozess abgeben bzw. abgeben könnten oder in diesem eingesetzt werden und untergehen.

Unterstellte man einen derartig breit definierten Vermögensbegriff, der etwa die genannten Vermögensbestände umschließt, müssten die Konventionen der VGR verlassen werden mit der Konsequenz, dass auch das Einkommen neu zu definieren wäre. Unter dem Gesichtspunkt, ein besseres Wohlstandsmaß zu entwickeln, mag das sogar wünschenswert erscheinen. Dann wären sämtliche materiellen und immateriellen Güter als Vermögen zu erfassen, sofern sie materielles oder immaterielles Einkommen zu schaffen "vermögen".

Das Statistische Bundesamt bilanziert nur das "reproduzierbare Sachvermögen" (siehe Schaubild 12 - 1). Dadurch bleibt die Vermögensrechnung zwar mit der VGR konsistent wirft aber durch diesen engen Vermögensbegriff auch andere Probleme auf, die wir zum Teil im folgenden Kapitel über die "Öko-Bilanz" diskutieren werden. Wir wollen uns hier an diesen relativ engen Vermögensbegriff halten.

12.2 Die Vermögensrechnung

Schaubild 12-1: Vermögensbegriffe

Immaterielles Vermögen	Materielles Vermögen (Sachvermögen)			
	Nichtreproduzierbares materielles Vermögen	Reproduzierbares materielles Vermögen		
		Gebrauchsvermögen	**Produktivvermögen**	
			Anlagen	**Vorräte**
	Nettoposition	Nettoposition	Nettoposition	

Anlagevermögen nach Vermögensarten 2001
Zu Wiederbeschaffungspreisen (brutto) in Mrd. DM

Sachanlagen	19 785,01
(ohne Nutztiere und -pflanzungen)	
Ausrüstungen	3 456,27
Bauten	16 328,74
Wohnbauten	9 092,57
Nichtwohnbauten	7 236,17
Immaterielle Anlagegüter	179,45
Alle Anlagegüter	19964,46

Quelle: Stat. Bundesamt, Fachserie 18, Reihe 1.2, Tab. 3.i.3, 2000.

Der Vermögensbegriff des Statistischen Bundesamtes (Sachvermögensrechnung) ist fett gedruckt. In der VGR werden zusätzlich der Erwerb und die Veräußerung von Grundstücken berücksichtigt (die sich allerdings gesamtwirtschaftlich wieder ausgleichen).

Tabelle 12-3: Gesamtwirtschaftliche Sachvermögensbildung, Ersparnis und Finanzierungssalden

Mrd €

Position	1991	1993	1995	1997	1999	2000	2001	2002
Sachvermögensbildung								
Nettoinvestitionen [1]								
Private Haushalte [2]	56,1	66,6	77,1	71,1	72,4	69,2	55,0	44,3
Nichtfinanzielle Kapitalgesellschaften	80,4	38,0	51,4	44,8	55,1	66,8	35,3	17,2
Anlagen	73,8	48,0	48,2	45,1	54,5	62,3	44,1	24,1
Vorräte	6,7	- 9,9	3,2	- 0,3	0,6	4,5	- 8,8	- 6,9
Finanzielle Sektoren	4,2	5,2	4,8	4,3	3,4	2,9	2,7	1,3
Staat	13,9	15,4	8,3	3,0	4,8	2,8	1,9	- 0,7
Insgesamt	154,6	125,2	141,6	123,3	135,6	141,7	94,9	62,0
Nachrichtlich:								
Nettoinvestitionen in % [3]	12,1	9,0	9,4	7,9	8,2	8,3	5,5	3,5
Nettozugang an nichtproduzierten Vermögensgütern								
Private Haushalte [2]	0,6	0,7	0,9	1,0	1,4	1,0	0,9	0,9
Nichtfinanzielle Kapitalgesellschaften	0,3	0,7	0,6	0,5	0,6	34,4	0,4	0,5
Staat	- 0,9	- 1,4	- 1,5	- 1,5	- 1,9	- 52,2	- 1,3	- 1,4
Insgesamt	0,0	0,0	0,0	0,0	0,0	- 16,9	0,0	0,0
Ersparnis [4]								
Private Haushalte [2]	133,0	139,8	134,9	134,9	143,2	145,5	154,8	161,7
Nichtfinanzielle Kapitalgesellschaften [5]	17,3	- 3,7	28,5	20,9	- 10,7	- 19,3	- 12,1	26,0
Finanzielle Sektoren	17,6	16,7	14,4	15,2	13,7	19,6	11,5	3,1
Staat [5]	- 31,3	- 37,4	- 52,7	- 49,5	- 26,9	- 26,7	- 57,0	- 78,3
Insgesamt	136,7	115,3	125,0	121,6	119,4	119,2	97,2	112,4
Nachrichtlich:								
Ersparnis in % [3][6]	10,9	8,3	8,4	7,8	7,2	7,1	5,7	6,4
Finanzierungssalden								
Private Haushalte [2]	76,4	72,5	56,8	62,8	69,4	75,4	99,0	116,5
Nichtfinanzielle Kapitalgesellschaften [5]	- 63,4	- 42,4	- 23,5	- 24,4	- 66,3	- 120,6	- 47,8	8,3
Finanzielle Sektoren	13,5	11,5	9,6	10,9	10,3	16,8	8,8	1,8
Staat [5]	- 44,3	- 51,5	- 59,6	- 51,0	- 29,7	22,8	- 57,5	- 76,2
Insgesamt	- 17,8	- 9,9	- 16,6	- 1,7	- 16,2	- 5,6	2,4	50,4
Nachrichtlich:								
Finanzierungssalden in % [3]								
Private Haushalte [2]	6,0	5,2	3,8	4,0	4,2	4,4	5,7	6,6
Nichtfinanzielle Kapitalgesellschaften [5]	- 5,0	- 3,0	- 1,6	- 1,6	- 4,0	- 7,1	- 2,8	0,5
Finanzielle Sektoren	1,1	0,8	0,6	0,7	0,6	1,0	0,5	0,1
Staat [5]	- 3,5	- 3,7	- 3,9	- 3,3	- 1,8	1,3	- 3,3	- 4,3
Insgesamt	- 1,4	- 0,7	- 1,1	- 0,1	- 1,0	- 0,3	0,1	2,9

Quelle: Volkswirtschaftliche Gesamtrechnungen und eigene Berechnungen. — 1 Nettoanlageinvestitionen und Vorratsveränderungen. — 2 Einschl. private Organisationen ohne Erwerbszweck. — 3 In % der gesamten verfügbaren Einkommen. — 4 Einschl. Vermögensübertragungen (netto). — 5 Im Jahr 1991 einschl. einer Teilentschuldung der Deutschen Bundesbahn durch den Bund in Höhe von 6,4 Mrd €; im Jahr 1995 nach Ausschaltung der Übernahme der Treuhandschulden sowie eines Teils der Altverschuldung ostdeutscher Wohnungsunternehmen durch den Erblastentilgungsfonds in Höhe von rd. 105 Mrd € bzw. 15 Mrd €. — 6 Ohne Vermögensübertragungen (netto).

Deutsche Bundesbank

13 Umweltökonomische Gesamtrechnungen

13.1 Vom Inlandsprodukt zum Ökoprodukt

Die volkswirtschaftliche Gesamtrechnung (VGR) zielt auf die Erfassung des rein ökonomisch definierten Inlandsproduktes (BIP) bzw. Nationaleinkommens einer Volkswirtschaft. Genaue Kenntnisse über die Entstehung, Verteilung, Verwendung und vor allem auch die Zuwachsraten des BIP bilden die Grundlage für viele wirtschaftliche und wirtschaftspolitische Entscheidungen: Hohe Wachstumsraten galten jahrzehntelang als synonym für wachsenden Wohlstand. Erst seit dem Umweltgipfel-Treffen in Rio de Janeiro im Jahre 1992 wurde diese eindimensionale, wachstumspolitische Orientierung stark eingeschränkt: Die Forderung einer „**nachhaltigen Entwicklung**" (sustainable development: "Development that meets the needs of the present without compromising the ability of future generations to meet their own needs.")[1] gewinnt seither an Bedeutung. Sie betont die Verantwortung der aktuell lebenden Generation gegenüber zukünftigen Generationen, ihnen ähnlich lebenswerte Entwicklungsoptionen zu erhalten. Die Umwelt kann nicht mehr länger als „freies Gut" angesehen werden. Umweltpolitik ist Ausdruck der Notwendigkeit verantwortungsvollen und schonenden Umgangs mit der Umwelt. Das empirische Datenmaterial für die Formulierung, Durchführung und Evaluierung der Umweltpolitik liefert seit einigen Jahren das Statistische Bundesamt in Form der Umweltökonomischen Gesamtrechnungen.

„Ziel der **Umweltökonomischen Gesamtrechnungen** (UGR) ist es, die Wechselwirkungen zwischen wirtschaftlichem Handeln und der Umwelt darzustellen. Die UGR zeigen, welche natürlichen Ressourcen durch Produktion und Konsum beansprucht, verbraucht, entwertet oder zerstört werden und wie effizient Wirtschaft und Gesellschaft mit Material, Energie und Flächen umgehen. Sie ermitteln, wie sehr die Natur als ‚Auffangbecken' für Rest- und Schadstoffe belastet wird und stellen

---

[1] Rao, P.K., Sustainable Development, Economics and Policy, Oxford, 2000 und The World Commission on Environment and Development's Report: Our Common Future (Oxford: Oxford University Press, 1987). (the Brundtland Commission).

Informationen über den Umweltzustand und die Kosten des Umweltschutzes zusammen."[2]

Der Wirtschaftskreislauf der VGR ist in sich geschlossen und auf die Erfassung ökonomischer Marktvorgänge orientiert. Die von der Umwelt zur Verfügung gestellten Leistungen gehen in diesen Kreislauf im Prinzip nicht ein und zwar weder auf der Input-Seite zu Beginn, noch auf der Output-Seite am Ende des Wirtschaftsprozesses: die Umwelt stellt die natürlichen Ressourcen für den Produktionsprozess zur Verfügung und nimmt die produktionsbedingten Abfallprodukte auf, sowie große Teile des erzeugten Inlandsproduktes nach Gebrauch zurück in Form von Müll.

Die Degradierung der Umwelt wird durch **Umwelt-Investitionen** zum Teil wieder aufgehoben. Sollte es dadurch gelingen, den „Status quo ante" der Umwelt zu erhalten, so wird zwar das ökonomische Wachstum durch Umwelt-Investitionen erneut gesteigert, doch betragen die damit verbundenen Wohlstandeffekte per Saldo gerade Null. Z.B. entnimmt die Chemische Industrie große Mengen sauberes Flusswasser und gibt verschmutztes Abwasser zurück. Die produzierten Chemieprodukte sind Bestandteil des Inlandsproduktes, Entnahme und Abgabe von Flusswasser gehen in keine Berechnung ein. Werden jetzt zusätzliche Investitionen in Form von Kläranlagen für die Reinigung verschmutzter Abwässer gebaut, steigt das Inlandsprodukt um diese Investitionen, obgleich der Zustand der Umwelt bestenfalls unverändert bleibt.

Die Erfahrungen mit dem intensiven, ökonomischen Wachstum der letzten Jahrzehnte haben deutlich gemacht, dass dieses Wachstum mit negativen Beeinträchtigungen der Umwelt erkauft wurde, die ihrerseits zunehmend stärker als Natur- und Wohlfahrtsverluste empfunden werden. Die Gleichung "mehr Wachstum = mehr Wohlstand" stimmt in dieser Schlichtheit nicht, da das Wachstum nur ökonomische Güter, der Wohlstand aber auch die Qualität der Umwelt einbezieht.

Zwar lässt sich die Umwelt nicht so einfach als Vermögensbestand bilanzieren wie z.B. das Produktivvermögen der Wirtschaft, aber Veränderungen des **Umwelt-Vermögens** können berechnet oder geschätzt werden. Die Einbeziehung der Umwelt in den Wirtschaftskreislauf könnte über ein "Umwelt-Vermögens-Änderungs-Konto" erfolgen. Auf diesem Konto wäre der "Verzehr" an Umwelt als Abschreibungen auf das Umweltkapital zu erfassen und Maßnahmen zur Wiederherstellung

---

[2] http:/www.statistik-bund.de/basis/d/umw/ugrtxt.htm.

des "Status quo ante" als Bruttoinvestitionen in die Umwelt. Überwiegen die Abschreibungen, reduziert sich das Umweltvermögen (vgl. Schaubild 19 - 1).

Die Berechnung eines **"Öko-Produktes"** würde die Wechselbeziehungen zwischen Natur- und Wirtschaftskreislauf mit einzubeziehen haben. Aus dem Vergleich des "ökonomischen" Produktes mit dem „Öko-Produkt" ließe sich ablesen, welcher Teil auf wirtschaftliche Aktivitäten zurückzuführen ist und welcher Teil durch die Umwelt erbracht wurde. Das Öko-Produkt würde die ökologisch nachhaltige Produktion einer Volkswirtschaft ausweisen und damit die Orientierungsgröße ökologisch orientierter Wirtschaftspolitiken sein können. Doch so einfach dieser Basiskreislauf zwischen Umwelt und Wirtschaft beschrieben werden kann, so schwierig ist es, ihn inhaltlich zu konkretisieren.

Schaubild 13-1: VGR und Umweltvermögen

a) Traditionelle VGR

P				RVÄ			
D	80	C	200	I^b	150	D	80
WS	270	I^b	150			S	70
	350		350		150		150

b) Traditionelle VGR mit Umweltinvestitionen

P				RVÄ			
D	80	C	200	I^b	150	D	80
		I^b	150				
WS	300	I^b_{UW}	30	I^b_{UW}	30	S	100
	380		380		180		180

P: Gesamtwirtschaftliches Produktionskonto

RVÄ: Gesamtwirtschaftliches Reinvermögensänderungskonto

c) Öko-VGR mit Umweltabschreibungen

$P_{Öko}$				$RVÄ_{Öko}$			
D	80	C	200	I^b	150	D	80
D_{UW}	60	I^b	150			D_{UW}	60
$WS_{Öko}$	240	$I^b{}_{UW}$	30	$I^b{}_{UW}$	30	S	40
	380		380		180		180

P: Gesamtwirtschaftliches Produktionskonto

RVÄ: Gesamtwirtschaftliches Reinvermögensänderungskonto

Das Brutto-Inlandsprodukt ist im Fall (a) mit 350 GE am geringsten. Die Brutto-Inlandsprodukte in den Fällen (b) und (c) sind mit 380 GE größengleich, jedoch ist das Netto-Inlandsprodukt im Fall (c) geringer:

Brutto-Inlandsprodukt............................	380
- Abschreibungen...........................	- 80
= Netto-Inlandsprodukt.....................	300
- Abschreibungen auf das Umweltkapital................................	- 60
= Öko-Produkt (netto)	240

Die Entwicklung umweltökonomischer Gesamtrechnungen ist vergleichsweise neu und steht noch immer am Anfang. Die sich daraus ergebenden Fragen lauten: welche empirischen Sachverhalte sind umweltrelevant? Wie sind diese Sachverhalte zu gewichten und zu bewerten? Wie sind umweltökonomische Berechnungen zu erstellen? Wie lassen sich diese Informationen mit denen der VGR verbinden?
In Deutschland arbeitet das Statistische Bundesamt sowohl an der Entwicklung einer Umweltökonomischen Gesamtrechnung (UGR)[3] als auch an einem Umwelt-

---

[3] Vgl. auch Stellungnahme des Beirats Umweltökonomische Gesamtrechnung beim Bundesminister für Umwelt, Naturschutz und Reaktorsicherheit, Bonn, 1992.

Satelliten-System[4], das die VGR (ähnlich der Input-Output Tabelle) durch eine Umwelt-Matrix ergänzt. Schauen wir uns die wichtigsten Ansätze und die auftretenden Probleme etwas genauer an.

13.2 Zur Umweltökonomischen Gesamtrechnung (UGR)

„Die **Umweltökonomische Gesamtrechnung** muss den Zustand der Umwelt und seine Entwicklung quantitativ erfassen und darstellen. Dabei sollen die Einflüsse menschlicher Tätigkeit auf die Umwelt als auch natürliche Umweltvorgänge einbezogen werden"[5], und sie soll alle relevanten Umweltbereiche einbeziehen, sowohl regional als auch sachlich gegliedert sein. Umweltökonomische Gesamtrechnungen werden zwar unabhängig von den Volkswirtschaftlichen Gesamtrechnungen aufgebaut. Sie bestehen aus einem Berichtsteil (STUBS)[6] und einem Analyseteil. Das **STUBS** hat die Aufgabe, eine Beschreibung der Umweltlage zu geben, ihre Entwicklung aufzuzeigen und als Grundlage für den Analyseteil zu dienen.

Umweltzustand und -ziele werden durch Indikatoren erfasst: **Öko-Margen**. Sie „lassen sich in absoluten monetären, beziehungsweise physikalischen Größen als Differenz zwischen Anfangs- und Endzustand oder als Saldo zwischen Belastungs- und Entlastungsvorgängen ausdrücken."[7] Das Umweltstatistik-Gesetz von 1994 schreibt 30 **umweltbezogene Erhebungen** vor. Diese beziehen sich zum einen auf
- Umweltbelastungen durch Emissionen und zum anderen auf die
- Bedeutung des Umweltschutzes.

Während es bei den erst genannten Erhebungen um die Bereiche Abfall- und Wasserwirtschaft sowie Luftreinhaltung geht, stehen im zweiten Fall Investitionen und laufende Aufwendungen für den Umweltschutz im Zentrum. Zunächst wollen wir jedoch die zentralen Umweltfunktionen studieren:

---

[4] Vgl. Stahmer, C.: Umwelt-Satelliten-System zu den Volkswirtschaftlichen Gesamtrechnungen, in: Allgemeines Statistisches Archiv, Heft 1, 1988, S. 58ff.
[5] Hölder, E.: Wege zu ..., S.8.
[6] Statistisches Umweltökonomisches Berichtssystem.
[7] Dorow, F.: Grundprogramm ..., S. 79.

Schaubild 13-2: Gesamtwirtschaftliche Öko-Margen

Umweltfelder \ Bestandsgrößen, Veränderungen	Rohstoffverbrauch	Immissionen	Emissionen	Nutzungen
Lage am Beginn der Berichtsperiode - Öko-Marge	Anfangsbestand	Immissionszustand		Nutzungszustand
Belastungsvorgänge	Abbau / Verbrauch	Deposition	Emissionsanfall (evtl. Entsorgung)	Belastungen (Nutzungsveränderungen und –verluste)
abzüglich: Entlastungsvorgänge	Regeneration, Forschungsaufwendungen für Substitution und Schonung der Ressourcen	Regeneration, Sanierungsaufwendungen	Aufwendungen zur Entsorgung (nachrichtlich auch: Aufwendungen zur Emissionsminderung)	Regeneration, Sanierungen, Nutzungsverbesserungen
= Lage am Ende der Berichtsperiode	Endbestand	Immissionszustand		Nutzungszustand
Bewertung in DM im Rahmen der UGR	Öko-Marge zu Marktpreisen/ Einfuhrpreisen Bewertung von Beständen nur, soweit Informationen vorhanden	Bewertung der Immissionen bzw. Öko-Marge zu Reproduktionskosten	Bewertung der Emissionen zu Schadensvermeidungskosten	keine Bewertung vorgesehen

Quelle: Dorow, F.: Einige Bemerkungen ..., S. 80.

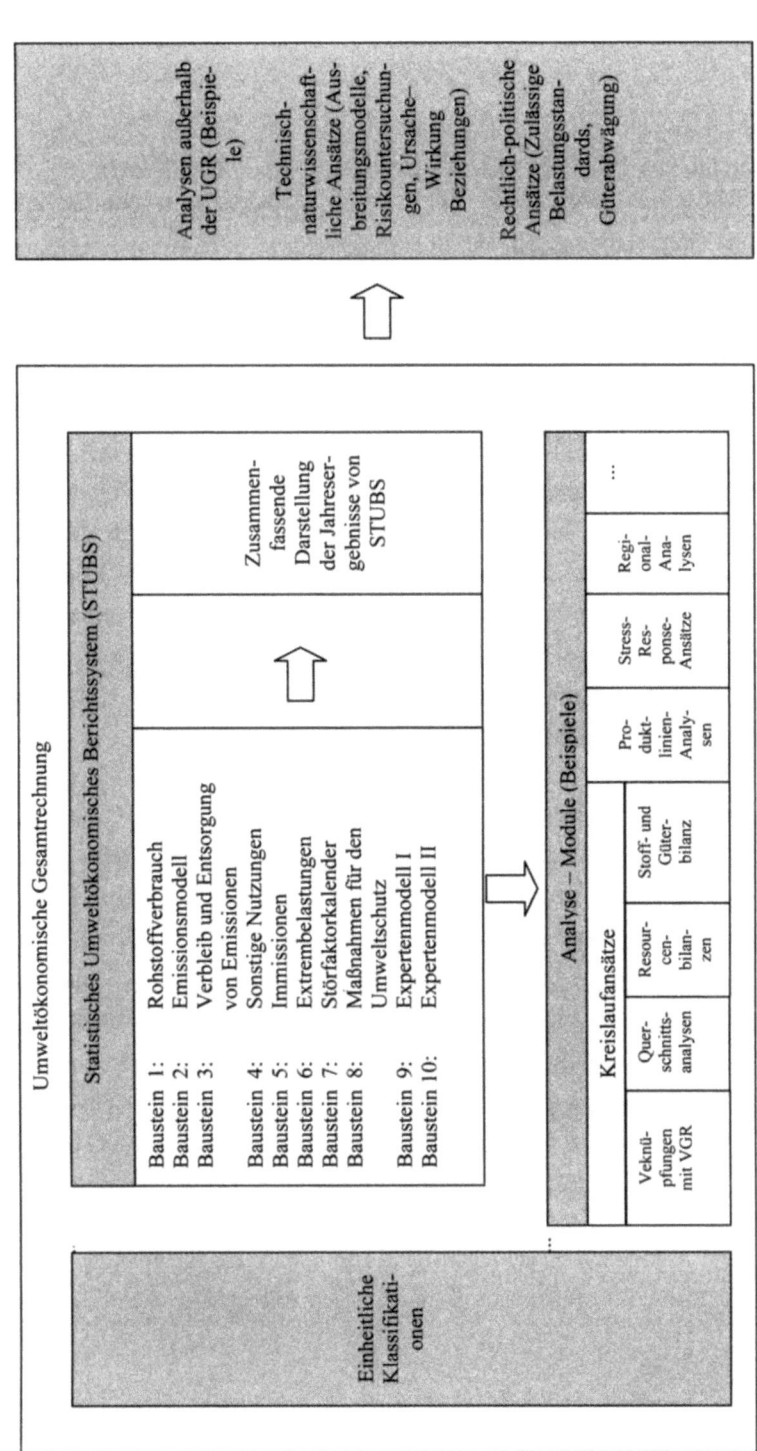

Schaubild 13-3: Aufbau der Umweltökonomischen Gesamtrechnung (UGR)

a) Umweltfunktionen

Der Sachverständigenrat für Umweltfragen geht von einer funktionalen Umweltdefinition aus als Grundlage der Umweltökonomischen Gesamtrechnung. Die Natur stellt Rohstoffe zur Verfügung, die im Wirtschaftsprozess weiter verarbeitet werden, sie dient als Standort für die Entfaltung wirtschaftlicher Aktivitäten und schließlich wird die Natur als „Senke" benutzt, die Schad- und Reststoffe aufnimmt. Die zentralen Umwelt-Funktionen bestehen in den Produktions-, Träger-, Regelungs- und Informationsfunktionen der Umwelt.

Die **Produktionsfunktion**[8]: Nahrungsmittel und nachwachsende Rohstoffe, mineralische Rohstoffe, Baustoffe, fossile und nicht fossile Energieträger, aber auch Elementargüter wie Sonnenenergie, Luft, Wasser, Erde stellen das Produktionspotenzial der Umwelt dar. Die Nutzung dieser Produktionsfunktion, d.h. die Inanspruchnahme der natürlichen Ressourcen durch das Wirtschaften, stellt einen Eingriff in die Umwelt und in ihr Naturpotenzial dar. Der Abbau nicht erneuerbarer Rohstoffe wird irgendwann zu einer Erschöpfung des entsprechenden Ressourcen-Potenzials führen. Die Gewinnung biotischer Rohstoffe kann von der Umwelt selbstregulierend ad infinitum erneuert werden.

Im ökologischen Kreislauf ist die Umwelt nicht nur "Anbieter" von Ressourcen, sondern auch "Abnehmer" aller (Abfall-) Produkte des ökonomischen Produktionsprozesses und Standort aller (menschlichen) Aktivitäten. In diesen Eigenschaften erfüllt die Umwelt ihre **Trägerfunktion:** sie "trägt" als Standort z.B. Fabrik- und Wohnanlagen, Infrastrukturanlagen für Transport und Kommunikation, Ver- und Entsorgung, Bildung, Freizeit und Erholung. Sie "erträgt" sämtliche Emissionen und Immissionen, indem sie Abfälle, Abgase, Abwässer aufnimmt.

Die **Regelungsfunktion** der Umwelt ermöglicht den Abbau bestimmter Abfall- oder Schadstoffe ohne nachhaltige Schädigung der Trägerfunktion.(z.B. reinigen sich Flüsse in einem gewissen Umfang selbsttätig, Regen wäscht Luft rein und der Boden filtert das Regenwasser). Die Regelungsfunktion steuert bzw. ermöglicht die Entnahme bestimmter Quantitäten an Ressourcen ohne nachhaltige Beeinträchtigung der Produktionsfunktion (z.B. biologischer Anbau, erneuerbare Energie).

---

[8] Nicht zu verwechseln mit dem Begriff "Produktionsfunktion" aus der reinen Volkswirtschaftslehre.

b) S T U B S - Statistisches Umweltökonomisches Berichtssystem

Das Konzept einer umweltökonomischen Berichterstattung ist zwar weit entfernt von dem Ziel, ein "Öko-Produkt" entwickeln zu können, es hat aber dafür den Vorteil, am weitesten vorangeschritten und unterdessen auch praktisch umsetzbar zu sein. Mit der Einführung eines Umweltökonomischen Berichtssystems betritt das Statistische Bundesamt Neuland. Es hat ein **"Baustein-System"** gewählt, um sich möglichst problemlos an neue Umweltanforderungen anpassen zu können. Schauen wir uns also einmal an, wie das Statistische Bundesamt das STUBS aufgebaut hat. Aus der Fülle aller umweltrelevanten Tatbestände sind als **Grundprogramm** vier **zentrale empirische Informationen** herauszudestillieren:

- Abbau und Verbrauch von Rohstoffen,
- Belastungen von Boden, Wasser, Luft,
- Emission von Schadstoffen und Abfällen,
- Aufwendungen für Umweltschutzmaßnahmen.

In zehn Bausteinen werden die entsprechenden Informationen gesammelt und ausgewertet (siehe Schaubild 19 - 3):

Baustein 1: Rohstoffverbrauch

Welche Mengen der einzelnen Ressourcen werden im Berichtsjahr entnommen und welche Mengen werden im Inland verbraucht? Bei biotischen Ressourcen ist der Gesichtspunkt der Nachhaltigkeit von Bedeutung: die Entnahmen von Ressourcen sollten den natürlichen Nachwuchs nicht übersteigen (z.B. keine Überfischung). Der Verbrauch nicht erneuerbarer Ressourcen stößt auf das prinzipielle Problem der Erschöpfbarkeit. Der Verbrauch dieser Ressourcen kann die Umwelt nicht unverändert lassen, allerdings bleibt ebenfalls der Verbrauch der Ressourcen selbst im Zeitverlauf nicht unverändert: Je knapper ein Rohstoff wird, desto teurer wird er; je teurer er wird, desto sparsamer wird er verbraucht, desto eher wird er substituiert. Dem Wert der Ressourcenentnahme werden deshalb die Kosten der Maßnahmen gegengerechnet, die der Ressourcenausweitung dienen bzw. ihrer verbesserten Nutzung dienen. Beide Stromgrößen lassen sich mit Marktpreisen bewerten, um die absoluten Bestände geht es dabei nicht.

Baustein 2: Emissionen

Welche Mengen an Schadstoffen (und ehemaligen Rohstoffen) werden bei der Herstellung von Gütern und Dienstleistungen, bei ihrem Transport und beim Verbrauch der Konsumgüter emittiert? Die hier benötigten Angaben werden nicht durch (flächendeckende) Messungen gewonnen, sondern durch Modellrechnungen, die Emissionskoeffizienten mit Produktionsdaten kombinieren. Die Bewertung erfolgt (soweit möglich) zu Schadensvermeidungskosten, also zu hypothetischen Aufwendungen, die erforderlich wären, um die Emissionen zu vermeiden. Aus der Entwicklung der Emissionskoeffizienten lässt sich der technische Beitrag zur Schadensverringerung ablesen.

Baustein 3: Verbleib und Entsorgung von Emissionen

Wo verbleiben die Emissionen/Schadstoffe nach Ablauf der Prozesse der Güterproduktion und des Verbrauchs? Die Emissionen können in der Umwelt verbleiben, entsorgt oder wiederverwendet werden (recycling). Die nicht entsorgten Emissionen werden zu ihren fiktiven Schadensvermeidungskosten bewertet, die anderen zu ihren (tatsächlich anfallenden) Entsorgungs- bzw. Recyclingkosten. Die derzeitige Datengrundlage, die zum Ausfüllen dieses Bausteins erforderlich ist, gilt als sehr lückenhaft.

Baustein 4: Sonstige Nutzungen

Welche Nutzungen stellt die Umwelt als Standort für die Durchführung (ökonomischer) Aktivitäten zur Verfügung? Diese Nutzungen werden nur dann erfasst, wenn wenigstens eines der nachfolgenden Kriterien erfüllt wird: Knappheiten oder Kapazitätsgrenzen im Umweltbereich/ konkurrierende Nutzungsmöglichkeiten/ Eingriffe in die Regelungsfunktion der Umwelt/ oder Eingriffe in die räumliche Umwelt. Umweltnutzungen sind i.d.R. freie Güter. Eine ökologische Bewertung ist daher ohne weiteres nicht möglich, so dass sich dieser Baustein mit einer quantitativen Umschreibung der Nutzungen begnügen muss.

Baustein 5: Immissionen

Welche Umweltbelastungen ergeben sich in den verschiedenen Umweltmedien? Die Emissionen (vgl. Baustein 2) führen (wenn sie nicht entsorgt werden) zu Belastungen von Boden, Wasser, Luft, aber auch zu Strahlungen, Lärm, Erschütterungen. Ohne Beseitigung oder Recycling führen Emissionen zu "Immissionen". Die Natur wird als „Senke" für Rest- und Schadstoffe genutzt. Die Messung erfolgt indirekt über die abgegebenen Mengen. Die jeweiligen Belastungen werden mit fiktiven Reproduktionskosten bewertet, die anfielen, wenn das belastete Umweltmedium "gereinigt" würde. Ersatzweise lassen sich stattdessen auch die entsprechenden Schadensvermeidungskosten heranziehen.

Baustein 6: Extrembelastungen

Welcher Art sind Spitzenbelastungen und Belastungskombinationen? Wo, wie häufig und in welchem Umfang treten sie auf? Der Baustein 5 liefert nur Durchschnittswerte. Wegen der besonderen Bedeutung von Extrembelastungen für bestimmte Umweltsituationen sollen die entsprechenden Daten gesondert dargestellt werden. Die Datengrundlage ist hierbei sogar vergleichsweise gut.

Baustein 7: Störfaktorenkalender

Welche Sonderfaktoren beeinflussen in welchem Umfang, in welcher Weise und in welchen Zeitabständen die Umwelt? Solche Störfaktoren können auf die Natur selbst zurückgehen (Vulkanausbrüche, Erdbeben, Überschwemmungen) als auch vom Menschen ausgelöst werden (Reaktorunfall, Ölpest, Chemieverseuchung). Die Datenlage ist für diese singulären Ereignisse vergleichsweise gut.

Baustein 8: Maßnahmen für den Umweltschutz

Welchen Umfang, welche Art, welche Effizienz haben die im Bereich Umweltschutz ergriffenen Maßnahmen? Hier werden sowohl die laufenden Aufwendungen als auch Investitionen in den Umweltschutz erfasst (einschließlich der Abschreibungen auf diese Investitionen). Die Aufwendungen können einen eingetretenen Schaden reparieren, Emissionen senken, Ressourcen sparen oder entsprechende Forschungsvorhaben abdecken. Auch für diesen Baustein dürfte die Datenlage relativ befriedigend aussehen.

Bausteine 9 und 10: Expertenmodell I und II

Wie beurteilen Umwelt-Experten die "objektiv" beschriebene Umweltsituation? Die Experten geben ihr "subjektives" aber sachverständiges Urteil zu einer Reihe von Umweltindikatoren ab, die sie mit Hilfe eines Punktesystems in eine Bewertungsreihe bringen (Modell I). Die Experten bewerten die Umweltindikatoren mit Noten

(Modell II). Die Hereinnahme von Expertenbeurteilungen ist u.a. Ausdruck der objektiv vorhandenen Unsicherheiten und der Tatsache, dass STUBS nicht auf rein quantitativ erfassbare Daten zurückgreifen kann, sondern auch Qualitäten messen will.

13.3 Zum empirischen Stand der Umweltökonomischen Gesamtrechnung[9]

In den Berichten zu den Umweltökonomischen Gesamtrechnungen werden **empirische Informationen** zu folgenden Bereichen ausgewiesen:
- Produktivität der Naturnutzung,
- Energieverbrauch,
- Emissionen von Kohlendioxid,
- Materialentnahme (Rohstoffe),
- Umweltschutzmaßnahmen,
- Umweltbezogene Steuern.

1) Die **Nutzung natürlicher Einsatzfaktoren** (für den ökonomischen Produktions-Prozess) lässt sich als reiner **Mengeneinsatz der Einsatzfaktoren** oder in Form von **Produktivitäts-Indikatoren** bestimmen: reales Brutto-Inlandsprodukt je Einheit des Einsatzfaktors[10]. Ein Zeitreihenvergleich gibt Auskunft, ob und in welchem Umfang sich der mengenmäßige Einsatz (in absoluten Größen) oder in Relation zum produzierten realen BIP verändert hat. Ein mengenmäßiger Mehreinsatz kann durchaus mit einer Effizienz-Steigerung einhergehen, wenn die Wachstumsrate des realen BIP höher liegt als die prozentuale Zunahme des Mengeneinsatzes. Eine Entlastung der Umwelt hat allerdings stets eine absolute Mengenreduktion zur Voraussetzung.

Wie die Box 13-1 zeigt, haben sich die Mengeneinsätze der in dieser Tabelle zusammengestellten Umweltressourcen in der Dekade 1991-1999 verringert (mit Ausnahme des Einsatzes von Siedlungs- und Verkehrsflächen). Die Produktivität sämtlicher Einsatz-Faktoren ist jedoch durchgängig gestiegen. Drei Beispiele seien hier herausgegriffen:

---

[9] Die empirischen Angaben sind zum größten Teil entnommen dem: Bericht zu den Umweltökonomischen Gesamtrechnungen 2000, Statistisches Bundesamt, Wirtschaft und Statistik, 11/2000, S. 813-840.

[10] Das „reale" BIP und Produktivität werden im Kap.14 „Indikatoren der VGR" vorgestellt.

13.3 Zum empirischen Stand der Umweltökonomischen Gesamtrechnung 271

Der **Einsatz von Energie** ist in der Dekade 1990-1999 erstmals in Deutschland absolut leicht rückgängig gewesen. In den Dekaden 1960-1980 waren Energieverbrauch und ökonomisches Wachstum eng aneinander gekoppelt und verliefen praktisch parallel. Von 1980-1990 gelang die Entkopplung des Energieverbrauchs vom Wachstum des BIP; der Energieverbrauch stagnierte trotz eines durchschnittlichen realen Wachstums von 2,4%, so dass die Produktivität um 2,2% entsprechend zulegte.

In den 90er Jahren sank die **CO_2 Belastung** um 1,6% und die Zuwächse der Produktivität erreichten 3,0%, da das reale BIP in dieser Dekade um 1,4% wuchs.

Siedlungs- und Verkehrsflächen nahmen um 1,1% zu, doch wurde diese Verschlechterung von der Wachstumsrate des BIP übertroffen, so dass die Produktivität auch dieses Einsatz-Faktors zunahm.

Box 13-1: Einsatz von Umweltressourcen für wirtschaftliche Zwecke

Produktivität (reales Bruttoinlandsprodukt je Einheit)   Mengenentwicklung

durchschnittliche jährliche Veränderung in Prozent für Deutschland (1991-1999)

	Produktivität	Mengenentwicklung
Energie	1,6	-0,2
Rohstoffe	1,8	-0,4
Siedlungs- und Verkehrsfläche	0,6 [1)]	1,1 [2)]
CO_2	3,0	-1,6
Versauerungsgase	13,9 [2)]	-11,0 [3)]
Arbeitsstunden	1,9	-0,5
Bruttoinlandsprodukt (real)		1,4

[1)] 1993 - 1998
[2)] 1991 - 1998
[2)] 1993 - 1998
[3)] 1991 - 1998

Quelle: Statistisches Bundesamt, Wirtschaft und Statistik, November 2000, S. 816.

Für die genannten drei Beispiele gibt es umweltpolitische Zielvorgaben. Ein Soll-Ist-Vergleich macht jedoch deutlich, dass in keinem Bereich die angestrebten Ziele erreicht worden sind.[11]

Box 13-2: Einsatz von Umweltressourcen im Soll - Ist Vergleich

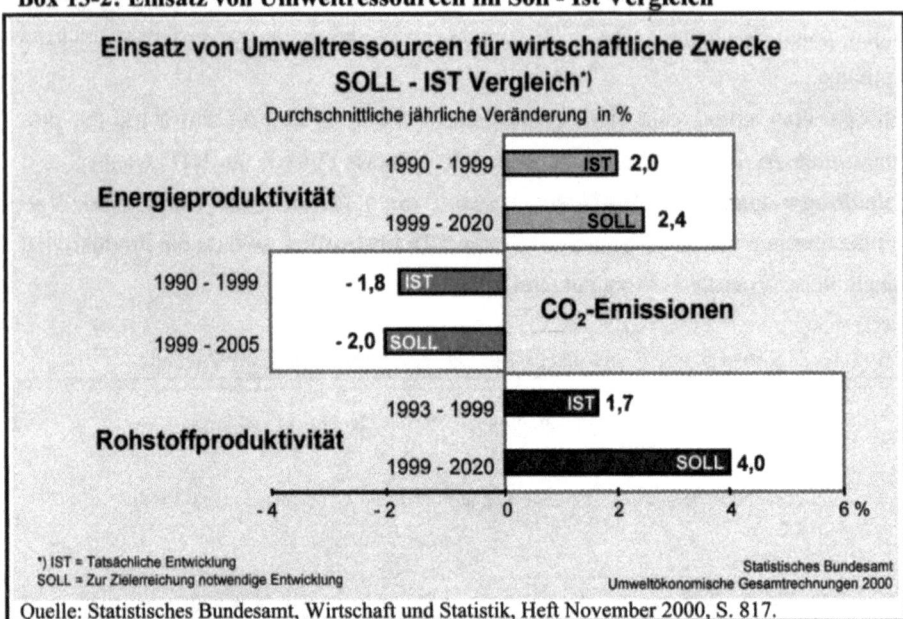

Quelle: Statistisches Bundesamt, Wirtschaft und Statistik, Heft November 2000, S. 817.

2) Kaum ein Produktionsprozess ist ohne **Energieverbrauch** vorstellbar. Im Gegenteil, der Einsatz von Energie ist geradezu von zentraler Bedeutung. Die Umwelt stellt nicht-erneuerbare Energieträger zur Verfügung, die sich irgendwann erschöpfen werden. Durch den Abbau dieser Rohstoffe werden ganze Landschaften verändert. Mit der Energiegewinnung (der Umwandlung der Energieträger in verwendbare Energieformen) werden Luftschadstoffe, erwärmtes Kühlwasser und Feststoffe an die Umwelt zurückgegeben. Die UGR soll dabei helfen, folgende Fragen zu beantworten:
- Wie hoch ist der Energieeinsatz pro BIP-Einheit?
- Wie hoch ist der Energieeinsatz einzelner Wirtschaftsbereiche (bezogen auf ihre Produktionswerte?
- Wie hoch ist der Energieverbrauch der privaten Haushalte?

---

[11] Siehe auch Umweltbarometer des Bundesministeriums für Umwelt, Naturschutz und Reaktorsicherheit, und den Deutschen Umweltindex DUX: www.umweltbundesamt.de.

Eine Steigerung der gesamtwirtschaftlichen Produktivität des Energieeinsatzes geht zurück auf die Senkung des spezifischen Energieverbrauchs einzelner Wirtschaftsbereiche und auf eine strukturelle Verschiebung zu Lasten energieintensiver und zu Gunsten weniger energieintensiver Sektoren.

Box 13-3: Direkte Verwendung von Primärenergie

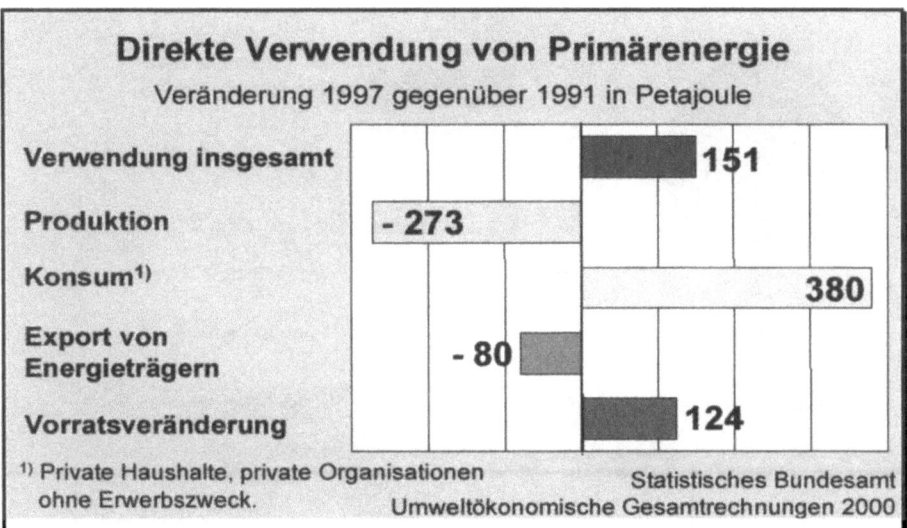

Energieverbrauch

Die Berechnungen zum Energieverbrauch nach Wirtschaftsbereichen und privaten Haushalten werden in den umweltökonomischen Gesamtrechnungen auf Grundlage der auf die Energiebilanz abgestimmten Input-Output Tabelle der Energieströme durchgeführt.

Die **Energieverwendung** umfasst den gesamten Einsatz von Energie in einem Wirtschaftsbereich, und zwar unabhängig davon ob die Energie dort selbst verbraucht oder umgewandelt in anderer Form (z.B. Kohle in Strom) an nachgelagerte Bereiche weitergegeben wird.

Der **Energieverbrauch** ergibt sich aus der Differenz zwischen der in einem Wirtschaftsbereich eingesetzten und der von diesem Wirtschaftsbereich an nachfolgende Bereiche weitergegebenen Energiemenge. In der Regel wird die eingesetzte Energiemenge im Verlauf der Produktions- und Konsumaktivität eines Bereiches vollständig verbraucht (z.B. Antrieb von Maschinen, Geräten und Fahrzeugen oder zur Raumheizung) und letztlich als Wärme an die Umwelt abgegeben. In Bereichen, die energetische Produkte zur Weiterverwendung in nachfolgenden Produktionsstufen herstellen, wird die eingesetzte Energiemenge nur zu einem Teil verbraucht.

Der **emissionsrelevante Energieverbrauch** ist die Grundlage zur Ermittlung energiebedingter Emissionen in die Luft. Er stellt diejenige Energiemenge dar, deren Verbrauch in einem Wirtschaftsbereich ursächlich für die Entstehung der Luftemissionen ist.

Quelle: Statistisches Bundesamt, Wirtschaft und Statistik, Heft 11/2000, S. 818/819.

Box 13-4: Energieverbrauch nach Wirtschaftsbereichen

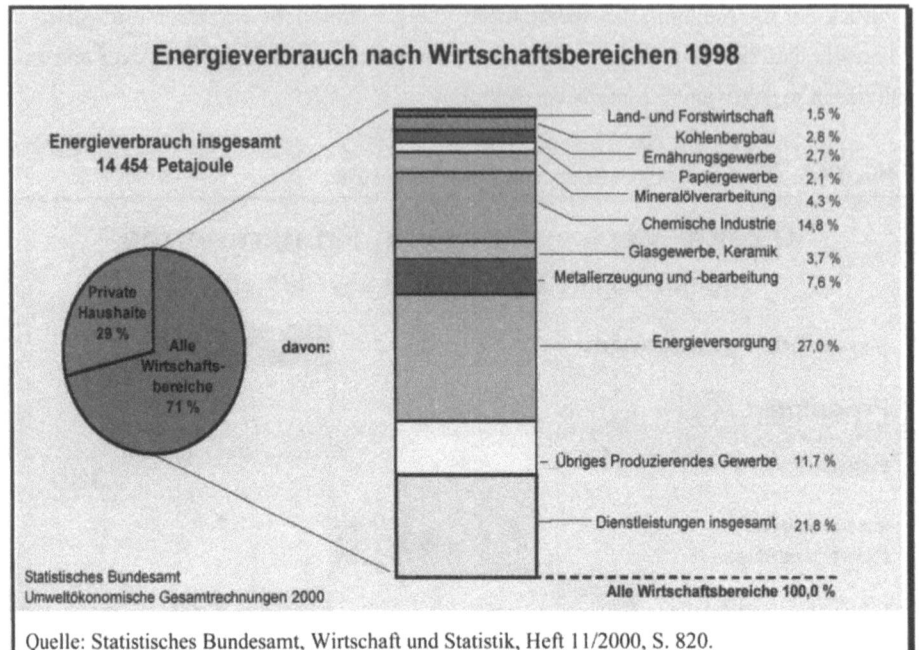

Quelle: Statistisches Bundesamt, Wirtschaft und Statistik, Heft 11/2000, S. 820.

3) **Emissionen von Kohlendioxid** gelten als wesentlicher Ursachefaktor des „Treibhaus-Effektes". Sie entstehen beim Verbrennen von Energieträgern. 75% des CO_2-Ausstoßes entstehen im Zusammenhang mit der Produktion von Gütern, 25% entfallen auf Konsumaktivitäten der privaten Haushalte. Im Zeitraum 1991-1998 stieg der private Konsum preisbereinigt um 8,5% bei nahezu unverändertem CO_2-Ausstoß. Diese Entkoppelung der Konsumausgaben von den CO_2-Emissionen geht zu 2/3 auf die Substitution traditioneller durch weniger kohlenstoffhaltiger Energieträger zurück (Substitution von Kohle durch Erdöl und insbesondere Erdgas). Im Produktionsbereich ist trotz wirtschaftlichen Wachstums die CO_2-Produktion absolut um über 90 Mill. Tonnen (-12%) zurückgegangen. Dieser Rückgang teilt sich auf in einen Wachstumseffekt, Struktur-Effekt, Energie-Intensitätseffekt und CO_2-Intensitätseffekt.

4) **Rohstoffe**
Wirtschaftliche Aktivitäten sind neben dem Einsatz von Energie auch mit Materialflüssen verbunden: aus der Natur werden Rohstoffe entnommen, ökonomisch-technisch im Produktionsprozess verwandelt und schließlich als Abfall-, Schad- und

Reststoffe wieder an die Natur zurückgegeben. Im Rahmen der UGR werden Materialbilanzen, um die physische Inanspruchnahme der Umwelt abzubilden.

Box 13-5: Spezifische CO_2-Emissionen

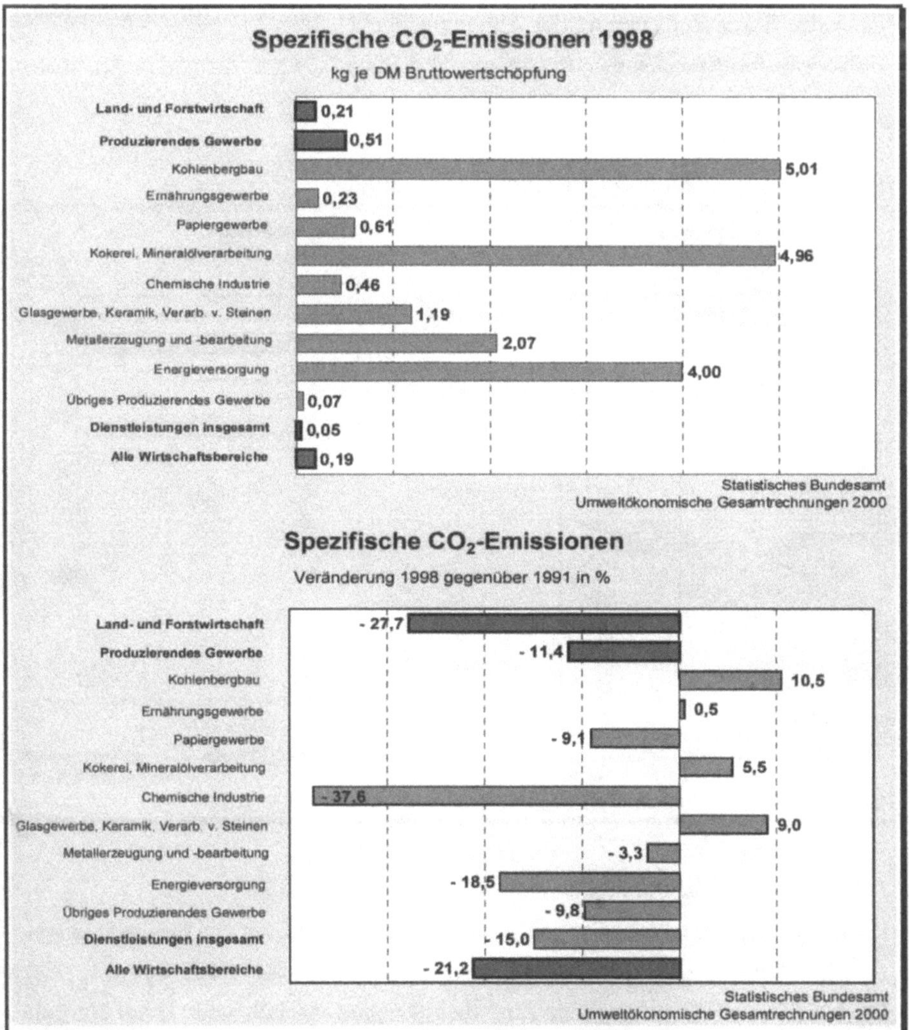

Gerade bei der Entnahme nicht erneuerbarer Rohstoffe stellt sich die eingangs erwähnte Problematik der nachhaltigen Sicherung der Lebensgrundlagen zukünftiger Generationen. Die drohende Erschöpfung von Rohstoffvorkommen wird in dem

Indikator „**Reichweite des Rohstoffes**" abgeschätzt, der als Quotient gewinnbarer Reserven zu aktueller Rohstoffgewinnung ausgebildet ist. Die Abnahme des gesamten Materialeinsatzes in Deutschland zwischen 1991 und 1998 ist nicht Ausdruck einer vorsorglichen Nachhaltigkeitspolitik, sondern im Wesentlichen das Ergebnis einer deutlichen Reduzierung der Abraummenge aus dem Braunkohlenbergbau als Folge eines entsprechenden Rückgangs der Braunkohlenförderung in den neuen Ländern.[12]

Box 13-6: Materialkonto und Materialaufkommen

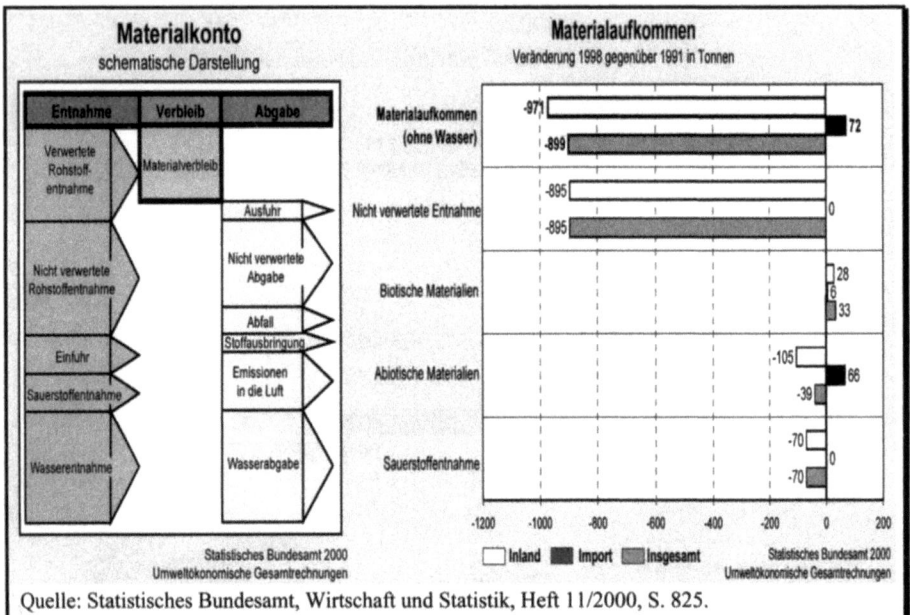

Quelle: Statistisches Bundesamt, Wirtschaft und Statistik, Heft 11/2000, S. 825.

5) Umweltschutzmaßnahmen

Umweltschutzmaßnahmen vermeiden, vermindern oder beseitigen Beeinträchtigungen der Umwelt. Sie haben einen Umfang von 2% des BIP (1997 66 Mrd. DM). Davon entfallen 2/3 auf laufende Ausgaben für Umweltschutz und 1/3 auf Umweltinvestitionen. Differenziert man den Einsatz des Umweltschutzes nach Bereichen, entfallen 90% aller Ausgaben auf Gewässerschutz und Abfallbeseitigung. Auf Luftreinhaltung entfallen fast 10% und auf Lärmschutz knapp 1%.

---

[12] Statistisches Bundesamt, Wirtschaft und Statistik, 11/2000, Bericht zu den Umweltökonomischen Gesamtrechnungen 2000, S. 825.

Tabelle 13-1: Umweltschutzausgaben (in Preisen von 1995)

Gegenstand der Nachweisung	1991	1992	1993	1994	1995	1996 [1]	1997 [1]	1998 [1]
				in Preisen von 1995, Mill. EUR				
Ausgaben für Umweltschutz insgesamt	.	.	.	34 520	35 450	35 980	33 920	34 180
Anteil am Bruttoinlandsprodukt (in %)	x	x	x	1,9	2,0	2,0	1,8	1,8
davon: Produzierendes Gewerbe [2] [3]	8 890	9 310	9 410	9 340	8 950	9 180	7 900	6 220
Staat	14 510	16 240	15 160	14 820	14 030	12 680	11 230	10 530
Privatisierte öffentliche Unternehmen [4]	.	.	.	10 360	12 460	14 120	14 780	17 420
Investitionen für Umweltschutz	.	.	.	15 350	14 040	12 920	11 610	12 360
Anteil an den Gesamtinvestitionen (in %)	x	x	x	3,8	3,5	3,2	2,9	3,0
davon: Produzierendes Gewerbe [2]	3 220	3 410	3 310	3 080	2 580	2 510	1 770	1 580
Staat	7 590	8 640	7 480	6 900	6 130	5 040	4 380	3 870
Privatisierte öffentliche Unternehmen [4]	.	.	.	5 370	5 330	5 390	5 480	6 910
Laufende Ausgaben für Umweltschutz	.	.	.	19 170	21 400	23 040	22 300	21 820
davon: Produzierendes Gewerbe [2] [3]	5 670	5 900	6 100	6 260	6 370	6 670	6 130	4 640
Staat	6 930	7 610	7 670	7 910	7 910	7 640	6 860	6 660
Privatisierte öffentliche Unternehmen [4]	.	.	.	4 990	7 130	8 730	9 300	10 510

*) Laufende Ausgaben und Investitionen für Umweltschutz beim Produzierenden Gewerbe, beim Staat und bei den privatisierten öffentlichen Unternehmen.
[1]) Vorläufiges Ergebnis. – Ohne laufende Ausgaben der Energie- und Wasserversorgung.
[2]) Ohne Baugewerbe und ohne Ausgaben für integrierte Umweltschutzmaßnahmen.
[3]) Ohne Gebühren und Entgelte und für Entsorgungsdienstleistungen durch Dritte.
[4]) Außerhalb der öffentlichen Haushalte geführte Unternehmen, insbesondere Eigenbetriebe der Abfallbeseitigung und des Gewässerschutzes.

Quelle: Statistisches Bundesamt Deutschland, Jahrbuch 2002, S. 698.

6) Umweltbezogene Steuern

Die Einordnung einer Steuer als umweltbezogen bestimmt ausschließlich die Besteuerungsgrundlage. Sie hängt weder von fiskalischen Beweggründen hinsichtlich Einnahme-Erzielung oder Verwendung der Steuereinnahmen ab. Die Steuer muss sich auf physische Einheiten (von Gütern) beziehen, die negative Auswirkungen auf die Umwelt haben. Das sind in erster Linie Emissionen in Luft, Wasser, Boden (Luftverschmutzung, Abwasser, Abfall, Lärm). Als umweltbezogene Steuern gelten die Mineralölsteuer, Stromsteuer, Kraftfahrzeug-Steuer und ab 1.4.1999 die so genannte „Öko-Steuer".[13]

Mit 4/5 entfällt der größte Anteil der umweltbezogenen Steuern auf Mineralöl-Steuern. Welcher Zusammenhang besteht nun zwischen der Öko-Steuer und dem Energieverbrauch im Straßenverkehr? Um diese Frage beantworten zu können, müssen detailliertere Informationen hinzugezogen werden: Für den Verbraucher spielen die Preise letztendlich eine größere Rolle als die Steuern. In den 90er Jahren war der Erdölmarkt durch einen drastischen Preiseinbruch gekennzeichnet, wodurch der Preis pro Liter Benzin trotz Steuererhöhungen sank. Im Jahre 2000 zogen die Erdölpreise stark an und gleichzeitig stieg die Öko-Steuer weiter. Der Kraftstoff-

---

[13] Diese Steuer erhöht die Mineralölsteuer um 6 Pfennig pro Liter Kraftstoff, leichtes Heizöl um 4 Pfennig Pro Liter, den Strom um 2 Pfennig pro Kilowattstunde mit bestimmten Ausnahmen.

verbrauch im Straßenverkehr scheint davon jedoch weitgehend unbeeindruckt zu bleiben.[14]

Box 13-7: Umweltbezogene Steuern und Steuereinnahmen

Entnahmen und Abgaben von Material 1999 in Mill. t [1]

Entnahmen	Verbleib	Abgaben
Verwertete Rohstoffentnahme (1 240)	Materialverbleib (701)	Ausfuhr (265)
Nicht verwertete Rohstoffentnahme (1 741) (einschl. Bodenaushub, Abraum und Bergematerial)		Nicht verwertete Abgabe (1 588) (einschl. Bergematerial)
Einfuhr (489)		Abfall (einschl. Bodenaushub, Bauschutt...) (398 [2])
Sauerstoffentnahme (629)		Stoffausbringung (274)
		Luftemissionen (CO, CO$_2$, SO$_2$, NOx, NH$_3$, CH$_4$, Staub, NMVOC, N$_2$O) (872)

1) Entnahmen und Abgaben von Material, ohne Wasser.– 2) Wert von 1998; Abfall insgesamt (einschl. Recycling).

Einnahmen umweltbezogener Steuern und Steuereinnahmen insgesamt in Mill. EUR

Kassenmäßige Steuereinnahmen

Jahr	insgesamt [1]	darunter: umweltbezogene zusammen	Mineralölsteuer	Kraftfahrzeugsteuer	Stromsteuer
1991	338 434	29 797	24 167	5 630	-
1992	374 128	35 015	28 206	6 809	-
1993	383 018	35 973	28 786	7 188	-
1994	401 957	39 889	32 644	7 244	-
1995	416 337	40 235	33 177	7 058	-
1996	433 936	41 923	34 896	7 027	-
1997	436 160	41 121	33 749	7 372	-
1998	456 759	41 848	34 091	7 757	-
1999	486 841	45 298	36 444	7 039	1 816
2000	502 425	48 197	37 826	7 015	3 356
2001	483 665	53 389	40 690	8 376	4 322

1) Vor Abzug von Kindergeld.
Quelle: Statistisches Bundesamt Deutschland Umweltökonomische Gesamtrechnung 2002 S. 54

---

[14] In der Theorie spricht man von einer Preis unelastischen Nachfrage.

Tabelle 13-2: Ausgewählte Umweltindikatoren

	Einheit	1985	1990	1991	1992	1993	1994	1995	1996	1997	1998
Für Umweltschutzaktivitäten[1]											
Investitionen[2], insgesamt											
In jeweiligen Preisen	Mio DM	11 490	16 660	19 030	22 290	20 620	19 300	17 030	14 710	11 900	...
davon:											
nach Umweltbereichen (Anteil)											
- Abfallbeseitigung	vH	7,3	13,6	15,2	16,9	13,5	11,1	12,0	12,3	11,3	...
- Gewässerschutz	vH	60,0	61,4	64,7	64,6	66,3	66,9	67,9	64,6	70,3	...
- Lärmbekämpfung	vH	3,6	3,7	3,0	2,5	2,7	2,9	3,0	3,2	4,3	...
- Luftreinhaltung	vH	29,1	21,3	17,2	16,0	17,5	19,2	17,2	19,8	14,0	...
Nachrichtlich:											
Anteil an den Investitionen der Gesamtwirtschaft	vH	3,2	3,3	2,7	2,9	2,8	2,5	2,2	1,9	1,5	...
Gesamtaufwendungen[3], insgesamt											
In jeweiligen Preisen	Mio DM	19 870	28 950	33 880	37 080	39 070	40 870	42 530	42 550	40 420	...
davon:											
nach Umweltbereichen (Anteil)											
- Abfallbeseitigung	vH	26,0	26,6	30,6	31,6	31,3	31,4	32,0	32,8	31,5	...
- Gewässerschutz	vH	54,0	48,7	46,9	46,6	47,1	47,2	46,1	45,2	46,1	...
- Lärmbekämpfung	vH	1,3	1,2	1,1	1,1	1,0	1,0	1,0	1,1	1,1	...
- Luftreinhaltung	vH	18,7	23,4	21,5	20,8	20,6	20,4	20,8	20,9	21,3	...
Bruttoanlagevermögen zu Wiederbeschaffungspreisen[4]											
Insgesamt	Mio DM	206 690	291 430	350 980	383 650	416 070	439 900	457 810	468 610	471 620	471 840
davon:											
nach Umweltbereichen (Anteil)											
- Abfallbeseitigung	vH	5,5	6,1	6,2	6,5	7,0	7,2	7,3	7,5	7,6	7,7
- Gewässerschutz	vH	83,0	77,4	79,0	78,9	78,7	78,5	78,3	78,0	77,7	77,7
- Lärmbekämpfung	vH	1,9	2,1	1,9	1,9	2,0	2,0	2,0	2,0	2,1	2,1
- Luftreinhaltung	vH	9,6	14,3	12,9	12,6	12,4	12,3	12,4	12,4	12,6	12,5
Bodennutzung[5]											
Gesamtfläche	km²	248 694	.	.	.	356 970	.	.	.	357 028	.
darunter (Anteil):											
Siedlungs- und Verkehrsfläche	vH	11,6	.	.	.	11,3	.	.	.	11,8	.
Energieintensität[6]	95=100	119,3	103,0	102,2	99,9	102,7	100,2	100	102,6	99,9	96,9
Emission ausgewählter Schadstoffe nach Verursachergruppen[7]											
Schwefeldioxid (SO_2)[8]	Mio t	7,7	5,3	4,0	3,3	2,9	2,5	2,1	1,5	1,4	1,3
darunter (Anteile):											
- Kraft- und Fernheizwerke[9]	vH	55,0	52,2	59,1	63,8	64,8	66,4	64,3	58,0	59,2	61,1
- Industriefeuerungen[10]	vH	23,1	24,3	21,9	19,0	17,6	16,1	16,6	19,6	20,3	19,7
- Haushalte	vH	7,3	8,4	7,7	6,7	7,3	7,9	7,6	10,0	9,3	7,9
- Verkehr	vH	1,5	2,1	1,9	2,4	2,8	3,3	3,9	3,0	2,5	2,7
Stickstoffoxide (NO_x berechnet als NO_2)[8]	Mio t	3,3	2,7	2,5	2,3	2,2	2,0	2,0	1,9	1,8	1,8
darunter (Anteile):											
- Kraft- und Fernheizwerke[9]	vH	31,4	21,3	20,9	19,5	18,2	16,9	17,2	17,9	17,8	18,5
- Industriefeuerungen[10]	vH	14,4	14,2	12,8	12,1	11,7	12,2	12,3	12,2	12,8	12,4
- Haushalte	vH	3,8	3,9	4,2	4,7	4,8	4,9	5,8	5,7	5,8	5,8
- Verkehr	vH	46,3	57,0	58,8	61,2	62,5	63,3	62,7	60,9	60,8	60,4
Kohlenmonoxid (CO)[8]	Mio t	12,1	11,2	9,5	8,4	7,7	7,1	6,7	6,3	5,9	5,4
darunter (Anteile):											
- Kraft- und Fernheizwerke[9]	vH	1,1	1,4	1,5	1,6	1,6	1,7	1,8	1,9	1,9	2,0
- Industriefeuerungen[10]	vH	9,4	7,6	8,0	8,4	8,5	10,1	10,6	10,5	11,8	11,8
- Haushalte	vH	20,2	21,1	18,6	16,9	17,5	17,7	16,5	17,5	16,7	15,8
- Verkehr	vH	60,4	61,9	63,3	64,2	63,5	60,7	60,5	59,2	57,9	57,8
Kohlendioxid (CO_2)[8]	Mio t	1 076	1 014	976	928	918	904	903	924	892	886
darunter (Anteile):											
- Kraft- und Fernheizwerke[9]	vH	37,2	39,2	39,8	39,7	38,8	39,2	38,6	38,0	37,7	38,3
- Industriefeuerungen[10]	vH	24,1	21,0	18,8	18,1	17,2	17,6	17,5	16,6	17,3	16,7
- Haushalte	vH	14,1	12,6	13,4	13,3	14,6	14,2	14,3	15,8	15,8	15,3
- Verkehr	vH	13,4	17,0	17,8	19,2	19,8	19,9	19,9	20,3	19,7	21,0

1) Ab 1991 Deutschland und ohne Baugewerbe. In den Bereichen Produzierendes Gewerbe und Staat nach den Volkswirtschaftlichen Gesamtrechnungen. - 2) Bruttoanlageinvestitionen. Ergebnisse ohne integrierte Umweltschutzinvestitionen. - 3) Laufende Ausgaben und Abschreibungen. - 4) Bestand am Jahresanfang. - 5) Ab 1993 Deutschland. - 6) Primärenergieverbrauch je Einheit Bruttoinlandsprodukt in Preisen von 1995 (Quelle für Energieverbrauch: Arbeitsgemeinschaft Energiebilanzen). - 7) Deutschland. - Quelle: Umweltbundesamt. - 8) Ohne natürliche Quellen. - 9) Einschließlich Stromproduktion der Industriekraftwerke. - 10) Einschließlich der Umwandlungsbereiche (im Wesentlichen Raffinerien, Kokereien, Brikettfabriken).

Quelle: Sachverständigenrat zur Begutachtung der gesamtwirtschaftlichen Entwicklung, Jahresgutachten 2000/2001, Anhang, Tabelle 65.

Teil IV
Indikatoren/Quoten und die kritische Würdigung der VGR

14 Volkswirtschaftliche Indikatoren und Quoten

14.1 Nominales und reales Inlandsprodukt

Die gesamtwirtschaftlichen Größen, die wir im Rahmen der VGR bisher bestimmt haben, zeichnen sich durch folgende Tatbestände aus: sie sind auf Grund der definitorischen Abgrenzungen durch das VGR-System empirisch beobachtbar und die empirisch beobachteten Werte verändern sich im Zeitablauf: Preise steigen und fallen, die Komponenten des BIP verändern sich, das BIP selbst nimmt zu oder ab. Gleiches lässt sich über das Nationaleinkommen und die anderen volkswirtschaftlichen Größen sagen. Allen gemeinsam ist, dass es sich um „nominale" Werte handelt, die immer das Produkt sind aus realen Gütermengen mal zugehöriger Güterpreisen. Reale Werte heben auf die Entwicklung der reinen Mengenkomponente ab. Sie ist entscheidend, wenn es gilt, die tatsächliche Versorgung einer Gesellschaft mit Gütern festzustellen. In einer einzelnen Unternehmung lässt sich diese Mengenkomponente direkt beobachten, für das BIP einer ganzen Volkswirtschaft gilt dieses jedoch nicht. Das reale BIP muss aus den nominalen Werten berechnet werden. Um die reinen Preissteigerungen aus der Wert-Entwicklung des BIP herauszurechnen (das BIP zu deflationieren), bedarf es der Anwendung bestimmter mathematischer und statistischer Methoden und Techniken.

Kein Problem taucht auf, wenn es nur ein einziges Gut gibt und dieses sich in Menge (q) und Preis (p) verändert, wie im folgenden Beispiel:

Zeitpunkt	Menge	Preis	Produktionswert nominal	Produktionswert real
	q	p	$q * p = PW^n$	$W^n / P = PW^r$
t_0	100	10	1000	100
t_1	110	11	1210	110

Zur Berechnung der realen Gütermenge gilt allgemein: $W^r = W^n / P$.

Schwieriger wird es, reale Veränderungen eines Warenkorbes zu berechnen (siehe Box.14-1). Einige Waren des Korbes werden im Zeitablauf relativ teurer gegenüber anderen, einige Waren werden ihr mengenmäßiges Korb-Gewicht relativ verändern. Es ergibt sich das aus der Statistik bekannte Problem der Bildung eines "Preisindex", der die gewichtete Preisänderung des Güterbündels wiedergibt. Hier wird auf zwei Verfahren zurückgegriffen, die Ihnen aus der Statistik geläufig sind.

Reales Brutto-Inlandsprodukt	=	nominales BIP / Preisindex (PI)
BIP^r	=	BIP / PI

Der **Preisindex** setzt das Preisniveau des aktuellen Zeitpunktes P_t ins Verhältnis zum Preisniveau der Basisperiode P_0. Dieser Preisindex lässt sich zum einen mit dem Güterkorb der Basisperiode oder mit dem Güterkorb der aktuellen Berichtsperiode gewichten. Wählt man das mengenmäßige Gewicht der Basisperiode, bildet man einen Preisindex à la Laspeyres (PIL), legt man den Güterkorb der Berichtsperiode zu Grunde, handelt es sich um einen Preisindex à la Paasche (PIP):

Preis-Index: PI

$$PI_L = \frac{P_t}{P_0} * \frac{Q_0}{Q_0}$$

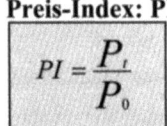

$$PI = \frac{P_t}{P_0}$$

$$PI_P = \frac{P_t}{P_0} * \frac{Q_t}{Q_t}$$

nach Laspeyres: PIL   **nach Paasche: PIP**

Legende: t = aktueller Zeitpunkt, 0 = Basisperiode, Q = Mengengewichte:
Q0 Mengengewichte der Basisperiode, Qt Mengengewichte der aktuellen Berichtsperiode

Wie Sie leicht erkennen können, besteht der **Unterschied beider Berechnungsverfahren** in dem Zeitpunkt, zu dem die Gewichte der Gütermengen zu Grunde gelegt werden. Und damit kommen wir bereits zu zentralen Problemen der Indexierung:
- Es verändern sich in der Regel nicht sämtliche Preise sämtlicher Güter im Gleichschritt, sondern die Preisstruktur verändert sich.
- Es nehmen nicht sämtliche Gütermengen mit derselben Wachstumsrate zu oder ab, sondern die Güterstruktur ändert sich.
- Es bleiben nicht sämtliche Güterarten im zu Grunde liegenden Güterkorb über die Periode erhalten, sondern es verschwinden Güterarten und völlig neue Produkte kommen hinzu.

14.1 Nominales und reales Inlandsprodukt

- Die Güterqualität erfährt im Zeitablauf Veränderungen, die bei technischen Produkten zum Teil erheblich, bei Rohstoffen eher geringfügig sind.
- Die Preise werden auch von allen diesen Veränderungen beeinflusst.

Am Beispiel eines **Konsumgüterkorbes** können Sie bereits die wichtigsten der auftretenden Probleme erkennen. In einem "repräsentativen" Konsumgüterkorb sind z.B. enthalten: Verbrauchsgüter wie Bier, Eier, Fleisch, Gemüse, Mehl, und Gebrauchsgüter wie (die Anschaffung bzw. Nutzung) Kühlschrank, Waschmaschine, Automobil, Eigentumswohnung. In einer zu Grunde gelegten Basisperiode wird das Haushaltseinkommen auf die Nachfrage nach den einzelnen Warenarten aufgeteilt. Die nachgefragten Gütermengen werden dabei mit ihren jeweiligen Güterpreisen gewichtet (d.h. hier multipliziert). Auf diese Art und Weise kann der Warenkorb durch einen Geldwert ausgedrückt werden.

Z.B. sind in den 70er Jahren Heizöl- und andere Energiepreise erheblich schneller gestiegen als andere Preise, in den 90er Jahren ist u.a. die Nachfrage nach Auslandsreisen (insbesondere durch die ostdeutsche Bevölkerung) sprunghaft gestiegen. Während die Nachfrage nach Kartoffeln und anderen Grundnahrungsmitteln stagniert oder im pro Kopf-Verbrauch rückläufig ist, sind Heimcomputer, CD-Player, Farbfernseher, Videogeräte, Handys etc. neu in den Warenkorb hinzugekommen. Andere Güter wurden hingegen relativ zurückgedrängt (etwa Sockenhalter und Leibchen, Federhalter und Schreibmaschinen, Plattenspieler und...). Auch hat sich die Qualität einiger Güter sehr verändert: Ein Automobil im Jahre 2000 ist hinsichtlich des gebotenen Fahrkomforts, der Sicherheit, Technik, Leistung und Ausstattung qualitätsmäßig nicht zu vergleichen mit einem PKW der 50er Jahre à la Modell Lloyd 400, dessen Karosserie aus plastiküberzogenem Sperrholz bestand und der von einem 13 PS starken Zwei-Zylinder-Motor angetrieben wurde. Auf diesen vier Rädern rollte in großem Umfang die Nachkriegsmotorisierung des "kleinen Mannes" in der alten BRD. Ein technisch ähnliches Modell namens "Trabbi" bestritt bis vor kurzem die Motorisierung der jetzt "neuen Bundesländer".

Das Statistische Bundesamt berechnet nicht nur das Brutto-Inlandsprodukt zu Herstellungspreisen und Marktpreisen, sondern auch zu konstanten Preisen einer Basisperiode, die in angemessenen Zeitabständen neu festgelegt wird. Die zur Zeit übliche Vergleichsperiode ist das Jahr 1995. Als Preis-Index wird ein Paasche Index

Box 14-1: Berechnung des realen Brutto-Inlandsproduktes

Wir unterstellen eine geschlossene Volkswirtschaft in der lediglich drei Güter produziert, konsumiert und investiert werden. Über drei Perioden hinweg werden die Entwicklungen der Preise und Mengen festgehalten und ihr Einfluss auf das **nominale Brutto-Inlandsprodukt** berechnet: Tabelle 1

	Zeitpunkt t_0			Zeitpunkt t_1			Zeitpunkt t_2		
	Menge	Preis	Wert	Menge	Preis	Wert	Menge	Preis	Wert
Gut	Q0	P0		Q1	P1		Q2	P2	
A	20	150	3000	30	100	3000	40	90	3600
B	50	100	5000	50	80	4000	50	80	4000
C	100	20	2000	70	50	3500	80	60	4800
Summe	BIP 0:		10000	BIP 1:		10500	BIP 2:		12400

Das nominale BIP steigt in der Periode 1 um 5% und in der Periode 2 um 24% gegenüber der Basisperiode 0. In der Basisperiode sind nominale und reales BIP identisch. Es stellt sich die Frage, wie sich das **reale Brutto-Inlandsprodukt** im Gegensatz zum nominalen entwickelt. Aus der obigen Wertetabelle werden wir zunächst den Preis-Index nach Laspeyres ermitteln. Dazu übernehmen wir den Nenner des Preis-Index direkt aus der obigen Tabelle. Er beträgt $P_0 * Q_0 = 10000$. Die Werte des Zählers berechnen wir in folgender Tabelle 2:

Bestimmung des Zählers des PI nach Laspeyres: PIL = $P_t Q_0 / P_0 Q_0$

	Menge	Preis	Wert	Menge	Preis	Wert
Gut	Q0	P1		Q0	P2	
A	20	100	2000	20	90	1800
B	50	80	4000	50	80	4000
C	100	50	5000	100	60	6000
	(PIL- Zähler)1:		11000	(PIL -Zähler)2:		11800

Der Laspeyres-Preisindex und seine Veränderungen beziehen sich immer auf die Basisperiode und werden entweder in Prozentsätzen oder Prozentpunkten angegeben. Der Preis-Index der Basisperiode beträgt 1 bzw. 100:

14.1 Nominales und reales Inlandsprodukt

$PIL_t = P_t Q_0 / P_0 Q_0$

$PIL_0 = 10000/ 10000 \Rightarrow 1 \qquad \Rightarrow 100$

$PIL_1 = 11000/ 10000 \Rightarrow 1,10 \qquad \Rightarrow 110$

$PIL_2 = 11800/ 10000 \Rightarrow 1,18 \qquad \Rightarrow 118$

Die prozentuale Veränderung von Periode 1 auf 0 beträgt: $(PIL_1 - PIL_0)/ PIL_0 = (1,1-1)/1 = 0,1 = 10\%$. Der Anstieg des Indexwertes beläuft sich auf 10 Prozentpunkte. In der Periode 2 (bezogen auf 1) steigt der Index von 1,10 auf 1,18 um 8 Prozentpunkte oder um $(PIL_2 - PIL_1)/ PIL_1 = (1,18-1,10) / 1,10 = 7,3\%$. Die Veränderung von der Periode 2 auf die Periode 0 beträgt 18 Prozentpunkte oder auch 18%.

Für die Berechnung des Paasche Preis-Index können wir den Wert des Zählers direkt aus der Ausgangs-Werte-Tabelle übernehmen, hier gilt es, die Werte des Nenners neu zu berechnen: Tabelle 3:

Berechnung des Nenners des Preis-Index nach Paasche: $PIP = P_t Q_t / P_0 Q_t$

	Menge	Preis	Wert	Menge	Preis	Wert
Gut	Q1	P0		Q2	P0	
A	30	150	4500	40	150	6000
B	50	100	5000	50	100	5000
C	70	20	1400	80	20	1600
	Nenner 1:		**10900**	**Nenner 2:**		**12600**

Der Paasche-Preisindex und seine Veränderungen werden entweder in Prozentsätzen oder Prozentpunkten angegeben. Der Preisindex der Basisperiode beträgt 1,00 bzw. 100:

$PIP_t = P_t Q_t / P_0 Q_t$

$PIP_0 = 10000/ 10000 \Rightarrow 1,00 \qquad \Rightarrow 100$

$PIP_1 = 10500/ 10900 \Rightarrow 0,9633 \qquad \Rightarrow 96,33$

$PIP_2 = 12400/ 12600 \Rightarrow 0,9841 \qquad \Rightarrow 98,41$

Die prozentuale Veränderung von t1 auf t0 beträgt: $(PIP_1 - PIP_0) / PIP_0 = (96-100)/100 = -0,04$.

Die Veränderung von t2 auf t1 beträgt: $(PIP_2-PIP_1) / PIP_1 = (98,41-96,33)/96,33 = +0,022 = 2,2\%$. In Prozentpunkten ausgedrückt verändert sich der Preisindex: PIP_2-

$PIP_1 = 98{,}41 - 96{,}33 = 2{,}08$. **Die Preis-Indizes im Überblick** zeigt Tabelle 4 (Veränderungsraten gegenüber der Vorperiode):

Laspeyres- Index: PIL				**Paasche- Index: PIP**		
Periode	Indexwert	%-Punkte	%-Sätze	Indexwert	%-Punkte	%-Sätze
T 0	100			100		
T 1	110	10	10	96,33	-4,0	-4,0
T 2	118	8	7,3	98,41	2,08	2,2

Nachdem wir die **Bestimmung der Preisindizes** abgeschlossen haben, können wir nunmehr mit ihrer Hilfe das nominale **Brutto-Inlandsprodukt deflationieren** und somit das reale BIP berechnen Tabelle 5: $\quad BIP^r = BIP^n / PI$

	Laspeyres:	$BIP^r{}_L$	Paasche:	$BIP^r{}_P$
BIP real t1	10500/1,1	9545	10500/0,96	10937,5
BIP real t2	12400/1,18	10508	12400/0,984	12600,6

Es zeigt sich, dass die Werte für das reale Bruttoinlandsprodukt unterschiedlich ausfallen, je nach zu Grunde gelegtem Index. Abschließend lassen sich noch die **Wachstumsraten des realen BIP** berechnen Tabelle 6: $\quad w\,BIP^r = (\,BIP^r{}_t - BIP^r{}_{t-1}\,) / BIP^r{}_{t-1}$

	Laspeyres		Paasche	
Periode	Berechnung	Wachstumsrate	Berechnung	Wachstumsrate
T 1	(9545-10000) /10000	-4,55 %	(10938-10000) /10000	-9,38 %
T 2	(10508-9545) /9545	+10,8%	(12600-10938) /10938	-15,19%

verwendet. Dieser Index zeigt an, ob und wie viel der Warenkorb des laufenden Jahres in den jeweiligen Preisen gestiegen oder gefallen ist im Vergleich zu seinem Wert in den Preisen des Basisjahres. Der Vorteil dieses Index wird darin gesehen, dass er sich auf das jeweils aktuelle Güterbündel bezieht. Zu bedenken ist bei diesem Index, dass die gütermäßige Zusammensetzung des berechneten Warenkorbes sich verändern kann. D.h. der Preis-Index könnte selbst dann steigen, wenn alle

Einzelpreise unverändert blieben aber teurere Produktgruppen ihren Anteil am Warenkorb zu Lasten billigerer erhöhten.

Der Preis-Index, der das BIP deflationiert, ist selbst eine zusammengesetzte Größe, die aus den Preisindizes der einzelnen Verwendungskomponenten des BIP besteht: Für den privaten und staatlichen Konsum, Investitionsgüter, Export- und Importgüter werden jeweils gesondert Preisindizes ermittelt. Das arithmetische Mittel dieser Indizes (gewichtet mit den Anteilen der einzelnen Komponenten am BIP) ergibt den Preis-Index des BIP. Ob diese Methode, die das BIP in konstanten Preisen ausdrückt, damit auch tatsächlich seinen "Realwert" erfaßt, ist in der wissenschaftlichen Diskussion bestritten[1]. Er ist zwar der umfassendste jedoch nicht der aussagefähigste Index: Preissteigerungen für Exportgüter erhöhen den Index, treffen aber nur das Ausland. Preissteigerungen für Importgüter treffen das Inland, ermäßigen aber den Index (da die Importe im Außenbeitrag mit negativem Vorzeichen einge-

Box 14-2: Preisindizes

1. Preisindex für das Bruttoinlandsprodukt (zu Marktpreisen):

   $BIP = C + I^b + Ex - Im$

2. Preisindex für die letzte Verwendung: $C + I^b + Ex$
3. Preisindex für die letzte inländische Verwendung: $C + I^b$
4. Preisindex für die Ausfuhren: Ex
5. Preisindex für die Einfuhren: Im
6. Preisindex für den privaten Verbrauch: C_H
7. Preisindex der Lebenshaltung für einen/ alle
   a) - 4 Personen Arbeitnehmerhaushalt (mit mittlerem Einkommen)
   b) - 4 Personen Angestellten- und Beamten-Haushalt (mit höherem Einkommen)
   c) - 2 Personen Haushalt mit niedrigem Einkommen (Rentner, Sozialhilfeempfänger)
   d) - privaten Haushalte (2 Erwachsene; 0,6 Kinder, durchschnittliches Einkommen)

Quelle: Statistisches Bundesamt und SVR, diverse Gutachten.

---

[1] Im Jahresgutachten 1984/85 des Sachverständigenrates zur Begutachtung der gesamtwirtschaftlichen Entwicklung, Drucksache 10/2541 des Deutschen Bundestages, wird dieses Problem im Ersten Kapitel XII: Was ist das reale Sozialprodukt?, S. 135 ff, ausführlich diskutiert.

hen: AB = Ex-Im). Zur Vermeidung dieser Defizite berechnet man auch den Preisindex der letzten inländischen Verwendung.
Für die Konsumenten (die privaten Haushalte im engeren Sinne: HH) ist die Preisentwicklung der von ihnen nachgefragten Konsumgüter und damit der Preis-Index ihrer Lebenshaltung von besonderem Interesse. Diese Entwicklung erfasst das statistische Bundesamt in verschiedenen Verbraucher-Preisindizes VPI der Lebenshaltung (unter Anwendung der Laspeyres - Methode). Die Europäische Union hat sich auf einen harmonisierten Verbraucher-Preisindex HVPI festgelegt. Beide werden im folgenden kurz vorgestellt.

Der Preis-Index für die Lebenshaltung (VPI)
Das Statistische Bundesamt berechnet (neben den HVPI) den Preis-Index für die Lebenshaltung. Anfang 1999 wurden Änderungen am Warenkorb, am Wägungsschema und die Umstellung auf das neue Basisjahr 1995 vorgenommen.

Der Warenkorb
Der Preis-Index für die Lebenshaltung will ein umfassendes Bild der Preisentwicklung vermitteln, soweit davon die privaten Haushalte im engeren Sinne (HH) betroffen sind. Es ist deshalb erforderlich, deren Verbrauchsgewohnheiten umfassend und sehr detailliert zu erfassen und den Berechnungen eines Verbraucherpreisindex zu Grunde zu legen. Es ist aber nicht möglich und auch nicht erforderlich, die Preise für alle angebotenen und von privaten Haushalten gekauften Waren und Dienstleistungen zu erheben. Es ist vielmehr ausreichend, aus der Fülle des Güterangebots einige Hundert auszuwählen, die stellvertretend sowohl den gesamten Verbrauch als auch die Preisentwicklung der von den Haushalten nachgefragten Güter mit hinreichender Genauigkeit repräsentieren. Die Gesamtheit der ausgewählten Güter heißt Warenkorb. Der Warenkorb für die Preisindizes in der Bundesrepublik Deutschland umfasst zur Zeit ca. 750 Waren und Dienstleistungen. Er ist identisch für Deutschland, das frühere Bundesgebiet, für die neuen Länder und Berlin-Ost und für alle speziell abgegrenzten Haushaltstypen.
Diese Güterauswahl muss von Zeit zu Zeit daraufhin überprüft werden, ob sie noch den aktuellen Verbrauchsgewohnheiten entspricht. Es ist dabei nicht nötig, jede kurzfristige Konsumveränderung exakt abzubilden. Längerfristige Veränderungen im Verbrauchsverhalten müssen aber berücksichtigt werden. Darüber hinaus werden ständig neue Produkte angeboten, alte verschwinden vom Markt. Dies vollzieht sich aber nicht schlagartig, sondern über längere Zeiträume hinweg. Die Veränderun-

gen in der Zusammensetzung des Warenkorbs 1995 im Vergleich zu 1991 sind daher nicht spektakulär und haben nur einen geringen Einfluss auf die Ergebnisse der Verbraucherpreisstatistik.

Das Wägungsschema
Viel wichtiger als die Auswahl der einzelnen Preisrepräsentanten, also die Festlegung des Warenkorbes, ist die Bestimmung des Gewichts, mit dem die Preisentwicklung einzelner Preisrepräsentanten in die Gesamtindizes eingeht. Das Wägungsschema quantifiziert, welchen Anteil z.B. die Mietausgaben oder andere Ausgabepositionen an den gesamten Verbrauchsausgaben der privaten Haushalte haben. Höhe und Struktur der Ausgaben der privaten Haushalte werden vom Statistischen Bundesamt aus den Ergebnissen der Einkommens- und Verbrauchsstichprobe, die alle fünf Jahre durchgeführt wird, und der jährlichen Statistik der laufenden Wirtschaftsrechnungen abgeleitet. Weil sich Güterangebot und Präferenzen der Verbraucher im Zeitablauf ändern, stehen der Grundsatz der Aktualität des Wägungsschemas und das Ziel der Preisstatistik, reine Preisveränderungen auszuweisen, in einem gewissen Widerstreit. Das Statistische Bundesamt trägt dem dadurch Rechnung, dass es den Preisindex für die Lebenshaltung mit einem konstanten Wägungsschema auf fester Basis berechnet (Laspeyres-Index auf fester Basis). Nach jeweils ca. fünf Jahren wird ein neues Wägungsschema und damit eine neue Basisperiode eingeführt. Veränderungen im Wägungsschema können sowohl durch veränderte Angebots- als auch durch veränderte Nachfragekonstellationen bedingt sein.

Diese Verfahrensweise stellt für einen hinreichend langen Zeitraum Indexwerte mit fester Basis zur Verfügung, mit denen im Zeitablauf reine Preisveränderungen - unbeeinflusst von Mengenveränderungen - berechnet werden können. Diese Indexreihen mit fester Basis werden vom Statistischen Bundesamt ab der jeweiligen Basisperiode zur Verfügung gestellt. Hierzu werden mit Einführung einer neuen Basisperiode die Preisindexwerte bis zum Beginn dieser Basisperiode, also für einen Zeitraum von ca. vier Jahren, zurückgerechnet.

Die Wägungsanteile unterscheiden sich sowohl zwischen den verschiedenen Gebietsständen (Deutschland, früheres Bundesgebiet, neue Länder und Berlin-Ost) als auch zwischen den speziell abgegrenzten Haushaltstypen (Preisindex für die Lebenshaltung von 4-Personen-Haushalten mit höherem Einkommen, Preisindex für die Lebenshaltung von 4-Personen-Haushalten mit mittlerem Einkommen, Preisindex für die Lebenshaltung von 2-Personen-Rentnerhaushalten mit geringem Einkommen).

Unterschiede im Warenkorb und Wägungsschema 1991 und 1995
Bei den meisten Veränderungen des Warenkorbs wurden lediglich die Gütereigenschaften in der Beschreibung der Preisrepräsentanten aktualisiert. Positionen, deren Verbrauchsbedeutung inzwi-

schen gering ist oder die nur noch punktuell bzw. gar nicht mehr angeboten werden, wie z.B. verbleites Superbenzin, sind nicht mehr im Warenkorb enthalten. Im Gegenzug wurden für jene Güter, die seit der letzten Umstellung des Warenkorbes an Verbrauchsbedeutung gewonnen haben, zusätzliche Preisrepräsentanten aufgenommen. So wurde z.B. die Auswahl um eine Energiesparlampe erweitert, während die Leuchtstoffröhre im neuen Warenkorb nicht mehr berücksichtigt wird.

Der Entwicklung im Gesundheitswesen wurde dadurch Rechnung getragen, dass zahlreiche Erhebungspositionen neu aufgenommen wurden, z.B. Zuzahlungen für Zahnersatz. Beim Nachweis der Mietpreisveränderungen wird künftig nach Nettomieten und kalten Nebenkosten differenziert.

Aktuellen Entwicklungen der Verbrauchsgewohnheiten und im Güterangebot trägt das Statistische Bundesamt z.B. dadurch Rechnung, dass es Preisrepräsentanten für Mobiltelefonieren, den Erwerb von Telefonendgeräten und für Mikrofaserjacken in den Warenkorb aufgenommen hat. Da vor allem im Rahmen der Harmonisierung der Verbraucherpreisindizes auf europäischer Ebene einer getrennten Darstellung der Preisveränderungen von Waren und Dienstleistungen große Bedeutung beigemessen wird, hat das Statistische Bundesamt eigene Preisrepräsentanten für bestimmte Dienstleistungen in den Warenkorb einbezogen, z.B. die Reparatur einer Waschmaschine.

Der Preisindex für die Lebenshaltung ist ein wichtiger Indikator für die Beurteilung der Geldwertstabilität, eines der herausragenden wirtschaftspolitischen Ziele. Der Index dient auch zur Absicherung des Wertes von Forderungen in längerfristigen Vertragsbeziehungen. Nutzer der Ergebnisse sind Öffentlichkeit, Bundesregierung und Bundesbank, Tarifparteien, Banken und Finanz-Dienstleister, Mieter und Vermieter von Wohnungen und Geschäften, ehemalige Betriebsinhaber, die ihren Betrieb auf Rentenbasis verkauft haben u.ä.[2]

Der Harmonisierte Verbraucherpreisindex (HVPI)

Die wichtigste Zielsetzung des HVPI ist der Vergleich der Preisveränderungsraten zwischen den einzelnen Mitgliedstaaten der Europäischen Union (EU). Erforderlich ist die Berechnung des HVPI, weil sich die nationalen Verbraucherpreisindizes in vielfältiger Weise unterscheiden. Diese Unterschiede sind z.T. historisch bedingt; sie resultieren oft aber auch aus unterschiedlichen gesellschaftlichen Rahmenbedingungen oder abweichenden Strukturen des statistischen Systems. Die nationalen Verbraucherpreisindizes können für ihr jeweiliges Umfeld durchaus ein Optimum darstellen. Allerdings können bereits aus der Verwendung unterschiedlicher Berechnungsformeln und Konzepte unterschiedliche Ergebnisse resultieren. Für genauere Inflationsvergleiche in der Europäischen Union und vor allem in der Eurozone ist dies nicht akzeptabel. Für den HVPI wurden die national unterschiedlichen Praktiken daraufhin untersucht, wie sie das Ergebnis der Berechnungen beeinflussen.

---

[2] Statistisches Bundesamt, Pressemitteilung vom 25.02.99.

Ein Einfluss von 0,1%-Punkt oder mehr auf das Gesamtergebnis wurde als inakzeptabel bewertet. Wo ein solcher Einfluss zu erwarten war, hat die Europäische Union verbindliche Regeln für die Berechnung der HVPI in den 15 Mitgliedstaaten aufgestellt.

Verbraucherpreisindizes für die Währungsunion, die Europäische Union und den Europäischen Wirtschaftsraum

Das Statistische Amt der Europäischen Union (Eurostat) überwacht die Einhaltung dieser Regeln und berechnet aufgrund der nationalen HVPI Verbraucherpreisindizes für die Europäische Währungsunion (Eurozone), für die Europäische Union und für den Europäischen Wirtschaftsraum (ohne die Schweiz). Diese zusammengefassten Verbraucherpreisindizes werden als gewogene Durchschnitte der nationalen HVPI berechnet. Als Gewicht dient der Private Verbrauch aus den Volkswirtschaftlichen Gesamtrechnungen (bereinigt um unterstellte Mieten für Eigentümerwohnungen). Zur Umrechnung der unterschiedlichen Währungseinheiten dienen die inzwischen festgelegten Wechselkurse für die Europäische Währungsunion bzw. Kaufkraftparitäten für die Europäische Union und den Europäischen Wirtschaftsraum.

Geringerer Erfassungsbereich

Der Erfassungsbereich, also die Auswahl der Waren und Dienstleistungen, die der Berechnung der HVPI zugrunde zu legen ist, wurde für die EU einheitlich festgelegt. Das bedeutet aber nicht, dass in allen Mitgliedstaaten ein einheitlicher Warenkorb oder ein einheitliches Wägungsschema verwendet wird. Besonderheiten in den nationalen Verbrauchsgewohnheiten sollen nicht aus der Berechnung der HVPI eliminiert werden. Da aber nicht alle Ausgabekategorien in allen Mitgliedstaaten der EU gleichermaßen Bestandteil der nationalen Verbraucherpreisindexberechnung sind und die Einbeziehung bestimmter Ausgaben aufgrund nationaler Unterschiede sehr schwer in vergleichbarer Weise umzusetzen ist, ist der Erfassungsbereich des HVPI zur Zeit kleiner als in den meisten nationalen Verbraucherpreisindizes. So sind im deutschen Preisindex für die Lebenshaltung z.B. die Aufwendungen der privaten Haushalte für das Wohnen im eigenen Heim (durch Mietäquivalente) enthalten, die der HVPI derzeit noch nicht umfasst. Es ist aber geplant, den Erfassungsbereich des HVPI noch zu erweitern.

Der HVPI wird formal als Ketten-Index dargestellt

Der HVPI greift weitgehend auf die Ergebnisse der nationalen Indexberechnungen zurück. Die nationalen Verbraucherpreisindizes legen ihren Berechnungen allerdings unterschiedliche Basisjahre für die Gewichtung der Ausgabekategorien zugrunde. Der Einfluss dieser Unterschiede auf das Indexergebnis ist minimal. Würde man hier eine Vereinheitlichung anstreben, so hätte das erhebliche Aus-

Box 14-3: Zur Ermittlung des Preisindex für die Lebenshaltung in der Bundesrepublik Deutschland

Die Messung der Preisentwicklung in der Bundesrepublik Deutschland erfolgt durch das Statistische Bundesamt. Das Statistische Bundesamt betrachtet die Ausgaben eines repräsentativen Haushaltes für einen (repräsentativen) Warenkorb und vergleicht diese Ausgaben mit denen eines Basisjahres (gegenwärtig 1995). Die Preisveränderungen der einzelnen Güter werden entsprechend ihres Anteils an den Gesamtausgaben gewichtet und so ein Durchschnitt der Preisveränderungen gebildet. In der Regel erfolgen die Preiserhebungen monatlich bei einer repräsentativen Auswahl von Unternehmen des Einzelhandels, des Handwerks, des Beherbergungs- und Gaststättengewerbes, Inhabern von Mietwohnungen u.s.w.. Die dabei ermittelten Preise sind Endverbraucherpreise einschließlich Steuern und Abgaben. Das Statistische Bundesamt erfasst hierzu gegenwärtig in 118 Gemeinden mehr als 300.000 Einzelpreise für insgesamt rund 750 Güter[3].

Die Zusammensetzung des "Warenkorbes" lässt sich u.a. nach dem Verwendungszweck aufgliedern:

- Wohnzwecke 25,1 %
  Wohnungsmieten einschl. Nebenkosten 17,8 %
  Energie 7,3 %
  (ohne Kraftstoffe)
- Nahrungsmittel, Getränke, Tabakwaren 23,0%
- Güter für Verkehr u. Nachrichtenübermittlung
  (d.h. KFZ, Fahrräder, Treibstoffe, Reparaturen, usw.) 14,4 %
- Güter für die persönliche Ausstattung, Dienstleistungen des Beherbergungsgewerbes sowie Güter sonstiger Art 10,9 %

- Güter für Bildung, Unterhaltung, Freizeit 8,4 %
  (ohne Dienstleistungen des Gastgewerbes)
- Möbel, Haushaltsgeräte u.a. Güter für die 7,2 %
  Haushaltsführung
- Bekleidung, Schuhe 6,9 %
- Güter für die Gesundheits- u. Körperpflege 4,1 %

Im Gegensatz zur Deflationierung des Inlandsproduktes, die nach dem Paasche-Index erfolgt, werden die verbraucherpreisstatistischen Indizes nach der Laspeyres-Formel berechnet. Der wichtigste Preisindex ist der für die Gesamtheit aller privaten Haushalte berechnete Index (mit einer durchschnittlichen Zahl der Haushaltsmitglieder von 2,3). Daneben werden aber weitere Indizes für andere Haushalts- und Einkommensgrößen berechnet.

wirkungen auf die gesamte statistische Infrastruktur in den Mitgliedstaaten (mit ganz erheblichen Kosten). Um dies zu vermeiden, wird der HVPI formal als Kettenindex dargestellt. Zu Beginn eines

---

[3] Vgl. Stat. Bundesamt; Volkswirtschaftliche Gesamtrechnungen, Fachserie 18, Reihe 1.3.

jeden Jahres kann von den Mitgliedstaaten ein neues Wägungsschema eingebracht werden. Dann sind auch jeweils Korrekturen der Ergebnisse früherer Jahre möglich. Jene Staaten, die kein neues Wägungsschema berechnen, müssen dann die alten Mengenstrukturen mit den aktuellen Preisen neu bewerten. Dies ist aber keine Berechnung neuer Wägungsstrukturen und hat keinen Einfluss auf das Indexergebnis. Der HVPI hat also kein einheitliches Wägungsbasisjahr.

Wichtigster Nutzer: die Europäische Zentralbank
Aufgrund der so berechneten HVPI und der anderen Konvergenzkriterien wurde über die Zulassung der einzelnen Mitgliedstaaten der EU zur Währungsunion entschieden. Auch für weitere Beitrittskandidaten wird der HVPI wieder ein entscheidendes Kriterium darstellen. In den Vordergrund tritt jetzt aber die Verwendung der HVPI als Maßstab für die Geldwertstabilität des Euro. Konsequenterweise ist die Europäische Zentralbank derzeit der wichtigste Nutzer der Ergebnisse. Es ist aber festzustellen, dass insbesondere bei Anfragen aus dem Ausland beim Statistischen Bundesamt der HVPI immer häufiger nachgefragt wird.[4]

14.2 Indikatoren des Wirtschaftswachstums

Um die Entwicklung des Brutto-Inlandsprodukts im Zeitablauf (i.d.R. ein Kalenderjahr) zu beschreiben, errechnet man Wachstumsindikatoren. Die wichtigsten sind die **Wachstumsraten w des nominalen und realen Brutto-Inlandsprodukts**.

(a) $$w\text{BIP} = \frac{(\text{BIP}_t - \text{BIP}_{t-1})}{\text{BIP}_{t-1}}$$

Für bestimmte wirtschaftspolitische Fragestellungen ist das **BIP pro Kopf** (b) und seine Wachstumsrate (c) aussagefähiger. Diese Größen berechnen sich wie folgt (auch bei diesem Indikator lassen sich nominale und reale Größen unterscheiden):

(b) $$\frac{\text{BIP}}{\text{Kopf}} = \frac{\text{BIP}}{\text{Bevölkerung}}$$

---

[4] Quelle: http://www.statistik-bund.de/basis/d/preis/vpitsti2.htm.

Box 14-4: Nationaler und EU-Verbraucherpreisindex

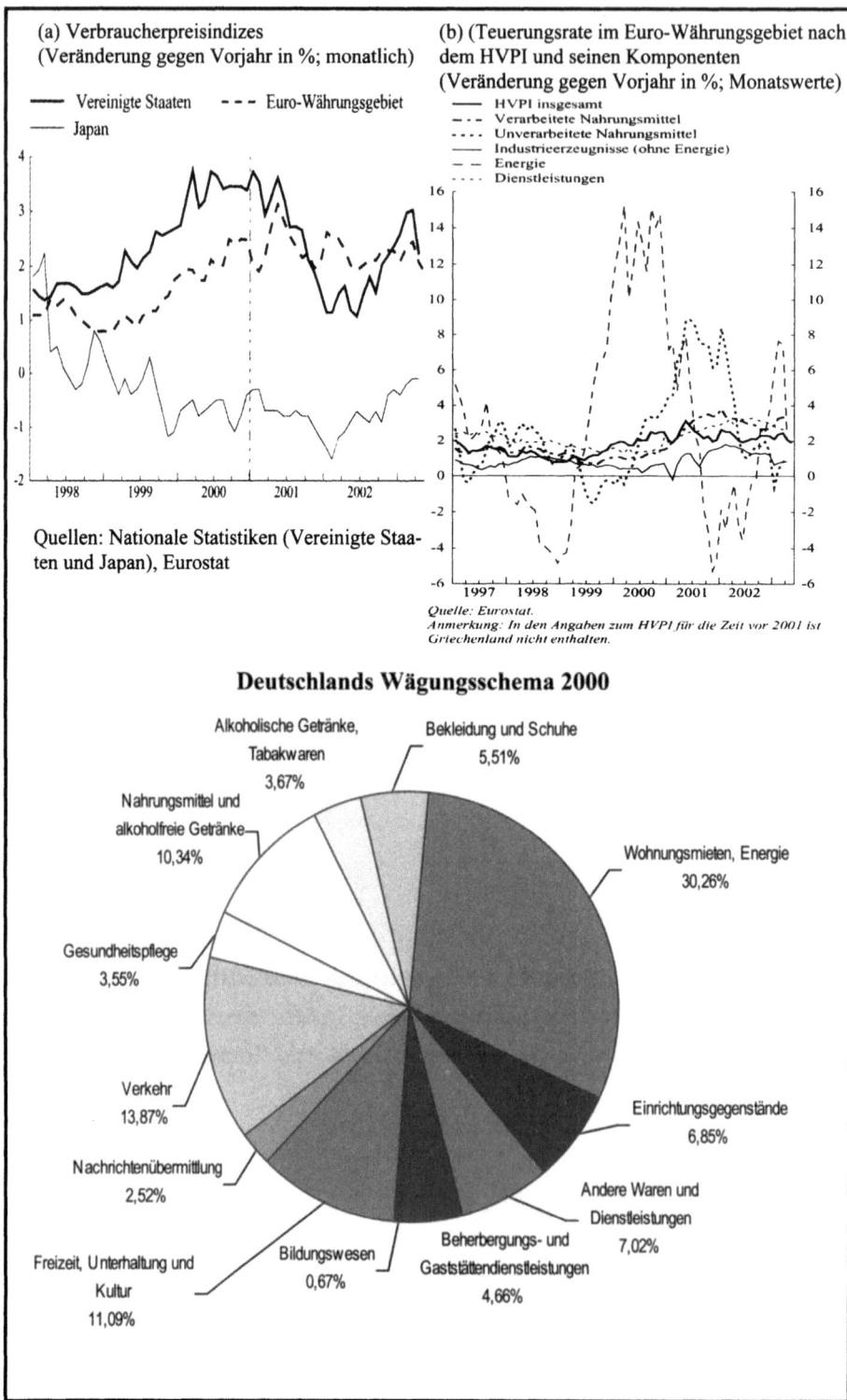

14.2 Indikatoren des Wirtschaftswachstums

(c) $\quad w(\text{BIP}/\text{Kopf}) = \dfrac{[(\text{BIP}/\text{Kopf})_t - (\text{BIP}/\text{Kopf})_{t-1}]}{(\text{BIP}/\text{Kopf})_{t-1}}$

Typischerweise wächst das Inlandsprodukt nicht kontinuierlich mit gleich bleibenden Wachstumsraten. Vielmehr unterliegen diese im Zeitablauf zyklischen Schwankungen, die wir als **Konjunkturschwankungen** bezeichnen. Sie unterscheiden sich in Phasen zunehmender und abnehmender Wachstumsraten. Ihre Höhe allein gibt keine eindeutige Auskunft über den Konjunkturverlauf einer Wirtschaft, hingegen erlaubt das Konzept des **Produktions-Potenzials** erheblich genauere Aussagen. Dieses Konzept gibt die <u>mögliche</u> Bruttowertschöpfung aller Wirtschaftsbereiche einer Volkswirtschaft an, während das BIP ein Maßstab für die tatsächliche wirtschaftliche Aktivität ist. Ein Vergleich beider zeigt den Konjunkturzustand an. Es wird die gesamtwirtschaftliche Leistung geschätzt, die bei normaler Auslastung aller Produktionsfaktoren erreicht werden könnte. Die potenzialrelevanten Faktoren sind das Sachkapital, das Arbeitskräftevolumen, die natürlichen Ressourcen sowie der technische, organisatorische und Wissensfortschritt, die in einer Gesellschaft vorherrschend sind.

Das gesamtwirtschaftliche **Produktionspotenzial (PP)** kann nicht direkt gemessen werden - es muss indirekt abgeleitet bzw. geschätzt werden. Insbesondere der Sachverständigenrat (SVR) und die Deutsche Bundesbank (aber auch Wirtschaftsforschungsinstitute) schätzen das Produktionspotenzial für die Bundesrepublik Deutschland. Der SVR hat eine vergleichsweise einfache Schätzmethode entwickelt, die etwas näher erläutert werden soll: Ausgang ist eine Produktionsfunktion, die nur den Faktor Kapital (K) enthält: PP = f (K). Es wird also unterstellt, dass nur die Sachkapitalausstattung als beschränkender Faktor relevant ist und die übrigen Produktionsfaktoren somit keinerlei Beschränkungen unterliegen. Das gesamtwirtschaftliche Produktionspotenzial ist die Summe der möglichen Bruttowertschöpfungen BWS der Unternehmenssektoren[5] zuzüglich der tatsächlichen BWS der Sektoren Staat, Haushalte im engeren Sinn, private Organisationen ohne Erwerbscharakter sowie Land- und Forstwirtschaft, Fischerei und Wohnungsvermietung. In diesen Sektoren wird also eine ständige Vollauslastung des Produktionspotenzials unterstellt.

---

[5] mit Ausnahme von Land- und Forstwirtschaft und Fischerei sowie Wohnungsvermietung.

Für den Sektor Unternehmen wird das Produktionspotenzial aus dem durchschnittlichen Brutto-Anlage-Vermögen BAV eines Jahres und der potentiellen Kapitalproduktivität, d.h. der trendmäßigen Kapitalproduktivität bei Vollauslastung der Sachkapazitäten berechnet:

Pot. Kapitalproduktivität: pot. KP = pot. BIP^r / K   (K =Kapital)
Produktionspotenzial: PP = pot. KP x BAV
Auslastungsgrad des Produktionspotentials: λ = BIP^{real} / PP

Der Auslastungsgrad des gesamten Produktionspotenzials kann maximal den Wert 100 erreichen. Der SVR definiert einen Normalauslastungsgrad von 96,75%, der dem Durchschnitt der Auslastungsgrade des Zeitraums 1963-1993 entspricht. Die beobachtbaren Konjunkturschwankungen können nun als *Schwankungen im Auslastungsgrad des Produktionspotenzials* definiert werden. "Ein geringes Wachstum des Produktionspotenzials ... hat nachteilige Konsequenzen sowohl in kürzerer wie auch in längerer Frist. Ohne eine kräftige Zunahme des Produktionspotentials ... kann kaum eine Zunahme der Erwerbstätigkeit erreicht werden und ein weiterer Anstieg der Arbeitslosigkeit verhindert werden..." so der SVR.

Schwachpunkt des SVR- Ansatzes ist es, dass Schwankungen des Auslastungsgrades ausschließlich durch Veränderungen im Sektor Unternehmen begründet werden, da alle übrigen Sektoren als vollbeschäftigt gelten.

14.3 Indikatoren zur Beschäftigung (Arbeitsmarktindikatoren)

Viele Volkswirtschaften - so auch die der Bundesrepublik Deutschland - sind mit dem Phänomen der Arbeitslosigkeit konfrontiert. **Konjunkturelle Arbeitslosigkeit** geht mit einem Konjunkturabschwung einher. Arbeitslosigkeit hat jedoch auch andere als konjunkturelle Ursachen. Der Arbeitsmarkt hat sich in den 70er und 80er Jahren durch Krisen (z.B. Ölkrisen 1973/74 und 1979/80) und damit einhergehenden strukturellen Wandel sowie technischen Fortschritt erheblich gewandelt. Heute ist der Großteil der Arbeitslosigkeit nicht mehr konjunkturell bedingt, sondern struktureller Art und somit in der Regel langfristig. **Strukturelle Arbeitslosigkeit** zeigt sich wiederum sektoral und regional unterschiedlich ausgeprägt. **Technologische Arbeitslosigkeit** entsteht, wenn durch technischen Fortschritt die Arbeitsproduktivität einer Branche steigt und es in Folge zu Rationalisierungsentlassungen

14.3 Indikatoren zur Beschäftigung (Arbeitsmarktindikatoren)   299

Schaubild 14-1: Bruttoinlandsprodukt und Wachstumsraten für Deutschland 1970-2002

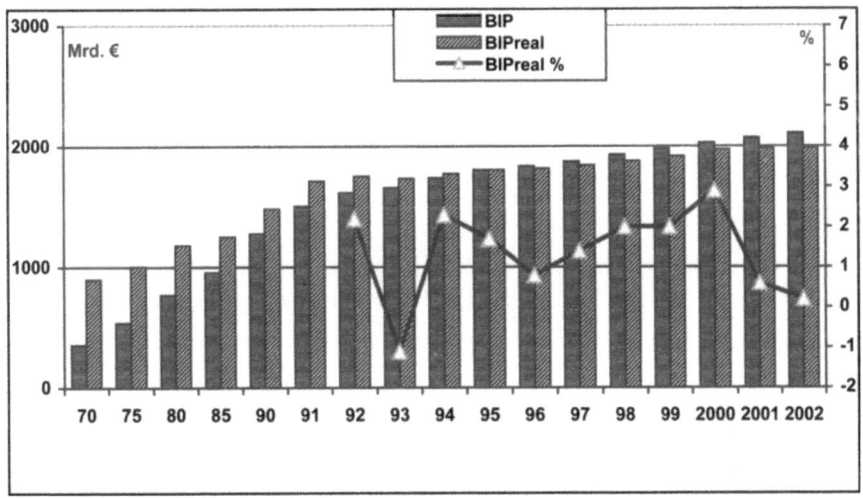

Quelle: Deutschland in Zahlen 2003, Institut der deutschen Wirtschaft, Ziff. 2.1; Jahresgutachten 2002/03 des Sachverständigenrates S.426 u. S.428.
Bis 1991 früheres Bundesgebiet in Preisen von 1991, danach Gesamtdeutschland in Preisen von 1995.

Schaubild 14-2: Konjunkturzyklus

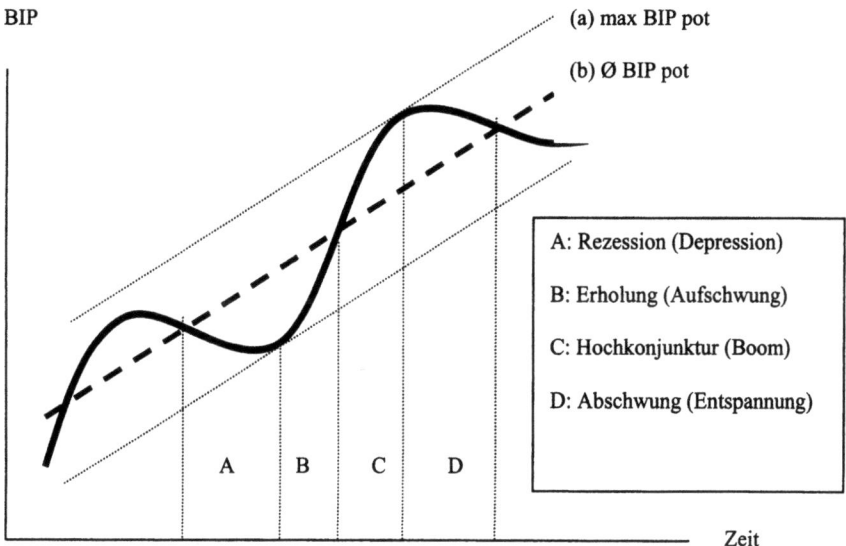

kommt, oder ganze Berufe obsolet werden. Ein Beispiel für **sektorale Arbeitslosigkeit** ist das Schrumpfen der Kohle-, Eisen- und Stahlindustrie im Ruhrgebiet, das Werftsterben an den Küsten aber auch die Landwirtschaft. **Regionale Arbeitslosigkeit** entsteht in strukturschwachen Gebieten mit dominant schrumpfenden Sektoren wie z.B. in der Eifel oder in Teilen der neuen Bundesländer. Regionale und sektorale Arbeitslosigkeit bedingen sich oftmals gegenseitig. Eine weitere Form der Arbeitslosigkeit auf der Makroebene (neben der konjunkturellen Arbeitslosigkeit) ist die **wachstumsdefizitäre Arbeitslosigkeit**. Als Ursache der hohen Arbeitslosigkeit werden oftmals hohe Lohnkosten einschließlich hoher Lohnnebenkosten verantwortlich gemacht, dadurch sei die deutsche Volkswirtschaft nicht mehr international wettbewerbsfähig und der Standort Deutschland sei für potenzielle Investoren wenig attraktiv.

Zur Beschreibung der **Situation am Arbeitsmarkt** sind ebenfalls Indikatoren entwickelt worden. Die Wohnbevölkerung (WB) wird in Erwerbspersonen (EP) und Nichterwerbspersonen (NEP) unterschieden. **Nicht-Erwerbspersonen** sind solche Inländer, die a) nicht erwerbsfähig sind, weil sie z. B. zu jung, zu alt, physisch oder psychisch außerstande sind, einem Erwerb nachzugehen, oder b) nicht erwerbswillig sind (obgleich sie erwerbsfähig wären), weil sie z.B. aufgrund ihres Vermögens von Kapitaleinkünften oder Bodenrente leben können, oder weil sie z. B. vom Einkommen des Ehe-/Lebenspartners mitleben oder c) die nur zeitweise oder umständehalber in diese Kategorie fallen, "potenziell" aber Erwerbspersonen sind (z.B. Personen, die sich für andere Berufe umschulen, oder für höhere Anforderungen weiterbilden. Frauen oder Männer, die nur zeitweise ihre Berufstätigkeit aufgeben, um z.B. Kinder zu erziehen). Diesen Teil der Nichterwerbspersonen bezeichnet man auch als "stille Reserve". **Erwerbspersonen** sind alle, die zur Zeit fähig, willig und berechtigt sind, einem Erwerb nachzugehen. Doch sind diese Personen nicht alle auch tatsächlich erwerbstätig. Die Erwerbspersonen unterteilen sich in **Erwerbstätige** (ET): selbständig und abhängig beschäftigte Erwerbstätige (sET + aET) und **registrierte Arbeitslose** (reg. AL). In Deutschland gehört laut amtlicher Statistik derjenige in die Gruppe der „registrierten Arbeitslosen", der vorübergehend nicht in einem Beschäftigungsverhältnis steht oder nur eine kurzfristige Beschäftigung ausübt, sich beim Arbeitsamt persönlich gemeldet hat, der Vermittlung zur Verfügung steht, nicht arbeitsunfähig ist und zwischen 15 und 65 Jahre alt ist. Die Arbeitslosen (AL) umfassen neben den registrierten auch die **nicht registrierten Arbeitslo-**

sen, die so genannte **stille Reserve** oder versteckte Arbeitslosigkeit. Erwerbspersonen (EP) und Arbeitslose (AL) werden zum **Erwerbspersonen-Potenzial** (EPP) zusammengefasst.[6] Diese, aus der Wohnbevölkerung abgeleiteten Klassifizierungen, müssen für bestimmte wirtschaftliche Fragestellungen noch um den **Pendlersaldo** (PS) ergänzt werden: Ein Teil der Arbeitskräfte, die zur deutschen Wohnbevölkerung zählen, pendeln täglich in benachbarte Länder aus, um dort zu arbeiten. Umgekehrt pendeln täglich Arbeitskräfte ein und erhöhen das Arbeitskräfte-Angebot im Inland. Der Pendlersaldo ist die Differenz zwischen Ein- und Auspendlern. Er kann positiv oder negativ sein.

Schaubild 14-3: Übersicht über die Begriffe zur Erwerbtätigkeit und Arbeitslosigkeit

P E N D L E R S A L D O P S	Wohnbevölkerung WB			
	Erwerbspersonen EP			Nicht-Erwerbspersonen NEP
	Erwerbstätige ET		Nicht-Erwerbstätige: NEP	Potenzielle Erwerbs-Personen: PEP
	Selbst ständige Erwerbs tätige sET	Abhängig beschäftigte Erwerbstätige aET	Arbeitslose AL	
			Registrierte Arbeitslose Reg. AL	Stille Reserve Res. AL
	Erwerbs-Personen-Potenzial: EPP			

In Deutschland zählt derjenige als **Arbeitsloser**, der „beschäftigungslos, nicht Schüler, Student oder Teilnehmer an beruflichen Bildungsmaßnahmen, nicht arbeitsunfähig erkrankt, nicht Empfänger von Altersrente ist und eine versicherungspflichtige, mindestens 15 Stunden wöchentlich umfassende Beschäftigung sucht

---

[6] Es wird das Inlandskonzept angewendet, was u.a. zur Folge hat, dass Gastarbeiter in der Statistik erscheinen, wenn sie sich beim Arbeitsamt arbeitslos melden.

und das 65. Lebensjahr noch nicht vollendet hat. Er muss für eine Arbeitsaufnahme sofort zur Verfügung stehen. Der Arbeitslose muss sich persönlich bei seinem zuständigen Arbeitsamt gemeldet haben."[7] Arbeitslosenquoten setzen die Zahl der Arbeitslosen in Beziehung zu den Erwerbspersonen. Wir unterscheiden verschiedene **Arbeitslosenquoten**:

(a) ALQ_a = reg. AL / EP* (*abhängig beschäftigte Zivilpersonen)
(b) ALQ_b = reg. AL / EP** (**Zivilpersonen insgesamt)
(c) ALQ_c = AL / EP (EP = AL + ET)
(d) ALQ_d = AL / EPP

a) ALQ (a) Die in Deutschland am meisten benutzte Quote ist diejenige, die das Verhältnis der registrierten Arbeitslosen zu den abhängig beschäftigten Zivilpersonen bildet. Selbständige sowie die als Soldaten beschäftigten Personen gehen in diese Quote nicht ein. EP* sind sozialversicherungspflichtige und geringfügig Beschäftigte, Beamte und die Arbeitslosen selbst. Diese Quote wird meist in den offiziellen Statistiken berichtet.

b) ALQ (b) bezieht sich dagegen auf sämtliche zivilen Erwerbspersonen. Im Zähler stehen wieder die registrierten Arbeitslosen. Im Nenner befinden sich die abhängigen, zivilen Erwerbspersonen, Selbständige und mithelfende Familienangehörige.

c) ALQ (c) wird im Rahmen des ESVG 95 nach der Definition der Internationalen Arbeitsorganisation berechnet und von Eurostat veröffentlicht: „Arbeitslos sind demnach Personen über 15 Jahre, die ohne Arbeit sind und zur Verfügung stehen, eine Arbeit innerhalb der nächsten zwei Wochen aufzunehmen sowie während der letzten vier Wochen aktiv eine Arbeit suchten. Die Arbeitslosenquoten von Eurostat basieren auf den Ergebnissen der gemeinschaftlichen Arbeitskräfteerhebung, die im Frühjahr jeden Jahres stattfindet." (Eurostat). Die im Nenner stehenden Erwerbspersonen setzen sich zusammen aus den Arbeitslosen und den Erwerbstätigen. Eine Unterscheidung in registrierte und nicht-registrierte Arbeitslose wird nicht vorgenommen, da diese bürokratische Differenzierung nur möglich ist bei Vorhanden-

---

[7] Statistisches Bundesamt.

sein entsprechender institutioneller Voraussetzungen. Diese sind aber in anderen Ländern nicht in gleicher Weise gegeben wie in Deutschland.

d) **ALQ(d)** beschreibt die Inanspruchnahme des Arbeitsangebots. Sie lässt sich als Auslastungsgrad des Erwerbspersonen-Potenzials EPP interpretieren. Das Erwerbspersonen-Potenzial wird z.B. vom Institut für Arbeitsmarkt- und Berufsforschung (IAB) geschätzt.

Die oben definierten Arbeitslosen-Quoten erfassen lediglich die offiziell registrierten Arbeitslosen. Daneben gibt es aber eine **stille Reserve** an potenziellen Erwerbstätigen, die entweder nur bei besseren Bedingungen Arbeit suchen oder solche, deren Arbeitslosigkeit verdeckt ist. Theoretisch kann sie dadurch bestimmt werden, dass man vom Erwerbspersonenpotenzial die Erwerbstätigen und die registrierten Arbeitslosen in Abzug bringt. Die **verdeckte Arbeitslosigkeit** betrifft alle Personen, "die bei Nichtvorhandensein des entsprechenden arbeitsmarktpolitischen Sonderprogramms oder entsprechender Leistungen mit größter Wahrscheinlichkeit registriert arbeitslos wären".[8] Dazu zählen die Teilnehmer an ABM-Maßnahmen[9], Kurzarbeiter (ausgedrückt in Arbeitslosen-Äquivalenten), Teilnehmer an beruflicher Weiterbildung, Teilnehmer an Deutsch-Sprachlehrgängen, Empfänger von Vorruhestandsgeld oder Altersrente wegen Arbeitslosigkeit u.ä. Zur verdeckten Arbeitslosigkeit zählten in den 90er Jahren etwa 2 Mio. Menschen.

Dividiert man die Anzahl der Erwerbspersonen (EP) durch die Wohnbevölkerung (WB), so erhält man die **Erwerbsquote:**

$$\text{Erwerbsquote} = \text{Erwerbspersonen} / \text{Wohnbevölkerung}$$
$$EQ = EP / WB$$

Der Anteil der Erwerbspersonen an der gesamten Bevölkerung war im April 1999 bei den Männern 80,3 % und bei den Frauen 63,8 % (jeweils 15- bis unter 65-jährige). Die Erwerbspersonen setzten sich zu 90 % aus Erwerbstätigen und zu 10% aus Erwerbslosen (Nichterwerbstätigen = NET) zusammen.[10]

---

[8] SVR, 1997/98, S. 95.
[9] ABM = Arbeitsbeschaffungsmaßnahmen.
[10] Vgl. Statistisches Bundesamt

Box 14-5: Arbeitsmarkt in Deutschland

Quelle: Jahresgutachten des Sachverständigenrates 2002/03 S. 120.

Quelle: Jahresgutachten des Sachverständigenrates 2002/03 S. 184.

Ein weiterer wichtiger Indikator ist das jährliche **Arbeitsvolumen**. Unter diesem Begriff versteht man die Menge an tatsächlich geleisteten Arbeitsstunden: die durchschnittliche jährliche Arbeitszeit je Beschäftigten (AZ/ET) multipliziert mit der Gesamtzahl der Beschäftigten (Teilzeit- und Vollzeitbeschäftigte):

Arbeitsvolumen (AV) = Erwerbstätige x Arbeitszeit/ET

Schaubild 14-4: Arbeitslosigkeit in Deutschland

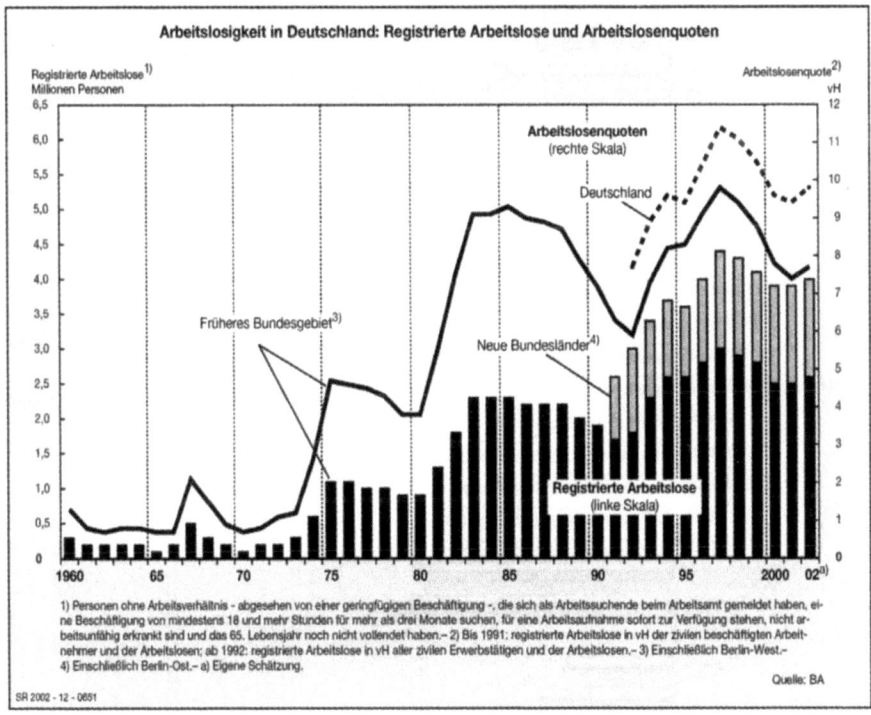

Quelle: Jahresgutachten des Sachverständigenrates 2002/03 S. 241.

Der Arbeitsmarkt in Deutschland[1]

	2001	2002[2]	2003[2]
	Tausend Personen		
Erwerbspersonen[3]	41 930	41 867	41 915
Erwerbstätige	38 917	38 675	38 591
Erwerbslose[4]	3 074	3 251	3 385
Pendlersaldo[5]	61	60	61
Registrierte Arbeitslose[6]	3 852	4 063	4 173
davon:			
im früheren Bundesgebiet	2 478	2 651	2 742
in den neuen Bundesländern	1 374	1 412	1 431
Verdeckt Arbeitslose[7]	1 761	1 740	1 690
davon:			
im früheren Bundesgebiet	1 048	1 085	1 063
in den neuen Bundesländern	713	654	626
Arbeitslosenquote (vH)[6)8]	*9,4*	*9,8*	*10,0*
Quote der offenen und verdeckten Arbeitslosigkeit (vH)[9]	*12,9*	*13,4*	*13,5*

[1] Jahresdurchschnitte. – [2] Eigene Schätzung. – [3] Inländerkonzept: außer Erwerbstätige (Inlandskonzept): Arbeitnehmer und Selbständige. – [4] Abgrenzung nach der Definition der Internationalen Arbeitsorganisation (ILO). – [5] Erwerbstätige im Inland abzüglich Erwerbstätige nach dem Inländerkonzept. – [6] Quelle: Bundesanstalt für Arbeit. – [7] Erläuterungen siehe Tabelle 24, Seite 122. – [8] Anteil der registrierten Arbeitslosen an allen zivilen Erwerbspersonen (abhängige zivile Erwerbspersonen, Selbständige, mithelfende Familienangehörige). – [9] Registrierte (offene) und verdeckt Arbeitslose in vH der Erwerbstätigen abzüglich der Differenz zwischen den registrierten Arbeitslosen und den Erwerbslosen (ILO-Definition) plus offen und verdeckt Arbeitslose abzüglich subventioniert Beschäftigte.

Quelle: Jahresgutachten des Sachverständigenrates 2002/03 S. 200.

Schaubild 14-5: Arbeitslosigkeit in der EU

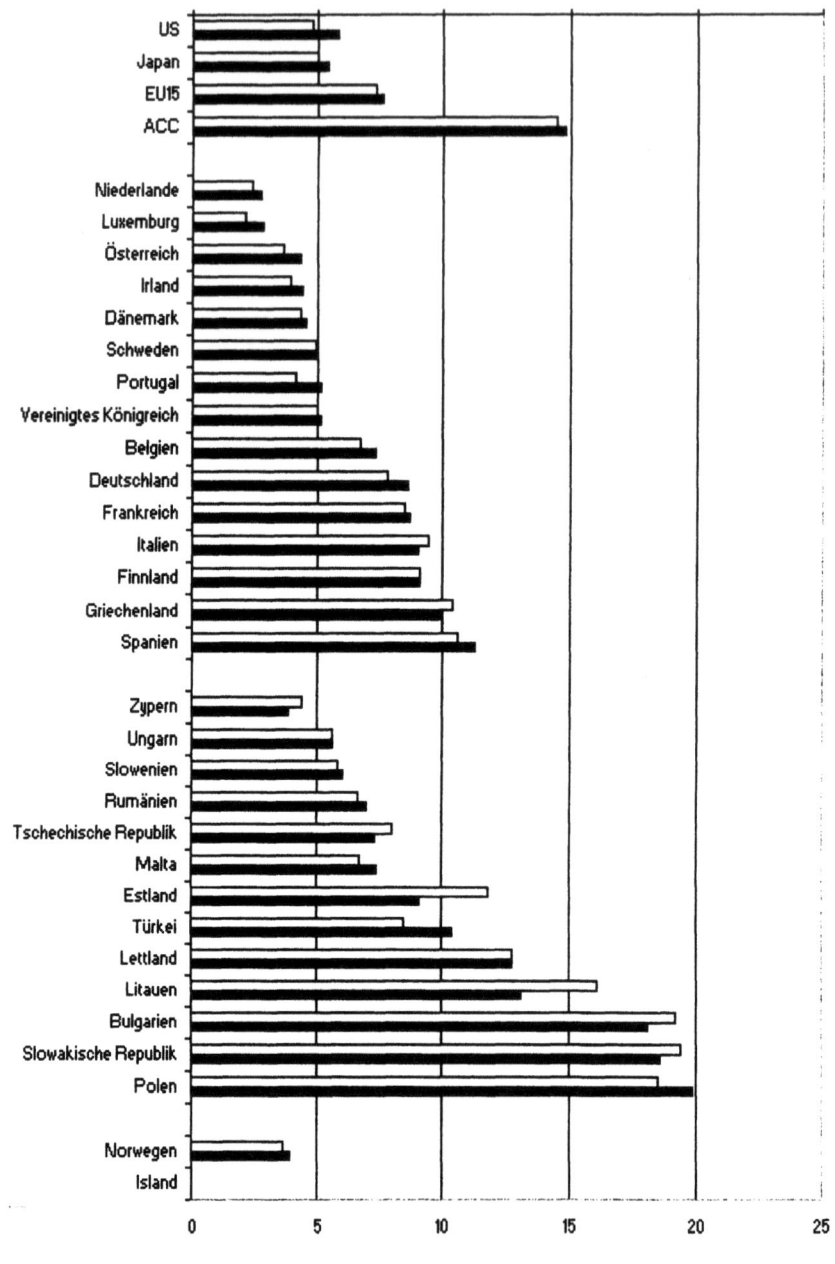

Quelle: Eurostat; ACC: Associated Candidate Country.

Mittels des Arbeitsvolumens kann eine Aussage darüber gemacht werden, ob und gegebenenfalls in welchem Umfang eine beobachtete Beschäftigungszunahme (Anzahl der Erwerbstätigen) mit einer Umverteilung oder mit einer Ausweitung des gesamtwirtschaftlichen Arbeitsvolumen einherging. Z.B. kann eine Verringerung des AV durch eine Reduzierung der Zahl der Erwerbstätigen oder durch eine Senkung der Arbeitszeit bzw. durch eine Kombination beider Maßnahmen erreicht werden.

Wenn ein potenzielles Arbeitsvolumen (AV*) definiert wird als Produkt aus Zahl der Erwerbstätigen und der durchschnittlich zu leistenden Arbeitszeit pro ET, kann man den **Auslastungsgrad des Arbeitsvolumens** (AAV) berechnen:

Auslandsgrad des Arbeitsvolumens = Arbeitsvolumen/potentielles Arbeitsvolumen
AAV = AV / AV*

Der Zusammenhang zwischen Wachstum des Brutto-National-Einkommens BNE (oder BIP) und dem Wachstum der Beschäftigung wird mit der **Beschäftigungselastizität** gemessen (die mitunter auch Beschäftigungsintensität genannt wird): Sie setzt die relative Änderung der Beschäftigung ins Verhältnis zu der sie verursachenden relativen Veränderung des Nationaleinkommens (bzw. des BIP). Hier geht es um die Frage, um wie viel Prozent die Beschäftigung (B) zunimmt, wenn das BNE um 1% steigt.

Beschäftigungselastizität = prozentuale Veränderung der Beschäftigten /
prozentuale Veränderung des
Bruttonationaleinkommens
BE = (dB/B) / (d BNE/BNE)

In einer empirischen Studie fanden Walwei und Werner heraus, dass für die alte Bundesrepublik für den Zeitraum 1975 bis 1992 die Beschäftigungselastizität einen Wert von 0,37 hatte. D.h., dass 1% Wirtschaftswachstum die Beschäftigung um 0,37% erhöhte. Für die EU-12-Länder lautet der Wert für den gleichen Zeitraum 0,55% und für die USA wurde ein Wert von 0,73% errechnet.[11]

---

[11] Walwei, U./Heinz, W. (1995): Entwicklung der Teilzeitbeschäftigung im internationalen Vergleich. Ursachen, Arbeitsmarkteffekte und Konsequenzen, *Mitteilungen aus der Arbeitsmarkt- und Berufsforschung*, 28, 365-382.

14.4 Gesamtwirtschaftliche Arbeitsindikatoren

Die Frage, wie hoch der Beitrag eines Erwerbstätigen zum BIP ist, wird durch die (durchschnittliche, gesamtwirtschaftliche) **Arbeitsproduktivität** (AP) beantwortet:

(a) Arbeitsproduktivität = reales Bruttoinlandsprodukt / Erwerbstätigen

AP = BIP^r / ET

Allgemein gibt der Begriff „Produktivität" das Verhältnis von Produktionsergebnis zum Einsatz an Mitteln an, die dieses Ergebnis produziert haben. Die Arbeitsproduktivität zeigt an, wie effizient der Faktor Arbeit im Wirtschaftsprozess verwendet wurde, d.h. wie viel ein Erwerbstätiger zur Produktion einer (realen) Einheit BIP beigetragen hat. Ein Anstieg der Arbeitsproduktivität bedeutet, dass ein gegebenes Produktionsergebnis mit weniger Arbeitskräften oder mit konstanter Zahl Erwerbstätiger ein größeres Produkt produziert wurde. Da hier das gesamte reale BIP auf den einen Produktionsfaktor Arbeit bezogen wird, und andere Faktoren wie z.B. das Kapital nicht berücksichtigt werden, ist die AP mit Vorsicht zu interpretieren. Dies insbesondere dann, wenn Branchenproduktivitäten berechnet werden, da hier die Erwerbstätigen nach ihrer Haupttätigkeit zugeordnet werden und Teilzeit-Beschäftigungen in anderen Branchen nicht berücksichtigt werden. Vor allem bleibt unberücksichtigt, mit wie viel Kapital die Arbeitskräfte (in den verschiedenen Branchen) ausgestattet sind.

Ein Vergleich der AP-Indikatoren im Zeitverlauf berücksichtigt zwar die Veränderungen der Zahl der Erwerbstätigen aber nicht die Zahl der von den Erwerbstätigen geleisteten Arbeitsstunden. Das leistet der Indikator **"Produktivität je Erwerbstätigenstunde"**:

(b) Produktivität je Erwerbstätigenstunde = reales Bruttoinlandsprodukt / Erwerbstätigenstunde

P/ETh = BIP^r / ETh

Dieser Indikator ist besonders wichtig für eine beschäftigungsorientierte Lohnpolitik. In den 90er Jahren war z.B. der Anstieg der Arbeitsproduktivität je Stunde geringer als der Anstieg der Arbeitskosten (Lohn- und Lohnnebenkosten) mit der Konsequenz eines Abbaus von Arbeitsplätzen. Um neue Arbeitsplätze zu schaffen, müssten die Lohnkosten mit einer geringeren Rate als die Arbeitsproduktivität steigen.

Schaubild 14-6: Arbeitsproduktivität und Arbeitskosten in Deutschland

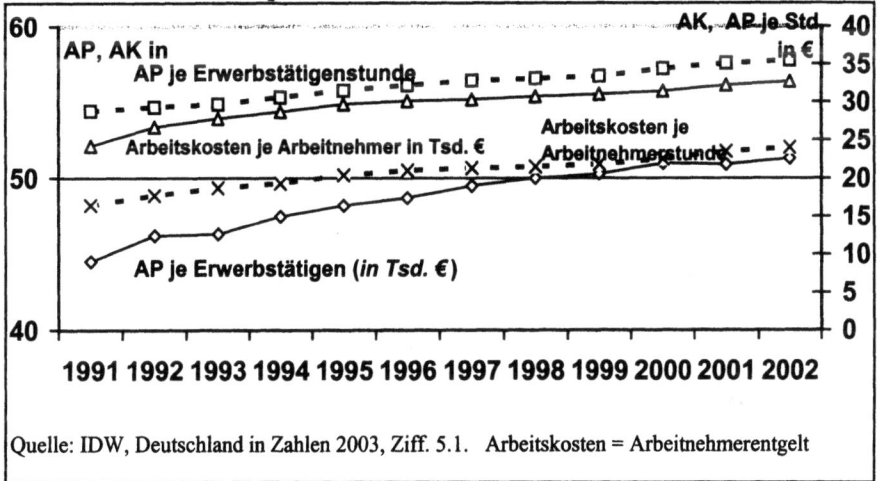

Quelle: IDW, Deutschland in Zahlen 2003, Ziff. 5.1. Arbeitskosten = Arbeitnehmerentgelt

Der reziproke Wert der Arbeitsproduktivität ist der **Arbeitskoeffizient** (AK). Er beschreibt die Anzahl der Erwerbstätigen die erforderlich waren, um eine Einheit des realen BIP zu produzieren:

(c) Arbeitskoeffizient = Erwerbstätige / reales BIP

AK = ET / BIP^r

Teilt man die Bruttoeinkommen aus unselbständiger Arbeit je Arbeitnehmer durch das BIP je Erwerbstätigen (= Arbeitsproduktivität), so erhält man die **Lohnstückkosten** (LSK) = Lohnkosten je Produkteinheit:

(d) Lohnstückkosten (LSK)

= Bruttolohn- und Gehaltssumme je beschäftigten Arbeitnehmer / BIP je Erwerbstätigen

Alternativ werden die Lohnstückkosten auch folgendermaßen definiert:

= Arbeitskosten je Beschäftigtenstunde /
reale Bruttowertschöpfung je Beschäftigtenstunde
oder:
= AK / AP

Die Lohnstückkosten LSK bilden somit das Verhältnis von Arbeitskosten und Produktivität. Sie sind ein Indikator für die Wettbewerbsfähigkeit einer Branche bzw. für die internationale Konkurrenzfähigkeit einer Volkswirtschaft. Steigen die Arbeitskosten schneller als die Produktivität, erhöhen sich die LSK und die Wettbewerbsfähigkeit nimmt ab. Eine Senkung der LSK würde eintreten, wenn die Produktivität mit einer höheren Rate wächst als die Arbeitskosten (die Lohn- und Gehaltssumme). Die **produktivitätsorientierte Lohnpolitik** versucht die Lohnentwicklung an der Entwicklung der Arbeitsproduktivität zu orientieren, um zum einen die Wettbewerbsfähigkeit zu erhalten und zum anderen keinen Inflationsdruck durch überproportional steigende Löhne zuzulassen. „Eine **beschäftigungsorientierte Lohnpolitik** darf den Produktivitätsspielraum in Zeiten hoher Arbeitslosigkeit nicht ausschöpfen. Lohnanhebungen im Ausmaß des Produktivitätsfortschritts können lediglich den gegebenen Beschäftigungstand sichern."[12]

Schaubild 14-8 zeigt die Entwicklung der LSK von 1980 bis 1998 in ausgewählten Ländern, Schaubild 14-7 zeigt den Verlauf der deutschen LSK 1991 bis 2000. Man erkennt, dass sich die deutschen LSK in den 90er Jahren zwar verbessert haben, jedoch z.B. gegenüber der Entwicklung in den USA zurück geblieben sind. Länder wie z.B. Niederlande, Frankreich und Schweden verzeichnen in den 90er Jahren sogar einen Rückgang ihrer LSK.

Schaubild 14-7: Lohnstückkosten in Deutschland 1991-2002

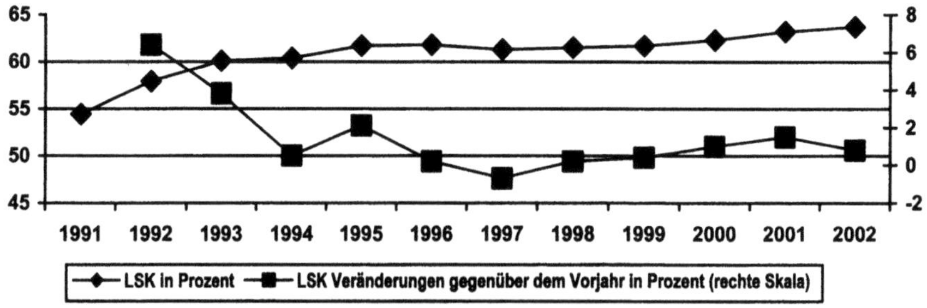

Quelle: Institut der Deutschen Wirtschaft Köln, Deutschland in Zahlen 2003, Ziff. 5.1.

---

[12] Sachverständigenrat zur Begutachtung der gesamtwirtschaftlichen Entwicklung, Jahresgutachten 1999/2000, Wirtschaftpolitik unter Reformdruck, Ziffer 19, S.7.

Schaubild 14-8: Lohnstückkosten im internationalen Vergleich, Jahresdurchschnittliche Veränderung im Verarbeitenden Gewerbe in Prozent auf €- Basis

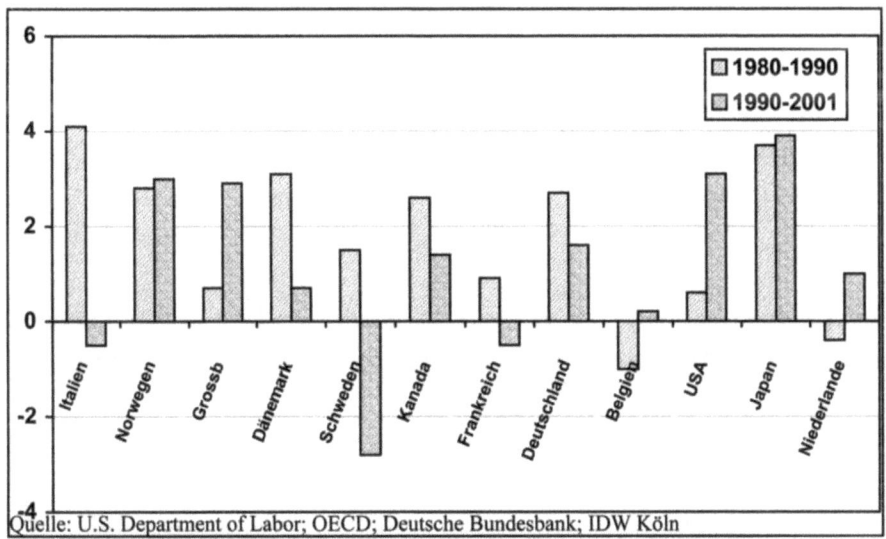

14.5 Gesamtwirtschaftliche Kapitalindikatoren

Unter Kapital verstehen wir den Kapitalstock, d.h. das reproduzierbare Anlagevermögen. Das wird durch das Bruttoanlagevermögen BAV(ohne Grund und Boden) erfasst und in Preisen eines Basisjahres ausgedrückt. Die **Kapitalproduktivität** gibt an, wie viel eine Kapitaleinheit (hier: BAV) durchschnittlich zur Produktion des BIP beiträgt. Verringert sich z.B. das BIP (bei einem Konjunktur-Abschwung) so sinkt (bei kurzfristiger Konstanz des Kapitalstocks) die Kapitalproduktivität.

a) Kapitalproduktivität = reales BIP / Bruttoanlagevermögen
   KP = BIP^r / BAV

Der **Kapitalkoeffizient** (KK) ist der reziproke Wert der Kapital-Produktivität (KP). Er beschreibt, wie viel Kapitaleinheiten erforderlich waren, um eine Einheit des BIP zu produzieren. Je höher der KK ist, desto mehr Kapitaleinheiten waren zur Produktion einer BIP-Einheit erforderlich. Ein gesamtwirtschaftlicher Kapitalkoeffizient von 3 würde also bedeuten, dass in der Berichtsperiode Anlagevermögen in Höhe von 3 Mrd. Euro eingesetzt wurde, um ein Bruttoinlandsprodukt in Höhe von 1 Mrd. Euro zu produzieren. Entwickelte Volkswirtschaften haben einen eher hohen

KK, Entwicklungsländer dagegen einen niedrigen. Grund ist die unterschiedliche Ausstattung der Volkswirtschaften mit Arbeit und Kapital als wichtige Produktionsfaktoren: Entwicklungsländer haben eine relativ geringe Ausstattung mit dem Produktionsfaktor Kapital und verfügen über relativ viel (ungelernte) Arbeit, ihre Produktionsweise erfolgt daher überwiegend arbeitsintensiv. In den Industrieländern ist diese Relation eher umgekehrt und die Produktionsweise daher auch vergleichsweise kapitalintensiv.

(b) Kapitalkoeffizient = Brutto-Anlagevermögen / reales BIP
KK = BAV / BIP^r

Die **Kapitalintensität** (KI) wird berechnet, indem man den Kapitalstock (BAV) durch die Anzahl der Erwerbstätigen dividiert oder indem man das Produkt aus Kapitalkoeffizient und Arbeitsproduktivität bildet:

(c) Kapitalintensität = Bruttoanlagevermögen / Erwerbstätige
KI = BAV / ET
Kapitalintensität = Kapitalkoeffizient * Arbeitsproduktivität
KI = BAV / BIP * BIP / ET
= KK * AP

Die Kapitalintensität gibt den Kapitaleinsatz pro Erwerbstätigen an: wie hoch ist die durchschnittliche Ausstattung einer Erwerbsperson mit Sachkapital? Seit den 50er Jahren ist die Kapitalintensität in der BRD-West um etwa das Sechsfache gestiegen, d.h. jeder Erwerbstätige wird mit immer mehr Kapital ausgestattet, was natürlich auch seine Arbeitsproduktivität erhöht.

Schaubild 14-9: Kapitalstock, Kapitalkoeffizient und -intensität

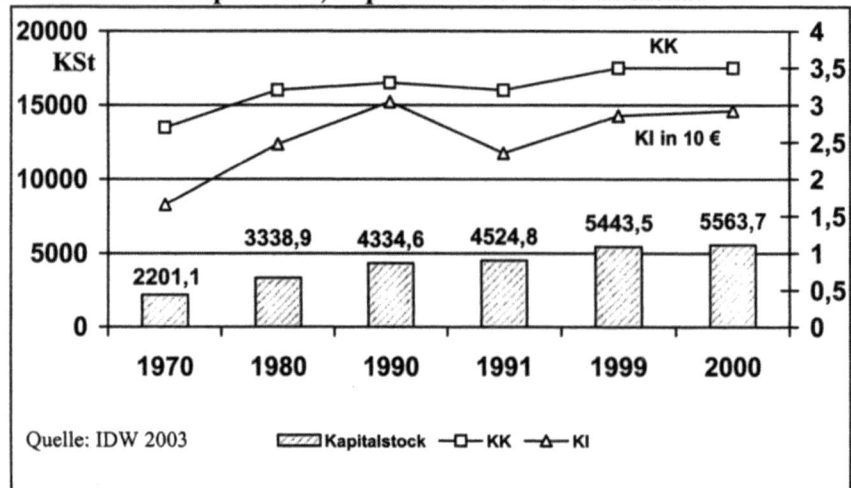

Quelle: IDW 2003

Schaubild 14-10: Kapitalkoeffizient und -intensität nach Wirtschaftssektoren 2000

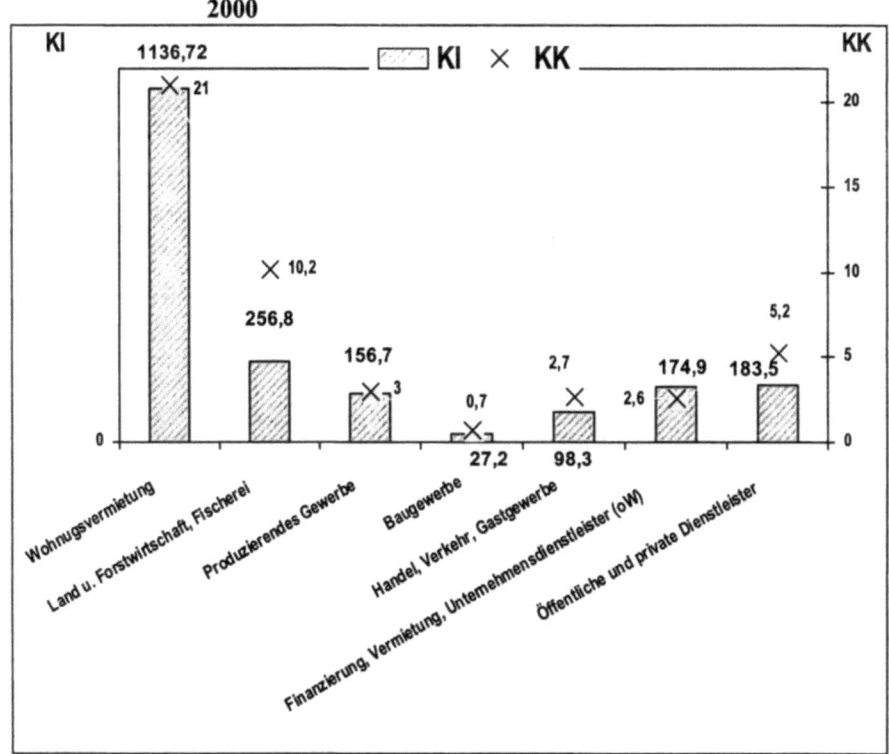

Quelle: IDW, Deutschland in Zahlen 2003, Ziff. 2.1.1; KI in 1.000 Euro in Preisen von 1995; KK = Kapitalstock zu realer Bruttowertschöpfung; Der Sektor Wohnungsvermietung ist um den Faktor 10 gekürzt.

Zwischen Kapitalintensität, Kapitalkoeffizient und der Arbeitsproduktivität ergibt sich folgender Zusammenhang:

(e) Kapitalintensität (KI) = KK * AP = BAV/BIP * BIP/ET

Die Kapitalproduktivität multipliziert mit der Kapitalintensität ergibt wiederum die Arbeitsproduktivität:

(f) AP = KP * KI

14.6 Gesamtwirtschaftliche Quoten

Neben den bisher vorgestellten Indikatoren werden volkswirtschaftliche Zusammenhänge durch eine Vielzahl weiterer Kennziffern erfasst. Die meisten der folgenden

Quoten beziehen sich auf das BIP oder BNE. Sie ermöglichen damit eine internationale Vergleichbarkeit "auf einen Blick", ohne die absoluten Zahlenwerte (und unterschiedlichen Währungen) kennen zu müssen. Eine Auswahl der gebräuchlichsten Quoten werden hier kurz zusammengestellt. Ihre Bedeutung richtet sich nach der jeweiligen ökonomischen Fragestellung:

Werden die gesamtwirtschaftlichen Investitionen (Bruttoanlageinvestitionen) in Relation zum Bruttoinlandsprodukt gesetzt, so erhält man die durchschnittliche **Investitionsquote**:

(a) Investitionsquote = Bruttoanlageinvestitionen/Bruttoinlandsprodukt
$$IQ = I^b_{Anl} / BIP$$

Je höher die Investitionsquote, desto höher sind die potenziellen Wachstumschancen einer Volkswirtschaft. Sehr schnell wachsende Volkswirtschaften haben eine Investitionsquote von über 30%. In reifen Industrieländern liegt die Investitionsquote um die 20%, in den ärmsten Entwicklungsländern Afrikas erreicht sie keine 10%.

Setzt man die Ersparnis in Relation zum Einkommen, so erhält man die **Sparquote**:

(b) Sparquote = Sparen / Einkommen
$$SQ1 = S/Y \quad \text{oder}$$
$$SQ2 = S/NNE \quad \text{oder}$$
$$SQ3 = S_{HH} / Y^{verf}_{HH} \quad \text{oder}$$
$$SQ4 = S/BIP$$

Sparen und Einkommen lassen sich der gesamten Volkswirtschaft oder einzelnen Sektoren zuordnen. Die Sparquote hat dementsprechend variierende Aussagekraft. Ein Vergleich der Sparquote (SQ4) mit der Investitionsquote lässt auf einen Blick erkennen, inwieweit die Volkswirtschaft in der Lage ist, die eigenen Investitionen selbst zu finanzieren oder inwieweit sie auf ausländische Ersparnisse zurückgreifen muss.

Die Bundesrepublik ist eine relativ "offene" Volkswirtschaft, die stark in die Weltwirtschaft integriert ist. Ein Ausdruck dafür sind die **Außenhandelsquoten**:

(c) Exportquote = Exporte / Bruttonationaleinkommen ⇨ ExQ = Ex / BNE
(d) Importquote = Importe / Bruttonationaleinkommen ⇨ ImQ = Im / BNE
(e) Offenheitsgrad = (ExQ + ImQ) / 2

Die **Exportquote** beschreibt den Anteil der Exporte an Gütern, Dienstleistungen und Faktoreinkommen am Brutto-Nationaleinkommen. Von der Höhe der Exportquote lassen sich Rückschlüsse auf die Abhängigkeit einer Volkswirtschaft vom Ausland ziehen. Die Exportquote der Bundesrepublik beträgt rund 33 %. Das bedeutet, dass 1/3 aller Arbeitsplätze von der Nachfrage des Auslands abhängen. Bestimmen Sie selbst die entsprechende **Importquote** und den Offenheitsgrad. Der **Offenheitsgrad** einer Volkswirtschaft errechnet sich als arithmetisches Mittel aus der Summe der Import- und der Exportquote. Große Volkswirtschaften (z.B. USA, Indien, China) mit großen Binnenmärkten haben einen deutlich niedrigeren Offenheitsgrad als kleine Länder (z.B. Niederlande). Export- bzw. Importquoten der Bundesrepublik sind etwa doppelt so hoch wie die der USA.

Staatliche Quoten messen den staatlichen Einfluss auf die Volkswirtschaft. (Der Sektor Staat umfasst Gebietskörperschaften einschließlich Sonderrechnungen sowie Sozialversicherungen) Es ist üblich, folgende Kennziffern zu unterscheiden (Die angegebenen Zahlenwerte beziehen sich auf das Jahr 2002)[13]:

(f) Staatsquote = Ausgaben des Staates /BIP ⇨ 48,6 %
(g) Steuerquote = Steuereinnahmen /BIP ⇨ 20,8 %
(h) Abgabenquote = (Steuern + Sozialbeiträge) /BIP ⇨ 38,2 %
(i) Zinssteuerquote = Zinsausgaben / Steuereinnahmen ⇨ 14,4 %
(h) Defizit-(Finanzierungs-)quote = Finanzierungssaldo /BIP ⇨ -3,7 %

Die **Staatsquote** spiegelt den Anteil der Staatsausgaben am Bruttoinlandsprodukt wider. Die **Steuerquote** gibt an, wie hoch der Anteil der Steuereinnahmen am BIP ist. In der Steuerquote sind die Sozialbeiträge nicht enthalten, rechnet man sie ein, erhält man die **Abgabenquote**. Mit wachsender öffentlicher Verschuldung nehmen die Zinszahlungen auf ausstehende Staatskredite zu. Die **Zinssteuerquote** stellt diese Belastung den Steuereinnahmen gegenüber. Die **Defizitquote** (Einnahmen - Ausgaben) ist durch den Maastricht-Vertrag für die EU-Mitgliedsländer auf die Obergrenze von 3% fixiert.
Je nach ökonomischer Fragestellung können aus dem Zahlenmaterial der Volkswirtschaftlichen Gesamtrechnung weitere Quoten und andere Indikatoren gebildet werden. Die getroffene Auswahl ermöglicht Standard-Analysen volkswirtschaftlicher Zusammenhänge.

---

[13] SVR, Jahresgutachten 2002/2003 S. 201; Institut für die deutsche Wirtschaft Köln, Deutschland in Zahlen 2003.

Box 14-6: Ausgewählte staatliche Quoten

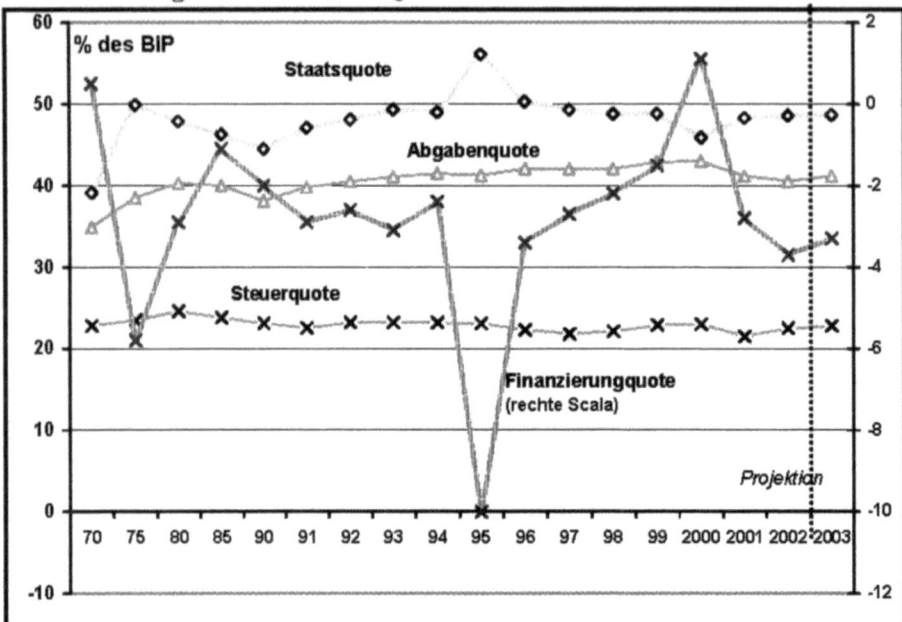

Quelle: SVR, Jahresgutachten 2002/2003, S. 441; Institut für die deutsche Wirtschaft Köln, Deutschland in Zahlen 2003, Ziff. 7.1; in der Abgrenzung der VGR; Steuerquote ab 1995 nach ESVG für Gesamtdeutschland.

15 Kritische Würdigung des VGR- Konzepts

15.1 Die Verwendung der VGR- Ergebnisse

Die Volkswirtschaftliche Gesamtrechnung, die, wie wir gesehen haben, die empirischen Daten einer Volkswirtschaft systematisch erfasst, ist in dieser Form erst nach dem Zweiten Weltkrieg in den westlichen Industrieländern eingeführt und im Laufe der Jahrzehnte verfeinert, systematisiert und ausgebaut worden. Dieses geschah durchaus nicht einmütig und selbstverständlich. Von Prof. Erhard, dem ersten deutschen Bundesminister für Wirtschaft, ist überliefert, dass er die Einführung eines derart aufwendigen, empirischen Erhebungssystems sehr skeptisch beurteilte. Aus seinem Weltbild des **Liberalismus** heraus befürchtete er sogar, die Planungsvorgaben der VGR könnten ein erster Schritt in Richtung **Zentrale Planwirtschaft** sein, denn eine liberale Wirtschaftspolitik setzt lediglich den Ordnungsrahmen und überlässt die Durchführung der Wirtschaftsprozesse dem Markt. **Ordnungspolitik** muss sich auf eine Rechtsordnung aber nicht auf ein VGR- System stützen. Doch zeigte sich, dass diese Befürchtungen unbegründet waren. Heute verfügen alle Länder über ein buchhalterisch-statistisches System Volkswirtschaftlicher Gesamtrechnungen und die Europäische Union seit 1999 über das hier behandelte „Europäische System Volkswirtschaftlicher Gesamtrechnungen".

Ohne umfassende Datenkenntnisse über "relevante" wirtschaftliche Größen sind heutzutage weder Gestaltung, Durchführung noch Erfolgskontrolle der **Wirtschaftspolitik** denkbar, da diese über die Setzung eines ordnungspolitischen Rahmens hinaus auch in Wirtschaftsprozesse eingreift. Man benötigt die VGR zur Erfassung der augenblicklichen, wirtschaftlichen Situation, der Prognose der weiteren Entwicklung. Prognosen sind aber nur vor dem Hintergrund wirtschaftstheoretischer Zusammenhänge möglich.

Die moderne Volkswirtschaftliche Gesamtrechnung selbst basiert auf der Einkommens- und Beschäftigungstheorie, wie sie von **John Maynard Keynes** entwickelt wurde. Keynes analysierte in seiner "General Theory of Employment, Interest, and Money" in den 30er Jahren Ursachen der Unterbeschäftigung und entwickelte aus dieser Theorie ein wirtschaftspolitisches Instrumentarium zur Überwindung der Unterbeschäftigung. Die Entwicklung einer umfassenden VGR war Voraussetzung zur Anwendung der Keynes' schen Theorie. 1984 wurde sogar der Nobelpreis für Wirtschaftswissenschaften an den Engländer Sir **Richard Stone** verliehen für "bahnbrechende Einsätze bei der Entwicklung von volkswirtschaftlichen Gesamtrechnungssystemen, wodurch er die Grundlage empirischer Wirtschaftsanalyse radikal verbessert" habe.

Die VGR und die aus ihr abgeleiteten Indikatoren beschreiben die **Leistungsfähigkeit einer Volkswirtschaft**. Im Zentrum stehen das Bruttoinlandsprodukt und Nationaleinkommen einer Volkswirtschaft und ihre Wachstumsraten. Insbesondere die Wachstumsraten der realen Größen erlangten in den 60er bis 80er Jahren des vorigen Jahrhunderts für alle Industrieländer eine geradezu mystische Bedeutung. Sie veranstalten jährliche "Olympiaden" um das höchste Pro-Kopf-Einkommen und seine Zuwachsraten. Lange Zeit fiel die "Goldmedaille" regelmäßig an die USA. Mit der Erdölkrise hatte sich das Bild gewandelt: die Vereinigten Arabischen Emirate kletterten kurzfristig an die Spitze der "Weltrangliste". Seit einigen Jahren verfügt die Schweiz über das höchste Pro-Kopf-Einkommen der Welt. Die **internationale Vergleichbarkeit** wird dadurch möglich, dass die in nationalen Währungseinheiten ausgedrückten Nationaleinkommen zu den laufenden Wechselkursen in Dollars umgerechnet werden. Reihung und absolute Werte ändern sich, wenn stattdessen die Umrechnung zu so genannten „Internationalen Dollars" erfolgt, die auf der **Kaufkraftparität** basieren, denn nominale Wechselkurse berücksichtigen nicht immer internationale Unterschiede in der Preisentwicklung.

Im **internationalen Vergleich** rangiert Deutschland auf Platz 3 hinsichtlich der Höhe des Bruttonationaleinkommen, auf Platz 7 beim Pro-Kopf-Einkommen und auf Platz 13 beim Pro-Kopf-Einkommen nach der Kaufkraftparität. Die Schweiz hat mit großem Abstand das weltweit höchste BNE/Kopf, in Kaufkraftparität ausgedrückt fällt es hinter Singapur und USA auf den dritten Rang zurück und in der Höhe des BNE hält es Platz 17.[1]

Unterdessen wird das Inlandsprodukt- und Nationaleinkommenskonzept[2] in den Industrieländern selbst immer schärfer kritisiert. Je mehr dieser Indikator nicht nur für die ökonomische Leistungsfähigkeit einer Volkswirtschaft herangezogen wird, sondern auch als Wohlfahrtsmaßstab zur Bestimmung der "Lebensqualität" benutzt

---

[1] Die Angaben entstammen dem Weltentwicklungsbericht 98/99 der Weltbank, Tabelle 1 Anhang.
[2] Insbesondere als Pro-Kopf-Einkommen und realer Wachstumsraten.

wird, desto gravierender treten Mängel zutage. Auf diese Mängel wollen wir im folgenden näher eingehen.

15.2 Was wird nicht erfasst, ist aber wohlstandsrelevant?

Hier ist noch einmal in Erinnerung zu rufen, was wir bereits bei der Erstellung der Produktionskonten der privaten Haushalte ausführten: Die gesamte, **nichtmarktgerichtete Hausarbeit** bleibt in der VGR unberücksichtigt. Lediglich die von Haushalten für andere Haushalte gegen Entgelt erbrachten Dienstleistungen werden erfasst. Zweifellos tragen die häuslichen Dienstleistungen sehr viel zur individuellen Qualität des Lebens bei. Im internationalen Vergleich ergeben sich dadurch Probleme, dass Volkswirtschaften in unterschiedlichem Umfang arbeitsteilig und marktwirtschaftlich organisiert sind. Die Spannbreite reicht von der Dominanz häuslicher **Subsistenzwirtschaften**[3], (wie es noch in vielen Entwicklungsländern beobachtet werden kann) bis zu hochgradig diversifizierten Volkswirtschaften der Industrieländer, die fast jede Dienstleistung über Märkte beziehen, ohne dass dadurch notwendiger Weise die Wohlfahrt entsprechend steigt.

Eine weitere Verzerrung im internationalen Vergleich ergibt sich dadurch, dass das Phänomen der **Schattenwirtschaft** unterschiedlich stark ausgeprägt ist. In Ländern mit schwachen staatlichen Institutionen ist die Wahrscheinlichkeit hoch, dass ein nicht unerheblicher Teil des BIP gar nicht erfasst, sondern auf dem **Schwarzmarkt** umgesetzt wird. Die statistischen Ämter müssen diesen Anteil dann schätzen, um vergleichbare BIP-Zahlen vorlegen zu können. Schätzfehler sind dabei nicht auszuschließen. Falsche Angaben können aber auch politisch gewollt bzw. vorgegeben werden: Ein politisches Interesse am Ausweis eines möglichst niedrigen BNE/Kopf kann sich beispielsweise daraus ableiten, dass an den Indikator „Einkommen/Kopf" internationale Zahlungsverpflichtungen oder Subventionsrechte geknüpft sind. In solchen Fällen ist der Ausweis eines niedrigen BNE/Kopf vorteilhaft.

Bei internationalen Vergleichen des BSP/Kopf spielen auch so genannte **"freie" Güter** eine Rolle, die den Volkswirtschaften in unterschiedlichem Ausmaß zur Verfügung stehen. Während in der Bundesrepublik Deutschland ein nicht unbe-

---

[3] Subsistenzwirtschaften produzieren und konsumieren "unter einem Dach" und bieten lediglich Produktions-Überschüsse auf dem Markt an.

trächtlicher Teil des Einkommens z.B. für Heizenergie aufgewendet werden muss, haben tropische Länder Wärme als freies Gut über das ganze Jahr zur Verfügung. Bei einem Wohlstandsvergleich müssten mithin hierzulande Energiekosten in Abzug gebracht werden oder in den klimatisch begünstigten Ländern fiktive Kosten hinzuaddiert werden. Diese Klimadifferenzen haben in den "wintergeschädigten" Ländern darüber hinaus noch weitere Konsequenzen: laufende Kosten der Schneebeseitigung zur Aufrechterhaltung des Verkehrs, winterbedingte Unfälle (die jährlich Schäden in Milliarden-Höhe nach sich ziehen), höhere Investitionen bei Gebäuden durch Installation von Heizungsanlagen sowie stark isolierten Wänden und Decken usw. Diese Ausgaben wirken in der VGR produktsteigernd - werden aber nicht wohlfahrtssteigernd empfunden, was die alljährlichen Touristenströme "in den warmen Süden" belegen.

Die **Umwelt** geht in die VGR nur als freies Gut ein. Umweltverschmutzung erscheint nicht auf den Produktionskonten. Vielmehr stellt sie ein "Dysprodukt" dar, das bei der Entstehung oder Verwendung des BNE anfällt: Chemieverschmutztes Flusswasser, abgasvergiftete Luft, pestizidverseuchter Boden. Unter Wohlstandsgesichtspunkten sind diese "Dysprodukte" kein Zuwachs, sondern ein Verlust. Ihre "wohlstandsneutrale" Beseitigung durch entsprechende Klärwerke, Abfallbeseitigungsanlagen, Einbau von Katalysatoren in Schornsteinen und Auspuffanlagen usw. steigert das BNE sogar erneut - nämlich um diese Investitionen und die damit verbundene Wertschöpfung. Erst die Ökologische Gesamtrechnung berücksichtigt diese Entwicklung, doch konnte sie noch keinen dem Pro-Kopf-Einkommen adäquaten und weltweit akzeptierten Indikator entwickeln.

Die Höhe des BNE/Kopf sagt nichts darüber aus, in welcher **Arbeitszeit** es erwirtschaftet wurde, ob in einer 35-, 40- oder 60-Stunden-Woche. Sie sagt nichts darüber aus, wie die Verteilung auf die einzelnen Haushalte erfolgt. Die **Einkommensverteilung** ist in den Ländern unterschiedlich „schief", in einigen Entwicklungsländern sogar extrem ungleich: 50 - 60 Prozent des BNE fließen nicht selten den obersten 20 Prozent der Bevölkerung zu, während auf die untersten 20 Prozent in der Einkommenspyramide ein Anteil am BNE von 3 v.H. entfällt. In Industrieländern ist in der Regel nicht nur das durchschnittliche Pro-Kopf-Einkommen erheblich höher, es ist auch gleichmäßiger verteilt. Im Durchschnitt der Industrieländer entfallen auf die untersten 20 Prozent der Bevölkerung 12,5 Prozent des BNE, auf die obersten 20

Prozent der Bevölkerung 40 bis 50 Prozent (siehe auch Box 6-2).

Die **Zusammensetzung des BIP bzw. BNE** ist für die individuelle Wohlfahrt ebenfalls von großer Bedeutung. Wie hoch ist der Konsumgüteranteil der privaten Haushalte, der einen entscheidenden Anteil der individuellen Wohlfahrt ausmacht? Wenn das BNE wächst, wächst dann auch der Konsum der privaten Haushalte oder wachsen nur die anderen Komponenten des BNE: Konsum des Staates, Bruttoinvestitionen, Außenbeitrag? Ein Anwachsen des Staatskonsums kann z.B. durch militärische Aufrüstung oder bürokratische Aufblähung erfolgen. Beides wird die Wohlfahrt nicht unbedingt erhöhen. Da der Konsum des Staates nach dem Kostenprinzip ermittelt wird, bewirkt allein eine Steigerung der Gehälter der Beamten eine Zunahme des Staatskonsums, auch wenn die Leistungsabgabe sich real nicht ändert. Wachsen allerdings die produktiven Investitionen, so besteht Aussicht, dass zumindest in einer späteren Periode auch die Konsumgüterproduktion zunehmen wird.

15.3 Umklassifizierung von VGR-Kategorien

Auch die volkswirtschaftliche Klassifizierung und Kategorienbildung selbst entscheidet über die Höhe des BIP, NIP und aller daraus abgeleiteten Größen. Wie wir aus der empirischen Darstellung der VGR wissen, ist der größte Teil aller produzierten Güter nicht Bestandteil des BIP: Die **Vorleistungen** machen über 50% des **volkswirtschaftlichen Produktionswertes** aus. Die Frage ist, ob nicht ein Teil der Vorleistungen besser in die Kategorie „**Endprodukte**" umgruppiert werden müsste. Das würde in der Konsequenz auch einen Einfluss auf die Höhe des BIP und der daraus abgeleiteten Kategorien haben.

Ein Teil der **privaten Konsumausgaben** dient nicht der Sicherung des individuellen Wohlstands sondern steht in unmittelbarem Zusammenhang mit dem Arbeitsprozess, ist also eine zur Erzielung von Arbeits-Einkommen notwendige Ausgabe: z.B. Arbeitskleidung, Transportkosten für Arbeitswege usw.. Möglicherweise könnte man sogar soweit gehen, den gesamten zur Erhaltung der Arbeitskraft lebensnotwendigen Konsum als Vorleistungen anzusehen. Eine Um-Klassifizierung dieser Art senkt das Endprodukt.

In Analogie zur angesprochenen Umweltproblematik ließe sich hier auch folgendes feststellen: Sollten sich im Zusammenhang mit dem Produktionsprozess produktionsbedingte Krankheiten einstellen (psychischer Stress, seelische Ängste, medizinische Erkrankungen), dann wird dadurch die Wohlfahrt der Betroffenen gemindert. Versuchen die privaten Wirtschafts-Subjekte diese Schädigungen zu kurieren (durch Nachfrage psychiatrischer, seelsorgerischer und medizinischer Dienstleistungen) wird dadurch das BIP erneut erhöht. Richtigerweise müsste dieser Ausgabenanteil des privaten Konsums den (produktionsbedingten) Vorleistungen zugeordnet werden.

Aber auch aus dem Konsumtionsprozess selbst ergibt sich zum Teil "dysfunktionaler" Folgekonsum, der zwar das BIP steigert, aber nur **Konsumschäden** ausgleicht: z.B. haben die ohrenbetäubenden musikalischen Darbietungen moderner Diskotheken erwiesenermaßen zeitliche Folgewirkungen von Schwerhörigkeit bis zur Gehörlosigkeit. Im Produktionsprozess einer Fabrik wäre bei vergleichbaren Geräuschpegeln das Tragen eines Ohrenschutzes zwingend vorgeschrieben. Die Behandlung dieser selbst erzeugten "Konsumkrankheiten" steigert natürlich das BIP, konkret das Einkommen der Ärzte und Hörgerätehersteller. Ein Leben mit einem Hörgerät ist zwar grundsätzlich ein Wohlfahrtsgewinn gegenüber dem Zustand der Schwerhörigkeit aber nicht gegenüber dem Zustand gesunder, normaler Gehörfähigkeit.

Der **staatliche Konsum** wurde schon mehrfach kritisch unter die Lupe genommen. Hier geht es darum, einen Teil des staatlichen Konsums als das einzustufen, was er auch tatsächlich ist: nämlich **Vorleistungen** für die Unternehmungen. Z.B. kommt die Gewährung von Rechtssicherheit im Geschäftsverkehr ausschließlich dem Unternehmenssektor zu Gute. Ebenfalls als volkswirtschaftliche Vorleistungen wären die staatlichen Ausgaben des "social framework" anzusehen: Ausgaben, die der Aufrechterhaltung der äußeren und inneren Sicherheit, der öffentlichen Verwaltung, der Bildung usw. dienen. Eine Umgruppierung zu Lasten des staatlichen Konsums und zu Gunsten der Vorleistungen würde das BIP verringern.

Forschungs- und Ausbildungsausgaben der Unternehmungen werden in der VGR als **Vorleistungen** verbucht, doch lassen sich gute Gründe finden, diese Ausgaben als **Investitionen** in die eigene Zukunft des Unternehmens zu interpretieren, denn es sind Investitionen in die Fähigkeit, neue Produkte zu entwickeln und zu vermarkten

15.3 Umklassifizierung von VGR-Kategorien

und damit die Zukunft der Unternehmung zu sichern. Die Wertschöpfung aus diesen zukünftigen Produktionen entspräche der Rendite der Investition. Doch müsste der Kapitalbegriff zu diesem Zwecke neu und breiter definiert werden.

Eine **Umstrukturierung innerhalb der Endprodukte** (z.B. von Konsum- auf Investitionsgüter) verändert zwar das Brutto-Inlandsprodukt nicht, aber das Netto-Inlandsprodukt. Zu den Konsumgütern privater Haushalte gehören bekanntlich auch dauerhafte Güter wie z.B. ein PKW. Täglich passieren in der Bundesrepublik Deutschland über 1000 Verkehrsunfälle. Die meisten mit Blechschäden und leichten Verletzungen, einige mit Totalschaden und Todesfällen (täglich werden bei Verkehrsunfällen ca. 1200 Menschen verletzt und verlieren 20 Menschen ihr Leben). Die Blechschäden werden von den Autowerkstätten, die Körperschäden - wenn noch möglich - von den Ärzten "repariert". Der private Konsum in Höhe der "Reparaturkosten" wirkt BIP-erhöhend, gleicht aber gerade den "Wohlfahrtsverlust" der durch den Unfall eingetreten ist aus. Es wäre deshalb richtiger, diese dauerhaften Verbrauchsgüter der Haushalte als **Bruttoinvestitionen der Haushalte** zu erfassen und darauf entsprechende Abschreibungen vorzunehmen. Die Reparatur wäre dann in Höhe der angefallenen Kosten eine Re-Investition: unfallbedingte Abschreibungen würden durch sie gerade ausgeglichen werden.

Ähnlich ließen sich Teile der staatlichen Ausgaben für (berufliche) Bildung und Gesundheit z.T. als **Investitionen in "Humankapital"** interpretieren: Der akkumulierte Bildungsvorrat verliert im Laufe der Zeit (vor allem bedingt durch technischen Fortschritt) an Wert, er müsste abgeschrieben werden. Umschulungsmaßnahmen wären dann "Re-Investitionen" in das Humankapital "Bildung". Die Durchführung des volkswirtschaftlichen Produktionsprozesses beeinträchtigt u.U. die Gesundheit der Bevölkerung. Staatliche Ausgaben in das Gesundheitssystem, die diese Schäden heilen, wären Re-Investitionen in das Humankapital "Gesundheit".

15.4 Soziale Indikatoren

Zum Zwecke der Wohlstandsmessung ist das Brutto-Inlandsprodukt nicht ohne weiteres geeignet. Nordhaus und Tobin haben ein spezielles Maß für den wirtschaftlichen Wohlstand entwickelt (MEW: Measure of Economic Welfare), das die hier diskutierten Mängel zum Teil beseitigt, aber seinerseits nicht problemlos ist. Daneben gibt es Versuche, die Wohlfahrt nicht mehr nur eindimensional mit einer einzigen Messziffer zu erfassen (wie das Pro-Kopf-Einkommen), sondern eine ganze Reihe von sozialen Indikatoren zu entwickeln und nebeneinander zu betrachten.

Für die Industriestaaten hat die OECD (Organization for Economic Cooperation and Development) ein System sozialer Indikatoren erstellt, das folgende soziale Tatbestände erfassen soll:

- Ausbildung
- Gesundheit
- Arbeit
- Kaufkraft
- Umwelt
- Sicherheit

zu jedem Bereich zahlreiche Unterscheidungstatbestände

zu jedem Unterbereich mehrere messbare Einzelgrößen (Indikatoren)

Die Vereinten Nationen haben ebenfalls Wohlstandsindikatoren entwickelt. Der verbreitetste ist der „Human Development Index" HDI, der insbesondere gegenüber Entwicklungsländern zur Geltung kommt. In diesen Index finden folgende Tatbestände Eingang:
• durchschnittliche Lebenserwartung
• Einschulungsquote
• reales BIP/Kopf nach Kaufkraftparität
• geschlechtsbezogener Entwicklungs-Index ab 1996
    - (gender related development index)
• Ermächtigung der Geschlechter – (gender empowerment measure)
• Armut an Befähigungen (capability poverty measure)
    - Unterversorgung an: Gesundheit und Ernährung, reproduktive Gesundheit, Bildung

Eine Fülle von Problemen sind mit derartigen Mess-Systemen verbunden, die sich zu zwei zentralen Fragegruppen zusammenstellen lassen:

1. Inwieweit sind die tatsächlich erfassten und gemessenen Einzeltatbestände zur Erklärung des Zielbereiches geeignet? Ist eine hohe Anzahl Ärzte pro Kopf z.B. ein Indikator für die gute Gesundheit des Volkes oder eher ein Indikator, dass das Volk krank ist? Ist die Anzahl der Fernsehgeräte gleichzusetzen mit der Höhe der Freizeitqualität?

2. Können diese unterschiedlichen Einzelindikatoren zu einem einheitlichen Lebensqualitätsindikator zusammengefasst werden, der es gestatten würde, unterschiedliche Situationen vergleichbar zu machen? Relativ eindeutig wäre der Vergleich, wenn sich sämtliche Indikatoren "verbessern". Was aber ist, wenn ein Indikator sich positiv, ein anderer aber negativ verändert? Z.B. nimmt die Anzahl der Automobile zu, aber gleichzeitig auch die der Staus und Verkehrsunfälle.

Das grundsätzliche Problem bleibt aber auch durch Indikator-Systeme ungelöst: Wie kann man Lebens- **Qualität quantitativ messen**?

Ergebnis: Das BIP/Kopf ist als direkter Maßstab für Lebensqualität und Wohlstand mir erheblichen Mängeln behaftet und daher nur bedingt geeignet. Eine Verwendung des BIP-Konzepts zu diesem Zweck wird in dem "System of National Accounts", das gemeinsam von der OECD, der EU, Weltbank, UN und dem IWF entwickelt wurde und auf das auch das Europäische System Volkswirtschaftlicher Gesamtrechnungen gründet, strikt abgelehnt. Dennoch zeigte sich, dass der Indikator "Pro-Kopf-Einkommen" mit den Systemen der Sozialindikatoren in aller Regel positiv korreliert.

Tabelle 15-1: Länder mit dem höchsten BNE

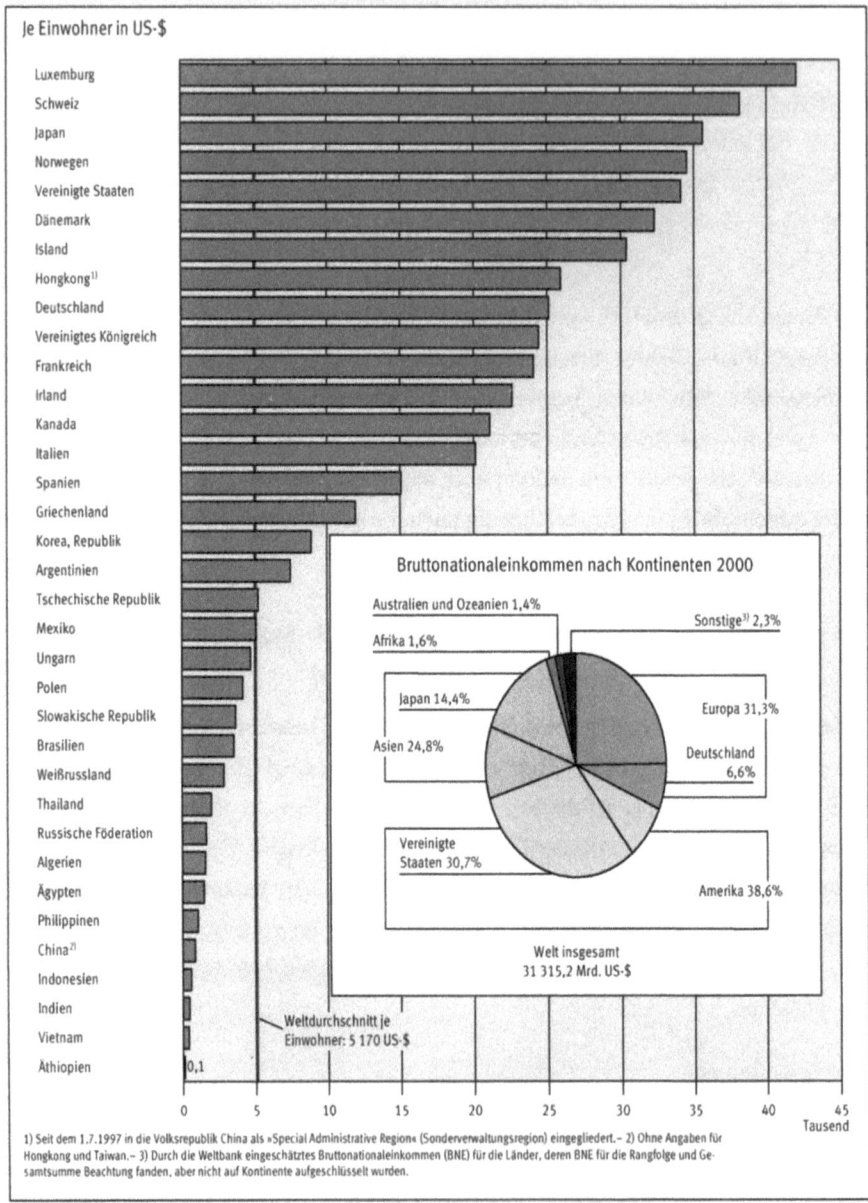

Quelle: Statistisches Bundesamt Deutschland, Jahrbuch für das Ausland 2002, S.317.

Teil V
Historische Entwicklung der VGR

16 Das Tableau Économique von Francois Quesnay

Das Tableau Économique markiert den historischen Beginn der volkswirtschaftlichen Gesamtrechnung und des volkswirtschaftlichen Kreislaufmodells. Francois Quesnay (1694 - 1774) war Leibarzt der Madame de Pompadour am Hofe Louis XV in Paris. Er hatte seine Hand nicht nur am Puls der Mme de Pompadour, sondern auch am feudalen Wirtschaftssystem seiner Zeit. Als Arzt und Wirtschaftswissenschaftler kam er auf die geniale Assoziation vom Blutkreislauf zum Wirtschaftskreislauf: Die feudale Wirtschaftsgesellschaft des 18. Jahrhunderts fasst Quesnay in drei - wir würden heute sagen - "makroökonomischen Aggregaten oder Sektoren" zusammen:

1. Die produktive Klasse (la classe productive)

Es ist der Sektor der Urerzeugung: Bauern und Bergarbeiter. Quesnay: "Die produktiven Ausgaben werden für den Ackerbau verwendet, für Wiesen, Weiden, Waldungen, für den Bergbau und Fischfang usw., damit die Reichtümer in Gestalt von Getreide, Getränken, Holz, Zuchtvieh sowie von Rohstoffen für gewerblich gefertigte Dinge usw. niemals eingehen."[1]

2. Die sterile Klasse (la classe sterile)

oder der Sektor der Manufakturisten und Gewerbetreibenden.

Quesnay: "Die sterilen Ausgaben werden für gewerblich gefertigte Waren gemacht, für Wohnraum, Kleidung, Zinsen, Dienstpersonal, Handelskosten, ausländische Waren usw."[2]

3. Die Klasse der Grundeigentümer (la classe propriétaire/distributive)

Hierzu zählen alle weltlichen und kirchlichen Grundeigentümer, die das Land in der Regel an die produktive Klasse verpachten und aufgrund dieser Eigentumsrechte Pachteinnahmen erzielen.

Zwischen diesen drei Sektoren hat Quesnay folgende **Kreislaufbeziehung** hergestellt (Vgl. auch das Schaubild 15-1: die dargestellten Pfeile und die zugehörigen Zahlenangaben beziehen sich auf monetäre Ströme in Mrd. französischer Livre):

---

[1] Quesnay, F.: Tableau Economique, Berlin 1965, S. 44.
[2] Ebenda.

Der **produktive Sektor** produziert Nahrungsmittel (N) und Rohstoffe (R), die er zum Teil im eigenen Produktionsprozess (als Vorleistungen) einsetzt bzw. als Eigenverbrauch benötigt, zum Teil an die beiden anderen Sektoren veräußert. Die **sterile Klasse** produziert Manufaktur-Waren (M), die an die anderen Sektoren verkauft werden und zum Teil im eigenen Sektor selbst als Vorleistung oder Eigenverbrauch eingesetzt werden. Es werden Nahrungsmittel und Rohstoffe vom produktiven Sektor bezogen. Die **Grundeigentümer** erwerben Nahrungsmittel vom produktiven Sektor und Manufakturen vom sterilen. Sie bestreiten diese Ausgaben aus ihren Pacht- (und sonstigen) Einkommen, die sie vom produktiven Sektor erhalten, denn ihnen gehören die Eigentumsrechte an Grund und Boden.

Quesnay war der Ansicht, nur die Landwirtschaft sei produktiv und imstande das Produkt zu mehren. Manufakturen hingegen bearbeiten lediglich bereits produzierte und vorhandene Güter, sie mehren damit nicht das Gesamtprodukt, sondern verwandeln es lediglich.

Schaubild 16-1: Das Tableau Économique als Kreislauf

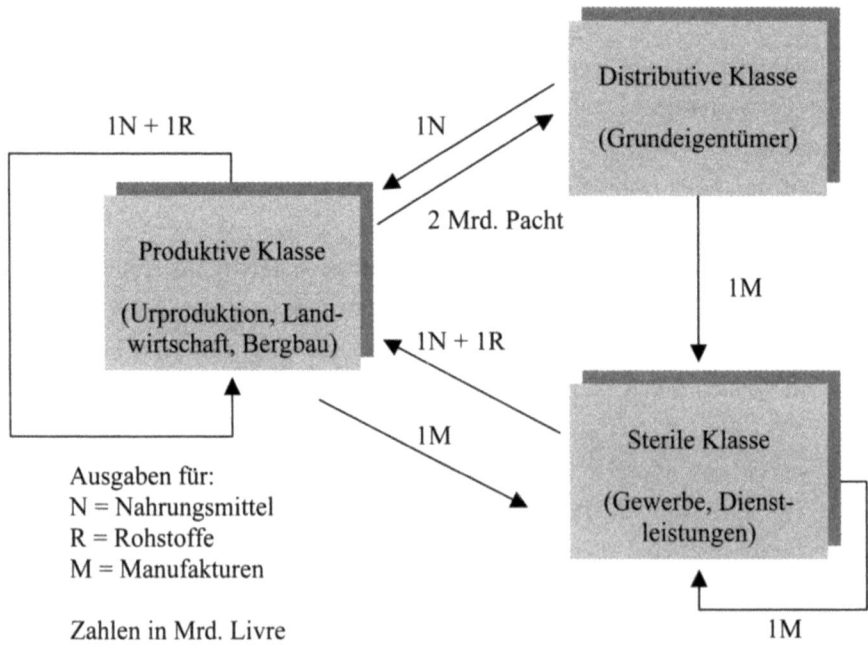

Das Tableau Économique ist im Original als Verlaufssequenz dargestellt, die mit der Verausgabung der Revenuen (Pachteinnahmen) durch die Grundbesitzer beginnt und detailliert verfolgt, wie sich diese Ausgaben im Zeitablauf im Wirtschaftsprozess auswirken, wenn jeweils 50 v. H. der Ausgaben auf Manufakturen und Bodenprodukte entfallen. Die hier gewählte Darstellung als Wirtschaftskreislauf zwischen drei Sektoren ist didaktisch übersichtlicher.

Der produktive Sektor
Der Produktionswert des produktiven Sektors setzt sich aus der Summe der in den Pol hineinfließenden Ströme zusammen und beträgt insgesamt 5 Mrd. Livre und entfällt auf folgende Nachfragekomponenten: 1 Mrd. Ł Rohstoffe (R) setzt die Landwirtschaft als Vorleistungen für die eigene Produktion ein (Quesnay: "werden für Fütterung und Unterhalt des Zuchtviehs verbraucht"), 1 Mrd. Ł Nahrungsmittel (N), die ebenfalls direkt in den produktiven Sektor zurückfließen, können wir nicht als Vorleistungen ansehen, sondern als Konsum derjenigen, die in diesem Sektor tätig sind. (Quesnay: "werden vom Pächter ausgegeben ..., indem er Bodenprodukte, welche die eigene Klasse liefert, verzehrt."). Die an den sterilen sowie distributiven Sektor verkauften Nahrungsmittel stellen ebenfalls Konsumgüter dar, die von den Wirtschaftssubjekten dieser Sektoren nachgefragt werden. An den Manufaktur-Sektor liefert der produktive Sektor außerdem noch für 1 Mrd. Ł Rohstoffe (R). Diese stellen für den Produktionsprozess dieses Sektors Vorleistungen dar.
Mit welchen Input-Faktoren hat der produktive Sektor diesen Produktionswert erzeugt? Zunächst hat er selbst produzierte Rohstoffe in Höhe von 1 Mrd. Ł im eigenen Produktionsprozess als Vorleistungen eingesetzt. Auch hat sich der Produktionsapparat dieses Sektors im Zuge des Produktionsprozesses abgenutzt für dessen Instandhaltung vom sterilen Sektor Manufakturen bezogen wurden. Auch das hat Quesnay bereits gesehen und bemerkt, dass ein Teil der Ausgaben der Pächter "der Instandhaltung von Kleidung, Utensilien, Werkzeugen usw. dient." Er hat allerdings nicht getrennt, welcher Anteil der eingekauften 1 Mrd. Ł Manufakturen nun zum Ersatz der "Werkzeuge und Utensilien" und welcher Teil dem privaten Konsum zuzurechnen ist. Die Wertschöpfung fließt in Höhe von 2 Mrd. Ł Pachtzahlungen an die Grundeigentümer. Schließlich erzielen die im produktiven Sektor Tätigen ein Leistungseinkommen, das ihnen selbst zufließt und das sie vollständig für Konsumausgaben verwenden. Der Produktionswert dieses Sektors beträgt 5 Mrd. Ł.

Der landwirtschaftliche Sektor (und wie sich gleich zeigen wird, die gesamte Wirtschaft) wird als stationär angesehen: eine Wirtschaft ohne Wachstum.

Der sterile Sektor
Quesnay: "Die sterilen Ausgaben werden für gewerblich gefertigte Waren gemacht, für Wohnraum, Kleidung, Zinsen, Dienstpersonal, Handelskosten, ausländische Waren." Sehen wir einmal von den Ausgaben für ausländische Waren ab (Importe würden hier also über den sterilen Sektor verbucht werden), handelt es sich um die Produktion gewerblicher Erzeugnisse sowie Dienstleistungen. Der Produktionswert in Höhe von 3 Milliarden Ł teilt sich wie folgt auf: 1 Mrd. Ł Manufakturen sind an den produktiven Sektor verkauft worden Die zweite Milliarde Manufakturen wurde vom distributiven Sektor nachgefragt. Es handelt sich dabei zweifelsfrei um Konsumgüter der Klasse der Grundeigentümer. Quesnay: Es sind "Ausgaben für Kleidung, Mobiliar, Utensilien etc.", für "äußeren Prunk" und "übertriebenen Luxus"[3].

Quesnay hat auch gesehen, dass ein Teil der Manufakturen-Produktion gewissermaßen als Vorleistungen für den eigenen Produktionsprozess selbst erzeugt wird. Quesnay: Ein Teil der Ausgaben teilt "sich innerhalb der steril ausgebenden Klasse selbst auf Unterhaltskosten und auf die Rückerstattung der Vorschüsse" auf[4]. Faktoreinkommen werden vollständig für Konsumgüter (N) verausgabt. Ersparnisse gibt es nicht und folgerichtig auch keine Netto-Investitionen.

Der distributive Sektor
Der Grundeigentümer produziert nicht, sondern lebt von der Bodenrente: die soziale Wirklichkeit des Feudalsystems. Die ökonomischen Aktivitäten dieses Sektors bestehen allein in der Einkommenserzielung und der Verwendung für Konsum. Eine Vermögensbildung im Sinne der Bildung von Produktivkapital leistet auch dieser Sektor nicht.

Die Einnahmen aus Renten betragen 2 Milliarden Ł. Sie werden zu gleichen Teilen für Nahrungsmittel und Manufakturen verausgabt. Da dieser Sektor weder produziert noch investiert, kann er nur konsumieren. Quesnay: Seine "Revenuen gibt der Grundeigentümer zur Hälfte bei der Klasse mit den produktiven Ausgaben

---

[3] Quesnay, F.: Tableau Economique, Berlin 1965, S. 44 - 46.
[4] Ebenda, S. 47.

für Brot, Wein, Fleisch usw. aus, die andere Hälfte bei der Klasse mit den sterilen Ausgaben für Kleidung, Mobiliar, Utensilien usw."[5]

Die Bedeutung des Tableau Économique lässt sich in sechs Punkten zusammenfassen:

1. Das Tableau économique ist die erste makroökonomische Darstellung des Wirtschaftskreislaufs, die wir besitzen. Alle späteren Behandlungen des Gegenstandes knüpfen an sie direkt oder indirekt an.
2. Das Tableau économique gibt zum erstenmal eine Vorstellung der großen, im ökonomischen Gesamtzusammenhang in bezug auf Einkommensbildung und Einkommensverwendung, vorhandenen Interdependenzen.
3. Das Tableau économique gibt nicht nur eine theoretische Darstellung des Kreislaufs der französischen Wirtschaft des 18. Jahrhunderts. Quesnay versucht darüber hinaus zu einer numerischen Analyse vorzudringen.[6]
4. Quesnay führte die Entstehung des "Reichtums der Nation" auf die **Produktion von Gütern** zurück und nicht wie die Merkantilisten ausschließlich auf den **Handel mit Gütern**. Für das damalige feudale Frankreich mag die Einschränkung auf die Landwirtschaft als allein produktiver Sektor verständlich erscheinen.
5. Die Unterscheidung in produktive und unproduktive Wirtschaftsaktivitäten setzte bei der Verwendung der Produktion an: Die Manufakturen produzieren in erster Linie nur Güter für den "Luxusbedarf" und den "Pomp des Adels und der Geistlichkeit". Diesen Produktionssektor "steril" zu nennen, scheint massive Kritik an dem herrschenden Gesellschaftssystem zu sein.
6. Der Sektor der Grundbesitzer wurde von Quesnay (politisch entschärft) als "classe distributive" bezeichnet. Jedoch wird deutlich, dass durch seinen parasitären Charakter bedingt, dieser Sektor der eigentlich "sterile" Teil der Volkswirtschaft ist.

---

[5] Quesnay, F.: Tableau Économique, Berlin 1965, S. 44.
[6] Schneider, E.: Einführung in die Wirtschaftstheorie, IV. Teil, 1 Bd., Tübingen 1965, S. 21.

17 Die Reproduktionsschemata von Karl Marx

Karl Marx (1818-1883) hat das zwischenzeitlich fast vollkommen in Vergessenheit geratene Tableau Économique wiederentdeckt und es als "die unbestreitbar glänzendste Idee, die in der politischen Ökonomie bisher zu finden ist" bezeichnet. Karl Marx behandelt in seinem Hauptwerk "Das Kapital" im zweiten Band, Kapitel 19 f., sehr ausführlich die Kreislaufbeziehungen eines kapitalistischen Wirtschaftssystems. Dabei greift er ausdrücklich auf die Lehre der Physiokraten und das **Tableau Économique** von Francois Quesnay zurück:

"Quesnay`s Tableau Économique zeigt in wenigen großen Zügen, wie ein dem Werte nach bestimmtes Jahresergebnis der nationalen Produktion sich so durch die Zirkulation verteilt, dass unter sonst gleichbleibenden Umständen, dessen einfache Reproduktion vorgehen kann, d.h. Reproduktion auf derselben Stufenleiter ... Quesnay selbst und seine nächsten Schüler glaubten an ihr feudales Aushängeschild. So bis zur Stunde unsere Schulgelehrten. In der Tat aber ist das physiokratische System die erste systematische Fassung der kapitalistischen Produktion. Der Repräsentant des industriellen Kapitals - die Pächterklasse - leitet die ganze ökonomische Bewegung. Der Ackerbau wird kapitalistisch betrieben, d.h. als Unternehmung des kapitalistischen Pächters auf großer Stufenleiter; der unmittelbare Bebauer des Bodens ist Lohnarbeiter. Die Produktion erzeugt nicht nur die Gebrauchsartikel, sondern auch ihren Wert; ihr treibendes Motiv aber ist Gewinnung von Mehrwert, dessen Geburtsstätte die Produktions-, nicht die Zirkulationssphäre. Unter den drei Klassen, die als Träger des durch die Zirkulation vermittelten gesellschaftlichen Reproduktionsprozesses figurieren, unterscheidet sich der unmittelbare Ausbeuter der 'produktiven' Arbeit, der Produzent des Mehrwerts, der kapitalistische Pächter, von dessen blossen Aneignern."[1]

Mit der Entwicklung der **Reproduktionsschemata** hat Karl Marx auch einen wesentlichen Beitrag zur theoretischen Entwicklung einer modernen volkswirtschaft-

---

[1] Auf der Basis dieses Modells entwickelt Marx seine Reproduktionsschemata auf einfacher und erweiterter Stufenleiter, wir würden heute sagen: für stationäre rsp. wachsende Volkswirtschaften. Vgl. Karl Marx, Das Kapital, Band 2, Kapitel 19, Berlin 1983, S. 359/360.

lichen Gesamtrechnung für kapitalistische Marktwirtschaften geliefert[2]. In seiner Kapitalismus-Analyse zerfällt die Gesellschaft in zwei **soziale Klassen**, nämlich die Arbeiter und die Kapitalisten. Die Produktionssphäre unterteilt er in eine **Produktionsmittelabteilung** (Abteilung I) und in eine **Konsumgüterabteilung** (Abteilung II). Der zentrale Wirtschaftssektor ist nicht die Landwirtschaft wie noch bei Quesnay, sondern die Industrie und innerhalb der Industrie die Arbeitskraft. Zur Schaffung der Produkte konkurrieren in jeder Abteilung Kapital und Arbeit. Es geht Marx zunächst um die **Fragen**: "Wie wird das in der Produktion verzehrte Kapital seinem Wert nach aus dem jährlichen Produkt ersetzt und wie verschlingt sich die Bewegung dieses Ersatzes mit der Konsumtion durch die Kapitalisten und des Arbeitslohns durch die Arbeiter?"[3] D.h.: Wie verteilt sich das Produktionsergebnis auf Arbeiter und Kapitalisten (die sozialen Klassen) und wie verteilt sich die Produktion auf Investitions- und Konsumgüter (die Produktionsabteilungen)?

Diesen Fragen geht Marx getrennt nach für eine stationäre und für eine wachsende Wirtschaft. Das Modell einer stationären Wirtschaft heißt bei Karl Marx "einfache Reproduktion". Eine wachsende Wirtschaft ist hingegen durch Kapitalakkumulation gekennzeichnet. Bei Marx heißt dieses Modell "erweiterte Reproduktion".

Das Modell der einfachen Reproduktion

Karl Marx fasst die wirtschaftlichen Produktionsaktivitäten in zwei Aggregaten zusammen: Der **Abteilung I**, die ausschließlich Produktionsmittel produziert, und der **Abteilung II**, die ausschließlich Konsumgüter produziert. Die Produktionswerte der beiden Abteilungen werden jeweils durch den Einsatz folgender Input-Faktoren produziert:

1. Den Einsatz von Materialien (Roh-, Hilfs-, Betriebsstoffe, Halbfabrikate),
2. den Einsatz von Betriebsanlagen, gemessen durch ihren Verschleiß,
3. den Einsatz von Arbeitskräften, ausgedrückt durch die Lohnzahlungen,
4. den Gewinnen, die für Marx als "Mehrwert" identisch sind mit der Ausbeutung der Arbeiter durch die Kapitalisten.

---

[2] Daraus darf natürlich nicht der Umkehrschluss abgeleitet werden, dass die Entwicklung des VGR-Systems etwa das zentrale Anliegen von Karl Marx in seinem Hauptwerk "Das Kapital" wäre.
[3] Marx, Karl, a.a.O., S. 392.

In der Marx'schen Terminologie heißen die ersten beiden Faktoren **konstantes Kapital (c)**. Marx: "Konstantes Kapital, d.h. den Wert aller zur Produktion in diesem Zweig angewandten Produktionsmittel. Diese zerfallen ihrerseits wieder in fixes Kapital: Maschinen, Arbeitswerkzeuge, Baulichkeiten, Arbeitsvieh usw.; und in zirkulierendes konstantes Kapital: Produktionsmaterialien, wie Roh- und Hilfsstoffe, Halbfabrikate usw."[4]

Das Entgelt für die eingesetzte Arbeitskraft ist bei Marx **variables Kapital (v)**. Marx: "... Dies, dem Wert nach betrachtet, ist gleich dem Wert der in diesem Produktionszweig angewandten gesellschaftlichen Arbeitskraft, also gleich der Summe der dafür gezahlten Arbeitslöhne."[5]

Der Gewinn, d.h. die Residualgröße, die sich aus der Differenz zwischen dem Produktions-"Wert" und dem eingesetzten Kapital (konstantes plus variables) ergibt, nennt Marx **Mehrwert (m)**. Marx: "Der Wert des mit Hilfe dieses Kapitals in jeder der beiden Abteilungen erzeugten gesamten Jahresprodukts zerfällt in einen Wertteil, der das in der Produktion aufgezehrte und seinem Wert nach auf das Produkt nur übertragene konstante Kapital c darstellt, und in den durch die gesamte Jahresarbeit zugesetzten Wertteil. Dieser letztere zerfällt wieder in den Ersatz des vorgeschossenen variablen Kapitals v und in den Überschuss darüber, der den Mehrwert m bildet. Wie der Wert jeder einzelnen Ware, so zerfällt also auch der des gesamten Jahresprodukts jeder Abteilung in c + v + m."[6]

Die "buchhalterischen Kategorien" sind damit, wie in einer modernen volkswirtschaftlichen Gesamtrechnung, erfasst. Die Terminologie ist zweifelsohne „marxistisch", jedoch ohne größere Verständnisprobleme auf das Modell einer geschlossenen Volkswirtschaft ohne Staat (Teil I dieses Buches) übertragbar. Gravierender allerdings sind Unterschiede in der theoretischen Begründung der einzelnen Kategorien sowie der theoretischen Schlussfolgerungen aus dieser Kategorienbildung. Doch wurde bereits eingangs zu diesem Kapitel gesagt, dass hier nicht der Versuch gemacht werden soll, die Marx'sche Theorie zu behandeln. Vielmehr gilt, lediglich

---

[4] Marx, Karl, a.a.O., S. 395.
[5] Ebenda, S. 395.
[6] Ebenda, S. 395.

diejenigen Elemente herauszugreifen, die die Entwicklung der volkswirtschaftlichen Gesamtrechnung vorangebracht haben.[7]

Schauen wir uns jetzt das **Schema der einfachen Reproduktion** bei Karl Marx genauer an. Es gelten folgende Beziehungen:

(1) **Der Produktionswert der Abteilung I**

Er besteht aus Produkten, die noch im Produktionsprozess derselben Periode entweder in der Abteilung I oder II eingesetzt werden (Vorleistungen), und aus Produkten, die den im Zuge der Durchführung des Produktionsprozesses entstandenen Verschleiß an Produzentensachkapital beider Abteilungen wertmäßig ausgleichen (Bruttoinvestition in Höhe der Abnutzungen).

$$w_1 = c_1 + v_1 + m_1$$
$$6000 = 4000 + 1000 + 1000$$

(2) **Der Produktionswert der Abteilung II**

Diese Abteilung produziert ex definitione die Konsumgüter für Arbeiter und Kapitalisten beider Abteilungen.

$$w_2 = c_2 + v_2 + m_2$$
$$3000 = 2000 + 500 + 500$$

(3) **Der gesamtwirtschaftliche Produktionswert**

$$w = w_1 + w_2$$
$$9000 = 6000 + 3000$$

Der Produktionswert der Abteilung I, bestehend aus Vorleistungen und Bruttoinvestitionen, geht vollständig im Produktionsprozess beider Abteilungen auf. Es ist also:

(4) $w_1 = c_1 + c_2$
$6000 = 4000 + 2000$

---

[7] Bei der Marx'schen Definition des Mehrwerts zeigt sich u.a., dass er die Arbeitswertlehre zugrundelegt, die besagt, dass die gesamte Wertschöpfung ausschließlich auf den Produktionsfaktor Arbeit zurückzuführen ist.

17 Die Reproduktionsschemata von Karl Marx

Der Produktionswert der Abteilung II wird vollständig konsumiert, d.h. Arbeiter und Kapitalisten geben ihr gesamtes Einkommen zum Zwecke der Konsumgüternachfrage aus.

(5) $w_2 = v_1 + v_2 + m_1 + m_2$
$3000 = 1000 + 500 + 1000 + 500$
oder

(6) $w_2 = v + m$
$3000 = 1500 + 1500$

Der Produktionswert w_2 der Gleichung (2) ist natürlich identisch mit dem Produktionswert w_2 wie er in der Gleichung (5) definiert wurde. Setzen wir die rechten Seiten beider Gleichungen gleich, erhalten wir folgende Beziehung:

(7) $c_2 + v_2 + m_2 = v_1 + v_2 + m_1 + m_2$
(8) $c_2 = v_1 + m_1$

Diese Beziehung gibt folgendes an: Die Vorleistungen plus Abnutzungen des Kapitals, die in die Konsumgüterproduktion eingehen (das konstante Kapital c_2) müssen größengleich sein der Wertschöpfung des Produktionsmittelsektors der Abteilung I. Die Wertschöpfung ist ja die Summe aus Löhnen und Gewinnen (also dem variablen Kapital v_1 plus dem Mehrwert m_1).
Im Modell der einfachen Reproduktion ergeben sich folgende **fundamentale Zusammenhänge:**
(a) die Investitionsgütererzeugung der Abteilung I ist größengleich dem produktionsbedingten Verschleiß in beiden Sektoren (Gleichung 4),
(b) das gesamte Einkommen $(v + m)$ ist gleich den Konsumgüterausgaben (dem Produktionswert der Abteilung II) (Gleichung 6) und
(c) die Wertschöpfung des Sektors I ist größengleich dem Werteverzehr in der Abteilung II (Gleichung 8).
Wir fassen diese Zusammenhänge noch einmal in einem Kreislaufschaubild (vgl. Schaubild 17-1) zusammen.

Schaubild 17-1: Kreislaufmodell auf einfacher Stufenleiter (Reproduktion)

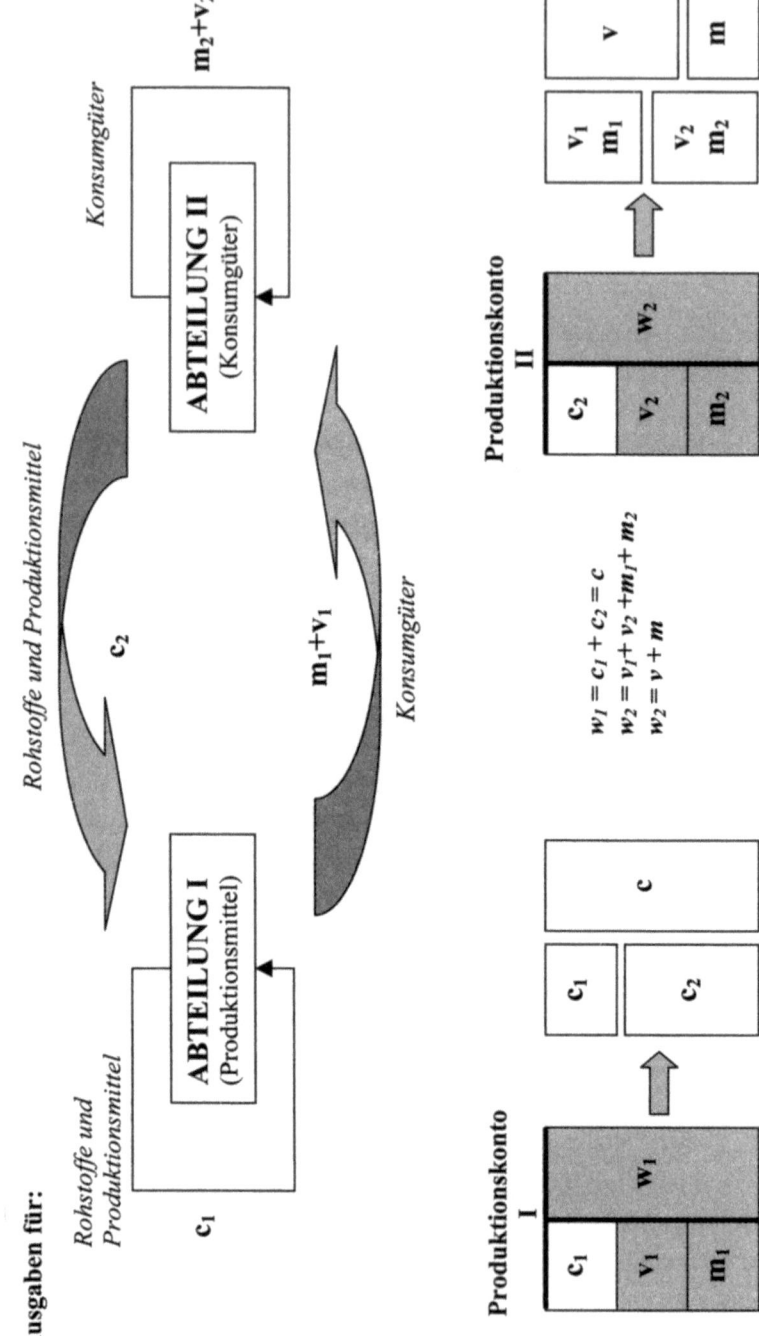

Obgleich Marx das konstante Kapital sehr wohl begrifflich in fixes und zirkulierendes konstantes Kapital unterscheidet, was nach heutigen Begriffen den Abschreibungen bzw. Re-Investitionen und Vorleistungen entspricht, benutzt er diese Differenzierung für das von ihm selbst gewählte Zahlenbeispiel nicht. In der Tat ist diese Unterscheidung nicht erforderlich, wenn es lediglich um die Fragen der gesamtwirtschaftlichen Wertschöpfung und der Beziehungen zwischen den Abteilungen geht. Nur wenn wir den heutigen Begriff des Brutto-Inlandsproduktes ermitteln wollten, müssten wir eine Annahme über die Aufteilung des konstanten Kapitals treffen.

Das Modell der erweiterten Reproduktion
Während das erste Modell der einfachen Reproduktion auch von Marx primär zum Zwecke der begrifflichen Klarstellung der Zusammenhänge und der didaktischen Vereinfachung ihrer Präsentation diente, geht es ihm bei der erweiterten Reproduktion um den Kern der kapitalistischen Wirtschaft: der **Kapitalakkumulation**. Im Gegensatz zum ersten Modell konsumieren die Kapitalisten (Unternehmer) nicht ihren gesamten Mehrwert (Gewinn), sondern sparen einen Teil davon, und überführen diesen in Nettoinvestitionen, so dass das Produktivvermögen und die Wirtschaft wächst. Die Arbeiter hingegen konsumieren weiterhin ihr gesamtes Einkommen, da ihre Löhne auf dem Existenzminimum liegen und gerade die Aufrechterhaltung der Arbeitskraft sichern.

Danach ergibt sich im **Ausgangsschema der erweiterten Reproduktion** folgende Beziehungen:
Abteilung I:
$$w_1 = c_1 + v_1 + m_1$$
$$6000 = 4000 + 1000 + 1000$$

Abteilung II:
$$w_2 = c_2 + v_2 + m_2$$
$$3000 = 1500 + 750 + 750$$

In einer **wachsenden Wirtschaft** gelten mithin folgende Zusammenhänge: Die Wertschöpfung muss größer sein als die Konsumgüterproduktion und die Produktionsgüterproduktion muss größer sein als das konstante Kapital, nämlich die Summe aus den in beiden Abteilungen eingesetzten Vorleistungen und Abnutzungen des bestehenden Produzentensachkapitals. Mithin gelten folgende Ungleichungen:

(9) $\quad v + m > w_2$

(10) $\quad c_1 + c_2 < w_1$

Im folgenden werden diese Zusammenhänge wiederum allgemein in einem Kreislaufmodell dargestellt (vgl. Schaubild 17-2). Je mehr Kapital im Laufe der Zeit akkumuliert wird, desto kapitalintensiver wird die Produktion. Die **organische Zusammensetzung des Kapitals**, d.h. das Verhältnis von c / v, wächst im Zeitverlauf wegen des Wachstums des konstanten Kapitals. Bei gegebenem **Ausbeutungsgrad** (das Verhältnis von m / v) muss dann die **Profitrate** sinken (das Verhältnis m / (c + v)), da c zunimmt. Die Kapitalisten sehen sich daraufhin gezwungen, ihren Mehrwert zu steigern und einen immer größeren Anteil davon zu akkumulieren, um den **tendenziellen Fall der Profitrate** durch eine höhere Profitmenge zu kompensieren. Disproportionalitäten zwischen den Produktionssektoren und den Nachfragekomponenten sind die Folge der kapitalistischen Produktionsweise. Verbunden mit periodischen Freisetzungen von Arbeitskräften stellt sich das kapitalistische System als ein krisengeschütteltes Wirtschaftssystem dar, das letztlich an seinem eigenen **Bewegungsgesetz** zugrunde gehen muss. Die heftigen Konjunkturschwankungen im ausgehenden 19. Jahrhundert, der imperialistische Erste Weltkrieg, die Weltwirtschaftskrise der 30er Jahre dieses Jahrhunderts schienen ihm einerseits Recht zu geben, führten andererseits aber nicht zu der von ihm vermuteten Konsequenz des endgültigen Zusammenbruchs des Kapitalismus.

17 Die Reproduktionsschemata von Karl Marx 343

Schaubild 17-2: Kreislaufmodell auf erweiterter Stufenleiter

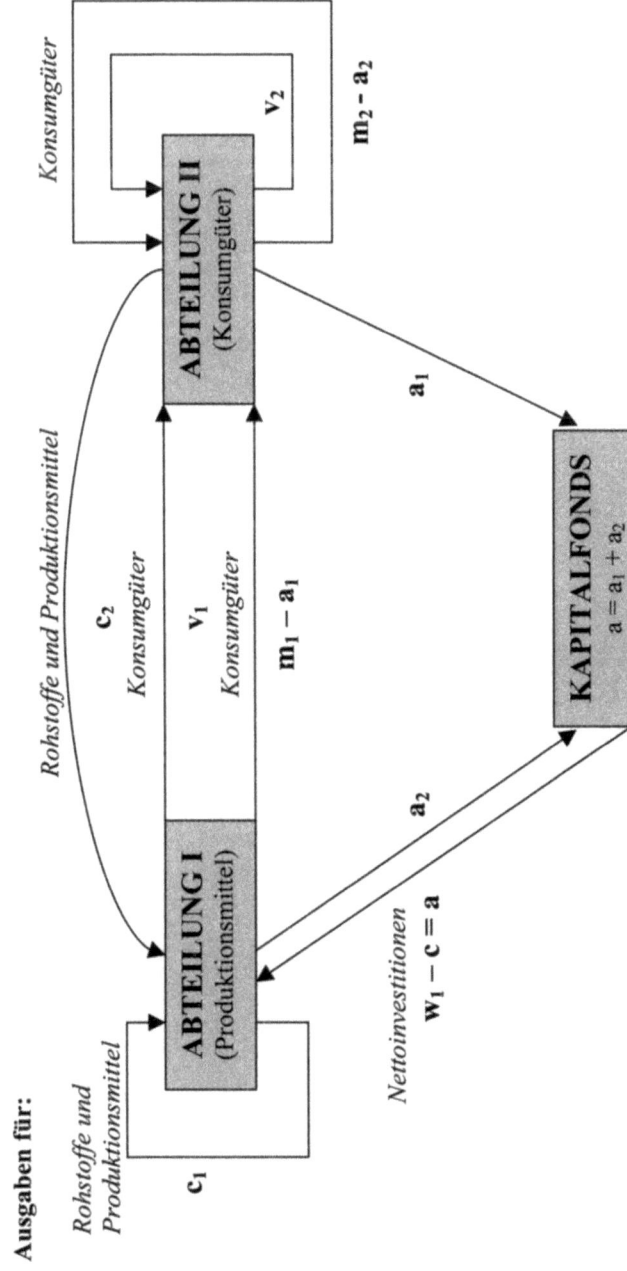

a_1 = Akkumulation bzw. Ersparnis der Abteilung I
a_2 = Akkumulation bzw. Ersparnis der Abteilung II

18 Die VGR nach John Maynard Keynes

John Maynard Keynes (1883-1946) hatte aus den Erfahrungen der Weltwirtschaftskrise (1930-1936) seine Einkommens- und Beschäftigungstheorie entwickelt. Aus dieser Theorie wurden wirtschaftspolitische Instrumente abgeleitet, die zeitweise in fast allen Industrieländern zum Einsatz kamen. Zur Absicherung der - auf dieser Theorie basierenden Wirtschaftspolitik - die das marktwirtschaftliche Wirtschaftssystem durch staatliche, makroökonomische Nachfrageimpulse funktionsfähig und im Zustand der Vollbeschäftigung halten sollte - wurde eine adäquate empirisch-statistische Grundlage benötigt.

Die von Keynes gewählten **makroökonomischen Aggregate** bestehen aus den Sektoren der Unternehmungen, der Haushalte und des Staates. Die Marx'schen Kategorien sozialer Klassen (Kapitalisten und Arbeiter) gehen hier unter in funktionalen Aggregaten: "bürgerliche" Haushalte und private sowie staatliche Unternehmen. Das Aggregat Haushalt fasst bei Keynes sowohl Unternehmer als auch Arbeitnehmer-Haushalte zusammen. Soziale Klassen à la Marx werden hier nicht unterschieden. Das Interesse an den beiden Marx'schen Abteilungen ist geblieben, auch wenn sie im gemeinsamen Unternehmenssektor zunächst unterzugehen scheinen.
Im Zentrum steht bei Keynes wie bei Marx die **Kapitalakkumulation**. Beide Theoretiker stimmen darin überein, dass kapitalistische Wirtschaften wachsen und dass die Kapitalakkumulation eine zwingende Voraussetzung dafür ist. Während Marx von einer wachsenden, kapitalistischen Wirtschaft erwartet, dass sie eines Tages an ihren inneren Widersprüchen zugrunde gehen wird (und durch eine sozialistische Revolution überwunden wird) sieht Keynes eher, dass die kapitalistische Wirtschaft wachsen muss, wenn sie nicht untergehen will. Staatliche Wirtschaftspolitik ist gefordert, das Wirtschaftssystem zu sichern und gegebenenfalls für geeignete Wachstumsimpulse zu sorgen.

Das **wirtschaftspolitische Instrumentarium à la Keynes** setzt zentral bei den Investitionen an. Diese sind im Zweifelsfall durch entsprechende „incentives" zu fördern oder sogar - sollten die privaten Unternehmer nicht genügend investieren -

vom Staat selbst durchzuführen. Während Marx aus dem Kreislaufschema der erweiterten Reproduktion die Krisenanfälligkeit diagnostizierte und über diese Krisentheorie schließlich zur Zusammenbruchsthese gelangte, geht Keynes bis zur Krisendiagnose mit Marx konform, entwickelt dann aber ein wirtschaftspolitisches Instrumentarium zur Überwindung dieser Krisen und zur Stabilisierung der kapitalistischen Marktwirtschaft. Die moderne Volkswirtschaftliche Gesamt-Rechnung ist dafür die empirische Datenbank. Und wie diese aussieht, siehe Kapitel 1 folgende dieses Buches ...

Haben Sie die **Unterschiede bei Quesnay, Marx und Keynes** bemerkt? Zu Beginn dieses Buches sprachen wir ganz neutral von den Nutzungen, die die Produktionsfaktoren (Boden, Kapital, Arbeit) in den Produktionsprozess abgeben. Auf dem Produktionskonto haben wir dann die Nutzung des Kapitals gleich mehrfach wiedergefunden:
- in den Abschreibungen, die dem tatsächlichen, produktionsbedingten Werteverzehr des Kapitals entsprechen,
- in den ausgewiesenen Zinsen, Mieten, Pachten und Gewinnen, die mit den Abschreibungen nichts zu tun haben, sondern auf Eigentumsrechte zurückgehen.

Dieser letzte Teil wird von Marx "Mehrwert" genannt und als Ausbeutungskategorie kritisiert. Bei Quesnay versteckt er sich in den Pachteinnahmen der "besitzenden Klasse" (Adel, Klerus) und wird von ihm indirekt gesellschaftskritisch gewürdigt. Für Keynes stellt auch dieser Teil der Wertschöpfung ganz einfach Faktoreinkommen dar: Sie entstehen im Zuge des Produktionsprozesses und sind das Äquivalent für Leistungen, die die jeweiligen Faktoren an den Produktionsprozess abgegeben haben, also Leistungseinkommen.

Doch für welche Leistungen wird dieses Faktoreinkommen gewährt? Zinsen fließen an denjenigen, der "Geld" - Kapital (Kredite) zur Verfügung stellt, Mieten gehen an diejenigen, denen Gebäude gehören, Pachten an die Bodenbesitzer. Das Rechtsinstitut "privates Eigentum" und das Erbrecht, das dieses Eigentum auf zukünftige Generationen überträgt, gestatten die private Aneignung. Adam Smith aber auch Karl Marx führen die ursprüngliche Kapitalakkumulation allein auf den Faktor Arbeit zurück - allein die Milliarden-Dollar-Vermögen einiger Industriellen-

oder politischen Herrscherfamilien lassen sich kaum auf Ersparnisse aus Arbeitseinkommen zurückführen.

Gewinne werden als Entgelt für die unternehmerische Fähigkeit legitimiert, die Produktionsfaktoren in geeigneter Weise zu kombinieren. Eine sehr gelungene Kombination wirft hohe Gewinne ab, eine missglückte Kombination führt zu Verlusten. Noch im feudalen Mittelalter und zu Quesnay's Zeiten hat der Adel die Ressource Land und die auf dieser Basis betriebene Landwirtschaft als private Unternehmung angesehen, deren Gewinne allein ihm als Eigentümer zustehen. Noch heute werden ganze Volkswirtschaften von selbsternannten Kaisern und Diktatoren als private Beute betrachtet und ausgebeutet. Die Gewinne der "Unternehmung Staat" werden von diesen Herrschern privatisiert und häufig aus Ländern der Dritten Welt in Industrieländer als Kapital exportiert.

Das „System of National Accounts"

Erste international vergleichbare Berechnungen bzw. Schätzungen der Nationaleinkommen veröffentlichte der Völkerbund (Vorläufer der Vereinten Nationen) im Jahre 1939 für 26 Länder. Nach dem zweiten Weltkrieg publizierte die OEEC[1] nach einer zwei-jährigen empirischen Erprobung in den Mitgliedsländern 1952 das "Standardized System of National Accounts" (SSNA). Die Vereinten Nationen legten ihr erstes "System of National Accounts" (SNA) im Jahre 1953 vor, ihr zweites 1968 und ihr letztes 1993.[2] Diese Volkswirtschaftliche Gesamtrechnung wird weltweit als verbindliche Vorgabe für die Mitgliedsländer der Vereinten Nationen angesehen. Auch das Europäische System volkswirtschaftlicher Gesamtrechnungen (ESVG) und die deutsche VGR werden an das SNA 1993 angepasst.[3]

---

[1] OEEC: Organization for European Economic (1948-61), danach OECD: Organization for Economic Co-operation and Development.
[2] System of National Accounts 1993, unter Beteiligung der Europäischen Gemeinschaft (EG), des Internationalen Währungsfonds (IWF), der Organisation für Wirtschaftliche Zusammenarbeit und Entwicklung (OECD), den Vereinten Nationan (UN), der Weltbank.
[3] Vgl.Lützel, H.: Revidiertes System Volkswirtschaftlicher Gesamtrechnungen; in: Wirtschaft und Statistik 10/1993, S. 711-722.

An die internationale Vergleichbarkeit der empirischen VGR- Daten insbesondere der Aggregate "Sozialprodukt" und "Sozialprodukt pro Kopf" werden heutzutage hohe Anforderungen gestellt, da diese Aggregate wichtige Referenzgrößen für internationale Wirtschaftspolitiken darstellen:
- Mitgliedsbeiträge von Staaten an internationale Organisationen (z.B. die von Ländern gezeichneten Quoten im Internationalen Währungsfonds und der Weltbank) knüpfen u.a. an die Höhe des Sozialproduktes an.
- Für Entwicklungsländer ist der Zugang zu zinsverbilligten Krediten oder anderer Entwicklungshilfe häufig an eine bestimmte Höhe des Pro-Kopf-Einkommens gebunden.
- Die Länder der Europäischen Gemeinschaft leisten einen Teil ihrer laufenden Zahlungen an die EG-Behörde in Brüssel in Abhängigkeit zur Höhe ihres Bruttosozialproduktes.
- Für die EG selbst ist die Obergrenze ihrer Eigenmittel auf 1,2% des gemeinschaftlichen Bruttosozialproduktes festgelegt.
- Auch der Maastricht-Vertrag zur Bildung einer Europäischen Union greift auf VGR- Daten als Konvergenzkriterien zurück.

Das SNA ist erheblich detaillierter als das hier vorgestellte Kontensystem der VGR, entspricht aber in wesentlichen Teilen dem VGR- System des Statistischen Bundesamtes. Das SNA enthält drei Kontenkategorien, die jeweils mehrere Aktivitätskonten zusammenfassen:

Die **laufenden Konten** bestehen aus
- Produktionskonten,
- Einkommensentstehungskonten,
- primären Einkommensverteilungskonten,
- sekundären Einkommensumverteilungskonten,
- Einkommensverwendungskonten,

Vermögensänderungs- und Finanzierungskonten
- Vermögensänderungskonten,
- Finanzierungskonten,
- Konten sonstiger realer Vermögensänderungen,
- Umbewertungskonten,

Vermögensbilanzen
- Eröffnungsbilanz,
- Veränderungsbilanz,
- Schlussbilanz und ein Konto
- "Rest der Welt".

Der Saldo des jeweils vorangehenden Kontos wird auf dem nachfolgenden übernommen: so schließt das Produktionskonto z.B. als Saldo mit der Bruttowertschöpfung ab, die auf das folgende Einkommensentstehungskonto im Haben übernommen wird. Der Beitrag zum Volkseinkommen findet sich als Saldo des primären Einkommensverteilungskontos, das verfügbare Einkommen auf dem sekundären und die Ersparnis auf dem Einkommensverwendungskonto usw. Auf diese Art und Weise ergibt sich ein genaueres Bild als es die Aggregation in nur vier Aktivitätskonten ermöglicht. Aber auch bei der Gliederung der Sektoren geht das SNA detaillierter vor und unterteilt den Sektor Unternehmungen in Nichtfinanzielle und Finanzielle Kapitalgesellschaften, die noch weiter in öffentliche, ausländische und national private Unternehmen differenziert werden.

Eine ausführliche Beschreibung dieses Systems verbietet sich allerdings im Rahmen dieser "Einführung in die VGR". Der interessierte Leser sei auf das **"System of National Accounts, 1993"** verwiesen, das auf über 700 Seiten einen umfassenden Einblick vermittelt und zu speziellen Fragen ergänzende Handbücher bereithält. Sobald die dort entwickelten Änderungsvorschläge auch auf die deutsche VGR durchschlagen, wird auch diese Einführung angepasst werden, doch lässt sich jetzt schon feststellen, dass der Anpassungsbedarf relativ gering sein wird und die hier vorgestellte VGR in ihrem weitaus überwiegenden Teil unverändert erhalten bleiben wird. Einige Abgrenzungen werden neu gezogen werden. Z.B. werden die Ausgaben des Staates für militärische Güter nicht mehr als Vorleistungen in den staatlichen Konsum fließen, sondern Investitionen darstellen, wenn diese Güter auch zivil genutzt werden können wie beispielsweise Kasernen.

Literaturverzeichnis

Bundesminister für Umwelt Naturschutz und Reaktorsicherheit, Umweltökonomische Gesamtrechnung, Bonn, 1992

Bundesministerium der Finanzen, Bundeshaushalt 2001

Bundesministerium der Finanzen, Fakten 1/94, Mai 1994

Bundesministerium für Arbeit und Soziales, Statistisches Taschenbuch 2000, Ziffer 1.2

Deutsche Bank AG, Jahresabschlussbericht und Lagebericht 2002

Deutsche Bundesbank, verschiedene Geschäftsberichte

Deutsche Bundesbank, verschiedene Monatsberichte

Deutsche Bundesbank, Statistische Sonderveröffentlichung 4, Ergebnisse der gesamtwirtschaftlichen Finanzierungsrechnung für Deutschland, 1991 bis 2001, September 2002

Deutsche Bundesbank, Sonderdruck Nr. 8, Die Zahlungsbilanzstatistik der Bundesrepublik Deutschland, 2. Auflage, Mai 1990

Deutscher Bundestag, Drucksache 10/2541

Deutsches Institut für Wirtschaftsforschung, IW-Trends

Dorow, F.: Einige Bemerkungen zu umweltpolitischen Zielsetzungen und zur Ableitung von Öko-Margen im Rahmen der Umweltökonomischen Gesamtrechnung, in: Hölder, E. und Mitarbeiter, Wege zu einer Umweltökonomischen Gesamtrechnung, Stuttgart 1991

Dorow, F.: Grundprogramm für ein Statistisches Umweltberichtssystem, in: Hölder E. und Mitarbeiter, Wege zu einer Umweltökonomischen Gesamtrechnung, Stuttgart 1991

Eurostat, Jahrbuch 2002

Eurostat, Nationale Statistiken

Eurostat, Volkswirtschaftliche Gesamtrechnung, Thema 2 – 25/2000

Hölder, E., und Mitarbeiter: Wege zu einer Umweltökonomischen Gesamtrechnung, Stuttgart 1991

Institut der deutschen Wirtschaft Köln, Deutschland in Zahlen 2003

Lützel, H.: Revidiertes System Volkswirtschaftlicher Gesamtrechnungen; in: Wirtschaft und Statistik 10/1993

Marx, K.: Das Kapital, Band 2, Berlin 1983

Müller-Krumholz, K.: Methodische und empirische Grundlagen der vierteljährlichen volkswirtschaftlichen Gesamtrechnung des Deutschen Instituts für Wirtschaftsforschung, in: DIW Diskussionspapiere, Nr. 206, Berlin 2000

Nissen, H.-P.: Das Geldangebot, in WISU, Heft 4, 2001

Nissen, H.-P.: Einführung in die makroökonomische Theorie, Physica - Verlag, Heidelberg 1999

Nissen, H.-P.: Makroökonomie I, Einführung in die Volkswirtschaftliche Gesamtrechnung, 3. Auflage, Physica - Verlag, Heidelberg 1995

Quesnay, F.: Tableau Economique, Berlin 1965

Rao, P.K.: Sustainable Development, Economics and Policy, Oxford, 2000

Sachverständigenrat zur Begutachtung der gesamtwirtschaftlichen Entwicklung, verschiedene Jahresgutachten

Schneider, E.: Einführung in die Wirtschaftstheorie, IV. Teil, 1 Bd., Tübingen 1965

Stahmer, C.: Umwelt-Satelliten-System zu den Volkswirtschaftlichen Gesamtrechnungen, in: Allgemeines Statistisches Archiv, Heft 1, 1988

Statistisches Bundesamt, Fachserie 18, Reihe 1.3, 1999, Volkswirtschaftliche Gesamtrechnungen

Statistisches Bundesamt, Fachserie 18, Reihe 1.2, 2000

Statistisches Bundesamt Deutschland, Volkswirtschaftliche Gesamtrechnung – Wichtige Zusammenhänge im Überblick 2002

Statistisches Bundesamt, Wirtschaft und Statistik, Februar 2000

Statistisches Bundesamt, Wirtschaft und Statistik, Heft 11, November 2000, Bericht zu den Umweltökonomischen Gesamtrechnungen

Statistisches Bundesamt Deutschland Umweltökonomische Gesamtrechnung 2002

Statistisches Bundesamt, Wirtschaft und Statistik, Heft 12, Dezember 2000, Input-Output-Rechnung 1995 und 1997

Statistisches Bundesamt, Wirtschaft und Statistik, Heft 4, April 1999, Revision der Volkswirtschaftlichen Gesamtrechnungen 1999 - Anlass, Konzeptänderung und neue Begriffe

Statistisches Bundesamt, Wirtschaft und Statistik, Heft 6, Juni 1999

The World Commission on Environment and Development's Report: Our Common Future (Oxford: Oxford University Press, 1987), (the Brundtland Commission)

ThyssenKrupp AG Geschäftsbericht 2001/2002

Walwei, U./Heinz, W.: Entwicklung der Teilzeitbeschäftigung im internationalen Vergleich. Ursachen, Arbeitsmarkteffekte und Konsequenzen, 1995

Worldbank, World Development Report 1999/2000

Wichtige Links

Bundesanstalt für Arbeit: http://www.arbeitsamt.de/hst/index.html

Bundesministerium der Finanzen: http://www.bundesfinanzministerium.de/

Bundesministerium für Wirtschaft und Arbeit: http://www.bmwi.de/

Deutsche Bundesbank : http://www.bundesbank.de/

Europäische Zentralbank: http://www.ecb.int/index.html

Organisation für wirtschaftliche Zusammenarbeit und Entwicklung.: http://www.oecd.org/home/

Sachverständigenrat zur Begutachtung der Gesamtwirtschaftlichen Entwicklung: http://www.sachverstaendigenrat-wirtschaft.de/

Statistisches Bundesamt Deutschland: http://www.destatis.de/

Umweltbundesamt, http://www.umweltbundesamt.de

Stichwortverzeichnis

Abschreibungen 19, 55, 91, 140
Aktiva 47
Aktivitäten, ökonomische 45
Arbeitsloser 302
Arbeitslosigkeit 298f
- registrierte 301
- verdeckte 302
Arbeitskoeffizient 309
Arbeitslosenquoten 302f
Arbeitsindikatoren 308ff
Arbeitsproduktivität 308
- je Erwertstätigenstunde 308
Arbeitsvolumen 306
- Auslastungsgrad 307
Ausgabe 20
Ausland s. Übrige Welt
Auslandsvermögen 150
Auslandsverschuldung 150
Außenbeitrag 146, 176, 205
Außenhandelsquoten 314
Auszahlung 20

Bankgebühr
- unterstellte 98, 100, 161
Bedürfnisse 4
Beschäftigungselastizität 307
Bestandsgrößen 13, 52
Betriebe 45
Betriebsstoffe 19
Boden 55

Bruttoanlageinvestitionen 65
Bruttoinlandsprodukt 31, 108
- pro Kopf 295
- reales 283f
- Wachstumsrate 295
Bruttoinvestitionen 27, 58
Bruttosozialprodukt
- s. Nationaleinkommen
Bruttowertschöpfung 110

Defizit, öffentliches 152
Devisen 202
Dienstleistungen 4, 8, 98
Dienstleistungsbilanz 197
Direktinvestitionen
- Bilanz der 198

Eigenkapital 47
Einheiten
- institutionelle 79
Einkommen
- Brutto- 119
- des privaten Sektors 165
- Fakator 114
- Gesamt- 118
- Kontrakt- 61, 64
- National- 114
- Nettofaktor- 127
- Residual- 61, 64
- residualbestimmte 61, 64

- verfügbares der Gesamtwirtschaft
    125, 131, 175
- verfügbare der privaten Haushalte
    165
- verfügbare des privaten Sektors
    165
- Volks- 113, 114
Einkommensbegriffe 166
Einkommenskonto 30, 46, 64, 82, 114ff
- gesamtwirtschaftlich 122
Einkommensverteilung 320
- funktionale 163
- personelle 120
Einkommensverwendung 64
Einnahmen 18
Endnachfragematrix 234
Endprodukt 23, 27
- volkswirtschaftliches 107
Endproduktion 20
Entstehungsrechnung 11, 109, 159
Ersparnis 30
- maximale 32
Erwerbspersonen 301
- Nicht- 302
- potential 301
Erwerbsquote 306
Erwerbstätige 301
- Nicht- 302
Erwerbs- und Vermögenseinkommen
    197
- Bilanz der 197
Erzeugnisse 52
ex-ante 3, 41

Einnahme 20
Einzahlung 20
Exporte 90, 196
Exportquote 314
ex-post 3, 41
- Instrumentarium 12ff

Faktoreinkommen 20, 61, 92
- Netto- 127
Faktorleistungen 55
Finanzanlagen 47
Finanzanlagevermögen 47
Finanzderivate
- Bilanz der 200
Finanzierung 136ff
Finanzierungsdefizit 138f, 141
- privates 153
Finanzierungskonto 46, 69, 83, 142f
- gesamtwirtschaftliches 143
Finanzierungsrechnung 243ff
Finanzierungssaldo 138
Finanzierungsüberschuss 138f, 141
- öffentlicher 153
Finanzumlaufvermögen 47
Finanzvermögen 47
Forderungen 138
- Netto 138
- Netto Ausland 144, 149

Geldvermögensbildung 141, 249
Gewinne 46, 115
Gleichheit
- ökonomische 41
- ex-post 41

Stichwortverzeichnis

Gläubigerland	150, 154	Importe	91, 108, 196
Gleichgewicht		Importkoeffizient	237
- ökonomisch	41	Importquote	314
Grundstoffproduktion	21	Indikatoren	
Güter und Dienstleistungen		- der Beschäftigung	298ff
	80, 82, 90, 108	- Kapital-	311
Gut	4	- soziale	323ff
- fertiges	6	- Wachstums	295
- freies	5, 8, 319	Indexierung	283
- ökonomisches	5	Inländer	126
- Gebrauchs-	6	Inländerkonzept	126
- Investitions-	5, 54	Inlandskonzept	126
- Konsum-	5, 27, 54, 90	Inlandsprodukt	87
- Markt-	6	- Begriffe	108ff
- öffentliches	6	- nominal	283
- ökonomische	4, 7	- real	283f
- privates	6	- Bruttoinlandsprodukt	87, 174
- unfertiges	6	- Nettoinlandsprodukt	108
- Verbrauchs-	5	Input	52
Gütersubventionen	128, 174	Input-Output-Rechnung	217
Gütersteuern	128, 174	- Matrizen der	219, 231ff
		- Koeffizienten	235ff
Haben	12	Investitionen	
Handelsbilanz	196	- Anlage-	27
Handelsware	160	- Brutto-	27, 90
Haushalte		- Brutto-Anlage-	27, 65 176
- private	19, 53, 81	- Lager-	23, 27, 54, 65
- private (engeren Sinne)	102	- Netto-	27, 66
- Unternehmer-	42	- Netto-Anlage-	27, 66
Herstellungspreise	88, 159	- minimale Netto-	32
Hilfsstoffe	19	- Re-	27, 68
Humankapital	323	- selbsterstellte	55, 58
		- ungeplant	42

- Umwelt- 260
Investitionsgut 27, 54
Investitionsquote 314

Kapital 55
- konstantes 337
- variables 337
Kapitalanlagen
- Bilanz sonstiger 200
Kapitalbilanz 198, 207
Kapitalexport 145, 199
Kapitalgesellschaften
- Nichtfinanzielle 80
- Finanzielle 80, 97
Kapitalimport 145, 199
Kapitalindikatoren 311ff
Kapitalintensität 312f
Kapitalkoeffizient 311
Kapitalproduktivität 311
Kapitalverkehrsbilanz 207
Kaufkraftparität 318
Keynes, John Maynard
 317, 345
Klasse
- distributive 329
- produktive 329
- sterile 329
Koeffizienten
- Einzel-Vorleistungs-
 236
- Endprodukt- 238
- Gesamter Vorleistungs-
 236
- Import- 237
- Lohn- 237

- Output- 238
Konsolidierung 25
Konsumausgaben
- des Staates 101
Konsumgüterkorb 285
Konsumschäden 322
Kontrakteinkommen 64
Kreditverkehrsbilanz 200
Kreislauf 14
Basis- 35
- beziehungen 16

Lager
- abgang 58
- bestand 66
- zugang 58
Laspeyres 286
Laufenden Übertragungen
- Bilanz der 198
Leistungsbilanz 196, 218
Leistungseinkommen 21
Liberalismus 317
Lohnpolitik 310
Lohnstückkosten 309
Lorenzkurve 120

Makroökonomie 4
Marktpreise 88, 161
Marktproduktion 191
Marx, Karl 335
Matrixform 16
Mehrwert 337
Methode
- der Wertschöpfung 40
- personelle 40

- reale 40
Mikroökonomie 4

Nationaleinkommen 31, 114, 166
- Brutto 129, 131, 175
- Netto 129, 131, 175
Netto-Auslandsvermögenposition
 206
Nettofaktoreinkommen 127
Nettofinanzposition 47
Nettoinlandsprodukt 108
Nettoproduktionsabgabe 95, 109
- an den Staat 109, 128
- an die EU 109, 128

Offenheitsgrad 315
Ordnungspolitik 317
Organisationen ohne Erwerbszweck
- private 81, 105ff
Output 52
Output-Koeffizient 238

Öko-Margen 263
Ökö-Produkt 261

Paasche 287
Passiva 47
Pendlersaldo 301
Preisindex 284ff
- harmonisierter Verbraucher- 292
- Lebenshaltungs- 290, 294
Primäraufwandmatrix 234
Primäreinkommen 114, 131
s.a. Nationaleinkommen
- übrige Welt 128f, 147

Prinzip, ökonomisches 52
Produkte
- Fertig- 55
- Vor- 54
Produktionsanlagen 27
Produktionsapparat 19, 52
Produktionsfaktoren 55
Produktionsfunktion 297
Produktionskonto
 31, 46, 57, 82, 89ff, 93
- aggregiertes 25
- gesamtwirtschaftliches 107
- konsolidiertes 25
Produktionspotential 297f
Produktionsprozess 19, 52
Produktionsstruktur 161
Produktionsstufen 20
Produktionswert 19, 89, 174
- Brutto- 60
- Netto- 60
- zu Herstellungspreisen 88
- zu Marktpreisen 88
Produktivleistungen 55
Produktivvermögen 46

Querverteilung 164
Quesney, Francois 329ff
Quoten 313ff
- Abgaben- 315
- Außenhandels- 314
- Defizit- 315
- Export- 314
- gesamtwirtschaftliche 313
- Import- 315
- Investitions- 314

- Spar- 314
- Staats- 315
- Steuer- 315
- Zinssteuer- 315

Rechnungswesen
- volkswirtschaftliches 84

Regelungsfunktion 266
Reinvermögensänderungskonto 144
Reproduktion
- einfache 336
- erweiterte 341

Reproduktionsschemata 335
Residualeinkommen 61
Restposten 201, 221
Rohstoffe 19

Sachanlagen 47
Sachvermögensbildung 248
Saldenausgleichspol 14
Schattenwirtschaft 319
Schuldnerland 150, 154
Sektor
- distrubutiver 332
- fiktiver 161
- produktiver 331
- steriler 332
- Defizit- 137
- Überschuss- 137

Sektoren 79
- finanzielle 243
- nichtfinanzielle 243

Selbständige 302
Soll 12
Sozialprodukt 129
- Nettosozialprodukt
-- zu Faktorkosten 129, 131

Sparen 141
Sparquote 314
Staat 80, 95, 101, 116
- Defizit 151
- Konsumausgaben 101

Stat. Umweltökonomisches
Berichtssystem 267ff
Steuerquote 315
Steuern
- Güter- 95
- indirekte 95, 122

Stille Reserve 301
Strom
- monetärer 35
- realer 35

Stromgrößen 12, 52
Strukturwandel 161
Stufenleiter
- einfache 340
- erweiterte 343

Subsistenzwirtschaft 319
Subventionen 95

Tableau Économique 333
Theorie 3
Transferzahlungen 118

Umsatz 57
Umwelt
- Funktionen 266
- Investitionen 260
- ökonomische 19
- Vermögen 260
Umweltökonomische
Gesamtrechnung 259, 263ff
Umweltökonomisches Berichts-
system (STUBS) 263ff
Umweltvermögen 260
Unternehmungen 19, 45, 80

Überschuss, privater 151
Übrige Welt 82
- Konto der- 146ff

Veränderungsbilanz 48
Verbindlichkeiten 47
- Netto 150
Verkaufserlöse 60
Vermögen
- Anlage- 47, 65
- Finanz- 30, 46
- Geld- 249
- Produktiv- 52
- Real- 30, 47, 139
- Rein- 47, 251
- Sach- 46, 251
- Umlauf- 47
Vermögensänderungskonto
  30, 46, 65, 69, 83, 136
- gesamtwirtschaftliches 142f
- Rein- 47

Vermögensbegriffe 248ff
Vermögensbildung 139
- reale Netto- 144
Vermögensbilanz 46, 48
Vermögensposition
- Nettoauslandes 206
Vermögensrechnung 250
Vermögenstransfers 138, 140
- übrige Welt 144
Vermögensübertragungen
- Bilanz der 200
Verteilungsrechnung 11, 163
Verwendungsrechnung 11, 162
Volkseinkommen 31, 113, 131 175
Volkswirtschaft
- geschlossene 30
- offene 81
- schrumpfende 32, 38ff
- stationäre 33ff
- wachsende 33, 36ff
Volkswirtschaftliche Gesamtrechnung
  9
- Europäisches System 9, 79ff
Vorleistungen
  19, 22, 54, 55, 58, 91, 174
- importierte 91
Vorleistungsmatrix 231
Vorleistungskoeffizient 236
Vorprodukt 54, 58
Vorräte 46
Vorratsveränderungen 140

Wachstumsindikatoren	295	Wirtschaftssubjekte	19
Wachstumsraten	295	Wohnbevölkerung	302
Warenkorb	283, 290		
Wägungsschema	291	**Z**ahlungsbilanz	195ff, 206
Wertpapierbilanz	199	Zivilpersonen	302
Wertschöpfung	19, 28, 92f	Zwischenprodukt	54
- bereinigt	161	Zwischenproduktion	21
- unbereinigt	161		
- Brutto-	24, 60		
- Netto-	60f		

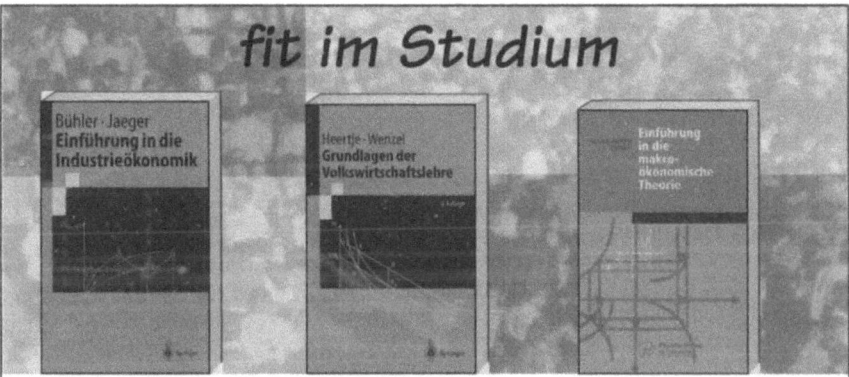

fit im Studium

S. Bühler, F. Jaeger

Einführung in die Industrieökonomik

Dieses Lehrbuch vermittelt eine umfassende Einführung in die theoretischen und empirischen Grundlagen der Industrieökonomik. Auf dieser Basis werden alternative Formen der Kooperation analysiert. Es wurde darauf geachtet, dass die verwendete Mathematik möglichst einfach und leicht nachvollziehbar bleibt. Zur besseren Lesbarkeit werden anspruchsvollere Argumente in Anhängen diskutiert.

2002. X, 259 S. (Springer-Lehrbuch) Brosch. € **22,95**; sFr 35,50
ISBN 3-540-42758-9

A. Heertje, H.-D. Wenzel

Grundlagen der Volkswirtschaftslehre

Dieses einführende Lehrbuch bietet eine systematische Darstellung der relevanten Gebiete der Volkswirtschaftslehre. Besonderes Gewicht legen die Autoren auf die Rolle des Staates in der Marktwirtschaft und die zunehmende Bedeutung der internationalen Wirtschaft. Ein ausführliches Sachregister und ein Verzeichnis nützlicher Internetadressen erleichtern die Arbeit mit dem Text.

6., überarb. Aufl. 2002. XIII, 648 S. 123 Abb., 37 Tab. (Springer-Lehrbuch) Brosch. € **29,95**; sFr 46,50
ISBN 3-540-42436-9

H.-P. Nissen, Universität GH Paderborn

Einführung in die makroökonomische Theorie

Die Einführung in die Grundlagen der makroökonomischen Theorie behandelt zum einen das keynesianische Theoriegebäude, das den Hintergrund für nachfrageorientierte Wirtschaftspolitiken abbildet und zum anderen die neo-klassische Theorie, aus der angebotsorientierte Politiken abgeleitet werden. Zum Abschluß des Buches werden diese beiden fundamentalen Theoriesäulen zu einer Synthese miteinander verbunden. Der makroökonomische Güter-, Geld- und Arbeitsmarkt werden modelltheoretisch analysiert und an wirtschaftspolitischen Problemen der Fiskal-, Geld- und Arbeitsmarktpolitik illustriert.

1999. XVI, 342 S. 122 Abb., 1 Tab. (Physica-Lehrbuch) Brosch.
€ **24,95**; sFr 40,- ISBN 3-7908-0474-6

Springer · Kundenservice
Haberstr. 7 · 69126 Heidelberg
Tel.: (0 62 21) 345 - 0
Fax: (0 62 21) 345 - 4229
e-mail: orders@springer.de

www.springer.de/economics

Die €-Preise für Bücher sind gültig in Deutschland und enthalten 7% MwSt.
Preisänderungen und Irrtümer vorbehalten. d&p · BA 00862-4

Neue Lehrbücher von Springer

U. Blum, A. Karmann, M. Lehmann-Waffenschmidt, M. Thum, K. Wälde, B. Wieland, H. Wiesmeth, TU Dresden

Grundlagen der Volkswirtschaftslehre

Eine Einführung in die Schwerpunkte der Volkswirtschaftslehre.

2., vollst. überarb. u. erw. Aufl. 2003. X, 237 S. 63 Abb. (Springer-Lehrbuch) Brosch. **€ 16,95**; sFr 27,50
ISBN 3-540-00862-4

J. Weimann, Universität, Magdeburg

Wirtschaftspolitik

Allokation und kollektive Entscheidung

Die originelle Einführung in die Wirtschaftspolitik.

3. überarb. Aufl. 2003. XX, 447 S. 59 Abb. (Springer-Lehrbuch) Brosch. **€ 27,95**; sFr 45,00
ISBN 3-540-01273-7

G. Dieckheuer, Universität Münster

Makroökonomik

Theorie und Politik

Eine Einführung in die grundlegenden Analysebereiche der Makroökonomik.

5., vollst. überarb. Aufl. 2003. XIX, 457 S. 160 Abb. (Springer-Lehrbuch) Brosch. **€ 24,95**; sFr 40,00
ISBN 3-540-00564-1

G. Dieckheuer, Universität Münster

Übungen und Problemlösungen zur Makroökonomik

Das Übungsbuch zum Lehrbuch "Makroökonomik. Theorie und Politik", mit Kontrollfragen und Übungsaufgaben.

2., vollst. überarb. Aufl. 2004. X, 223 S. 60 Abb. (Springer-Lehrbuch) Brosch. ca. **€ 16,95**; ca. sFr 27,50
ISBN 3-540-40732-4

S. Wied-Nebbeling, Universität zu Köln

Preistheorie und Industrieökonomik

Die Analyse der Preisbildung auf Märkten mit unvollständiger Konkurrenz.

2003. X, 318 S. 86 Abb. Brosch. **€ 22,95**; sFr 37
ISBN 3-540-40282-9

B. U. Wigger, Universität Erlangen-Nürnberg

Grundzüge der Finanzwissenschaft

Die elementare Einführung in die Finanzwissenschaft mit theoretischen Ansätzen auf der Grundlage von Zahlenbeispielen.

2003. Etwa 260 S. (Springer-Lehrbuch) Brosch.
€ 22,95; sFr 37,00 ISBN 3-540-00929-9

H. Gischer, Universität Magdeburg;
B. Herz, Universität Bayreuth;
L. Menkhoff, Universität Hannover

Geld, Kredit und Banken

Eine Einführung

Das Lehrbuch zum Verständnis der Finanzmärkte über die jüngeren Entwicklungen in Wissenschaft und Praxis.

2004. Etwa 350 S. (Springer-Lehrbuch) Brosch.
€ 22,95; sFr 37,00 ISBN 3-540-40701-4

M. Gärtner, M. Lutz, Universität St. Gallen

Makroökonomik flexibler und fester Wechselkurse

Das Lehrbuch über die makroökonomische Rolle des Wechselkurses und des Wechselkurssystems. Jetzt in dritter Auflage.

3., vollst. überarb. u. erw. Aufl. 2004. Etwa 300 S. (Springer-Lehrbuch) Brosch. **€ 22,95**; sFr 37,00
ISBN 3-540-40707-3

Springer · Kundenservice · Haberstr. 7 · 69126 Heidelberg
Tel.: (0 62 21) 345-0 · Fax: (0 62 21) 345-4229
e-mail: orders@springer.de

Die €-Preise für Bücher sind gültig in Deutschland und enthalten 7% MwSt.
Preisänderungen und Irrtümer vorbehalten. d&p · BA 002

Druck: betz-druck GmbH, D-64291 Darmstadt
Verarbeitung: Buchbinderei Schäffer, D-67269 Grünstadt

MIX
Papier aus verantwortungsvollen Quellen
Paper from responsible sources
FSC® C105338

If you have any concerns about our products,
you can contact us on
ProductSafety@springernature.com

In case Publisher is established outside the EU,
the EU authorized representative is:
**Springer Nature Customer Service Center GmbH
Europaplatz 3, 69115 Heidelberg, Germany**

Printed by Libri Plureos GmbH
in Hamburg, Germany